한국언론학선구자
김동성과 김현준

커뮤니케이션학 총서 2

한국언론학선구자

김동성과 김현준

초판 1쇄 인쇄 2019년 10월 4일
초판 1쇄 발행 2019년 10월 14일

지은이 차배근 · 박정규 · 김영희 · 박선희
펴낸이 오세정
펴낸곳 서울대학교출판문화원

출판등록 제15-3호

주소 08826 서울 관악구 관악로 1
대표 전화 02-880-5252 | 팩스 02-889-0785
도서 주문 02-889-4424, 02-880-7995
이메일 snubook@snu.ac.kr
홈페이지 www.snupress.com

ISBN 978-89-521-2890-4 94300
978-89-521-1933-9 (세트)

커뮤니케이션학 총서는 서울대학교 언론정보연구소가 기획한 출간물입니다.

커뮤니케이션학 총서 2

한국언론학선구자

김동성과 김현준

차배근

박정규

김영희

박선희

서울대학교출판문화원

머리말

비슷한 말이지만, '선구자'(先驅者)란 무엇이고 '개척자'(開拓者)란 어떤 사람을 말하는가? 국어사전을 찾아보니 '선구자'란 "어떤 일이나 사상(思想)에서 그 시대의 다른 사람보다 앞선 사람"을 말하며, '개척자'란 "새로운 영역, 운명, 진로 따위를 처음으로 열어 나가는 사람"이라고 풀이해 놓았다. 그렇다면 우리나라의 신문학 내지 언론학의 선구자는 누구이고, 개척자는 누구일까?

개척자가 누구냐에 관해서는 언론학자들 사이에 견해 차이가 있을 것이다. 그러나 선구자가 누구냐에 관해서는 최소한 이 책의 공저자들은 "김동성(金東成)과 김현준(金賢準)"이라고 이구동성으로 의견을 모았다. 만약 '선구자'가 "어떤 일이나 사상에서 그 시대의 다른 사람보다 앞선 사람"이라고 한다면, 우리나라 신문학 내지 언론학의 역사에서 시대적으로 다른 사람들보다 앞섰던 사람은 바로 김동성과 김현준이기 때문이다.

'신문학'이라는 학문의 존재조차 우리나라에 제대로 알려지기 이전인 1909년, 김동성은 미국에 유학하여 농학, 신문만화, 신문학(journalism) 등을 공부하고 귀국하여 「동아일보」 창간기자로 활약하면서 그가 미국에서 배운 신문학 지식들을 정리해서 1924년 『신문학』

(新聞學)이라는 신문학개론서를 간행했다. 이는 우리나라에서 처음 나온 신문학 관계 전문서적이자, 당시 세계 신문학의 양대 산맥의 하나였던 미국의 이른바 '실천신문학'(practical journalism)을 우리나라에 처음 소개한 책이었다.

한편 김현준은 1922년 독일로 유학해서, 라이프치히대학(Universität Leipzig) 신문학연구소(Institut für Zeitungskunde)에서 신문학을 위시하여 사회학·경제학·통계학 등을 공부하고 1928년 2월 마침내 박사학위(학위논문: "동아시아에서 근대 신문의 양태: 일본·중국·한국")를 취득했다. 그리고 그해 6월 귀국하여 "근대신문학에 대한 제고찰"(「대중공론」, 1930년 7월 및 9월호) 등의 논문을 통하여 당시 미국의 '실천신문학'과 함께 세계 신문학계의 양대 산맥의 하나였던 독일의 '이론신문학'(theoretical journalism)을 우리나라에 처음 소개했다. 그러면서 보성전문학교(현 고려대학교)와 혜화전문학교(현 동국대학교)에서 학생들을 가르쳤으나, 당시 우리나라에서는 '신문학'이라는 학문 자체가 대학에서 인정받지 못하였다. 그 후에도 1945년 우리나라가 일제로부터 광복을 찾기까지 우리나라 대학에는 신문학과가 설치되지 않아서 김현준은 신문학 대신 사회학 등을 가르쳐야 하는 불운을 겪어야만 했다. 그리하여 김동성과 김현준은 분명 다른 사람보다 시대에 앞선 선구자였으나, 일제강점기라는 우리나라의 시대적 상황 때문에 불행하게도 우리나라에서 신문학을 하나의 독립된 학문으로 성립시키는 개척자는 되지 못하고 말았다.

하지만 김동성과 김현준이라는 선구자가 뿌린 신문학의 씨앗은 1945년 광복 이후 언론과 학문의 자유를 밑거름으로 해서 비약적 성장을 이룩하였다. 신문학은 오늘날에 신문방송학 · 언론학 · 언론정보학 · 언론정보영상학 · 미디어학 · 미디어커뮤니케이션학 · 광고홍보학 등등을 모두 아우르는 '언론학' 내지 '커뮤니케이션학'으로 확대 · 발전했다. 그리하여 이에 관한 학과나 학부 또는 전공과정이 우리나라 100여 개 대학에 설치되어 인간 사회의 모든 커뮤니케이션 현상을 연구, 교육하고 있다.

그럼에도 이 선구자들의 공적을 모르는 후학들이 적지 않다. 그래서 우리나라 언론학의 선구자인 김동성과 김현준의 생애와 학문을 소개하고자 이 책을 준비했다. 특히 김동성이 1924년 간행한 우리나라 최초의 언론학 관계 서적인 『신문학』과, 우리나라 최초의 신문학 박사인 김현준의 박사학위논문(1927년)의 실물을 언론학도들에게 꼭 보여 주고 싶었고, 또한 이를 후세에 전하고 싶었다. 그래서 이들을 원본 그대로 영인(影印)해서 부록에 실었으니, 읽고 자랑거리로 삼아 주면 이 책을 낸 저자들의 큰 보람이 되겠다.

이 책은 2개 편(篇) 4개 장(章)과 부록으로 구성되었다. 제1편 제1장 김동성의 저서 『신문학』에 관해서는 차배근이, 제2장 김동성의 생애는 김영희가 소개했으며, 제2편 제1장 김현준의 학문과 업적은 박선희가, 제2장 김현준의 생애는 박정규가 소개했다. 〈부록 A〉 김동성 저 『신문학』은 국회도서관의 스캔파일을 영인했으며, 〈부록 B〉 김현준의 박사학위논분은 녹일 국립도서관 학위논문데이터베이스(https://d-nb.info/102374483X)에서 다운로드했고, 이 논문의 우리말 번역은 박선희가 담당했다. 이 책이 우리나라 언론학도들에게 우리나라 언론학의 뿌리를 이해하고 그것을 계승, 발전시키는 데 조금이라도 도움이 된다면 더 바랄 나위가 없겠다.

2019년 1월

저자 일동

차례

제2장 김동성의 생애: 언론계 이외에도 여러 분야에서 뚜렷한 족적 남겨

제2편 한국 최초의 신문학박사 김현준(金賢準)

제1장 김현준의 학문과 업적: 박사학위논문과 주요 논문을 중심으로

일러두기

1. 인용문 중 일부 옛 표현은 현대 한글 맞춤법에 따라 수정하였고, 현대에 잘 쓰이지 않는 일부 한자 표현은 다른 단어로 대체하거나 뜻을 풀어 썼다.
2. 본문과 부록에서 [ ] 안의 표기는 독자의 이해를 위해 저자가 삽입한 것이다.

제1편

한국 최초의 신문학개론서 『신문학』의 저자 김동성(金東成)

제1장

김동성의 저서 『신문학』: 주요 내용과 체재 및 언론학사적 의의

차배근(서울대학교 언론정보학과 명예교수)

오늘날 신문학(新聞學)은 방송학 · 영상학 · 광고학 · 홍보학 등 인간 사회의 모든 커뮤니케이션 현상을 다루는 커뮤니케이션학으로 확대 · 발전했다. 하지만 1950년대까지는 주로 신문 · 잡지 등 인쇄매체에 관한 연구와 교육만 다루어서 '신문학'이라고 불렸다. 그러면 '신문학'이라는 학문은 언제부터 연구 · 교육하기 시작하여 어떻게 발전했는가?

서양에서는 17세기부터 시작하여 19세기 말과 20세기 초에 이르러는 대학에 '신문학과'를 설치하여 신문학을 본격적으로 연구 · 교육하게 되었다. 그러나 우리나라에서는 1920년대부터 신문학에 관한 연구와 교육이 시작되었다고 볼 수 있다. 미국에서 신문학(journalism)을 공부하고 귀국해서 「동아일보」 기자를 역임한 김동성(金東成)이 1924년 『신문학』(新聞學)이라는 개론서를 우리나라에서 처음으로 출판하여 미국의 신문학을 소개했으며, 1927년에는 김현준(金賢準)이 한국인 최초로 독일에서 신문학 박사학위를 취득하고 이듬해 귀국해서 독일의 신문학을 소개했다. 그리하여 당시 세계 신문학의 양대 산맥이었던 미국의 소위 '실천신문학'(practical journalism)과 독일의 '이론신문학'(theoretical journalism)이 모두 우리나라에 소개됨으로써 우리나라에서도 신문학에 관한 연구와 교육이 시작되었다. 따라서 김동성과 김현준은 우리나라 신문학 내지 커뮤니케이션학의 선구자라고 볼 수 있다.

이 장에서는 김동성의 저서 『신문학』을 살펴보기로 하되, 그에 앞서 미국과 독일 등 서양에서는 언제부터 신문학을 연구·교육했으며, 1920년대의 실태는 어떠했는지부터 간단히 알아보고 넘어가기로 하자.[1]

가. 서양에서 신문학 연구 · 교육의 시작과 발전

서양에서 신문이 처음 등장한 것은 기원전 59년경이었다. 그러나 이에 관한 연구와 교육이 시작된 것은 17세기부터였는데, 근대적 인쇄신문과 함께 잡지·인쇄서적·팸플릿 등이 대량 출현하여 사회에 여러 영향을 미치자, 그에 대한 사회적·정치적·학문적 관심이 대두했기 때문이다. 특히 이러한 관심을 더욱 촉진한 것은 언론에 대한 정부의 탄압이었다. 각종 근대적 신문·잡지·팸플릿 등이 쏟아져 나오면서 사회에 영향을 미치고 집권자들의 비위를 건드리자, 이를 서양의 각국 정부가 탄압하기 시작했다. 그러자 언론과 정부 간의 갈등이 야기되면서 신문·잡지·팸플릿 등 인쇄매체들에 대한 국민들의 사회적·정치적·학문적 관심이 더욱 고조되면서 그에 관한 학술적 논문들이 나오기 시작했다.

1 이 부분은 차배근, 『한국커뮤니케이션학사』(서울대학교출판문화원, 2017) 제1장과 제3장에서 많이 인용했음을 밝혀 둔다.

1. 영국에서 언론에 관한 최초의 학술적 논문의 출현

서양에서 신문·잡지·팸플릿 등 인쇄매체에 관한 최초 논문으로는 1644년 영국의 밀턴(John Milton, 1608~1674)이 발표한 「아레오파지티카」(*Areopagitica*)를 들 수 있다. 이 논문이 나오게 된 것도 바로 언론에 대한 정부의 탄압 때문이었다. 1643년 밀턴이 「이혼론」(*The Doctrine and Discipline of Divorce*)이라는 논문을 발표하자, 이것이 무검열·무인가 출판물이라는 이유로 성실법원(星室法院, Court of Star Chamber)이 배포를 금지했다. 그러자 이에 격분한 밀턴은 이듬해인 1644년 11월 「아레오파지티카」라는 논문을 통하여 출판물에 대한 검열제도의 불합리성을 지적하고, 언론 자유의 필요성을 주장했다. 이것이 서양 자유주의 언론 이론(the libertarian theory of press)의 효시이자, 언론에 관한 최초의 학술 논문이었다.

이와 같은 밀턴의 주장에도 불구하고 언론에 대한 영국 정부의 통제가 계속되자, 1859년 밀(John Stuart Mill, 1806~1873)이 『자유론』(*On Liberty*)이라는 제목의 팸플릿을 통해 "자유란 성숙한 개인이 다른 사람에게 해를 끼치지 않는 한, 그가 원하는 대로 생각하고 행동할 수 있는 권리"라면서 언론과 표현의 자유를 주장하고 나섰다. "침묵을 지키는 것은 진리를 외면하고, 옳지 않은 진리가 횡행하게 만드는 것이므로, 만약 표현을 통해 올바른 진리를 옹호하지 않으면 일반이 진리 대신에 편견을 갖게 되며, 여론이 논쟁을 수반하지 않으면 그 기능을 상실하게 되므로, 이러한 결과들을 방지하려면 언론과 표현의 자유를 허용해야 한다"는 이유 때문이었다. 이와 같은 언론의 자유에 대한 밀의 개념은 앞서 밀턴의 그것보다 진일보한 것이었다. 밀턴은 정직하고 양식 있는 사람들 사이의 자유로운 토론을 위한 이성적 언론의 자유만 주장했을 뿐이나, 밀은 언론의 자유를 국가와 사회의 안전을 위한 모든 국민들의 보편적 자유로 확대했기 때문이다.

그리하여 밀은 이후의 언론 자유사상에 커다란 영향을 미쳤으나, 영국에서는 신문·잡지 등 저널리즘 전반에 관한 연구와 교육이 제대로 발전하지 못했다. 영국에서는 전통적으로 신문사나 잡지사가 자체적으로 현장에서 언론인들을 양성했기 때문이다. 그러다가 1889년 국립 저널리스트 협회(National Association of Journalists)가 저널리스트 양성 프로그램을 시작했으나, 지망자들의 참여는 극히 제한적이었다. 그 뒤 1920년에야 펨버톤(Sir Max Pemberton, 1863~1950)이 런던 저널리즘 스쿨(London School of Journalism)을 설립하여 저널리스트 교육을 본격적으로 시작했다. 한편 런던대학교(University of London) 킹스대학(King's College)도 1922년부터 2년제 저널리즘 교육을 시작했다.

2. 독일에서 신문의 기원과 본질 등에 관한 연구의 시작

독일에서도 17세기부터 신문·잡지 등에 관한 교육과 연구가 시작되었는데, 언론 자유에서부터 시작한 영국과는 달리 순수한 학문적 목적에서 비롯되었다. 즉 17세기 초부터 독일에서도 「렐라티온」(*Relation*, 1609년 창간)을 비롯하여 정기성(定期性)을 띤 근대적 인쇄신문과 잡지들이 출현하자 그 기원·기능·본질 등에 관한 학문적 관심에서 그에 관한 교육과 연구가 시작되었다. 그리하여 17세기 말 할레대학(Universität Halle)의 철학과 역사학 교수 루데비히(Johann Peter Von Ludewig, 1668~1743)가 그의 강의에서 최초로 신문의 기원·기능·본질 등에 관해서도 가르쳤다(곽복산, 1971, p. 35). 그 뒤 다른 대학들에서도 신문의 기원과 본질·기능 등에 관한 문제가 토론과 교육의 주요 주제가 되었다. 또한 귀족학교(Ritter-akademien)에서도 신문·잡지에 관한 연구가 이루어졌다. 그러면서 1690년 신학(神學) 분야에서도 신문에 관한 학술논문이 나오기도 했다.

한편 라이프치히대학(Universität Leipzig)에서는 레헨베르크(Adams Rechenberg, 1642~1721) 교수가 신문에 관한 강좌를 개설했는데, 이 강좌를 수강한 포이서(Tobias Peucer)가 신문에 관한 최초의 학위논문을 쓰기도 했다. 그런가 하면, 프리치(Ahasver Fritsch), 바이제(Christian Weise), 카스퍼(Kasper von Stieler) 등은 신문·잡지에 관한 책들을 출판하기도 했는데, 카스퍼는 그의 저서에서 신문의 본질적 특성으로 공시성(公示性)·현실성·보편성을 들었다.

독일에서 신문·잡지에 관한 학문적 관심은 18세기에도 계속되어, 법률가·정치학자·역사가·철학자 등도 여러 논문을 발표했다. 18세기부터 독일에서도 언론탄압이 강화되면서 신문·잡지에 관한 연구도 수난을 겪었다. 그럼에도 불구하고 신문·잡지·팸플릿 등이 발달하면서 정치평론에 앞장서자, 신문·잡지 등의 중요성에 대한 국민들의 인식이 높아지면서 대학에서 신문·잡지 등을 역사학·정치학·국민경제학 등의 부전공 교과로 가르치게 되었다. 그러면서 19세기부터 신문·잡지 등에 관한 여러 저서들이 나왔는데, 그중 대표적인 것으로는 뢰플러(Franz A. Löffler)가 1808년 출판한 『신문의 입법에 대하여』(*Über die Gesetzgebung der Presse*), 프루츠(Robert E. Prutz)가 1845년 발간한 『독일 저널리즘의 역사』(*Geschichte des deutschen Journalismus*), 크니스(Karl Knies)가 1857년 출판한 『교통수단으로서의 전신』(*Der Telegraph als Verkehrsmittel*), 1875년 세플레(Albert E. Schäffle)가 펴낸 『사회단체의 건립과 생활』(*Bau und Leben des socialen Körpers*) 등을 손꼽을 수 있다.

이와 같이 신문·잡지 등에 관한 여러 가지 연구가 계속되다가 마침내 1916년 라이프치히대학이 '신문학연구소'(Institut für Zeitungskunde)를 창설해서 신문·잡지·팸플릿·전신(電信) 등에 관한 연구와 교육을 '차이퉁스쿤데'(Zeitungskunde) 또는 '차이퉁스비센샤프트'(Zeitungswissenschaft), 즉 우리말로 신문학이라는 학문으로 성립, 발전시켰다. 라이프치히대학 신문학연구소는 '연구소'라는 이름을 가졌지만 실제로는 미국의 저널리즘 학과·학부와 마찬가지였다. 독일 대학의 연구소들에서는 연구만 하는 것이 아니라 학생들을 교육하고 학위도 수여하기 때문이다.

라이프치히대학 신문학연구소는 뷔허(Karl Bücher, 1847~1930)의 주도로 창설되었다. 그는 「프랑크푸르터 차이퉁」(*Frankfurter Zeitung*)이라는 신문의 편집자 출신으로 본래는 경제학 교수였으나 라이프치히대학 신문학연구소장으로 취임한 이후로는 신문학의 수립에 모든 정열을 기울였다. 그러면서 1922년에는 『신문의 기원』(*Die Anfänge des Zeitungswesens*), 1926년에는 『신문학 전집』(*Handbuch der Zeitungswissenschaft*)이라는 저서를 발간해서 독일신문학의 기초를 세웠다. 한편 뷔허는 예거(Karl Jäger), 쉐네(Walter Shöne) 등을 위시한 많은 제자들을 배출해서 그의 학문을 잇게 했다. 그리하여 뷔허는 독일신문학의 비조(鼻祖)로 추앙받게 되었다.

1919년 뮌스터대학(Universität Münster)도 신문학연구소(Institut für Zeitungswissenschaft)를 설립했는데, 이 연구소는 그 이전부터 이 대학에서 신문학 강좌를 설치해서 담당해 오던 역사학자 마이스터(Aloys Meister, 1866~1925)가 창설했다. 1924년 뮌헨대학(Universität München)도 신문학연구소를 창설했는데, 창설자는 데스터(Karl d'Ester, 1881~1960)였다. 한편 베를린대학에서는 뢰겔레(Otto Rögele, 1883~1924)와 모르(Martin Mohr, 1867~1927)가 1924년부터 신문학 강좌를 담당했다.

그 뒤 다른 여러 대학들도 신문학연구소를 설립하거나 신문학 강좌를 개설했다. 그리하여 신문학 연구와 교육이 본격화되면서 미국의 신문학(journalism)과 함께 양대 산맥을 이루었는데, 당시 독일에서는 신문의 본질·기능 등에 관한 이론을 중시한 데 반하여, 미국에서는 취재·기사작성·편집 등의 실무를 중시했다. 따라서 독일 신문학은 '이론신문학', 미국 신문학은 '실천신문학'이라고 부르기도 했다.

3. 프랑스에서 저널리즘 전공 고등교육기관의 설립과 교육

프랑스에서도 1631년 「가제트 드 프랑스」(*Gazette de France*)를 시작으로 근대 신문들이 나타나기 시작했지만, 그에 관한 연구와 교육은 영국이나 독일보다 뒤늦은 19세기 말에서야 시작되었다. 그 이유의 하나는 절대왕정의 탄압으로 신문·잡지가 제대로 발전하지 못했기 때문이다. 하지만 1789년 프랑스대혁명이 일어나자, 각종 정치적 신문·잡지·팸플릿 등이 쏟아져 나오기 시작하여 1793년까지 4년 동안에만도 그 종 수가 무려 1,000여 개에 달했다. 그러나 1799년 보나파르트 나폴레옹(Napoléon Bonaparte)이 공화정 총재정부를 무너뜨리고 통령정부를 수립한 뒤 정치적 신문·잡지들을 모두 폐간시키고 말았다.

그러다가 1875년 제3공화정의 수립 이후, 1881년 7월 "신문의 자유에 관한 법률"이 공포된 뒤에야 신문·잡지가 급속히 발전하게 되었다. 그러면서 신문·잡지 등에 관한 관심이 높아지다가 1894년 발생한 '드레퓌스 사건'(L'affaire Dreyfus)을 계기로 언론의 중요성과 책임 등에 관한 프랑스 국민들의 관심이 고조됐다. 그러자 메이(Dick May)를 비롯한 프랑스 지성인들이 1899년 세계 최초의 저널리즘 고등교육기관으로 알려진 '파리 고등 저널리즘 학교(L'Ecole Supérieure de Jounalisme de Paris)라는 그랑제콜(Grandes Ecoles)을 설립하여 신문·잡지·출판 등에 관한 고등교육을 실시하기 시작했는데, 이를 구레(Goulet, 2009)를 비롯한 프랑스 저널리즘 학자들은 "세계 최초의 저널리즘 전공 고등교육기관"이라고 주장하고 있다. 그러면서 1908년 설립한 미국의 미주리대학 저널리즘 학부(School of Journalism)를 세계 최초의 저널리즘 고등교육기관으로 보는 것은 잘못이라고 말하고 있다.

미주리대학 저널리즘 학부(4년제)는 실무 교육을 강조하면서 설립 당시부터 저널리즘 전공 문학사(Bachelor of Arts in Journalism) 학위를 수여했다. 반면 프랑스의 파리 고등 저널리즘 학교는 한 해에 몇 명씩의 엘리트 학생들만 뽑아, 이들이 졸업 후 저널리즘 분야뿐 아니라 정치·경제·행정 분야에도 종사하도록 정치와 경제 등에 관한 폭넓은 지식을 길러 주는 데에 주 목적을 두었다. 그렇기 때문에 설립 후 1910년까지는 저널리즘 관련 학위를 별도로 수여하지 않았고 1911년부터 정식으로 학위를 수여하다가 1924년 문을 닫았다.

하지만 1924년 '릴 고등 저널리즘 학교'(l'Ecole Supérieure de Journalisme de Lille)라는 새로운 저널리즘 그랑제콜을 가톨릭 재단에서 설립했다. 이 에콜은 3년제였으나, 2년 동안은 기초 교육을 실시했고 저널리즘 전공 교육은 1년 동안만 실시했다. 이때부터 프랑스에서도 저널리즘학을 하나의 학문으로 고등교육기관에서 연구·교육하기 시작했으나 매우 한정적이었으며, 언론인들은 고등교육기관이 아니라 주로 직업 현장에서 훈련시켰다.

4. 미국에서 대학에 저널리즘 학부·학과 설치와 교육의 실시

19세기 말부터 미국에서도 신문·잡지 등에 관한 학문적 관심이 대두하기 시작했다. 그리하여 신문에 관한 전문서적들도 나오기 시작했는데, 1865년 다나(Charles. A. Dana, 1819~1897)가 미국 최초의 신문 관계 교재인 『신문제작술』(*The Art of Newspaper Making*)을 출판했다. 그 뒤를 이어 1873년 허드슨(Frederic Hudson, 1819~1875)은 『미국의 저널리즘1690~1872』(*Journalism in the United States from 1690 to 1872*)이라는 책을 냈고, 1870년 마버릭(Augustus Maverick)은 「뉴욕 타임즈」의 발행인

레이몬드(Henry J. Raymond, 1820~1869)에 관한 연구서를 출판했다.

1) 워싱턴대학에서 신문교육과 미주리대학에서 4년제 저널리즘 학부 창설

그 즈음 대학에서 신문학에 관한 교육도 시작되었는데, 미국에서 신문에 관한 교육의 필요성을 처음 제기한 사람은 버지니아주 워싱턴대학(현 Washington and Lee University)의 리(Robert E. Lee, 1807~1870) 총장이었다. 미국의 남북전쟁 당시 남군(南軍)의 총사령관이었던 리 장군은 전쟁이 끝난 뒤인 1865년 워싱턴대학 총장으로 취임하자, 전쟁이 아니라 평화를 위해 남부 젊은이들을 어떻게 교육시킬 것인가를 고민했다. 그러면서 당시 남부가 당면했던 여러 문제들을 해결하는 데 신문이 커다란 역할을 할 수 있다는 확신을 갖게 되었다. 이는 아마도 남북전쟁 당시 신문과 팸플릿 등 인쇄 매체가 대중 연설, 목사들의 설교와 함께 양편 국민들에게 커다란 위력을 발휘한 것을 리 장군이 직접 체험했기 때문인 것 같다.

그리하여 그는 1869년 미국 최초로 인쇄 및 신문 저널리즘 전공 교육을 실시하기 시작했다. 그러나 약 3년 동안 계속하다가 중단되었는데(Sara L. Williams, 1929, p. 5), 그 이유는 정확히 알 수 없다. 그리하여 워싱턴대학의 첫 저널리즘 교육은 성공을 거두지 못했으나, 미국에서 신문·잡지 등이 점점 발달하여 사회적으로 중요한 영향을 미치면서 인쇄와 저널리즘 분야 종사자들의 사회적 지위도 높아졌다. 이런 변화에 따라 캔자스주립대학(Kansas State College)이 1873년 인쇄 분야에 관한 강좌를 설치했다(Emery, Ault and Agee, 1976, p. 408).

한편 미주리대학(University of Missouri)은 1878년부터 영어 과목의 하나로 신문기사작성론을 가르치기 시작했으며, 1879년에는 신문의 역사에 관한 과목도 개설했다. 그러다가 1890년경부터 저널리즘 학부의 설치 문제가 거론되기 시작했다. 그러나 1898년 2월에야 대학운영위원회에서 "법학부 · 의학부 · 기타 전문학부와 동등한 지위의 4년제 저널리즘 학부를 새로 설치한다"고 의결하게 되었다. 하지만 또 다시 여러 사정으로 저널리즘 학부의 신설이 지연되다가 1908년 2월에야 주 의회에서 예산이 배정되었다. 그러자 동년 6월 1일 초대 학부장으로 윌리엄스(Walter Williams, 1864~1935) 교수를 임명하고, 1908년 9월 14일 마침내 미주리대학 내의 아카데믹홀(Academic Hall, 현 Jesse Hall)에서 저널리즘학부의 창설식을 거행했다.[2]

2) 다른 대학들도 서로 앞다투어 저널리즘 학부 · 학과 창설

이와 같이 1908년 미주리대학이 미국 최초로 저널리즘 학부를 창설하여 저널리즘을 교육 · 연구하면서 저널리즘계와 저널리스트 지망생들로부터 큰 환영을 받게 되자, 다른 대학들도 앞다투어 저널리즘 학부(School of Journalism) 또는 저널리즘 학과(Department of Journalism)를 설치하기 시작했다. 그리하여 1912년까지 5년 동안에만도 모두 9개 대학이 저널리즘 학부 또는 저널리즘 학과를 설치했으며, 그 밖에도 30여 개 대학에서 저널리즘을 가르쳤는데, 이들 대학 중 32개 대학의 저널리즘 교수들이 모여 1912년 미국 저널리즘 교사협의회(American Conference of Teachers of Journalism)를 결성했다.

1912년에는 컬럼비아대학(Columbia College)이 퓰리처(Joseph

2 미주리대학 저널리즘학부의 창설 과정에 관한 자세한 것은 차배근, "미국에서의 신문학교육의 성립 · 발전고: 미주리대학신문학부의 설립을 중심으로", 「신문연구소학보」(서울대신문연구소), 19(1982), pp. 31-70을 참조할 것.

Pulitzer, 1847~1911)가 기증한 200만 달러로 저널리즘 학부를 설치했으며, 1913년에 1개 대학, 1914년에 4개 대학, 1915년에 4개 대학이 저널리즘 학부 또는 학과를 설치했다. 한편 저널리즘을 전공하려는 학생들도 매년 증가했는데, 1916년 2월 기준으로 비교적 규모가 큰 10개 대학의 저널리즘학과와 학부 재학생들의 현황을 보면, 미주리대학이 236명, 워싱턴대학이 226명, 아이오와주립대학이 199명, 위스콘신대학이 178명, 캔자스대학이 157명, 컬럼비아대학이 151명, 미시간대학이 142명, 오리건대학이 130명, 오하이오주립대학이 104명이다(차배근, 2017, p. 91).

1917년에는 무려 5개 대학이, 1918년에는 2개 대학이 또 저널리즘 학부나 학과를 설치해서 전국의 저널리즘 학부 · 학과의 수가 모두 26개로 늘어났다. 또한 저널리즘 학부 · 학과를 설치하지 않은 65개 대학들도 한두 개의 저널리즘 과목을 설치해서 결과적으로 1918년에는 모두 91개 대학에서 저널리즘을 가르쳤다. 1919년에도 2개 대학이 저널리즘 학부 · 학과를 설치했으며, 이들 이외에 38개 대학에서 저널리즘 과목을 한두 개씩 새로 설치함으로써, 결과적으로 1910년대 말에는 모두 131개 대학에서 저널리즘을 가르치게 되었다.

1920년대에도 26개 대학에서 저널리즘 학부 · 학과를 설치함으로써, 1920년대 말에는 전국의 저널리즘 학부와 학과의 숫자가 54개로 증가했다. 또한 1920년대에는 무려 111개 대학이 교양과목으로 저널리즘 관계 과목을 새로 개설함으로써, 1920년대 말에는 모두 230개 대학에서 저널리즘을 전공과목 또는 교양과목으로 가르치게 되었다(차배근, 2017, p. 92). 그 결과, 당시 미국의 주요 대학에서는 모두 저널리즘을 가르치게 되면서 저널리즘이 새롭고 중요한 학문 분야로 부상하게 되었다. 그러면서 신문업계에서도 큰 환영을 받았는데, 페니신문(penny paper)의 선구자 그릴리(Horace Greeley, 1811~1872)가 말했듯이,

"저널리즘 학부와 학과 졸업생들이 신문계 일선에 나가서 잉크를 먹으면서 또는 편집 데스크에서 열심히 일하면서 유능한 저널리스트로 인정받게 되자, 대학의 저널리즘 학부 · 학과에 대한 미국 신문현업계의 인식이 높아졌기" 때문이다. 그러자 신문업계에서는 대학의 저널리즘 학부 · 학과에서 "기자나 편집자 이외에, 신문경영 · 광고 · 사진 및 기타 전문분야의 전문인들도 양성해 달라"고 요청했다.

3) 저널리즘 관련 학회와 단체들의 결성 및 학회지 발간

이와 같이 미국 대학들에서 저널리즘에 관한 교육이 크게 발전하자, 대학에서 저널리즘을 가르치는 교수들은 서로 각종 학술 지식과 정보를 교환하면서 저널리즘교육을 더욱 발전시키기 위하여 1912년 11월 30일 미국 저널리즘 교사협회(American Association of Teachers of Journalism, AATJ)를 결성했다. 이것이 현재 미국에서 가장 대표적인 저널리즘과 매스 커뮤니케이션관계 학회인 '저널리즘과 매스 커뮤니케이션 교육학회'(Association for Education in Journalism and Mass Communication, AEJMC)의 전신이다.

이러한 미국 저널리즘 교사협회는 1912년 11월 30일 18명의 저널리즘 교육자들(당시 미국 전체의 저널리즘 교수는 모두 31명이었다고 한다)이 시카고에 모여 결성했는데, 그 목적은 저널리즘교육의 내용 · 방법 · 발전방향 등에 관한 정보와 의견 등을 서로 교환하기 위해서였다. 이런 목적의 미국 저널리즘 교사협회는 당시 위스콘신대학 저널리즘 교수였던 블레이어(Willard G. Bleyer, 1873~1935)의 주도로 결성되었으며, 그가 초대 회장으로 선출되었다. 그의 제안에 따라 미국 저널리즘 교사협회는 그 산하에 발전연구위원회를 조직하여 매년 연구발표회 프로그램의 계획과 실행을 주관토록 해서 저널리즘 연구와 교육을 발전시켰다.

1924년 미국 저널리즘 교사협회는 미국 저널리즘 학부·학과 협회(American Association of Schools and Departments of Journalism, AASD)와 공동으로 세계 최초의 저널리즘 관계 학술지「저널리즘 불러틴」(*Journalism Bulletin*)을 창간하여 계간(季刊)으로 매년 4회(호)씩 발행하기 시작했다. 그러다가 1928년 그 제호를「저널리즘 쿼털리」(*Journalism Quarterly*)로 바꾸었는데, 이것이 현재 미국의 '저널리즘과 매스 커뮤니케이션 교육학회'(AEJMC)가 발행하는 대표적 학술지「저널리즘 앤드 매스커뮤니케이션 쿼털리」(*Journalism & Mass Communication Quarterly*)의 전신이다.

나. 한국에서 신문에 관한 학문적 관심과 신문학의 도입

지금까지 미국과 독일 등 서양에서 언제부터 신문학을 하나의 독립 학문으로 연구하고 가르쳤는지를 간단히 살펴보았다. 그러면 우리나라에서는 언제부터 신문학에 관한 연구과 교육이 시작되었고, 1924년에는 김동성이『신문학』이라는 저서까지 발간하게 되었는가?

1.「한성순보」의 창간과 신문에 대한 유길준의 해설

우리나라에서는 서양보다 3세기나 뒤늦게 신문에 대한 학문적 연구가 시작되었는데, 그 주요 이유의 하나는 신문 자체가 뒤늦게 발달했기 때문이다. 비록 우리나라에도 일찍부터 조보(朝報)를 비롯한 여러 전근대적 신문들이 존재했으나(차배근, 1980; 박정규, 1982 참조), 이들은 불행하게도 근대 신문으로 이행, 발전하지 못했다. 우리나라는 19세기 말기부터 서양의 신문·잡지 등의 근대 언론 문물을 중국과 일본 등을 통해 수용하여 1883년 10월 31일(양력) 한국 최초의 근대 신문인 「한성순보」(漢城旬報)를 창간하게 되었다. 이때부터 우리나라에서도 신문에 관한 학문적 관심을 갖게 되었고, 이것이 발전하여 신문학에 관한 연구가 시작되었다.

1) 한국 최초의 신문 관계 논문 유길준의 "신문에 관한 해설문"

일찍이 신문에 특별한 관심을 갖고 이를 연구해서 우리나라에 소개한 대표적 인물로는 유길준(兪吉濬)을 들 수 있다. 그는 1883년 한성판윤 박영효(朴泳孝)의 지시로 근대 신문 「한성순보」의 창간을 준비하면서 그에 게재할 계획으로 창간사와 "신문에 관한 해설문"을 썼다.[3] 그러나 이 해설문은 박영효가 1883년 4월 10일 갑자기 한성판윤직에서 물러나 광주유수로 좌천당하면서, 유길준도 신문 창간 업무에서 손을 떼게 되었다. 이에 따라 신문 발행 업무는 새로 설치된 근대식 외교 기구인 통리교섭통상사무아문으로 이관되었고, 유길준이 준비했던 신문 창간사와 신문에 관한 해설문은 빛을 보지 못했다. 그러나 다행히 원고가 남아 있어서 내용을 확인할 수 있다.

유길준은 신문을 '신문공보'(新聞公報)라고 부르면서 그에 대한 정의부터 내렸는데, 이를 보면 "대개 신문공보라 하는 것은 유지(有志)한 학자문인이 회사를 설립하고 신사신정(新事新情)을 탐색 기재하여 세간에 공고공포하는 서장(書章)"이라고 규정했다. 이러한 정의에

3 이 해설은 국한문 혼용체로 썼는데, 이는 일반 백성들도 읽을 수 있게 하기 위해서였던 것 같다.

서 주목할 점은 곧 신문은 "유지한 학자문인들이 회사를 설립"하여 발행한다는 것이다. 당시 유길준이 창간을 준비하던 신문은 정부기관의 일종인 한성부국에서 발간하려고 한 일종의 관보(official gazette)였음에도 불구하고, 신문을 "뜻있는 학자나 문인들이 회사를 설립하여 발행"하는 민간신문으로 간주했기 때문이다. 관보의 창간을 준비하던 유길준이 왜 신문의 본질을 민간신문으로 규정했는지는 정확히 알 수 없다. 다만 신문은 당시 선진 미국이나 유럽, 또는 가까운 일본이나 중국에서처럼 민간인들이 신문사를 설립하여 자유롭게 발행하는 것이 원칙이라고 생각했기 때문인 것 같다.

이처럼 유길준은 신문의 본질을 '민간신문'으로 규정하고 신문의 주요 내용과 그 조건들을 자세히 열거한 뒤, 국민들의 "견문을 박대(博大)히 하며 사정에 통명(通明)하기는 신문공보를 독람(讀覽)함만 같지 못하니라"라고 하여 신문은 백성들의 견문을 넓혀 주는 문명개화의 수단임을 강조했다. 그리고 끝으로는 영국과 미국을 중심으로 외국의 신문을 간단히 소개하면서 그 속보성과 공평성 등을 언급했다.

이처럼 유길준의 "신문에 관한 해설문"은 신문의 정의, 주요 내용, 기능 등에 관한 아주 간단한, 약 800자 정도의 해설문으로 오늘날의 기준으로 볼 때는 별것 아닐지 모르겠다. 하지만 '신문'이라는 것을 듣도 보도 못한 사람들이 대부분이던 1883년 당시로는 대단히 놀라운 내용의 글이었다. 또한 비록 간결하지만 신문에 관한 해설문으로 손색이 없었다. 이에 임근수는 이 해설문에 대해 우리나라에서 "최초로 이루어진 체계화한 [신문학에 관한] 이론적 연구"(임근수, 1973, p. 8)라고 높게 평가하면서, 이를 우리나라에서 이루어진 신문학 내지 커뮤니케이션학에 관한 연구의 시원으로 잡고 있다.

2) 유길준, 『서유견문』에서 또 신문론 전개

유길준은 "신문에 관한 해설문"에 이어 1895년 출판한 그의 저서 『서유견문』(西遊見聞) 제17편의 '신문지' 항에서 또 신문에 관한 이론을 전개함으로써 신문에 관한 지식인들의 학문적 호기심을 불러일으키기도 했다. 그렇다면 이러한 글을 유길준은 어떻게 해서 또 쓰게 되었으며, 그 내용은 어떠했는가?

(1) 미국 유학과 유럽 견학 뒤 귀국하여 『서유견문』 집필

앞서 말했듯이 유길준은 박영효의 지시로 신문의 창간을 준비하다가 1883년 4월 박영효의 돌연한 실각으로 말미암아 그 창간 작업에서 손을 떼게 되었다. 그리고 동년 7월 유길준은 우리나라 최초의 미국 사절인 보빙사(報聘使) 민영익(閔泳翊)의 수행원으로 발탁되어 홍영식(洪英植)·서광범(徐光範) 등과 함께 미국으로 건너갔다가, 민영익의 배려로 그 해 가을 매사추세츠주 샐럼(Salem)에 있는 거버너 더머 아카데미(Governer Dummer Academy)라는 대학예비고등학교에 입학해서 공부를 시작했다.

하지만 4개월 뒤인 1884년 12월 4일 고국에서 김옥균(金玉均) 등이 갑신정변을 일으켰다가 실패했다는 소식을 들은 유길준은 학업을 중단하고 유럽으로 건너가 여러 곳을 돌아본 뒤, 1885년 12월 제물포로 귀국했다. 그러나 갑신정변의 주모자 김옥균·박영효 등과 관련된 개화파 일당으로 간주되어 귀국 즉시 관헌에 체포되었다. 한규설(韓圭卨)의 도움으로 극형을 면하였으나, 한규설의 집과 백록동의 취운정에 1892년까지 무려 6년 동안 연금되었다.

그간에 그는 『서유견문』이라는 책을 집필해서 연금이 풀린 뒤인

1895년 4월 25일 일본 동경의 고오쥰샤(交詢社)라는 출판사에서 발행했다. 그러나 이 책은 우리말 국한문 혼용체를 사용해서 쓴 것이었다. 이러한 『서유견문』은 모두 20편으로 되어 있으며, 분량은 국판 556쪽으로서 당시로는 상당히 두꺼운 책이었다. 그중 제17편의 마지막 항(項)인 '신문지(新聞紙)' 항에서 서양의 신문에 관하여 6쪽에 걸쳐(pp. 457-462) 자세히 소개하면서 자신의 생각과 의견도 곁들여 놓았는데, 그 내용을 간략하게 소개하면 다음과 같다.

(2) 『서유견문』 제17편 '신문지' 항의 주요 내용

첫째로는 신문에 관한 정의부터 내리면서, "신문지란 중인(衆人)이 회사를 결(結)하여 그 국(局)을 설립(立)하고 세간(世間)의 자신(自新)하는 사정을 탐지하여 그 기출(記出)하는 문장(文章)을 등판(登板)하여 천하에 공포하는 것(者)"이라고 규정했다.

둘째로는 신문의 주요 내용을 자세히 소개하면서, 그 실례로 조정의 정사(政事), 관가의 명령, 관원의 진퇴, 도로에서의 풍설, 상고(商賈)의 성쇠, 농작의 풍흉(豊凶), 물가의 고저, 각처 학교의 수학하는 경상(景像), 각지 학지의 궁구하는 술업(術業), 민간의 고락과 생사, 외국의 실경(實景) · 진태(眞態) · 기사(奇事) · 이언(異言), 집회 소식, 개시(開市)의 명호(名號), 화륜선차(火輪船車)의 출입, 가정집물(家庭什物)의 매매, 유실물(遺失物)의 습취와 반환, 점사(店舍)의 배포(排鋪), 여객(旅客)의 초연(招延) 등을 들었다.

셋째로는 신문의 종류를 소개하면서 신문지에는 매일 등판(登板, 발행)하는 것, 7일마다 발행하는 것, 매삭(每朔, 매달) 발행하는 것, 또는 1년에 4번 발행하는 것도 있는데, 서양 여러 나라와 아시아 각지에 서양인들이 모여 사는 곳에는 반드시 신문이 발행된다고 기술했다.

넷째로는 신문의 시원과 현황에 관해서도 서술하면서, 그 시원을 추구(推究)해 보면 처음에는 우리나라 조보(朝報)처럼 관리들에게 [조정의] 주요 사건들을 서사(書寫)하여 돌려 보도록 하다가 200년 전에 이르러서 신문을 발행하는 풍속이 성행하면서 조정의 정령(政令)을 의논하는 신문도 있고, 민간의 악속(惡俗)을 기롱(譏弄)하는 신문도 있으며, 농상의 사무를 포고하는 신문도 있고, 군사(軍士)의 재기(才技)와 학자의 공부를 변난(辯難)하는 신문도 있으며, 법률과 기계에 관한 신문, 유아와 여자의 신문도 나타나게 되었다고 설명했다.

다섯째로는 신문의 인쇄 방법에 관해서도 설명하기를, 신문을 발간하려면 여러 기구들이 필요한데 예전에는 사람이 필사하다가 철주자(鐵鑄字)의 법을 발명한 이후로는 기계를 처음 사용했으나, 역시 인력이 많이 들었다. 그러나 오늘날에는 대규모 신문사는 화륜기계(火輪器械), 즉 증기기관을 부착한 인쇄기를 사용하여 한 번에 3만여 매를 인쇄하니 그 신속함과 굉장함이 족히 사람의 이목을 놀라게 한다고 서술했다.

여섯째로는 신문의 구독과 배포 방법에 관해서 다음과 같이 설명했다. 신문을 구독하려면 주소와 성명을 신문사에 보내야 하며 구독료는 1년 치를 모두 선납하거나 또는 추후에 내기도 하는데, 그럴 경우 매달 초하루에 낸다. 그러면 신문사에서 우정국을 통하여 구독자에게 신문을 보내는데, 우정국에서는 가까운 곳은 사람이 직접 전달하며, 먼 곳에는 화륜차(火輪車, 증기기관차)나 화륜선박 편으로 보낸다. 또한 신문사에서는 신문팔이 소년(街童)들에게 신문을 나누어 주어, 거리를 지나다니는 사람들에게 산매(散賣)하기도 한다고 설명했다.

일곱째로 신문의 상업성과 재정에 관해서도 기술하기를, 신문을 발행하려면 많은 비용이 드는데, 도대체 어떤 사람이 그 많은 비용을 들여 신문을 발간하여 무료로 나누어 주겠느냐고 반문하면서, 신문을 발간하는 것은 그것을 구독하려는 사람들에게 판매하기 위한 것이므로 "신문지는 곧 상로(商路)의 일사(一事)라"고 규정했다. 그러면서 신문사는 신문 판매 이외에 또 각종 광고를 게재해 주면서 그 행수에 따라 광고료를 받는데, 대규모 신문사의 경우 1년 수입액이 많을 때는 2, 3천만 냥에 이른다고 설명했다.

여덟째로는 신문의 제작 방법에 관하여 설명하기를, 신문사에서는 각처에 탐보인(探報人, 오늘날의 취재기자나 통신원)들을 널리 파견해서 긴급한 사정에 관한 뉴스는 전보로 송고하게 하며, 긴급하지 않은 것은 서신으로 보내서 신문 발행 날짜에 도착하게 하는데, 이는 신문사들이 사건을 되도록 빨리 보도하려고 서로 경쟁하기 때문이요, 또한 신문 독자들도 새로운 소식을 빨리 아는 것을 선호하기 때문이다. 한편 신문사에서는 탐보인들 이외에 또한 화공(畵工)과 문인의 손도 빌어서 신문을 제작하는데, 신문기사들은 각각 그 이치를 논하며 그 내용을 그림으로 나타내기도 한다고 설명했다.

아홉째로는 신문의 구실과 기능에 관해서 소개하기를, 만약 국가의 정사와 법률에 불편한 것이 있으면, 신문들은 이를 논하면서 정부가 심고(審考)해 주기를 청하며, 만약 백성들이 좋아하거나 원하는 것이 있으면, 이를 정부가 시행해 줄 것을 요청하게 되므로, 정부의 명령과 정사(政事)도 근신하게 된다고 설명했다. 또한 신문은 백성들의 행실과 세계의 습속(習俗)을 논의하면서, 칭찬할 것은 칭찬하고, 나무랄 것은 나무람으로써, 사람들의 행실을 단정케 하며, 풍속이 자연히 장려되며, 잘못을 돌아보게 된다고 했다. 그러므로 신문은 국가를 위하여는 간관(諫官)의 역할을 수행하며, 인세(人世)를 향하여 사관(史官)의 역할을 하는 자라고 말해도 허언이 아니라고 했다.

열째이자 마지막으로는, 신문은 국가와 개화를 위해서도 큰 구실을 한다면서, 신문은 나라를 존중하고 임금을 사랑하기에 곡진(曲

盡)한 의론으로 세인의 충의를 북돋우고 장려하기가 쉬우며, 또한 자기 나라가 다른 나라에 미치지 못하는 일이 있으면, 이를 논평해서 자기 나라 백성들의 공분심(公憤心)을 불러일으키므로 신문지를 보는 사람마다 좋은 방법으로써 나라를 발전시키려 한다고 했다. 또 신문지를 통해서 나라를 발전시키기 위한 이론(理論)을 백성들에게 상통토록 하므로 한 나라 백성들의 마음을 하나로 만들 수 있는 기관은 신문지를 뛰어 넘는 것이 역시 없기 때문에 신문지는 개화에 크게 도움이 된다고 결론지었다.

바로 이와 같은 여러 가지 내용으로 미루어 볼 때, 유길준은 신문에 관해 많은 연구와 생각을 했던 것 같다. 따라서 유길준은 언론 연구 분야에서 우리나라 최초의 개척자였다고 볼 수 있다. 또한 그는 앞서 소개한 바와 같이 『서유견문』에서 '신문' 전반에 관해서 상세히 소개함으로써 1895년 당시 우리나라 지식층들에게 신문에 관한 이해를 넓혀 주는 한편, 신문에 대한 학문적 관심도 자극해 주었다고 추정된다.

2. 「한성주보」에 실린 작자 미상의 신보론

한편 유길준이 『서유견문』에서 신문에 관한 소개에 앞서, 9년 전인 1886년 1월 25일 창간한 「한성주보」와 그에 실렸던 신문에 관한 글들도 우리나라 국민들에게 신문의 필요성을 인식시키는 데 주요한 역할을 했다고 볼 수 있다. 「한성주보」는 또한 "신보론"(新報論, 제24호, 1886. 8. 16.)이니, "논신문지지익"(論新聞紙之益, 제30호, 1886. 9. 27.) 즉 "신문지의 이익을 논함"이니 하는 글 등을 게재하며 신문에 관한 여러 가지 지식과 논의들을 독자들에게 소개했기 때문이다. 그리하여 더욱 많은 사람들에게 신문에 관하여 관심을 갖고, 신문을 연구하게 만들기도 했다.

「한성주보」에 실린 신문 관계 글 중에서 가장 대표적인 것으로는 제24호 '사의'(私議)란에 게재한 "신보론"을 손꼽을 수 있는데, 필자가 누구인지는 밝혀 놓지 않아서 알 수 없다. 그러나 신문에 관하여 많은 연구를 한 사람임에 틀림없는데, "신보론"은 당시로는 신문에 관한 상당히 수준 높은 글이었기 때문이다. 이 글에서 우선 눈에 띄는 것은 '신문' 또는 '신문지'라는 용어 대신 '신보'(新報)라는 말을 사용한 것인데, 이와 같은 '신보'에 관한 '신보론'의 주요 내용만 간단히 소개해 보면 아래와 같다.

우선 첫머리에서 "오늘날 지구의 6주에는 만국이 나열하여 있으며, 면적은 1억9천만 방리(方里)나 되며, 사람은 14억 명이나 되는데, 천성도 각각 다르며 하는 일도 각각 다르며 생활도 같지 않으며, 사태의 변함도 하루에 수만 가지나 되어서, 한 사람의 눈으로는 모두 살펴볼 수 없으며, 한 사람의 귀로는 모두 들을 수 없으나, … 6주의 넓은 곳을, 또는 만국의 대중을 한 눈과 귀로 모두 듣고 살필 수 있는 한 가지 방법이 있으니 [그것은] 6주의 전신을 통하고 만국과 문호를 개방하여 널리 묻고 널리 자료를 수집하여 날로 이목을 새롭게 하는 것은 오직 신보뿐이다"라고 신보 즉 신문의 기능과 중요성을 강조했다.

그러면서 "해외 각국에는 모두 신보가 있어서 그 수가 날로 번성해지고, 그들의 하는 일도 날로 왕성해져서 정부에서는 신보를 이용하여 정령(政令)을 발표하는 도구로 삼으며, 인민들은 신보에 힘입어서 농공을 일으키는 매개물로 삼고 있으니, 그 공용(功用)의 신속함이 심상한 것이 아니다"라면서, "근래 일본의 군상(君相)들도 이에 대하여 깨달은 바 있어, 해외의 정세를 익히 살피고 별도로 신보사를 설치하고 시사를 광범하게 다루고 있는데 … 일본의 통계표를 상고해 보면, 전국의 신보사의 총계가 205개 사이며 한 해 동안 출간하는 수는 모두 5812만 5754책이나 되는데, 이것이 이른바 민보(民報)라는 것들이며, … [이 밖에] 또 일본에는 별도로 관보가 있는데 역시 해외 각국을 모방해서 창설한 것이다"라고 소개했다. 그러면서 "일본이 가령 지난날 조정의 상하가 외무(外務)를 익히지 않았다면, 어떻게 오늘날과 같은 개명을 이룩할 수 있었겠는가. 그렇다면 신보가 국민의 이목을 밝게 해 주고 국가의 부강을 도모하는 데 그 공용(功用)이 참으로 적지 않다 하겠다"고 신보[신문]의 기능을 높이 평가했다.

그런 다음, 신보에는 관보와 민보가 있는데, "대체로 관보가 하는 일은 정사(政事)의 발표와 명령을 시행하는 것이며, 민보가 하는 일은 풍속을 관찰하고 채집하는 것이니 관보에 조규(條規)가 있고, 민보 역시 체모가 있어야 하는 것은 바로 선왕 시서(詩書)의 유의(遺意)이다. 민(民)에 사보(私報)가 있으면 하정(下情)을 상달할 수 있으며, 외사(外事)가 상세하게 기술(記述)되는 것을 볼 수 있어서 농공상업이 저마다 편리함을 얻을 수 있는 것인데, 게다가 공보가 있어서 이로 인하여 명령과 교계(教戒)가 행해지고, 이로 말미암아 상형(賞刑)의 신실하고 명확함이 드러남이겠는가. 국가계획의 제반 사무와 상무(商務)의 장단굴신(屈伸)과 산림의 택수(澤藪)와 관문세항(關門稅項), 기선출입에 이르기까지 소상하게 기재되지 않은 것이 없어서, 한번 눈에 거쳤다 하면 손바닥 들여다보듯 밝으니, 6주가 아무리 넓다하고 만국이 많다 한들, 앉아서 볼 수 있으며 누워서도 구경할 수 있는 것이다"라고 기술했다.

그러면서 끝으로 "아, 신보 개설의 이익됨이 어찌 견문을 넓히는 데만 국한되겠는가. 저 구주(歐洲) 각국들은 땅이 그다지 넓지도 못하며, 백성도 그다지 많지도 않은데도 부강을 독점하여 6주를 위압하는 것은 역시 신보를 통해 백성을 깨우쳐 날마다 발전하여 만국의 좋은 것을 듣고 보게 하여 총명을 집중시켜 새로운 것을 도모하게 한 때문이다. 우리나라도 저들과 같이 신보를 간행하여 백성들의 이득을 깨우쳐 주면 백성이 날로 부강해질 것이며, 국가도 날로 강해져서 장차

천하를 호령하는 수레를 타고 저 서인(西人, 서양인)들 앞에 달릴 수 있게 될 것이다"고 결론지었다.

3. 최초의 민간지 「독립신문」과 신문에 대한 인식 제고

이와 같은 "신보론"의 결론에도 불구하고, 당시 우리나라 유일의 신문이었던 「한성주보」는 창간 2년 반 만인 1888년 7월 7일 제123호를 끝으로 폐간하고 말았으며, 그 뒤 약 8년 동안이나 우리 민족은 또 다시 신문이 없는 어둠 속에서 살아야만 했다. 그러다가 1896년 4월 7일 서재필(徐載弼)이 우리나라 최초의 민간신문인 「독립신문」[4]을 창간함으로써 우리 민족은 신문의 필요성과 중요성을 다시 한 번 더 깨닫게 되었다.

1) 특히 논설을 통해 신문의 주요 기능 설명

「한성주보」가 폐간된 지 8년 만에 「독립신문」이 창간되어 주 3회(화·목·토) 하루 걸러 한 번씩 나오자, 지식층들은 "이제 우리나라도 드디어 신문을 통하여 개명의 길로 나가고 있다"는 지부심까지 갖게 되었다. 그런가 하면 일반 백성들도 「독립신문」을 크게 환영했다. 이는 그간에 무려 8년 동안이나 신문이 없어서 뉴스에 굶주렸기 때문이기도 하지만, 「독립신문」의 모든 기사는 순한글로 쓰였고 또 띄어쓰기가 되어 있어 한글만 알면 누구나 쉽게 읽을 수 있었기 때문이다. 그리

---

4 창간 당시는 제호를 '독닙신문'으로 표기하다가 제12호(1896. 5. 2.)부터 '독립신문'으로 바꿨다. 제호를 왜 '독립신문'으로 결정했는지는 정확히 알 수 없으나, 서재필이 강조한 '독립'은 일본으로부터의 독립이 아니라, 특히 중국으로부터의 '자주독립'이었다. 그래서 서대문 밖의 독립문도 중국 사신들을 영접하던 영은문(迎恩門)을 헐고 그 자리에 세웠다.

하여 '아녀자'를 포함한 일반 백성들도 「독립신문」을 즐겨 읽게 되면서[5] 신문의 주요 기능과 내용 등에 관해서도 알게 되었다.

이는 독자들이 「독립신문」을 읽으면서 자연히 깨달은 것이기도 했지만, 또한 「독립신문」이 때때로 신문의 기능과 필요성, 신문의 역사와 선진외국의 신문 실태 등에 관하여, 특히 논설을 통하여 독자들에게 설명해 주었기 때문이기도 했다. 예컨대 「독립신문」 제2권 제51호(1897. 5. 1.) 제1면 논설에서는 신문의 교육적 기능에 관하여, 제2권 제119호(1897. 10. 7.) 논설에서는 신문의 권선징악적 기능에 관하여, 제2권 제149호(1897. 12. 16.) 논설에서는 신문의 비판적 기능에 관하여, 제3권 제43호(1898. 4. 12.) 논설에서는 신문의 책무와 권리에 관하여 설명해 주었다. 그런가 하면, 제4권 제199호(1899. 9. 1.) 논설에서는 "신문 확장"이라는 제목 아래, 국가의 개화와 개명에서 신문의 주요 공효(功效)에 관하여 실례를 들어 설명했으며, 제4권 제209호(1899. 9. 13.) 논설에서는 "다섯 가지 큰 이익"이라는 제목 아래, 서양 각국이 부강하고 문명하게 된 것은 철로 · 윤선[증기기관선] · 전선 · 우체 · 신문의 발달 때문이라면서, 개화 과정에서 신문의 역할과 중요성에 관하여 역설했다.

한편 제3권 제97호(1898. 7. 26.) 논설에서는 "신문 모르는 백성"이라는 제목으로 선진외국과 우리나라의 신문 실태를 비교했으며, 제

---

5 당시 우리나라를 여행한 영국의 비숍(Isabella Bishop) 여사가 쓴 『한국과 그 이웃나라』(*Korea and Her Neighbors*)라는 여행기를 보면, "언문으로 된 신문[독립신문] 뭉치를 옆구리에 끼고 거리를 활보하는 신문팔이 소년들의 광경과 가게에서 읽고 있는 사람들의 모습은 1897년에 나타난 신기한 장면이다"(Bishop, 1970, p. 440)라고 기록했으며, 신문을 살 수 없던 사람들은 다른 사람에게 빌려서 돌아가면서 읽었다고 한다. 정부도 「독립신문」의 보급에 여러 가지로 후원을 아끼지 않아서, 예컨대 학부(學部)에서는 각급 학교의 생도들에게, 그리고 내부(內部)에서는 각 지방 관청에게 「독립신문」을 구독하라는 지시를 내렸다.

4권 제237호(1899. 10. 16.) 논설에서는 구미(歐美)에 가서 유학하다가 귀국한 사람과의 "서양과 우리나라 신문의 실정에 관한 대담" 내용을 소개했다. 제4권 제20호(1899. 1. 27.) 논설에서는, 당시 대한제국 정부가 신문지법을 제정하려 하자, "신문규칙"이라는 제목 아래, 신문에 관한 법률의 기능과 역기능에 관하여 논했다. 제4권 제188호(1899. 8. 17.)에서는 "신문의 성가"라는 제목 아래, 영국의 「론돈 타임쓰」(*London Times*)가 오늘날과 같이 세계적 명성을 얻게 된 역사와 이유 등을 자세히 소개했다.

2) 신문에 대한 백성들의 인식과 관심의 제고

「독립신문」은 이와 같은 논설들 이외에 또 여러 기사들을 통하여 신문의 본질, 기능, 필요성 등을 알려 주고 또한 이러한 것들을 실제로 지면을 통하여 보여 줌으로써 우리나라 일반 백성들도 신문이란 무엇이며, 그것은 왜 필요하며, 왜 신문을 읽어야 하는 것인지 등을 알게 했다. 또한 「독립신문」은 우리나라 민간신문들의 출현과 한글 사용에도 중대한 영향을 미쳤을 뿐 아니라, 시골 백성들의 개명(開明)에도 큰 영향을 미쳤음은 물론이다.

그러나 「독립신문」이 그 직무를 충실히 수행하는 과정에서 자신들의 비행을 폭로함으로써 난처해진 일부 수구파 위정자들과 외세열강들이 「독립신문」과 그 발행자 서재필(영문명: Philip Jaisohn)에 대하여 증오심을 품게 되었으며, 그것은 급기야 서재필에 대한 탄압으로 나타나기 시작했다. 특히 당시에 우리나라 정계를 쥐고 흔들던 러시아는 우리나라 고종 임금에게 서재필을 모함하면서 「독립신문」의 발행을 중단해 달라고까지 노골적으로 요청했다.

그러자 우리 정부는 할 수 없이 1897년 12월 13일 서재필을 중

추원고문직에서 해고하는 동시에 「독립신문」에 대한 탄압을 시작했다. 그럼에도 몇 개월을 버티던 서재필이 1898년 5월 14일 부득이 한국을 떠나 다시 미국으로 돌아가자, 윤치호가 「독립신문」을 맡아 발행하면서 명목상의 사장은 미국 선교사 아펜젤러(Henry G. Appenzeller, 1858~1902)에게 맡겼다. 그러나 이듬해 1월 정부가 독립신문사 건물과 인쇄 시설 일체를 환수함으로써 1899년 12월 5일 끝내 폐간하고 말았다.

4. 민간신문 시대의 개막과 신문에 관한 연구의 발전

앞서 설명한 바처럼 「독립신문」은 창간한 지 3년 7개월 만에 사라지고 말았으나, 우리나라 신문의 방향과 내용·형식 등에 중요한 영향을 미쳤다. 그중에서도 특히 중요한 영향의 하나는 「독립신문」을 본뜬 신문들이 속속 등장하여, 「독립신문」 제3권 제43호(1898. 4. 12.) 논설에서도 밝혔듯이, 1896년 4월 7일 「독립신문」이 나오기 이전에는 "신문이라 하는 것을 이름도 모르던 나라에서" 3년 뒤에는 "국문 신문이 다섯"이나 되었다. 그리하여 우리나라 사람들도 신문에 관심을 갖게 되면서 신문학에 관한 연구도 시작되었다.

1) 「독립신문」 창간 이후 각종 민간신문들의 속출과 백가쟁명

1896년 4월 7일 「독립신문」의 창간 이후 1899년 12월 5일 폐간까지 약 3년 7개월 동안에 창간한 민간신문들 중에 서울 시내에서 발행한 다섯 개의 국문 신문은 「죠선크리스도인회보」·「그리스도신문」·「협성회회보」·「대한황성신문」·「대한신보」였다. 이들은 모두 「독립신문」의 본을 떠 한글 띄어쓰기를 지면에 반영하였다. 이들 신문 이외에도 계속해서 민간신문들이 출현했으며, 그중 일부는 얼마 되지 않아 폐간하기도 했다. 1910년 한일병합까지 약 12년 동안에 서양인과 일본인 경영의 국문신문과 영자신문을 포함하여 약 20종의 민간신문들이 생성, 소멸되는 등 그야말로 신문의 '춘추전국시대'를 이루었다. 그러면서 이들 신문은 혁신계 · 수구파 · 종교계 · 외국계 · 친일계 등 여러 계파로 나뉘어 저마다의 논조를 폄으로써 백가쟁명의 현상을 방불케 하였다.

첫째로 혁신계 신문으로는 1898년 8월 「데국신문」, 그리고 9월에는 「황성신문」이라는 국문 일간신문이 나왔다. 이들 중 「데국신문」은 중류 이하의 서민과 부녀자들을 대상으로 순한글로 발행했기 때문에 '암[雌]신문'이라고 불리면서 '수[雄]신문'이라고 부른 「황성신문」과 자웅을 겨루었다. 이들 혁신계 신문 이외에 1906년 6월에는 「만세보」라는 국한문혼용의 일간신문이 창간되었으나 1년 만인 1907년 6월 폐간하고 말았다. 1909년 6월 「대한민보」라는 혁신계 신문이 또 나왔으나, 이것도 1년 만인 1910년 8월 한일병합이 되자 즉시 폐간당하고 말았다.

둘째로 수구파 신문으로는 「시사총보」가 1899년 1월 새로 등장하여 격일로 발행(국한문 혼용)하면서, 혁신계 신문들과는 반대 논조를 펴다가 이듬해 폐간하고 말았다. 1909년 10월 지방에서는 최초로 경상남도 진주에서 「경남일보」라는 신문이 등장했는데, 이 신문은 「황성신문」 사장을 역임한 장지연(張志淵)이 편집했다.

셋째로 종교계와 외국계 신문으로는 앞서 언급한 「죠선크리스도인회보」 · 「그리스도신문」 · 「협성회회보」(1898. 4. 9. 「믹일신문」으로 개제)에 이어, 1904년 7월 1일 영국인 베델(Ernest T. Bethell, 한국명 배설)과 한국인 양기탁(梁起鐸)이 「대한매일신보」를 창간했다. 또 1906년에는 프랑스 신부 안세화(安世華)가 「경향신문」을 창간, 주간으로 발행하다가 이듬해 잡지로 변경했다.

넷째로 대한제국 말기에는 친일 매국적 신문들도 10여 종이나 나타났다. 이들 중 우리나라 친일파 인사들이 발간한 것으로는 일진회의 이용구(李容九) 등이 1906년 1월 창간한 「국민신보」와, 이인직(李人稙)이 1907년 7월 창간한 이완용 내각의 앞잡이 신문 「대한신문」 등이 있었다. 그리고 일본인들이 우리나라 국민들에게 자신들의 침략을 합리화하기 위하여 우리말(국문)로 발간한 신문으로는 「대한일보」(1904. 2. 창간, 일간), 「대동신보」(1904. 4. 창간, 일간), 「중앙신보」(1906. 1. 창간), 일본의 조선통감부기관지 「경성일보」의 국문판(1906. 9. 창간), 인천의 「조선일일신문」의 국문판(1904. 7. 창간, 일간), 평양의 「평양신문」(1909. 창간) 등이 있었다.

2) 언론단체의 등장과 신문에 관한 연구와 토론

위에서 살펴보았듯이 1896년 4월 7일 우리나라 최초의 민간신문인 「독립신문」이 창간된 이후, 우리나라에서도 민간신문의 시대가 열려 수많은 신문들이 나타났다가 사라지기도 했다. 그러자 신문에 관한 국민들의 관심과 인식도 높아지면서 "신문이란 무엇이며 그 기능은 어떠해야 하는가?" 등에 관한 여러 가지 신문론들이 특히 지식인들과 언론인들 사이에서 전개되기 시작했다.

1898년에는 「한성신문」·「독립신문」·「매일신문」·「데국신문」·「황성신문」 사가 우리나라 최초의 언론단체인 '신문사친목회'를 결성하였다(「독립신문」, 1898. 10. 25. 참조). 신문사친목회에서는 각 신문사 사원들이 매월 두 번째 토요일에 순번에 따라 회원사에 모여 '평상회'(平常會)를 열고(「독립신문」, 1899. 4. 14.), 언론의 자유, 신문사의 경영 등 신문에 관련된 여러 문제를 토론하고 연구했다. 1898년 10월에는

또 '신문구락부'라는 언론인 단체도 결성되어 역시 신문에 관한 여러 가지 문제들을 연구하고 토론도 하였다.

1898년 5월 「대한매일신보」 등 우리나라 신문들이 일본을 위시한 외국 열강의 침탈 행위를 폭로하는 기사를 싣자, 외국 열강들은 우리 정부에 신문들을 규제하도록 압력을 가해 내부(內部)로 하여금 1899년 1월 일본의 신문지조례를 모방하여 전문(全文) 33조로 구성된 '신문조례'를 제정하려고 했다. 그러자 앞서 언급한 신문사친목회가 그 잘못을 지적하면서 외국의 신문지법에 관한 연구와 토론을 벌이기도 했다. 그러면서 신문조례에 신문에 대한 가혹한 규제조항이 너무 많다고 항의함으로써, 신문조례의 시행을 막았다.

5. 1900~1920년대의 신문학 연구 실태

앞서 살펴보았듯이, 1896년 4월 7일 「독립신문」의 창간 이후 우리나라에서도 민간신문의 시대가 열려, 1910년 한일병합까지 약 12년 동안에 서양인과 일본인 발행의 국문신문과 영자신문을 포함하여 약 20종의 민간신문들이 생성, 소멸되는 등 신문의 '춘추전국시대'를 이루었다. 그러자 자연히 신문에 관한 학문적 관심도 높아지면서 여러 논의와 연구들이 시작되었다. 하지만 1905년 11월 일본이 강제로 우리나라와 을사늑약(일명 '을사보호조약')을 맺고 외교권을 박탈한 뒤, 이듬해 2월 서울에 조선통감부를 설치하고 우리나라 내정까지 간섭하며 우리 민족 신문들을 탄압하기 시작했다. 그러자 모처럼 움텄던 신문에 관한 연구의 싹은 된서리를 맞고 말았다.

1) 민족지들의 소멸과 신문학연구의 침체

1905년 11월 을사늑약이 체결되자 이를 「황성신문」·「데국신문」·「대한매일신보」 등이 비난하면서 배일 사상을 고취했다. 그러자 조선통감부 초대 통감 이토 히로부미(伊藤博文)는 당시 대한제국의 이완용 내각을 시켜, 광무 11년 즉 1907년 7월 24일 '신문지법'(속칭 광무신문지법)을 제정, 공포했다. 이 신문지법은 일본 메이지(明治)시대 초기의 '신문조례' 중에서 가장 가혹한 조항만 골라서 만든 것으로, 신문의 발행 허가와 보증금 제도, 사전 검열제, 발매 · 반포 금지 · 압수와 발행 정지, 신문인에 대한 벌금형과 체형 등을 규정한 악법이었다. 바로 이와 같은 '신문지법'을 악용하여 일제는 우리나라 신문들을 사전검열하면서, 걸핏하면 압수나 정간 처분 등을 했다.

이처럼 일제는 우리 민족 언론부터 철저히 탄압하여 백성들의 입과 귀를 막으면서, 우리나라를 빼앗기 위한 준비를 착착 추진해 나가다가 마침내 1910년 8월 22일 한일병합을 단행했다. 그리고 서울에 조선총독부를 설치하여 무단통치를 시행하면서 우리 민족 언론을 송두리째 말살하려고 했다. 그리하여 당시까지 겨우 살아남았던 4개의 우리 민족 신문들, 즉 서울의 「황성신문」·「대한매일신보」·「대한민보」와 진주의 「경남일보」 중에서 「황성신문」과 「대한민보」는 폐간시켜 버렸다. 그리고 「대한매일신보」는 몰수해서 조선총독부 국문판 기관지로 만들면서 「매일신보」로 개제한 다음, 조선총독부 일문판(日文版) 기관지 「경성일보」(1906. 9. 조선통감부 기관지로 창간)가 직영토록 했다. 한편 지방신문인 진주의 「경남일보」는 몇 년 동안 그냥 두었다가 1914년 말경에 폐간시켜 버림으로써, 우리 민족 신문은 완전히 자취를 감추고 말았다.

이처럼 일제는 한일병합 이후 우리 민족 신문들을 모두 폐간시켰을 뿐 아니라, 자신들의 앞잡이 노릇을 해 왔던 한국인 발행의 친일신문 「국민신보」와 「대한신문」도 폐간시켰다. 그런가 하면 일본인들이 서울에서 발행하던 우리말 신문들도 모두 폐간시켰다. 그리하여 한일병합 이후 서울에는 조선총독부의 세 가지 기관지, 즉 일문판 「경성일보」와 우리말 국문판 「매일신보」 및 영문판 「서울 프레스」(*Seoul Press*, 1907. 2. 조선통감부 기관지로 창간)만 남게 되었다.

2) 민족지들의 소생과 함께 신문학 연구도 되살아나

이와 같이 1910년 한일병합 이후 일제가 우리나라 민족 신문들을 모두 폐간시키고 언론에 대한 가혹한 탄압을 실시하자, 그 이전에 모처럼 시작된 신문에 관한 학문적 관심과 연구도 자연히 침체되고 말았다. 이러한 상태는 1920년까지 10여 년 동안이나 계속되었다. 그러다가 1919년 우리 민족이 일제에 항거하여 3·1운동을 거세게 일으키자, 이에 놀란 일제는 그때까지 우리나라에 실시했던 무단정책 대신 이른바 '문화정책'을 표방하고 나서면서 한국인에게도 신문의 발행을 허가했다. 그리하여 1920년 봄 「조선일보」와 「동아일보」 등을 창간하면서 우리 민족 언론이 소생하자 신문에 관한 학문적 관심과 연구도 되살아나기 시작했다. 그러면서 그간에 억눌렸던 언론인들과 지식인들의 언론에 관한 연구욕이 분출하기 시작, 1920년대는 신문학에 관한 각종 연구 활동이 활발하게 이루어지면서 개화기(開花期)를 맞게 되었다.

1921년 11월 27일 언론인들은 '무명회'(無名會)라는 단체를 결성하여, "언론 자유의 신장과 회원들의 권익 보호"를 내세우면서 언론에 관한 여러 문제들을 논의하고 연구하기 시작했다. 결성 직후인 1922년 1월 26일 열린 무명회의 첫 월례회에서는 "신문과 잡지에 대한 검열 및 허가 제도의 철폐"를 위해 노력할 것을 결의했다. 또 1925년에는 '전 조선 기자대회'를 개최하는 등, 1927년 중반까지 우리나라 민족 신문들의 구심적 역할을 했다.

다. 한국 최초의 신문학개론서, 김동성의 『신문학』

이와 같이 1920년대에는 우리나라에서 신문학에 관련된 획기적 사건들이 일어나면서 신문학에 관한 연구가 모처럼 꽃을 피우기 시작했다. 그중에서도 특기할 만한 것으로는 역시 1924년 미국 유학생 출신 김동성의 『신문학』의 출판과, 1928년 우리나라 사람으로는 최초로 독일에서 신문학 박사학위를 취득한 김현준의 귀국을 들 수 있다. 이들은 당시 세계 신문학의 양대 산맥이었던 미국의 '실천신문학'과 독일의 '이론신문학'을 각각 우리나라에 소개함으로써 우리나라 지식인과 언론인들 사이에 '신문학'이라는 새로운 학문에 대한 관심을 고조시켰기 때문이다. 그러면 여기 제1편 제1장에서 우선 김동성이 저술한 『신문학』에 관하여 살펴본 다음, 제2장에서는 김동성의 생애에 관하여 알아보기로 하겠다. 그리고 제2편에서는 김현준의 박사학위논문과 그의 생애에 관해서 살펴보기로 하겠다.

1. 미국에서 신문학 공부, 귀국 후 기자로 활약

김동성은 1890년 4월 25일 개성에서 부호 상인의 아들로 출생했다. 1906년 윤치호 등이 개성에 한영서원(韓英書院)을 설립하자, 김동성은 이 서원에 다니다가 1908년 중국 쑤저우(蘇州)에 있는 기독교 계통의 동우대학(東嗚大學)으로 유학을 가서 1년 동안 수학했다. 그리고 1909

년 미국으로 건너가 아칸소(Arkansas)주 헨드릭스대학(Hendrix College)에서 공부하다가 1912 오하이오(Ohio)주 콜럼버스(Columbus) 소재 오하이오주립대학(Ohio State College)으로 전학하여 신문학(journalism)을 공부했는데,[6] 그는 우리나라 사람으로는 미국에서 처음으로 '신문학'이라는 새로운 학문을 공부한 선각자였다.

신문학을 공부하면서 신문만화에 관심을 갖게 된 김동성은 1915년 오하이오주 신시내티 미술대학에 입학해서 만화를 공부했다. 그러면서 자신의 미국 체험담을 삽화를 곁들여 기술한 에세이집 『동양인의 미주인상기』(*Oriental Impressions in America*)를 1916년 영문으로 출판하기도 했는데, 이 책은 한국인 최초의 영문 단행본으로 알려져 있다(김동성·김희진·황호덕, 2015, 머리말).

8년 동안의 유학 생활을 마치고 1917년경 귀국한 김동성은 1920년 4월 1일 「동아일보」를 창간할 때 입사해서 조사·섭외 담당 기자로 활약했다. 그러면서 「동아일보」에 '그림이야기'라는 제목의 4칸짜리 만화를 발표하기도 했다. 1921년 9월 조사부장으로 승진한 김동성은 11월 11일부터 21일까지 미국 하와이 호놀룰루에서 열린 제2회 '만국기자대회'(The Press Congress of the World)에 참석하여, 정한경(鄭翰景)과 함께 부회장에 당선되었으며(「동아일보」, 1921. 10. 23., "我社 대표 김동성 부회장에 당선"), 1922년에는 「동아일보」의 첫 번째 워싱턴 특파원이 되었다.

1923년 2월 김동성은 "만화 그리는 법"이라는 글을 「동명」이라는 잡지에 발표했다. 그간에 김동성은 자신과 동향이며 아홉 살 아래로서, 동양화를 전공한 심산 노수현에게 만화를 가르쳐 1924년 10월

6 그러나 김욱영에 의하면 졸업은 하지 않았다고 한다(김욱영, "일제하 언론인 김동성의 언론 활동에 관한 연구," 「한국언론정보학보」 제26집, 2004, pp. 1-15).

13일부터 「조선일보」 3면에 "멍텅구리 헛물켜기"라는 제목의 만화를 연재토록 함으로써 우리나라 신문 만화의 발전에도 크게 기여했다.

김동성은 이처럼 언론인과 만화가로서 바쁘게 활동하면서도 그가 미국에서 배운 신문학에 관한 학문적 지식들과 또한 귀국 후 「동아일보」 기자로서 얻은 실무 경험 등을 정리해서, 1924년 5월 동아일보사를 퇴직한 한 달 뒤인 6월에 『신문학』이라는 단행본으로 출판했다. 서울의 조선도서주식회사에서 출판한 이 책은 우리나라에서 나온 최초의 신문학 관련 전문서적이자(임근수, 1973, p. 9), 1920년대의 미국의 소위 '실천신문학'을 우리나라에 처음 체계적으로 소개한 저서였다.

2. 『신문학』의 체재와 주요 내용

이와 같은 김동성의 『신문학』의 영인본을 이 책 뒤에 〈부록 A〉로 실어 놓았는데, 이에서 보듯이 맨 앞 책표지에는 '新聞學'이라는 책이름만 세로로 인쇄해 놓았다. 그리고 속표지에는 상단에 가로로 'JOURNALISM'이라고 쓰고,[7] 그 아랫줄에 "Compiled by D. S. Kim"이라고[8] 역시 가로로 인쇄한 다음, 그 아래 '新聞學'이라는 한자 서명(書名)을 세로로 넣었다. 그리고 하단에는 출판사(발행사)를 영어로 "Publishers. Korean Book Company"라고 인쇄해 놓았다.

---

7 그러나 식자(植字) 또는 조판(組版)상의 오류로 TOURNALISM으로 인쇄되어 있다.

8 이처럼 속표지 상단에는 영어로 'Compiled by D. S. Kim', 즉 "김동성의 편찬"이라고 기재해 놓았고, 두 번째 쪽에 실은 사진화보, 즉 김동성이 4명의 서양특파원들과 함께 찍은 사진 설명에서는 자신을 '편자'라고 지칭했고, 본문 제1쪽에는 『신문학』이라는 서명(書名) 아래 왼쪽에 '천리구편'(千里駒編, 천리구는 김동성의 호이자 필명)이라고 적혀있다. 이처럼 김동성은 자신을 '편자'라고 지칭했는데, 이는 그가 『신문학』 을 실제로 편찬했기 때문인지, 아니면 '동양적 겸손' 때문에 '편자'라고 한 것인지는 확실치 않다. 책 맨 뒤에 판권장에는 '저작자 김동성'으로 기재되어 있다.

1)『신문학』의 표지 · 화보 · 머리말의 내용

이러한 속표지 다음에 두 쪽에는 화보를 넣었는데, 그중 첫째 쪽에는 "조고계(操觚界)의 선진(先進)"이라는 제목 아래, 우리나라 근대 신문의 선구자들인 석농(石儂) 유근(柳瑾), 서재필(徐載弼) 박사, 숭양산인(嵩陽山人) 장지연(張志淵), 우강(雩岡) 양기탁(梁起鐸), 하몽(何夢) 이상협(李相協)의 인물사진들을 실었다. 그리고 두 번째 화보로는 모두 양복을 입고 모자를 쓴 다섯 명의 신사들이 함께 찍은 사진 한 장을 싣고, 그 아래 "화성돈의회(華盛頓議會)의 특파원수인(特派員數人). 좌(左)로부터 썰리반(米國), 스나이더(加奈陀), 왤스(英國), 화얏(米國), 편자"라는 설명을 붙여 놓았다. 이 사진은 김동성이 1922년「동아일보」의 첫 번째 워싱턴 특파원으로 갔을 때 워싱턴의 미국 의회에서 다른 나라 특파원들과 함께 찍은 사진으로 추정된다.

이와 같은 사진 화보 다음 쪽에는 '서'(序)라는 제목의 머리말이 실려 있는데, 그 끝에 "동아일보사 편집실에서 고하생(古下生)"이라고 적혀 있다. 따라서 이 머리말은 당시「동아일보」사장 고하(古下) 송진우(宋鎭禹)가 쓴 것임을 알 수 있는데, 그중에서 주요 부분만 발췌해서 소개해 보면 아래와 같다.[9]

> 신문화의 보급이 아직도 철저치 못한 조선사회에서 각종의 신저(新著)가 완비치 못할 것도 상상할 바이다. 그중에서도 가장 이해가 협소하고 연구가 결핍한 것은 신문지에 관한 지식이라 할 것이다. 원래 신문지의 발달이 문화의 보급을 촉진하는 것이며 문화의 보급이 또한 신문지의 발달을 용이케 하는 것이라 하면 신문화의 수입을 목하(目下)의 최대

9 원문의 한자들은 한글로 고치고, 꼭 필요한 한자만 괄호 안에 병기했다.

급무로 하는 금일에 … 외우(畏友) 김동성 군이 이에 감(感)한 바 있어 사학(斯學)에 관한 전문가의 저술을 참고하여 일권(一卷)을 편(編)하니 이「신문학」이라. 실로 우리 독서계에 있어서 처음 보는 작품인 동시에 재자(材資)의 풍부와 분류의 배치가 구(俱)히 그 선(宣)을 득(得)하고 그 선(善)을 진(盡)한지라. 절(竊)히 군(君)의 고심(苦心) 노력한 흔영(痕影)에 대하여 경찬(敬贊)의 의(意)를 표하는 바이다(이하 생략).

— 동아일보사 편집실에서 고하생(古下生)

이와 같은 서문에서 보듯이 고하(古下) 송진우는 말하기를, “원래 신문지의 발달은 문화의 보급을 촉진하며, 문화의 보급은 또한 신문지의 발달을 용이케” 하는데, “신문화의 수입을 최대 급무(急務)로 하는 금일에” 김동성이 이 학문[斯學], 즉 신문학에 관한 전문가의 저술을 참고하여「신문학」일권을 편했는데, 이는 우리 독서계에서 처음 보는 작품일 뿐더러 그 내용 자료의 풍부함과 분류·조직이 모두 더할 나위 없이 훌륭하다면서 저자의 고심한 노력의 흔적에 경찬의 뜻을 표한다고 했다.

2)『신문학』의 목차와 각 편(篇)의 주요 내용

「신문학」의 판형은 4×6판이고, 분량은 253쪽이며, 본문은 모두 4편 17장으로 구성되어 있다. 우선 목차를 소개해 보면 〈참고자료 1-1-1〉과 같다. 그러면 이들 각 편과 장에서는 어떤 내용들을 어떻게 다루었는가?

제1편 ‘신문사의 조직’ 중 제1장 ‘서언’에서는, 신문사 조직은 신문사의 규모와 종류에 따라 차이가 있다고 했다. 예컨대 도회지의 큰 신문사 같은 경우는 조직이 복잡하며 편집실이 광활하고 30~40명의

[참고자료 1-1-1] 김동성 저『신문학』(新聞學) 목차

기자가 근무하나, 지방주보(地方週報)의 경우는 사장과 기자 1명이 사무소에 편집실을 겸하는 곳도 있다고 기술했다. 제2장 '편집실'에서는 기자의 종류와 그 담당 업무에 관하여 설명했으며, 사회부장과 주필

의 책임과 업무도 설명했다. 제3장 '공장'에서는 신문 인쇄를 담당하는 공무 부서를 3개 부(部) 즉 채자실·정판실·인쇄실로 나누어, 이들을 중심으로 채자[문선, 文選])에서부터 인쇄까지 신문의 인쇄 공정을 비교적 자세하게 설명했다. 제4장 영업국(營業局)에서는 신문사의 영업부서를 판매부, 광고부, 회계부로 나누어 이들 각 부서의 관장 업무를 간략하게 설명했다.

제2편 '신문기사'에서는 서두에서 말하기를, 신문기사를 작성할 때는 우선 3가지 문제, 즉 ① 신문기사란 도대체 무엇인가? ② 기사 내용은 어디서 어떻게 탐득(探得)하는가? ③ 기사는 어떻게 독자들에게 제공해야 하느냐? 하는 문제부터 생각해야 한다고 했다. 이들 중 첫째 문제는 기사[뉴스]의 주석과 가치를 포함하는 것이요, 둘째 문제는 탐보 즉 취재원과 취재 방법 등에 관한 것이요, 셋째 문제는 기사의 구조와 체재를 논하는 것이라고 전제했다. 그리고 나서 이러한 세 가지 문제들에 대해 제5장 '기사와 그 가치'에서는 뉴스의 주요 가치들인 중요성·흥미성·시의성·영향성 등에 관하여 설명했고, 제6장 '탐보'에서는 여러 가지 취재원들, 예컨대 출입처, 통신사, 사건 현장 등과 취재 방법을 설명하면서 특히 인터뷰 방법을 실례를 들어 자세히 설명했다. 그리고 제7장 '기사의 구조와 체재'에서는 기사의 일반적 구조에 관하여 설명했다.

제3편 '기사의 종류'에서는 기사의 종류별로 그에 관한 취재, 보도, 기사 작성 방법 등에 관하여 자세히 설명했다. 즉 제8장 '돌발기사'에서는 화재·사고·살인·도난 등 돌발 사건들의 취재와 그에 관한 기사 작성 방법을, 제9장 '연설'에서는 연설에 관한 보도의 실례, 인터뷰 보도의 실례, 법정 보도의 실례 등을 소개했다. 제10장 '기사의 특종'에서는 특종기사의 뜻과 그 취재·보도 방법을, 제11장 '특수기사'에서는 잡보란의 단편기사, 독물(讀物, 읽을거리) 기사의 작성 방

법, 수필 등 문예물의 작성 방법을 소개했다. 제12장 '논설'에서는 논설과 칼럼 기사의 작성 방법을 「동아일보」의 고정 칼럼 '횡설수설'과 '휴지통' 기사의 작성 방법을 그 실례로 들어 설명했다.

제4편 '편집'에서는 신문 편집 방법에 관하여 설명했다. 먼저 제13장 '기사편집'에서는 원고의 정리 방법, 활자의 종류와 크기의 지정 방법에 관하여, 제14장 '제목'에서는 기사제목(headline)의 주요 기능, 종류, 요건 등에 관하여 설명했다. 그리고 제15장 '교정'(校訂)에서는 교정 방법을 실례를 들어 설명했고, 제16장 '제판'(製版)에서는 사진과 만화 등의 제판 방법을 소개했다.

3) 마지막 제17장에서는 신문 관계 주요 문제들에 관해 논술

끝으로 제17장 '신문의 용무'에서는 신문종업자와 그 사무, 신문과 사회, 광고, 신문의 목적, 공익사업, 황색지, 부정광고 신문, 기자의 문제 등에 관하여 논술해 놓았다. 이러한 논술의 목적은 '신문종업자와 그 사무'라는 항목에 잘 나타나 있는데, "신문학을 논함에 신문의 용무와 그 종사자의 관계를 생각지 아니치 못할지니, 이상 [이 책에서] 논술한 바는 다만 신문작성의 방식에 그쳤고 그로 인한 결과와 목적은 아직 논급치 못하였다"면서, "신문의 용무에 대한 이상적 기초를 수립치 아니하면 종업자의 사무는 무의미하여 현행 방식만 채용할 뿐이요 그 이면(裏面)의 목적은 간과함이니 신문기사가 한번 세상에 전파되어 천하의 여론을 야기하며 문화향상에 세력이 되는 결과를 시(示, 보이다)한 후에라야 종업자는 그 사업의 위대한 가치를 비로소 시인할 것이다"라고 밝혔다. 그런 다음, 신문의 목적, 기능, 방향 등에 관한 당시의 신문학적 이론과 자신의 생각을 다음과 같이 소개했다.

첫째로 '신문의 목적'에 관해서는 "5개조의 목적이 신문 발간의 근본 정신이니 ① 보도, ② 사건 해석과 시하(時下) 문제의 논평, ③ 유익한 고시(告示)와 권면(勸勉), ④ 호독물(好讀物, 좋은 읽을거리)의 제공, ⑤ 광고의 매개이다"라고 신문의 다섯 가지 기본 목적을 열거했다. 이는 오늘날의 신문의 4대 기능, 즉 보도(to inform), 논평(to interpret), 오락(to entertain), 광고(to advertise) 기능과 비슷하다.

둘째로 '공익사업'이라는 항목에서는, 신문 발간은 공익사업의 하나라면서, 신문은 "기사로 보도하고 또 논평하여서 사위(四圍)의 정황을 지도권유(指導勸諭)함으로써 언론 자유의 신성함은 세인(世人)이 시인한 지 이구(已久, 이미 오램)다. 신문은 일반의 교사가 되고 강단이 되어 일반 민중은 문학·학교·강단이 무(無)하되, 단(但)히 신문이 유(有)하다고 절규한 이도 있었고 신문기자를 제4의 에스텟(the 4th estate: 영국에 3에스텟이 有하니 귀족, 교회, 중원(衆院))이라 칭하며, 무면제왕(無冕帝王, 면류관 없는 황제)이라 칭한 것은 그 사업의 중대함을 명언(明言)한 것이다"라고 주장했다. 또한 '신문과 사회' 항목을 보면, "모든 공익사업과 같이 신문은 그 사회의 이상(理想)과 취미에 합치하나니 즉 그 범위의 산물이 되는 동시에 그 범위를 창조하는 위력이다. 소식을 공개하는 소개 서류이므로 구독하는 사회의 표준의 종(從, 따름)하여 신문의 가치를 정평(定評)한다"고 기술했다.

셋째로 '황색지'라는 항목에서는 1892~1913년간에 미국의 신문계를 풍미했던 '황색 저널리즘'(yellow journalism) 현상에 대하여 다음과 같이 비판하면서 경계했다. 즉 "황색지(악덕신문)는 여하한 사건이든지 침소봉대로 독자의 흥미만 야기하려 하여 혹은 인신공격, 혹은 비밀 폭로로 중대한 사실이 아닌 기사라도 대제목을 부(附)하여 허장(虛張)하나니 대체로 신문에 색을 가함은 3개의 원인이 유(有)하여 (1) 신문주(新聞主)가 자기나 혹 자기 당파의 사리를 도모하려고, (2) 광고주와 기타 관련자의 이익을 옹호하려고, (3) 사실보다 중요한 기사로 작성하여서 독자를 증가하려는 야심이다. 그러나 신문의 용무는 보도와 여(如)히 매일 사건을 운전할 뿐만 아니라 봉공(奉公)하는 의무가 유(有)함으로 순전한 영리사업이 아니니, 부정한 기사는 독자에게 주는 해독이 식료품의 불결한 것이 신체를 상해(傷害)하는 그것과 흡사하다. 그래서 언론 자유를 존숭함은 사실을 떠나 색채를 가하지 않고 정확한 보도로서 사회에 봉공함에 재(在, 있음)하다"고 주장했다.

넷째로 '기자의 문제'라는 항목에서는 "신문의 방침은 신문의 간부에서 결정함으로 기자는 절대복종할 것이며, 위보(僞報, 거짓 보도)는 처음부터 시작을 아니할지니, [이는] 편집장을 그 시(時)에 기혹(欺惑)할 뿐 아니라, 자신의 도덕적 관념이 저열(低劣)해지며, 자신에 해가 되는 동시에 위보에 관계한 인물과 그 신문 전체를 상해(傷害)함이니, [이와 같은 해독을 끼치는 위보는] 사회의 대사명을 대(帶, 가짐)한 무면제왕(無冕帝王)의 행할 바 아니다"라고 못 박았다.

4) 신문광고의 기능과 중요성에 관해서도 자세히 설명

김동성은 또한 신문광고에 관해서도 비교적 자세하게 설명해 놓았다. 앞서 언급한 '신문의 목적' 항목을 보면 "신문의 최선(가장 먼저)의 목적은 보도와 논평이나" 광고의 목적 내지 기능도 중요하다면서, "금일의 신문과 같이 염가로 독자에게 제공함은 실로 [신문이] 광고선전의 중요한 조달품이 되는 때문"이라는 것이다. 또한 "일반 독자들은 광고문에 대하여도 잡보와 동일한 흥미를 지(持, 갖다)하는 고로 대상점과 각 회사에서 신문지를 이용하여 신문사 자체와 광고주가 공히 이익을 균점한다"는 것이다. "그래서 신문의 유지비에서 3분의 2 혹은 4분의 3이 광고 수입이오, 신문 판매료는 겨우 3분의 1 혹은 4분의 1이니 독자가 1전에 신문 1매를 구독한다면 그 신문의 실가(實價)

는 3전 내지 4전인데 그 차액은 광고주의 지출이므로 독자들은 3전 내지 4전짜리 신문을 1전에 구독할 수 있다"고 한다.

"그러므로 기사와 광고의 관계는 신문의 생활기능이 되나니, 독자의 계급과 수효에 따라 광고의 가치[광고료]를 정하고 또는 판매 수효가 기사 자체에 의뢰하며 판매 수가 증가할수록 광고요금이 고(高)하여 신문사의 수입이 증대하나니 수입이 증가할수록 신문지면은 발전할 것이요, [수입이] 감수됨을 따라 독자도 감소되는 관계가 유(有)함으로 광고와 판매와 기사 내용이 호상 연락이 된다"면서, 따라서 광고는 신문과 그 발전에 중요한 역할을 한다고 주장했다.

하지만 신문사가 광고 수입을 올리기 위하여 부정 광고를 실어서는 안 된다고 강조했다. 즉 "사기적 투기사업의 위험한 매약 광고, 부정한 의사(醫師) 광고, 기타 인류 사회에 불이익할 광고를 선전함은 부지중에 독자에게 해를 주는데, [그럼에도] 이러한 광고를 [신문이] 게재하는 이유는 누구든지 요금만 지출하면 지면을 판매하고 광고 내용은 [신문사] 광고부가 조사할 바 아니라고 칭탁하기 때문"이라는 것이다. 그러나 이는 잘못으로서, "신문은 광고의 매개물로서 사회에 충성(衷誠)을 다할 의무가 있다"고 강조했다.

끝으로 책 뒤에 붙어 있는 판권장을 보면 "대정(大正) 13년 6월 7일 인쇄, 대정 13년 6월 10일 발행, 저작자 김동성(경성부 적선동 181번지), 발행자 송진우(宋鎭禹, 경성부 화동 138번지), 인쇄자 심우택(沈禹澤, 경성부 공평동 55번지), 인쇄소 대동인쇄주식회사(경성부 공평동 55번지), 발행소 조선도서주식회사(경성부 견지동 60번지), 정가 금 1원50전"이라고 기재되어 있다. 여기서 한 가지 흥미로운 것은 '조선도서주식회사'의 발행자가 「동아일보」 사장 송진우였다는 점인데, 당시 '조선도서주식회사'와 「동아일보」 그리고 송진우와의 관계는 확인하지 못했다.

3. 『신문학』에 대한 평가와 한국 신문학사적 의의

지금까지 김동성이 지은 『신문학』의 내용을 간단히 소개했는데, 그 내용과 체재 등을 보면 「동아일보」 사장 송진우가 그 서문에서 "재자(材資)의 풍부와 분류의 배치가 구(俱)히 그 선(宣)을 득(得)하고 그 선(善)을 진(盡)했다"고 하였듯이 오늘날의 신문론 교과서와 비교해 보아도 거의 손색이 없다. 다만 『신문학』은 신문기사의 취재 · 보도와 편집 · 인쇄 등에 관련된 실무적 내용을 주로 다루었는데, 이는 당시 미국의 신문학이 그랬기 때문이었다고 볼 수 있다. 당시 세계 신문학계의 양대 산맥의 하나였던 미국의 신문학은 '실천신문학'이라고 부른 반면, 신문의 기원 · 본질 · 기능 등에 관한 문제를 주로 다룬 독일의 신문학은 '이론신문학'이라고 불렀는데, 그야 어떻든 간에 김동성의 『신문학』은 당시 미국의 '실천신문학'을 우리나라에 처음으로 체계적으로 소개한 저서였다.

1) 우리나라 최초의 신문학개론서 『신문학』에 대한 평가

이와 같은 김동성의 『신문학』은 우리나라 최초의 신문학 관계 전문서적인 동시에 '신문학'이라는 학문 이름을 처음 붙인 개론서로서, 이 책의 출판을 계기로 많은 사람들이 '신문학'이라는 새로운 학문의 존재를 알게 되었다고 추정된다. 따라서 김동성의 『신문학』은 우리나라 신문학사(新聞學史) 내지 커뮤니케이션학사에서 중요한 의의를 지니고 있다. 그래서 1976년 서울대학교 신문학과(현 언론정보학과) 교수였던 고(故) 임근수 박사 화갑기념논문집을 간행할 때, 김동성의 『신문학』이 출판된 1924년을 우리나라 신문학의 원년으로 삼아서 논문집의 서명을 『한국신문학 50년사』라고 붙이기도 했다. 그렇다면 김동성은 이러한 저서 『신문학』을 왜, 어떻게 출판하게 되었는가?

그 목적이나 동기는 그의 책에서 밝히지 않아 정확히 알 수 없다. 그러나 송진우가 쓴 서문을 보면, "신문화의 수입을 목하(目下)의 최대 급무(急務)로 하는 금일에 … 외우(畏友) 김동성군이 이에 감(感)한 바 있어 사학(斯學, 신문학)에 관한 전문가의 저술을 참고하여 일권(一卷)을 편하니" 운운했음을 볼 때, 신문화 내지 신학문의 하나로서의 '신문학'을 우리나라에 소개하기 위해서 썼던 것 같다. 김동성은 앞서 말했듯이 우리나라 사람으로는 최초로 미국 대학에서 신문학을 공부했으며, 귀국 후 「동아일보」 기자로 활약하면서 이 책을 썼기 때문이다. 그래서 그가 미국 대학에서 배운 것과, 미국의 신문학 서적들 및 기자로서 자신의 경험을 바탕으로 『신문학』 책을 집필했던 것 같다. 그러나 본문에 각주(脚註)를 달아 놓지 않았고, 또한 참고문헌 목록도 별도로 소개하지 않아서 어떤 책들을 참조했는지는 구체적으로 알 수 없지만, 미국의 실례와 함께 한국의 실례들도 많이 들고 있다.

2) 그 뒤의 우리나라 신문학 연구와 교육에 미친 영향

김동성의 『신문학』은 우리나라에서 신문학 연구의 발전에도 중요한 영향을 미쳤다고 볼 수 있는데, 직접적인 영향 때문이라고는 말할 수 없으나, 1924년 6월 10일 김동성의 『신문학』이 나온 이후 신문학에 관한 여러 가지 연구들이 특히 활발하게 이루어졌기 때문이다. 예컨대 1924년 11월 19일에는 각 신문사 사회부 기자들이 '철필구락부'라는 또 하나의 언론단체를 결성하여, 무명회와 보조를 맞추면서 회원들의 이익을 도모하는 한편, 신문 · 잡지 등에 관한 문제들을 상의하고 연구하면서 언론 자유의 수호에도 앞장섰다. 그러면서 회원들은 언론에 관한 글과 연구논문 등을 「개벽」(1920. 6. 창간) 등의 종합잡지에 발표하기도 했다.

1927년 1월에는 방송에 관한 우리나라 최초의 전문서적인 『라디오』라는 책도 나왔는데, 이것도 김동성이 쓴 것이었다. 그러므로 김동성은 신문학과 신문만화뿐 아니라, 방송학 분야에서도 선구적 인물이었다.

1928년 5월에는 중견 언론인들이 '조선신문연구회'라는 연구단체를 결성했다. "전(全) 조선 3천여 조고계(操觚界, 문필계) 종사자의 활동을 촉진, 조장할 목적"으로 창립한 이 연구회의 고문은 신석우(申錫雨, 조선일보 사장), 송진우(宋鎭禹, 동아일보 사장), 이상협(李相協, 중외일보 주간), 안재홍(安在鴻, 조선일보 주필) 등이었으며, 이사는 유광열(柳光烈, 조선일보 사회부장), 정인익(鄭寅翼, 중외일보 사회부장), 이서구(李瑞求, 매일신보 사회부장), 현진건(玄鎭健, 동아일보 사회부장)이었고, 상무이사는 김영환(金永煥)과 신성호(申星浩), 주간은 강호(姜昊)였다. 이 신문연구회는 신문·잡지 등에 관한 여러 문제를 연구하고 논의하면서, 그 결과들을 발표하기 위하여 연구회 창립 2개월 뒤인 1928년 7월 「신문연구」라는 학술지를 창간했는데, 이는 우리나라 최초의 신문학 관련 학술지였다. 그러나 애석하게도 그 실물이 남아 있지 않아 어떤 논문들이 실렸는지는 알 수 없으나, 동년 7월 6일자 「동아일보」에 실린 광고를 보면, "신문제작상의 근본문제"(閔泰瑗), "신문의 제4기적 진전과 신문기자적 직업적 가치"(高永煥), "신문의 교육적 가치"(柳時永) 등의 논문들이 실렸던 것 같다.

3) 신문학 관련 다른 저서들의 출판도 촉진

김동성의 『신문학』은 그 뒤 신문학 관계 다른 저서들의 출현에도 직접 또는 간접적으로 영향을 미쳤다고 추정되는데, 김동성이 『신문학』을 출판한 지 7년 뒤인 1931년 고영환(高永煥)이 『신문학』이라는 책을 또 출판했다고 임근수(1973, p. 9)는 말하고 있다. 이 책의 실물은 발견되지 않아 실제로 책이 나왔는지 여부가 불확실하나, 만약 고영환이 『신문학』이라는 단행본을 출판한 것이 사실이라면 이 책은 1924년 발간한 김동성의 『신문학』에 이어 우리나라에서 두 번째로 나온 신문학 관련 전문서라고 할 수 있다.

1938년 1월 또 하나의 신문학 관련 전문서적이 나왔는데, 이는 임경일(林耕一)이 쓴 『신문』이라는 책으로, 서울의 야담사(野談社)에서 출판했다. 이 책은 실물이 남아 있는데, 우선 책표지를 보면, 『신문』이라는 세로 서명 오른쪽 위에 '임경일 저'라고 적혀 있다. 그러나 맨 뒷쪽의 판권장에는 '저작 겸 발행자'가 '임상호'(林尙浩)로 기재되어 있는데, 그 이유는 알 수 없다. "권두에"라는 이 책의 머리말을 보면, "조선에는 신문지에 대한 해설이라든가 논문을 쓸 전문가가 많다. 이렇게 선배가 많을 때 천박한 상식으로 감히 여기 이러한 일서(一書)를 공간(公刊)하는 것은 매우 경솔한 짓이라 아니할 수 없다. 더구나 [오늘날의 정세는] 본서 집필 당시의 정세와는 [많이] 달라진 것을 그대로 상재한 점을 저자로서 사과하는 바이다. … [그러나] 이 책을 통하여 신문에 대한 윤곽을 알아 주면 그것이 저자의 무한한 행복이다"라고 적었다. 이 책은 본문이 국판 124쪽인 조그만 서적으로 모두 7개 장으로 구성되어 있다. 내용은 주로 신문 제작 실무 등에 관한 것을 간단간단하게 서술해 놓았으나, 제5장의 '신문대학'이라는 항목을 보면, 선진 각국에서는 "신문학이 완전한 학(學)으로 독립되어 학적 탐구와 실제의 신문인의 양성을 위한" 신문대학까지 설치하고 있다면서, 우리나라도 대학에 신문학과나 신문연구소를 설치할 것을 은근히 촉구했다.

제2장

김동성의 생애: 언론계 이외에도 여러 분야에서 뚜렷한 족적 남겨

김영희(서울대학교 언론정보학과 객원교수)

앞서 제1장에서는 우선 김동성(金東成)이 1924년에 지은 우리나라 최초의 신문학 관계 저서 『신문학』(新聞學)의 구성 체재와 내용, 의의 등에 관하여 살펴보았다. 그러면 김동성은 도대체 어떤 인물이었는가? 제2장에서는 천리구(千里駒) 김동성의 생애와 인물, 족적 등에 관하여 고찰하는데, 그에 앞서 그간에 발표된 그에 관한 여러 소개와 연구 결과 등에 관하여 간단히 살펴보기로 하겠다.

가. 김동성에 관한 그간의 소개와 연구 실태

김동성의 저서 『신문학』의 실물들은 여기저기에 남아 있었지만,[1] 이 책과 김동성에 관하여 한국 언론학계에 처음 소개한 사람은 임근수

1 김동성의 『신문학』 실물은 임근수 교수도 가지고 있었고, 정진석(한국외국어대학교 미디어커뮤니케이션학부 명예교수), 차배근(서울대학교 언론정보학과 명예교수) 등도 소장하고 있다.

였다. 그는 1973년 「신문학보」(현 「한국언론학보」) 제6호에 발표한 "한국신문학사서설"이라는 논문에서 "미국에서 유학하고 돌아와 초기의 민족지의 일선기자로 활약하던 천리구 김동성은 틈틈이 전문서적을 뒤적거려 가면서 연구한 결과를 1924년에 단행본으로 『신문학』(조선도서주식회사刊)이란 제하(題下)에 출판하였으니, 이것이 아마 우리나라에서 최초로 나온 사학(斯學)의 전문서일 것이다"(임근수, 1973, p. 9)라고 소개했다. 그러나 매우 간략한 것이었다.

그 뒤 1981년 언론인 김을한이 『천리구 김동성』이라는 책을 통하여 김동성의 생애를 비교적 자세하게 소개했는데, 이 책은 김동성이 1963년 「사상계」 잡지에 모두 8회에 걸쳐 실은 "나의 회상기"[2](김동성, 1963b)를 기본으로 하여 정리한 것이었다. 하지만 김동성의 미국 유학 과정이나 전공 등에 관해 잘못 소개한 부분들이 있다.

1988년에는 한국정신문화연구원에서 발간한 『한국민족문화대백과사전』 제4권에 유재천(1988, pp. 622-623)이 언론인으로서의 김동성의 주요 활동을 소개하여 김동성에 대한 기본 정보들을 제공했다.[3] 그러나 내용이 매우 간략해 그의 선구적 만화 활동이나 소설 번역 연재, 여러 권의 저술 등 많은 사항들이 누락되어 있다.

그 후 언론학계에서 그에 관한 연구가 없다가, 2004년 김욱영이 "일제하 언론인 김동성의 언론활동에 관한 연구"라는 논문을 통하여

---

2 이 "나의 회상기"의 제1회부터 8회까지의 제목들을 소개해 보면 다음과 같다: ① "금주(禁酒)하라는 모훈(母訓)," 「사상계」 1963년 4월호, pp. 326-331), ② "선죽교와 혈죽(血竹)," 5월호, pp. 272-277, ③ "여권 없이 미국 유학," 6월호, pp. 251-257, ④ "최초의 특파원," 7월호, pp. 190-195, ⑤ "「조선일보」 시절," 9월호, pp. 294-299, ⑥ "동포애," 10월호, pp. 256-261, ⑦ "미군정시절과 나: 군정여권 제1호," 11월호, pp. 270-275, ⑧ "4차에 걸친 유럽여행," 12월호, pp. 244-250.

3 김동성에 관한 이 소개는 한국민족문화대백과사전 웹페이지(https://encykorea.aks.ac.kr/)를 통해 손쉽게 접근할 수 있다.

김동성이 미국 오하이오주립대학(Ohio State University)에서 신문학을 전공했지만 졸업은 하지 않았다(김욱영, 2004, p. 6)는 사실을 밝혀냈다. 그러나 여전히 그의 유학 과정과 전공 등에 대해서 잘못 알려진 부분들이 적지 않았다. 그 이후에도 언론학 분야에서는 김동성에 대한 연구가 거의 나오지 않다가 2017년 차배근이 『한국커뮤니케이션학사』에서 김동성의 미국 유학 과정을 간단히 소개한 뒤, 그의 저서 『신문학』의 구성체제와 내용, 의의 등에 관하여 자세히 소개했다(차배근, 2017, pp. 227-240).

한편 만화가와 문필가로서의 김동성에 관한 소개와 연구들이 적지 않게 나왔는데, 1982년 이해창이 그의 저서 『한국신문만화사』에서 우리나라 신문만화사를 서술하면서 김동성이 한국신문만화사에서 선구자적 역할을 한 사실을 소개했다(이해창, 1982, pp. 49-51). 또한 최열은 1988년 논문 "1920년대 민족만화운동: 김동성과 안석주를 중심으로"에서, 윤영옥은 1995년 간행한 『한국신문만화사: 1909-1995』에서, 그리고 손상익은 1996년 출판한 『한국만화통사: 선사시대부터 1945년까지』에서 김동성이 한국 만화의 발전에 끼친 업적을 소개했다(최열, 1988; 윤영옥, 1995; 손상익, 1996). 그러나 그 내용이 대체로 소략하여 더 자세한 논의가 필요한 실정이었다. 그러다가 2010년대에 서은영이 신문만화에 관한 4편의 논문에서 신문만화가로서의 김동성의 여러 업적을 비교적 자세하게 소개했다(서은영, 2011; 2012a; 2012b; 2013).

김동성은 만화 이외에도 영국과 미국의 추리 소설들을 번역하고, 중국 고전소설들도 번역하여 신문에 오랫동안 연재했다. 그러나 이에 관한 소개나 연구는 거의 없다가 2000년대로 들어 일제강점시기 김동성의 추리소설 번역을 주제로 한 연구가 발표되었다(박진영, 2009). 또한 김동성이 1916년 미국에서 펴낸 『동양인의 미주인상기』(*Oriental Impressions in America*)도 이 책에 대한 자세한 해설을 달아 번역, 출간되었다(김희진 · 황호덕 옮김, 2015).

김동성에 관한 이상과 같은 여러 연구들을 통하여 그의 유학생활과 만화 활동 및 추리소설의 번역 등에 관한 여러 가지 사실들이 검토, 정리, 소개되면서 김동성에 관해 알려지지 않았던 것들이 많이 밝혀졌다. 그러나 여전히 잘못 알려진 사실도 있고, 더 밝혀져야 할 사항 등이 있어, 그의 삶을 올바로 이해하기 위해서는 추가 논의가 필요하다. 이 장에서는 바로 이런 점에 주목하여 선행 연구 성과들을 참고하고, 신문과 잡지 등의 관련 문헌자료들을 조사하여 김동성의 생애와 활동 전반에 대해 살펴보고, 이를 바탕으로 그의 역사적 의미를 평가하고자 한다.

나. 김동성의 가문과 젊은 시절

김동성은 1890년(고종 27년) 4월 25일 경기도 개성에서 아버지 경주 김씨 김영선(金永善)과 어머니 안악 이씨 이숙현(李肅賢) 사이에 태어난 개성 양반의 삼대독자였다. 그의 회고록에 드러나 있듯이 김동성은 '개성인'이라는 것에 대한 자부심이 많았고, 송방(松房)의 후예로서 실용적이고 합리적 문화 의식을 가졌던 듯하다(김동성, 1963b, "나의 회상기 ①," pp. 326-331).

1. 열네 살까지 한문을 배우다가 신학문을 시작

김동성의 증조부 김정하는 경제에 밝아 개성 갑부 소리를 들었으나 조부가 벼슬살이에 돈을 많이 썼고, 부친 대에 개성 유수로부터 현금 3만량을 토색당해 가산이 많이 기울었다고 한다. 그러자 그의 부친은

나라와 자기 집안의 쇠락을 비관해 술을 많이 마셔 김동성이 세 살 때 일찍 세상을 떠났는데, 당시 그의 나이 39세였으며, 김동성이 물려받은 유산은 수백 석지기 추수를 하는 정도였다.

이렇게 집안이 기울어졌음에도 김동성의 모친은 집에 훈장을 초빙해서 김동성에게 한문을 가르쳤다. 그래서 김동성은 어려서부터 한문을 배우다가 15세 때인 1904년, 다리에 종기가 나서 한동안 집안에서만 지내게 되었는데, 이때 이웃집 부호 임형산(林荊山) 댁에서 보관해 놓은 「황성신문」 10년 치 묶음[4]을 빌려 읽으면서 개화에 눈을 뜨게 되었다(김동성, 1963a, p. 26). 그리하여 김동성은 애국계몽운동 시기에 민간 사학(私學)에서 주최한 여러 연설회에 참석해 이준·이동휘·안창호 등의 연설을 듣고 개화계몽사상을 접하면서, 서양의 신문화를 배워야 한다고 생각했다. 그래서 16세 때 그는 자신의 교육을 위해 개성에 신식학교의 설치를 주도했는데, 그 과정에 대해 다음과 같이 회고했다(김동성, 1963b, "나의 회상기 ③," 251쪽).

> 개성에는 미국 남감리교회 선교사가 세운 교회가 있었다. 그 교회에서 서울 배재학교와 같은 교육기관을 한국에 설치할 예정이었으나 장소는 아직 결정치 못했고 서울, 개성, 또는 원산 세 곳을 후보지로 예정했다. 이 세 곳 중에서 학교기지를 제공하는 도시에 학교를 건설할 방침이라 했다. 나는 이 소식을 듣고 임형산께 가서 사실을 호소하고 협조를 청했다. 임형산은 자기 집에 주연을 베풀고 개성부호들을 초청하여 5백년 이래 처음으로 기부금을 그 자리에서 거두어 학교기지를 구입하여

4 그러나 「황성신문」은 1898년 9월 5일 창간했으므로 1904년 당시 이 신문의 10년 치는 아니고, 아마도 1898년부터 1904년까지 6여 년 기간의 신문들을 읽었을 것으로 짐작된다.

남감리교회에 희사하니 교회는 필경 개성에 학교를 설립하기로 결정했다. 그 학교가 즉 한영서원(韓英書院)이다. 그러나 학교는 되어도 교장될 인물이 없었다. 선교사들은 전도사업에 종사하고 교육에만 시간을 보낼 수는 없었다. 그래서 개성인사 50여 인이 서명 날인한 진정서를 가지고 양국태, 이상춘, 나 세 학생이 서울 윤치호를 방문했다. 이것이 인연으로 윤 교장이 개성으로 와서 살게 되었다. 그때 나는 16세 소년으로 한영서원 학생이면서 교감 일까지 보고 윤 교장의 숙소에서 심부름도 했다.

이처럼 김동성은 한영서원의 설립을 주도하여, 설립 이후 1년 반 남짓 한영서원의 운영을 보좌하며 공부했다. 지금으로부터 100여 년 이전의 개화기에 나이 16세의 청소년이 이런 활동을 했다는 것은 매우 놀라운 일이다. 그러다가 1908년 여름 그는 어머니에게도 말하지 않고 중국 쑤저우(蘇州)로 가서 둥우대학(東嗚大學)에 입학했다. 둥우대학 역시 미국 남감리교 계통의 학교로 당시 교장은 미국인 앤더슨(David Laurence Anderson, 중국명 孫樂文, 1850~1911)이었다(황호덕, 2015, pp. 162-163).

2. 중국에서 유학하다가 다시 미국으로 건너가 공부

김동성은 둥우대학 기숙사에 머물면서 1년 동안 공부하다가 이듬해인 1909년 여름 귀국해서 여름철을 보낸 뒤, 같은 해 9월 이번에는 어머니에게 말씀드리고 미국으로 유학을 떠났다. 이는 윤치호가 중국의 중시서원(中西書院)을 거쳐 미국으로 유학을 간 것과 비슷한 방식으로, 김동성도 미국 남감리교와의 인연으로 한영서원에서 공부하다가 중국을 거쳐 미국의 대학으로 유학을 간 것이다. 그 무렵 우리나라 대부분의 청년들은 일본으로 유학을 가는 것이 추세였음에도 김동성이 미국으로 유학을 간 것은, 물론 남감리교와의 인연이 컸기 때문이었다. 하지만 그가 8, 9세이던 어린 시절 개성의 일본인들이 고리대금업으로 한국인의 가옥과 전답을 거의 강탈하다시피 빼앗는 것을 보고 일본인을 강도로 생각하고 증오감을 갖게 된 것이 또 다른 주요 이유였다고 한다.

미국으로 유학 갈 때 김동성은 아무런 증빙서류가 없어, 중국인 행세를 하며 중국 상하이에서 독일 상선을 타고 수에즈운하를 거쳐 우선 영국 런던으로 갔다. 런던에서 나흘 동안 체류한 뒤, 다시 배를 갈아타고 대서양을 건너 미국의 뉴욕 항구 앞바다의 앨리스섬(Ellis Island)에 도착했다. 그러나 입국에 필요한 증빙서류가 없던 김동성은 미국 이민국 관리에게 중국 쑤저우에 갈 때 사용한 한문 여권을 제시하고 상륙했다고 하는데, 당시 미국에서는 출입국 증빙서류의 검사가 엄격하지 않았던 듯하다.

이렇게 하여 1909년 11월 20일 미국에 도착한 20세의 청년 김동성은 아칸소(Arkansas)주의 콘웨이(Conway)로 가서 그곳 헨드릭스대학(Hendrix College)에 입학했다. 이는 남감리교 선교사 와슨(Alfred Washington Wasson, 한국 이름은 왕영덕(王永德, 1880~1964))의 주선 덕분이라고 하는데, 와슨은 우리나라 개성에서 김동성이 다닌 한영서원 영어교사로 있다가 제3대 교장(1914. 9. ~1922. 10.)을 역임한 사람이었다.[5]

이러한 와슨의 소개로 김동성은 콘웨이에서 미국인 포니 허친슨으로부터 학비 지원을 받아 헨드릭스대학에서 공부했다. 그러다가

5 이것을 비롯, 이하 김동성의 유학 관련 내용은 박진영(2009)의 "천리구 김동성과 셜록 홈스 번역의 역사: 동아일보 연재소설 「붉은 실」," 「상허학보」 27호, pp. 282-287에서 많이 참조했다.

3년 뒤 오하이오(Ohio)주의 콜럼버스로 가서 오하이오주립대학(Ohio State College)에 입학했다고 한다. 만약 김동성이 헨드릭스대학에 등록한 것이 입국 직후인 1909~1910년 학기였다면, 이곳에서 3학년이 되는 1911~1912학년도 학기까지 마친 뒤 1912년 9월 학기가 시작될 때 오하이오주립대학에 입학한 것으로 보인다. 그러므로 김동성은 헨드릭스대학을 정식으로 졸업한 것은 아닌 것 같다.[6]

김동성은 1912년 9월 17일 오하이오주립대학 사범대학에 입학했다고 한다. 그런데 소속을 언제 변경했는지는 분명하지 않지만, 1914년 2월에는 농과대학에 재학 중이었다. 하지만 김동성은 1963년 간행한 고재욱 선생 화갑기념논총 『민족과 자유와 언론』에 기고한 "「동아일보」 창간시대의 기자"라는 글에서, 자신이 「황성신문」에서 받은 영향으로 미국에서 신문학(新聞學)을 연구했다고 밝혔다(김동성, 1963a, p. 26). 그런 데다가 그가 1924년 우리나라 최초로 『신문학』이라는 책을 저술했기 때문에 김동성은 한국인으로는 처음 미국에서 신문학(저널리즘)을 공부한 것으로 알려져 있다. 그러나 김욱영(2004)의 연구 결과에 의하면, 김동성이 미국 오하이오주립대학에서 신문학을 전공했지만 졸업은 하지 않았다고 한다.

그 이유는 그가 1915년 12월 8일 오하이오주립대학을 자퇴했기 때문인 것 같은데, 자퇴 이유는 알 수 없다. 아마도 아칸소주에서는 재정적 후원자의 도움을 얻을 수 있었으나 오하이오주로 옮긴 뒤

---

6 「동아일보」 1921. 10. 23. 3면 "아사대표 김동성 만국기자대회 부회장에 당선" 기사의 김동성 이력에는 1909~1912년 미국 아칸소주 콘웨이군 핸드릭스 아카데미 졸업, 1912~1915년 오하이오주 콜럼버스시 주립대학 수학으로 되어 있다. 그런데 박진영(2009)은 김동성이 콘웨이에서 중등교육기관인 아칸소중학교를 3년 만에 졸업한 뒤에 중부의 오하이오주로 갔다고 기술하고 있다.

에는 스스로 학비를 벌어야 하는 어려움이 영향을 미쳤을 것으로 짐작된다. 하지만 미술 공부를 위해 오하이오주립대학을 자퇴했을 수도 있다. 당시 미국 샌프란시스코 교민단체 국민회가 발행한 「신한민보」 1916년 11월 9일자 3면에 실린 "7년을 류학하다가 고국에 도라가는 김동성의 반생분투"라는 제목의 기사를 보면, 김동성은 "1915년 신시내티미술학교(Art Academy of Cincinnati)에 입학하여 잉크 펜 회화 즉 신문·잡지에 내는 그림을 공부했다"면서, 그간에 김동성은 미국 각 도시 신문사 주필의 회화 제명을 받았다고 소개했다. 또한 「신한민보」 1917년 4월 5일자 2면에 김동성의 그림을 실으면서 "화백 김동성 군의 그림"이라고 소개했는데, 이 기간에 김동성은 오하이오주 남서부에 거주하면서 신시내티미술학교에 다닌 것으로 추정된다.

그 이전인 1916년 2월 김동성은 *Oriental Impressions in America* 라는 영문서적도 출판(Methodist Book Concern 발간)했다. 이 책은 미국에서 그의 체험담과 여러 가지 모습들, 예컨대 도시, 미국 가정, 자동차, 미국인들의 사랑, 야구, 자유, 신문 등에 대한 자신의 인상을 간략하게 서술하면서 삽화도 곁들인 에세이집이었다. 이 책은 김희진과 황호덕이 우리말로 번역하여 2015년 『동양인의 미주인상기』라는 제목으로 우리나라에서 출판되었다. 이 책의 공동번역자의 한 사람인 황호덕에 의하면, 김동성의 위의 책은 미국에서 한국인이 영문으로 간행한 최초의 저술이며, 출간 당시 미국에서도 화제가 되어 여러 신문에 소개되었고, 그 인연으로 김동성은 가정교사 생활을 하기도 했다고 한다(황호덕, 2015).

다. 귀국 후 일제강점기에 김동성의 활동

김동성은 미국에서 큰 재산을 모을 기회가 두어 번 있었고, 그곳에 영주하면 의식은 걱정이 없을 것으로 생각했으나 고국으로 돌아오기로 결심했다고 한다. 그가 언제 귀국했는지는 정확히 알 수 없는데, 앞에서 소개한 「신한민보」 1916년 11월 9일자 3면의 김동성에 관한 기사는 "이번에 귀국하게 되었다"고 보도했다. 하지만 1921년 10월 23일자 3면의 김동성의 만국기자대회 부회장 당선소식을 보도한 「동아일보」 기사에 의하면, 김동성은 1917년 영국, 프랑스, 이탈리아를 만유(漫遊)하고 귀국했다고 한다.[7] 전후의 상황으로 보아 그는 1917년 하반기에 귀국했을 것으로 추정된다.

1. 귀국 이후 언론인으로서의 김동성의 활약

1) 「매일신보」에서 이름을 드러내기 시작

김동성이 귀국해서 그의 이름을 드러내기 시작한 것은 귀국한 이듬해인 1918년 2월 「매일신보」에 "미주(米洲)의 인상"이라는 글을 4회에 걸쳐 연재하면서부터이다. 이 글은 그가 1916년 미국에서 영어로 펴냈던 *Oriental Impressions in America* 중에서 5개의 주제에 관한 내용을 우리말로 번역해 "미주(米洲)의 인상"이라는 제목으로 그림과

---

7 김동성의 귀국 시기에 대해 김욱영(2004)은 1919년, 서은영(2012b)은 1918년, 박진영(2015)은 1917년 말이나 1918년 초에 귀국했다고 설명했고, 김동성의 공보처장 임명 소식을 보도한 「서울신문」은 1918년 귀국으로 소개했다("각부장관 임명완료," 「서울신문」 1948. 8. 5. 1면).

함께 연재한 것이었다.[8]

같은 해 5월 2일자 「매일신보」 2면에 실려 있는 "규슈시찰단(九州視察團) 산요(山陽) 호텔에서 해산"이라는 기사를 보면 규슈시찰단 명단에 김동성의 이름이 또 보이는데,[9] 규슈시찰단은 매일신보사가 주관한 것이었다.[10] 그런데 김동성은 규슈시찰단 일원으로 일본 시찰을 다녀온 지 얼마 되지 않아 매일신보사 사장 아베 미쓰이에(阿部充家)[11]의 주선으로 일본에 다시 건너가서 가마쿠라의 선방(禪房)에서 머물며 일본어를 배웠다(「매일신보」 1918. 6. 7. 2면).[12]

이러한 사실들로 볼 때, 김동성은 귀국 직후부터 매일신보사 사장 등 사회적으로 상당한 고위층의 재조선 일본인과 교류했다는 것을

8 제1회 "도미(渡米)," 「매일신보」 1918. 2. 23.; 제2회 "시가(市街)," "도서관," 1918. 2. 26.; 제3회 "의복," 1918. 2. 27.; 제4회 "음식," 1918. 2. 28.

9 앞서 1918년 2월 23일부터 「매일신보」에 게재한 "미주(米洲)의 인상"이라는 글에서는 필자를 "개성 김성동"이라고 소개했으나, 이 규슈시찰단 명단에서는 김동성을 "저술가"라고 소개했다.

10 규슈시찰단은 평안남도 참여관 이범래를 단장으로 하고, 동양척식회사의 일본인 참사와 경무국 촉탁 정운복을 부단장으로 하여 우리나라 전국 각지의 재조선일본인과 조선인 42명으로 구성했다. 규슈시찰단은 2주간의 일정을 마친 후 시모노세키에 있는 산요 호텔에서 해단식을 개최했다. 그 후 일부는 일본에서 개인 일정을 계속했고, 일부는 귀국했다(九州視察團 山陽호텔에서 해산. 「매일신보」, 1918. 5. 2. 2면; 서은영, 2012, pp. 118-119 참고).

11 이 사람은 일본에서 발행하는 「고쿠민신문」(國民新聞) 부사장을 역임하다가, 1914년 8월 1일 한국의 「경성일보」 제2대 사장에 취임하여 1918년 6월 29일까지 「경성일보」와 「매일신보」를 경영했다. 그 후 일본에 돌아가서 다시 「고쿠민신문」 부사장이 되었고, 조선중앙협회 전무이사로도 활동하다가 1936년 1월 2일 사망했는데, 그의 호는 '무부츠'(無佛)였다(정진석, 2005, pp. 76-85).

12 「매일신보」의 이 기사에서는 김동성을 '폰취화가'로 소개했다. 여기서 '폰취'(영어 punch의 일본식 발음)는 정치적 풍자를 말하는데, 이는 1841년 영국에서 중산층 독자를 대상으로 창간된 월간잡지 Punch에서 유래한 단어라고 한다. 이에 영향을 받아 일본에서도 1862년 위그맨이 Japan Punch라는 잡지를 창간했고, 그 뒤 1874년에는 「ボンチ」(폰치), 1904년에는 「日ボンチ」(니폰치), 1906년에는 「ユメボンチ」(유메폰치) 등 '폰치'라는 이름을 넣은 잡지들이 잇달아 창간될 만큼 인기가 있었다고 한다(새빈 저, 김한영 역, 2002, p. 14 및 서은영, 2012b, p. 119에서 재인용).

알 수 있다. 그리하여 김동성은 그의 저술 내용의 일부를 「매일신보」에 연재했고, 이어서 매일신보사가 주최하는 시찰단의 일원이 되어 일본을 시찰했는가 하면, 매일신보사 사장 주선으로 일본에서 일본어를 공부한 것이다.

일본에서 돌아온 뒤 김동성은 1918년 3월 10일자 「매일신보」에 '천리구'(千里駒, "천리를 달릴 수 있는 망아지"라는 뜻)라는 자신의 호를 사용한 만화를 처음 실었다. 그러나 서은영은 그가 본격적으로 만화를 게재하기 시작한 것은 1919년부터라고 설명했다(서은영, 2012b, p. 119; 서은영, 2013, p. 147). 실제 1919년 7월부터 '천리구'라는 호로 1컷짜리 만화를 부정기적으로 꾸준히 「매일신보」에 게재했다. 또한 1919년 12월 말에는 '시절만화'라는 제목의 4컷짜리 만화를 4회나 게재했는데,[13] 이들 만화는 그 이전 다른 만화가들의 만화와는 다르게, "풍자성이 가미되고 말풍선과 같은 근대 만화적 형태들을 갖추었다"고 한다(서은영, 2013, pp. 147-148). 즉 그 이전 다른 만화가들의 만화는 부기된 자막과 상황묘사를 통해 웃음을 유발했다면, 김동성은 과장과 왜곡이라는 만화의 특성을 이해하고, 그림과 말풍선을 적절히 활용했다는 것이다.

이와 같이 김동성은 귀국 후 「매일신보」와 밀접한 관계를 맺고 그에 글과 만화를 실었으나, 정식 직원으로 입사하지는 않았던 것 같다. 당시 「매일신보」의 사원 명단에 그의 이름이 보이지 않기 때문이다.[14] 1921년 「동아일보」 기사에서 밝힌 그의 이력에도 1919년에서

13 이들은 "악성감기"(1919. 12. 22.), "돈 밧을 사람"(12. 23.), "돈 내어!"(12. 25.), "입코덥기"(12. 26.)라는 제목의 만화였다.

14 1917년 가을 「매일신보」에 입사해서 사회부 기자로 활동하다가 1920년 초 「동아일보」를 창간할 때 광고부장으로 옮겨 김동성과 함께 근무했고, 광복 이후 합동통신사에서도 김동성과 함께 활동하며 매우 가까웠던 남상일이 쓴 "나의 기자시절"이라는 회고록

1920년 3월까지 만철(滿鐵) 촉탁(囑託)으로 기록했다(「동아일보」, 1921. 10. 23. 3면).[15] 만철로 줄여서 불린 남만주철도주식회사((南滿洲鐵道株式會社)는 만주 지역 일본 소유 철도, 토지 등을 관리한 반관반민(半官半民)의 특수 일본회사였다. 따라서 김동성은 「동아일보」 창간 기자로 참여하기 직전 1여 년 동안 조선총독부의 위탁 경영 체제로 운영된 만철 경성관리국의 촉탁으로 근무하면서 「매일신보」에 만화를 부정기적으로 게재한 것이다. 김동성이 쓴 회고록들에서도 자신의 기자생활은 1919년 3·1독립운동 이후 총독부가 국문 신문 발행을 허가한 때부터 시작되었다고 하면서, 1920년 3월 이상협의 권유로 「동아일보」 창간에 참여했다고 밝혔다(김동성, 1955; 김동성, 1963b, "나의 회상기 ④", p. 190). 그런데 김동성이 미국으로 유학한 계기 가운데 하나가 일본인에 대한 부정적 인식 때문이었던 것을 생각하면, 귀국 이후 「매일신보」 고위층과 교류하고, 만화도 꾸준히 게재했으며, 3·1운동 직후임에도 단기간이나마 일본 회사에 근무한 것은 김동성이 현실에 타협하고 순응하는 성향도 있었음을 말해 준다.

2) 「동아일보」 창간 때 조사 · 섭외 담당 기자로 입사

김동성은 「동아일보」 창간 시에 조사·섭외 담당 기자로 참여한

(남상일, 1975, pp. 76-80)을 보면, 1918년과 1919년 「매일신보」에 입사한 기자들의 언급에 김동성의 이름이 보이지 않는다. 또한 조선총독부 기관지 「매일신보」와 「경성일보」에 관한 정진석의 저서 『언론조선총독부』에도 당시 「매일신보」에서 근무한 조선인들(정진석, 2005, pp. 89-95) 중에 김동성의 이름은 없다.

15 김동성이 「조선일보」 편집 겸 발행인으로 있을 때, 신일용이 쓴 사설이 문제되어 신문이 무기정간되고 김동성도 조사를 받았는데, 그때 자신이 1919년 4월부터 1920년 3월까지 남만주철도주식회사 경성관리국에 근무했음을 밝혔다고 한다(박진영, 2015, pp. 573-574).

뒤, 곧 중국 베이징에 1주일 동안 특파되었는데, 이는 「동아일보」 창간호에 게재할 중국 명사들의 축사를 받아 오기 위해서였다. 그리하여 1920년 3월 17일 서울을 떠나 베이징에 가서 당시 베이징정부 총통 쉬스창(徐世昌), 혁명지사 량치차오(梁啓超), 북경대학 총장 차이위안페이(蔡元培) 등 중국 저명인사들의 축사를 받았다. 이것이 불과 1주일 만에 가능했던 것은 김동성의 순발력과 그의 둥우대학 시절 인연이 잘 연결된 결과였다.

1921년 9월 「동아일보」 조사부장으로 승진한 김동성은 그해 10월 미국 하와이에서 열린 제2차 만국기자대회(The Press Congress of the World)에 참여하게 되었다. 대회 회장이 「동아일보」에 대표 파견을 권고하는 초청장을 보냈기 때문이었는데, 이는 식민지 조선의 신생 신문이었던 「동아일보」로서는 뜻밖의 영광이었다. 만국기자대회에 참여한 김동성은 부회장으로 뽑혔는데, 이는 대회에 참석한 각국 대표 한 명씩에게 모두 주는 당연직이었다. 하지만 「동아일보」는 그 사실을 알면서도 신문에 "아사(我社) 대표 김동성 부회장에 당선, 포와[하와이] 만국기자대회에서"라는 제목의 기사에 사진을 크게 실었고(「동아일보」, 1921. 10. 23. 3면), 전국적으로 부회장 당선 축하광고를 모집해 대대적으로 광고했다.[16] 만국기자대회에서 김동성이 부회장에 피선된 것은 나라 없는 코리아를 한 국가로 인정한 증거이므로 그 사실만으로도 충분히 경축할 일이라고 판단한 것이었다(동아일보사사편찬위원회, 1975, p. 171). 김동성은 "각국 대표석 가운데 '코리아'라는 이름이 자리잡고 있는 것을 보고 격했던 심정은 지금도 생생하다"고 회고했다(동아일보사사편찬위원회, 1975, p. 169).

16 「동아일보」는 1921년 10월 24일자 1면에서 4면의 광고면 전부에 축하광고를 실었고, 10월 25일자의 1, 2, 4면의 광고면도 축하광고만 게재했다.

만국기자대회가 끝난 후 김동성은 11월 11일부터 워싱턴에서 열리는 태평양군축회의에도 참석했다(김동성, 1963b, 나의 회상기 ④). 일제 총독부에서 허가하지 않을 것으로 생각해서 본사에도 알리지 않은 행동이었다. 워싱턴군축회의는 태평양에 면한 나라와 태평양에 식민지를 둔 미국·영국·중국·일본·벨기에·이탈리아·프랑스·네덜란드·포르투갈 등 9개국이 평화를 위해 군비를 축소하는 문제를 토의하는 회의였다.「동아일보」경영진은 김동성의 개인행동에 놀랐으나, 중요한 국제회의에 참석한 그의 판단을 높이 평가했다. 그리하여 여행 경비를 추가 지원하고, 이 회의와 관련해 조선민족에게 독립과 자결의 기회가 주어져야 한다고 강조하는 사설을 게재했다.

김동성은 이 두 행사에 참석하여 나라가 없는 식민지 신문기자이면서도 조선 신문기자의 존재를 뚜렷하게 세계에 과시하면서 조선 신문특파원의 새로운 역사를 만든 것이다. 동아일보사는 김동성이 귀국하자 개선장군을 맞이하듯 성대하게 환영하고, '만국기자대회'와 '군축회의' 장면을 환등으로 만들어 사장 송진우, 주필 장덕수 등과 함께 전국을 순회하며 강연회를 개최했다(김을한, 1975, p. 72). 이런 행사로「동아일보」는 그 이름을 전국적으로 알리면서, 축하 광고를 실어 재정적으로도 큰 도움을 얻었고, 김동성 역시 전국적으로 이름이 널리 알려지게 되었다. 김동성은 전국순회 강연을 마친 후 1922년 2월 "기자대회에서 화성돈회의에"라는 제목으로 11회에 걸쳐 만국기자대회와 군축회의를 전하는 기사를「동아일보」에 연재(1922. 2. 6. ~ 2. 17.)했다.

이와 같은 기자활동과 함께, 김동성은「동아일보」창간호(1920. 4. 1.)에 만평을 게재했고, 같은 해 4월 11일자 지면에는 '이야기그림'이라는 제목의 4컷(칸)짜리 만화를 실었다. 그 후에도 한 컷 또는 네 컷 형식의 만화를 간헐적으로 게재했다. 이러한 만화의 게재에 이어,「동아일보」는 1923년 5월 14일 시사적 또는 풍자적 성격의 만평과 만화란을 설치하고 독자를 대상으로 만화현상공모를 시작했다(「동아일보」, 1923. 5. 14. 3면 "1천호 기념 광고"; 윤영옥, 1995, pp. 36-41). 이는 만화의 역할과 대중적 파급 효과를 잘 알고 있는 김동성의 의견을 적극 반영한 사업이었을 것이다.

1924년 3월 30일 「동아일보」가 친일 단체 연합회인 '각파유지연맹'을 비난, 공격하는 사설을 게재하자, 이 연맹의 박춘금 등이 4월 2일 「동아일보」 사장 송진우와 취체역[이사] 김성수를 위협하면서 사설 내용을 취소하는 각서를 쓰라고 강요했다. 그러자 송진우는 계속 거절하다가 위기를 벗어나기 위해 그들이 강요하는 쪽지에 개인 명의로 "사담(私談): 주의주장은 반대하나 인신공격한 것은 온당치 못한 줄로 인(認)함"이라고 써 주었다. 그런데 이것을 4월 5일 조선총독부 기관지 「매일신보」가 공개하면서 「동아일보」를 "저능의 정평 있는 신문"이라고 비꼬았다. 그러자 그간에 사장 송진우와 관계가 원활하지 않았던 편집국장 이상협이 "사장이 신문사 위신을 추락시켰다"고 반발하며 퇴사했다. 이러한 이상협의 행동에 다른 여러 간부진도 뒤따르자, 조사부장 김동성도 그해 5월 「동아일보」를 그만두었다(동아일보사사편찬위원회, 1975, pp. 234-235).

3) 「조선일보」로 옮겨 발행인 겸 편집인으로 활약

이렇게 해서 「동아일보」를 그만둔 김동성은 이상협과 함께 「조선일보」로 자리를 옮겼다. 당시 「조선일보」는 친일 인물 송병준이 경영하고 있었는데, 친일 논조에 독자들의 호응이 적어 경영상에 어려움을 겪고 있었다. 그러다가 1924년 9월 독립운동가 신석우가 판권을 인수하여, 사장으로는 많은 사람들의 존경을 받는 이상재를 추대하고, 신석우 자신은 부사장을 맡았다. 이때 김동성이 편집 겸 발행인으로 참여했는데(「조선일보」, 1924. 10. 3. 1면; 조선일보사사편찬실, 2010a, p. 145), 당시 주필은 안재홍, 편집고문은 이상협, 인쇄인은 김형원, 편집국장은 민태원이었고, 이사진은 신석우, 안재홍, 김동성, 이상협, 최선익 등이었다. 이러한 진용을 갖춘 「조선일보」는 "조선민중의 신문"이라는 새로운 기치를 내걸고, 1924년 10월 3일 혁신호 10만부를 발간하여 전국에 무료로 배포했다.

「조선일보」 발행인 겸 편집인을 맡은 김동성이 신문 지면을 개혁하자 그 위세가 「동아일보」를 압도할 정도였다고 한다. 김동성은 또한 발행인 겸 편집인 신분으로 「조선일보」 최초의 특파원이 되어 1924년 10월 중국의 군벌전쟁을 취재하기도 했다. 한편 김동성은 「조선일보」 편집인으로서 가장 보람있었던 일은 1925년(을축년) 대홍수 때 뚝섬 주민 2천 명을 구한 일이라고 한다(김동성, 1963b, "나의 회상기 ⑤", pp. 297-299). 위험을 무릅쓰면서 신문기자들을 지휘해서 갑작스러운 홍수에 몸을 피하지 못한 뚝섬 주민들을 구했다는 것이다.

1925년 9월 8일자 지면에 논설반원 신일용이 쓴 사설이 문제가 되어 「조선일보」는 3차 무기정간에 처해지고, 김동성은 징역 4개월을 선고받았다. 그러나 그는 상고심에서 집행유예로 풀려났으며, 「조선일보」도 무기정간 37일 만에 정간이 해제되어, 10월 20일자 속간호부터 월말까지 100만 부를 발행해서 전국에 무료로 배포했다. 그리고 정간에서 풀려난 지 8일째 되던 1925년 10월 28일 조선일보사는 새 사옥 건축에 착공해서 이듬해 7월 5일 준공했다. 그리하여 「조선일보」는 비로소 사옥다운 건물을 갖게 되었는데, 이 건물은 김동성이 조선일보사 상무이사로 영입한 동향 출신 최선익이 건축비를 내서 그의 소유로 하되 조선일보사에 무상으로 빌려주기로 해서 지은 것이었다.

1926년 9월 11일 김동성은 「조선일보」 발행인 겸 편집인에서 물러났는데, 그와 최선익이 안재홍, 이승복에게 「조선일보」의 운영상의 주도권을 빼앗기면서 「조선일보」를 떠나게 된 것이라고 한다. 다만 김동성은 「조선일보」 이사직은 한동안 유지했던 것 같으나(조선일보사 사편찬실, 2010b, pp. 93-94), 언제까지 이사로 재임했는지는 확인되지 않았다. 김동성은 회고록에서 이상협 등과 함께 「동아일보」를 번영시켰으며, 「조선일보」도 대신문의 지위에 올려놓았다고 평가했다.

4) 그 뒤 「중앙일보」·「조선중앙일보」 편집국장 맡아

「조선일보」의 발행인 겸 편집인에서 물러난 김동성은 한동안 언론계를 떠나 저술 활동에만 전념했다. 그러다가 1932년 10월 「중앙일보」 편집국장으로 취임했는데, 노정일이 경영했던 「중앙일보」는 경영난으로 1932년 5월 5일 당국에 자진 휴간계를 내고 5개월 이상 발행하지 못하고 있던 실정이었다. 그러다가 최선익이 윤희중과 함께 「중앙일보」를 인수했는데, 최선익은 개성출신 대지주로 동향 선배 김동성의 권유로 조선일보사에 이어 중앙일보사에도 투자한 것이었다(김을한, 1975, p. 80). 그리고 김동성 등을 영입하여 휴간 6개월이 다 되어가던 10월 31일 속간했는데, 당시 주간은 최선익, 전무는 윤희중, 편집국장은 김동성, 논설반 주필은 이관구였으며, 김동성은 정치부장도 겸했다(정진석, 1991, pp. 427-428).

1933년 2월 16일 「중앙일보」는 여운형을 사장으로 영입하고, 3월 7일부터 제호를 「조선중앙일보」로 변경했는데, 여운형을 사장으로 추대한 사람들은 최선익·윤희중·이관구·김동성·홍증식 등이었다고 한다(이기형, 1993, p. 174; 박용규, 2015, p. 360에서 재인용). 1934년 6월 27일 조선중앙일보사는 자본금 30만 원의 주식회사로 개편하고, 취체역 사장으로는 여운형, 취체역으로 윤희중·최선익·김동성·홍증식·

김윤수 · 공진환 · 문관협 · 박팽서 · 강위정을 선임했다.

이와 같이 조선중앙일보사가 자본금을 늘리고, 그해 7월 15일부터 조간과 석간 각 4면씩 하루 8면을 발행하면서 구독료 월 80전을 받았다. 그러면서 재정적 어려움 속에서도 여운형 사장의 사회적 명망과 수완으로 사세를 키우며 자리를 잡아 가던 1935년 중반, 최선익 · 김동성 · 홍증식 등 「조선일보」 출신들과 여운형 · 윤희중 사이에 경영 주도권을 둘러싸고 내분이 발생했다. 이에 부사장 최선익이 신문사를 떠나자, 김동성은 신문사에 출근하지 않다가 1935년 7월 16일자로 편집국장직을 사임했으며(「쩌날리즘」 창간호, 1935. 9. 1, p. 50, "신문계 잡보"), 홍증식도 물러났다(박용규, 2015, p. 366).

그 이후 김동성은 언론계를 떠나 1945년 우리나라가 광복되기까지 공적 직책은 맡지 않았다. 그러나 1938년 봄 발성영화 '심청전'의 하와이, 로스앤젤레스 등 미국 순회공연을 이끈 것(「조선일보」, 1938. 4. 19. 4면)을 보면, 그는 영어 실력을 바탕으로 외국과 관련된 일에는 참여한 것으로 짐작된다. 또한 그는 1938년 종로 관철동에서 양식당 백합원(百合苑)을 운영하면서 틈틈이 과수를 재배했는데(황호덕, 2015, p. 152), 백합원은 종로의 유명한 음식점으로 명사들의 주요 회합 장소로 쓰였다. 이 무렵 이후 김동성의 공적 활동 기록은 거의 찾아볼 수 없는데, 그는 일제강점 말기에는 공적 일은 거의 하지 않은 채 음식점을 경영하고 성농원(星農園)이라는 농원을 꾸리면서, 1928년 발간한 『최신선영사전』(한영사전)을 증보하며 조용히 지낸 듯하다.

2. 만화 활동 계속하고 영미 추리소설 번역하여 신문에 연재

이와 같이 김동성은 여러 신문사에서 기자, 편집국장, 발행인 겸 편집인 등으로 활발한 언론 활동을 벌였다. 그러면서 또 한편으로는 미국

[표 1-2-1] 일제강점기 김동성 번역의 「동아일보」 연재 추리소설

소설 제목	연재기간
그를 믿은 까닭	1920년 5월 28일 ~ 6월 1일(5회)
농조(籠鳥)	1920년 8월 4일 ~ 8월 21일(10회)
엘렌의 공(功)	1921년 2월 21일 ~ 7월 2일(129회)
붉은 실	1921년 7월 4일 ~ 10월 10일(93회)
괴물	1923년 3월 25일 ~ 5월 15일(50회)
숙녀의 광휘(光輝)	1923년 10월 29일 ~ 11월 4일(7회)
공작부인	1923년 11월 5일 ~ 11월 20일(8회)
도깨비	1923년 11월 14일 ~ 11월 20일(7회)

과 영국의 추리소설을 번역하여 신문에 연재하고, 만화도 그려 연재하는가 하면 여러 책도 저술하는 등 다양한 활동을 병행했다.

「동아일보」에 재직하던 시절 김동성의 다양한 활동들 중에서 특히 주목되는 것의 하나는 영문 추리소설을 직접 번역하여 「동아일보」에 장기 연재한 일이다. 1921년부터 1923년간에 그가 번역하여 신문에 연재한 추리소설들의 제목을 정리하면 〈표 1-2-1〉과 같다(박진영, 2009, pp. 295-297에서 간추림). 이들 중 분량이 긴 소설은 4개월 넘게 연재하기도 했는데, 이는 독자들의 반응이 그만큼 좋았기 때문이었을 것이다. 이들 소설은 모두 영문으로 된 것을 김동성이 직접 우리말로 번역한 것들이다. 당시 우리나라에서 수많은 번역 소설들이 나왔으나 그 대부분은 서양 작품을 일본인들이 일본어로 번역한 것을 다시 우리말로 중역(重譯)한 것들이었기 때문에 김동성이 영문 소설을 직접 번역했다는 점은 특기할 만하다.

김동성은 또한 우리나라 신문만화의 개척자로 만화의 창작 이론

을 소개하고, 「매일신보」, 「동아일보」, 「조선일보」 등에 만평과 만화를 도입했다. 그는 앞서 말했듯이 1917년 미국에서 돌아온 이후 「매일신보」에 만화를 그리기 시작하여, 「동아일보」에도 가끔 만화를 게재했다. 그러다가 1924년 9월 「조선일보」 편집 겸 발행인으로 자리를 옮긴 후, 그해 10월 13일부터 3면에 '멍텅구리-헛물켜기'라는 제목의 만화를 연재하기 시작했다. '멍텅구리'는 몇 명의 고정 캐릭터들이 매일 그날의 이야기를 전하는 형식의 네 컷 연재만화였는데, 「조선일보」는 이 만화를 "그림으로써 이야기하고, 이야기로써 그림을 그린 것"으로 설명했다(「조선일보」, 1924. 10. 12. 3면). 이는 만화를 잘 아는 김동성과 신문 독자의 확보 방법을 다양하게 구상했던 이상협이 함께 기획하여, 김동성이 1920년 4월 「동아일보」에 게재했던 만화 '이야기그림'을 발전시킨 형태라고 할 수 있을 것이다.

그러나 「동아일보」에 게재한 '이야기그림'은 김동성이 직접 그렸지만, 1924년 10월 13일부터 「조선일보」에 연재한 '헛물켜기'는 김동성으로부터 만화를 배운 동향 후배 노수현이 그리고, 글은 이상협이 담당한 공동 창작으로 설명된다(서은영, 2011, pp. 275-281).[17] '멍텅구리-헛물켜기' 만화의 인기는 폭발적이어서 '멍텅구리-련애생활,' '멍텅구리-가정생활' 등의 후속편으로 이어졌고, 1927년 3월 11일 '멍텅구리-학창시절' 편까지 계속되었다. 이러한 '멍텅구리' 만화들은 또한 영화 제작 회사 '반도키네마'에서 영화로도 제작하여 1926년 1월 상영하기도 했는데, 이처럼 신문만화가 영화로 제작된 것은 우리나라 역사상 처음 있는 일이었다.

김동성은 또한 「동아일보」에 재직 중이던 1922년 9월 3일 주간

---

17 주필 안재홍도 글을 담당했다는 설(說)이 있으나, 당대의 대표적 논객이었던 안재홍이 만화 작업에 참여했다는 것은 무리한 연결일 것이다.

신문 「동명」 창간호에 '천리구'라는 호명으로 만화를 2편 게재했는데, 1923년에는 '만화 그리는 법'을 11회에 걸쳐 연재했다(천리구, 1923, 25호~35호).[18] 이는 우리나라에서 처음 소개된 만화 창작 방법론이었다. 따라서 김동성은 우리나라에 신문만화와 만화 창작 이론을 처음 소개한 개척자라는 점에서 그 역사적 의미가 매우 크다(서은영, 2012b, p. 119-122). 김동성은 당시 미술가 단체인 서화협회의 후원자로서 특별회원에 위촉되어 미술인들과 교류하면서, 당대의 내로라하는 화가들인 청전 이상범, 심산 노수현, 석영 안석주 등에게 만화의 기법을 가르치고, 만화가로의 길을 열어 주었다고 한다(최열, 1988, p. 277).

3. 바쁜 가운데서도 저술 활동의 끈을 놓지 않아

김동성은 앞서 말했듯이 1916년 미국에서 한국인 최초로 영문 서적을 간행했으며, 귀국해서 기자로 바쁘게 활동하면서도 1920년대에만 〈표 1-2-2〉에 정리한 책들을 저술했다. 이 가운데 1923년에 출판한 『엘렌의 공』과 『붉은 실』은 1921년도에 신문에 연재했던 추리소설을 단행본으로 펴낸 것이었다.

1924년에는 『신문학』이라는 저서를 출판했다. 이는 앞서 제1장에서 차배근이 소개했듯이 우리나라에서 최초로 나온 신문학 관련 전문도서로서, 미국의 실천적 저널리즘의 기초를 한국의 사례와 함께 설명한 책이다. 이 책에 이어 1927년 1월에는 『라듸오』라는 책도 발간했는데, 당시 라디오는 최신 매체로서 우리나라에서는 아직 방송이 시작되기도 전이었다. 우리나라 최초의 라디오방송국인 '경성방송국'

18 이 글의 내용은 1930년 월간잡지 「학생」에 '만화입문'이라는 제목으로 5회로 줄여 4월호부터 8월호까지 연재했다.

[표 1-2-2] 1920년대와 1930년 김동성의 저술 목록

서명	출판지와 출판사	출판 연도
『엘렌의 공』	경성: 신생활사	1923
『붉은 실』	경성: 조선도서주식회사	1923
『신문학』(新聞學)	경성: 조선도서주식회사	1924
『영어독학』(英語篤學)	경성: 영창서관	1926
『라듸오』	경성: 합명회사DK라디오상회	1927
『최신선영사전』(最新鮮英字典, *The New Korean-English Dictionary*)	경성: 박문서관·성농원	1928
『실제소채원예』	경성: 영창서관	1930

이 설립된 것은 1926년 11월 30일이었으나, 실제로 방송을 시작한 것은 1927년 2월 16일 오후 1시 정각부터였기 때문이다. 이처럼 우리나라에서 라디오방송을 시작하기 바로 전에 김동성이 『라듸오』라는 책을 편역, 발간했는데, 실물은 아직 발견되지 않았다. 그러나 그 내용은 김동성이 천리구라는 호를 사용해서 책 발행 직전인 1926년 12월 6일부터 12월 27일까지 14회에 걸쳐 「조선일보」에 연재한 "라듸오"의 내용을 모아 책으로 펴낸 것으로 생각된다. 김동성은 "라듸오"의 연재에서 라디오의 구조, 전기학의 원칙, 진공관의 이론과 특성, 청취기의 부분, 라디오 수화기의 종류, 고장과 수선 방법 등을 삽화와 함께 자세하게 설명했다(「조선일보」, 1926. 12. 6. 석간 3면 ~ 12. 27. 석간 3면). 「동아일보」의 1927년 1월 27일자 3면 '신간소개'에서 이 책을 "전기학의 원칙, 청취기의 부분 등"을 다루고 있다고 소개했고, 같은 해 5월 13일자 「동아일보」 3면의 '신간소개'에서 이 책을 "(김동성 편역) 라디오에 대한 상식과 수신기의 설명 등을 약술한 소책자, 조선문으로 이런 책자가 나기는 처음, 30전 종로1정목57 DK라디오상회"라고 소개한

것에서도, 『라듸오』가 「조선일보」 연재 내용을 책으로 묶어 낸 것임을 말해 준다.[19]

당시 라디오방송의 개국을 앞두고 중앙기독교청년회(YMCA)와 DK라디오상회는 「조선일보」 후원으로 1927년 1월 12일부터 1주일 동안 남녀보통학교 졸업 이상 학력의 회원을 대상으로 라디오의 원리와 기술 등을 설명하는 라디오 강습회를 개최했다(「조선일보」, 1927. 1. 12. 조간 3면). 이 강습회의 강사는 경성방송국 기술부원 노창성[20]과 일본 도쿄의 라디오 기계 전문가로 소개된 일본인 하나다 고이치(花田伍一)였는데, 김동성도 관여했던 것 같다. 이 강습회가 성공적으로 마무리된 것을 계기로 이들은 라디오연구회를 만들어 노창성이 회장을, 현동완과 김동성이 간사를 맡았다(「조선일보」, 1927. 1. 19. 조간 3면).

이러한 사실들로 미루어 볼 때, 김동성은 우리나라에서 라디오방송의 시작을 앞두고, 국민들에게 라디오의 원리와 수신기 등에 대해 알려 주기 위해 라디오 관련 문헌들의 주요 내용을 편역해서 먼저 「조선일보」에 연재하고 이를 묶어 『라듸오』라는 제목의 소책자로 출판한 것으로 보인다. 이 책 역시 우리나라에서 나온 라디오에 관한 최초의 책이므로 김동성은 신문학과 신문만화뿐 아니라, 방송학 분야에서도 선구적 인물이었다고 평가할 수 있다.

김동성은 또한 영어 교육에도 관심이 높았다. 그리하여 1926년 영어학습서인 『영어독학』(英語篤學)을 간행한 데 이어, 1928년에는 『최신선영사전』(最新鮮英辭典)이라는 한영사전을 펴냈다. 그 이전에도 서양 선교사들이 편찬한 한영사전들은 있었으나, 한국인이 처음 편찬한

19 DK라디오상회는 1927년 경성방송 개국 당시 '크로슬레'라는 상표의 라디오수신기를 판매했다(김영희, 2009, pp. 119-121).

20 노창성은 광복 이후 제1공화국 시절에 우리나라 중앙방송국장을 지냈다.

것은 김동성의 『최신선영사전』으로서 그 의미가 매우 크다고 「조선일보」는 평가했다(「조선일보」, 1928. 12. 29. 석간 3면). 이 사전의 교열은 권덕규가 맡았는데, 그는 1933년 경성방송의 조선어 방송인 제2방송의 독립 이후 조선어 강좌를 담당하기도 한 저명한 국어학자였다(김영희, 2015b, p. 208).

1930년 김동성은 『실제소채원예』(實際蔬菜園藝)라는 책도 출판했는데, 이는 채소의 재배법을 체계적으로 정리한 것이었다. 신문기자이자 문필가였던 그가 이러한 농학 관계 서적까지 낸 것을 의아하게 생각할 수도 있으나, 앞서 말했듯이 김동성은 미국 오하이오주립대학에서 농학을 전공한 적이 있다. 그런가 하면 1926년 9월 11일 「조선일보」의 발행인 겸 편집인에서 물러난 뒤 서울 교외에 성농원(星農園)이라는 농원을 운영하면서 직접 농사를 짓기도 했다. 1928년 발간한 『최신선영사전』에는 발행소(출판사)가 '박문서관 · 성농원'으로 병기되어 있는데, 박진영에 의하면 '성농원'은 김동성이 운영한 농원 이름이었다고 한다(박진영, 2009, pp. 289-290).

라. 광복 이후 김동성의 활약상

1945년 8월 15일 우리나라가 일제로부터 다시 광복을 찾자, 10년 동안의 일제강점기 말기에는 공적 일은 하지 않고 음식점과 농원을 운영하면서 조용히 지내왔던 김동성은 다시 언론 활동을 비롯한 공적 일을 재개했다. 그러면서 저술 활동도 꾸준히 계속했다.

1. 합동통신사의 설립과 초대 사장으로 활약

광복 이후 우리나라에 군정(軍政)을 3여 년 동안 실시했던 '재조선 미국 육군사령부 군정청'(이하 '미군정청'으로 약칭)은 일본의 '동맹통신사 조선지사'를 접수하여 직접 운영하려고 했다. 그러나 미국의 AP통신사와 UP통신사가 군정청 경영의 통신사와는 계약할 수 없다고 하자, 미군정청은 1945년 9월 19일 김동성에게 통신사 경영을 위임하면서 그는 다시 언론계로 복귀하게 되었다(김동성, 1963b, "나의 회상기 ⑦," p. 271). 이렇게 해서 언론계로 복귀한 김동성은 1945년 12월, 기존의 국제통신사와 연합통신사를 합병해서 민영 '합동통신사'를 설립했는데, 회장으로는 민원식을 추대하고, 사장은 김동성 자신이 맡았으며, 편집진과 영업진에는 그 이전 국제통신사와 연합통신사 인원들을 고루 기용했다.

이렇게 설립한 합동통신사는 곧 미국의 AP통신사(Associated Press)와 뉴스 교환 계약을 맺었으며, 이듬해인 1946년 5월 25일에는 미국의 INS통신사(International News Service)와도 계약을 맺었다. 또한 같은 해 7월 15일에는 영국의 로이터통신사(Reuters)와, 11월 20일에는 프랑스의 AFP통신사(Agence France-Presse)와도 계약을 맺어, 합동통신사는 한국 최대의 통신사로 발전했다. 한편 합동통신사는 국내에서도 전국에 지사와 지국망을 확충하고, 1947년 6월 4일부터 자체 송신기와 기자재로 지방송신을 시작했다. 당시 합동통신사는 경영과 편집을 분리해서 경영진이 편집에 일체 간섭하지 않아서 기자들이 의욕적으로 일할 수 있었으며, 그래서 우수한 기자들이 몰려들었다고 한다(합동통신30년편찬위원회, 1975, p. 33). 1946년 10월 8일 합동통신사는 주식회사 체제로 개편하고 자본금을 확충했는데, 이때 취체역 회장에는 민원식, 대표취체역 사장에는 김동성을 추대했다(합동통신30년편찬위원회, 1975, pp. 20-21).

1946년 10월 3일 김동성은 합동통신사 사장이자 조선신문협회 이사장 자격으로 미국으로 출국했다(「동아일보」, 1946. 10. 4. 2면). 이때 그는 미군정청 사령관 하지 중장의 배려로 미군 수송선을 타고 미국 샌프란시스코로 건너가서, AP통신사 샌프란시스코 지국장을 비롯한 여러 신문사의 경영층을 만나 신생 한국을 소개했다. 그리고 뉴욕으로 가서 AP통신사 본사를 방문하여 그 이사회에서 한국 사정을 설명할 기회를 가졌다. 또한 그는 뉴욕 신문기자클럽에서 남조선민주의원 대표 임영신과 함께 외국 기자들과 회견을 가지면서 UN이 한국의 독립에 관심을 가져야 한다고 주장했다(「동아일보」, 1946. 12. 13. 1면; 「자유신문」, 1946. 12. 13. 1면). 또한 미국의 주요 신문사들을 시찰하고, 미국 대통령 트루만의 공동신문 기자회견에도 참석한 뒤, 개인적으로 단독회견도 가졌다(「동아일보」, 1946. 12. 5. 1면).

이처럼 김동성은 미국에서 약 5개월 동안 여러 언론활동과 외교활동을 벌인 뒤, 1947년 3월 귀국 길에 일본 동경에서 미국태평양사령관 맥아더를 회견했는데, 이는 한국 기자가 처음으로 맥아더 사령관을 회견한 것이었다.[21] 이와 같이 김동성은 광복 직후부터 통신사 사장이라는 직함을 갖고 민간외교도 적극 담당했는데, 이는 당시 한국인으로서는 매우 드문 일이었다. 김동성의 귀국 후, 국제문화협회 주최로 그해 4월 12일 서울기독청년회(YMCA) 강당에서 '김동성 사장 미국시찰보고강연회'가 열렸는데, 초만원을 이룬 청중이 김동성의 강연을 끝까지 매우 흥미진진하게 경청했다고 한다.(「경향신문」, 1947. 4. 12. 2면).

김동성은 또한 신문학 연구와 교육에도 관심을 보였고 그리하여

---

21 김동성의 맥아더 회견의 요지는 「동아일보」 1947년 3월 29일자 1면에 "대일배상회의 조선 참석은 당연"이라는 제목으로 보도되었다.

합동통신사 사장으로 바쁘게 활약하면서도 1946년 말 곽복산 주도로 설립한 신문과학연구소에 이사로 참여했다. 신문과학연구소는 백낙준 연희대학 총장을 소장으로 하고, 서울시내 주요 신문사·통신사 간부를 중심으로 대학과 연계하여 신문뿐 아니라 라디오, 영화 등의 분야에 관해서도 조사, 연구하며 신문기자 양성에도 주력하는 것을 목적으로 설립했다(「동아일보」, 1946. 12. 26. 2면). 신문과학연구소는 군정청 학무국으로부터 설립 인가를 받아 1947년 4월 5일 조선신문학원을 개원했다(「경향신문」, 1947. 4. 7. 3면). 김동성은 조선신문학원 개원식에 참석해서 "미국 신문계의 현황"에 관해 특별강연을 했고,[22] 이어 조선신문학원 전임강사로도 활동했다(차배근, 2017, p. 301 〈표 4-3〉 참조). 당시 조선신문학원 강사진은 언론계의 사장, 주필, 편집국장 등과 주요 대학 교수들로 구성되었다(「경향신문」, 1947. 10. 2. 2면).

2. 대한민국 초대 공보처장과 2대 민의원으로도 활약

1948년 8월 15일 대한민국 정부(제1공화국)가 수립되자, 이승만 대통령은 김동성을 초대 공보처장으로 임명했다. 그러자 김동성은 합동통신사 취체역(이사) 자리는 유지하되 사장직은 사임하고, 관계로 나가 공보처장으로서 제1공화국 정부의 정책과 입장을 적극 대변하는 역할을 담당했다. 당시 정부의 공보정책의 주요 목표는 남북에 각각 다른 정부가 수립된 상황에서 반공 이데올로기를 고취하면서 좌익 언론을 축출하는 것이었다(김영희, 2015a, pp. 4-7 및 pp. 66-68). 이를 위해 공

22 「동아일보」, 1947. 4. 6. 2면 "신문학원 개원식 성황." 이 강연의 내용은 속기하여 「신문평론」 창간호(1947. 4) pp. 19-21에 실었다. 당시 조선신문학원의 본과 모집인원은 60명이었으나, 응시자가 260명으로 인기가 많았다(「동아일보」, 1947. 10. 15. 2면).

보처는 언론을 통제하는 정책들을 다양하게 시행했는데, 대표적인 것으로 1948년 9월 22일 7개의 기사 게재 금지 항목을 발표해 기사 내용을 엄격하게 통제하고, 진보·좌익 언론들을 정간 또는 폐간시킨 것을 들 수 있다(차재영, 2006, pp. 205-231). 이러한 역할을 수행하면서, 김동성은 1948년 9월 대한체육회가 임원을 개선할 때 옥도진과 함께 부회장으로 선임되어(「경향신문」, 1948. 9. 7. 2면), 회장 신익희를 보좌하면서 우리나라 체육의 기초를 닦는 데도 기여했다.

그러나 김동성은 초대 공보처장에 취임한 지 1년도 채 되지 못한 1949년 6월 4일 공보처장직에서 물러났다. 그리고 한동안 정부의 해외특사로 활동했는데, 당시는 영어에 능통한 사람이 매우 드물어 외교 활동을 수행할 인물이 별로 없었기 때문이었을 것으로 생각된다. 공보처장을 그만둔 김동성은 곧 한국상공회의소 의원들로 구성된 한미 친선 사절단 단장 자격으로 미국과 캐나다 주요 도시를 순회하며 신생 독립국가인 대한민국을 소개했다. 이어서 유엔총회 한국대표단 일원으로 활동했고, 그 후 중남미 특사로 2개월간 주요 국가들을 방문하여 한국을 알리는 외교 활동을 벌였다(김동성, 1963b, "나의 회상기 ⑦," p. 274). 중남미 순방을 끝낸 뒤인 1950년 2월에는 다시 미국으로 가서 주미대사 장면과 함께 한국의 유네스코 가입을 위해 애쓴 결과, 소련 블록을 제외한 자유 진영이 모두 찬성하여 한국의 유네스코 가입을 성공시켰다.

이러한 외교 활동을 수행하고 귀국한 직후, 김동성은 친구들의 권유로 1950년 5월 개성시에서 국회의원 선거에 출마하여 제2대 민의원에 당선되었다. 그리하여 의정 활동을 하면서 한국전쟁 중인 1951년 민의원 부의장(현재 국회 부의장)에 선출되었고, 1953년 신익희 민의원 의장과 함께 부의장으로 영국 여왕 대관식에 축하 사절로 참석했다(「경향신문」, 1953. 5. 20. 1면). 그러나 1953년 7월 한국전쟁이 휴전

될 때 개성이 북한에 편입되면서 그는 지역구를 잃게 되었다. 한국전쟁으로 부산에 피난한 김동성은 이승만 반대파로 지목되어 정부와의 관계가 끊어졌다고 한다. 이후 김동성은 이승만 정부의 공적인 활동에 참여하지 않았다.

1953년 7월 27일 휴전이 되자, 부산에 피난해 있던 정부가 8월 7일 환도했으며, 그 뒤를 따라 언론사, 대학 등도 서울로 돌아왔다. 이때 합동통신사도 서울로 돌아왔는데, 9월 29일 열린 주주총회에서 김동성을 회장으로 선임하자, 1960년까지 합동통신사 회장을 지내면서 한국전쟁 중에 어려움을 겪던 합동통신사의 재건을 도왔고, 1964년까지 합동통신 고문으로 있었다(합동통신 30년 편찬위원회, 1975, pp. 99-108).

1960년 4·19혁명 이후 제2공화국 시기 김동성은 민의원 사무총장으로 활동했다. 1961년 5·16이후 박정희가 군사정부를 거쳐 민정 이양을 위해 1963년 민주공화당을 창당할 때는 정구영, 윤일선, 최규남 등 재야인사와 함께 중앙위원으로 입당하여 대회의장, 홍보분과위원장으로 활동했다(김성진, 1981, pp. 153-154). 1964년 김동성은 한국 유엔대사 특별고문관으로 미국 뉴욕에 부임해서 외교 활동을 지원했는데, 미국에 머무는 동안 그는 전 미국 대통령 트루먼과 접촉해서 우리나라에 '트루먼기념도서관'을 건립할 계획을 추진했다. 그러나 이 계획은 김동성이 정부로부터 귀환 명령을 받고 귀국함으로써 중단되었는데, 그가 귀환 명령을 받은 것은 아마도 당시 그가 70대 중반의 고령이었기 때문이었던 것으로 생각된다.

김동성은 평생 청빈하게 지내서 특히 말년에는 경제적으로 어려웠다고 하는데, 한국 유엔대사 특별고문관으로 부임할 때는 한 미국 인사의 도움으로 배를 타고 미국으로 건너갔고, 귀국할 때에는 여비가 없어 몇 달 동안 미국에 머물다가 동양화학 회장 이회림이 뉴욕 출장 중에 김동성의 사정을 듣고 여비를 마련해 주어 귀국했다고 한다.

3. 틈틈이 시간을 쪼개서 10여 권의 책도 출판

이와 같이 김동성은 광복 이후 합동통신사를 설립하여 운영하고, 1948년 8월 15일 대한민국 정부가 수립되자 초대 공보처장으로 임명되어 정부의 공보활동을 총괄했으며, 그 뒤에는 정부의 특사로서 외교활동을 벌였다. 이러한 중에서도 그는 틈틈이 시간을 내서 저술활동을 꾸준히 이어 갔다. 숙명여대 총장을 지낸 그의 딸 김옥렬은 그의 아버지가 "광복 후 응접실도 없는 작은 집에서, 과일상자에 흰 종이를 붙여 책상으로 삼아 태연하게 글을 쓰시곤 했다"면서, "1969년 8월 돌아가시기 1년 전까지 하루 60장씩 원고를 썼고, 우리글보다 영문을 더 잘 쓰시는 것 같았다"고 회고했다(김옥렬, 1981, p. 162 및 pp. 164-165). 이처럼 김동성은 별세할 무렵까지도 끊임없이 글을 썼는데, 1945년 광복 이후 저술하거나 번역한 주요 단행본들은 〈표 1-2-3〉과 같다.

[표 1-2-3] 1945년 광복 이후 김동성 저술의 주요 단행본 목록

제목	출판지와 출판사	출판 연도
『최신한영사전』	서울: 대한출판사	1945
『미국인상기』	서울: 국제문화협회	1948
『한문학상식』(漢文學常識)(역편)	서울: 을유문화사	1949
『중남미기행』	서울: 원문각	1954
『대칭기즈칸』(편역)	서울: 을유문화사	1956
『삼국지』 전(全) 5권(번역)	서울: 을유문화사	1960
『중국문화사』(편역)	서울: 을유문화사	1961
『금병매』 전 3권(번역)	서울: 을유문화사	1962
『서유기』 전 3권(번역)	서울: 을유문화사	1962
『장자』(번역)	서울: 을유문화사	1964
『열국지』 전 3권(번역)	서울: 을유문화사	1964
『첼리니자서전』(번역)	서울: 을유문화사	1967
The Great Khan(영문)	Seoul: The Korea Information Services, Inc.	1969

이 표에서 보듯 광복 이후 김동성이 처음으로 1945년 펴낸 책은 『최신한영사전』(最新韓英辭典)인데, 이는 그가 1928년 『최신선영사전』(最新鮮英辭典)이라는 제목으로 발간했던 것을 그간에 증보하여 다시 낸 것이었다. 다음으로 1948년 간행한 『미국인상기』는 그가 여러 차례 미국에 가서 느낀 인상과 경험 등을 서술한 것이었다. 그리고 1954년 출판한 『중남미기행』은 앞서 말했듯이 1950년 중남미 특사로 2개월간 중앙아메리카와 남아메리카의 주요 국가들을 방문하여 한국을 알리는 외교 활동을 벌이면서 겪었던 여행기를 한국전쟁 이후에 책으로 낸 것이었다.

한편 김동성은 1949년 『한문학상식』(漢文學常識)이라는 책을 펴냈는데, 이는 그가 어린 시절에 오랜 기간 배운 한문 지식을 바탕으로 번역한 책으로, 그 서문(머리말)에 "이 책은 동양 독서가에 꼭 필요한 한문학을 압축해 놓은 양서"라고 소개했다. 1961년에는 『중국문화사』도 단행본으로 소개했는데, 이 책에 대한 "신간서평"에서 김팔봉은 "아무도 손 못 대던 저 복잡하고 긴 중국 역사를 읽기 편하고 알기 쉽게 순국문으로 지어서 내놓았다"면서, 저자는 겸손하게 '편역'이라고 하지만 실제로는 '저작'이라고 소개했다(김팔봉, 1961). 또한 영문학자이자 중국문학자였던 시인 윤영춘은 "이 한 책을 들고 읽는 가운데 편역이라기보다 실제로 현지를 답사한 생생한 르뽀르타주요 산 문화역사교재이며 흘러간 시대라기보다는 현대를 만화경으로 우리 앞에 보여주는 듯한 감을 주는 양서"라면서, "지식인이 되려면 역사 지식이 절대 필요한 만치 우리 자신의 문화를 반사해 주는 하나의 거울"로서 누구나 일독을 권한다고 썼다(「조선일보」, 1961. 3. 14. 석간 4면, "신간서평").

김동성은 또한 중국의 유명한 고전소설들을 차례로 번역하기 시작하여 1960년에는 우선 『삼국지』 전(全) 5권을 출간했는데, 이는 「동아일보」에 '삼국지연의'라는 제목으로 1956년 9월 1일부터 1960년 4월 29일까지 3년 동안 무려 1,254회에 걸쳐 장기 연재했던 것을 단행본으로 묶어서 낸 것이었다. 이어서 1962년에는 『금병매』 전 3권과, 『서유기』 전 3권을 발간했으며, 1964년에는 『열국지』 전 3권을 출판했다. 작가 김성한은 『금병매』에 대해 "역필의 관록이 당당한 김동성씨의 적확 유려한 완역"으로 높이 평가했다(「경향신문」, 1962. 8. 15. 3면, "독후감"). 그런가 하면 중국 경서인 『장자』도 번역해서 출판했는데, 아동문학가 마해송은 『장자』에 대해 "번역을 맡은 김동성씨는 중국에서 공부한 분이라 잘된 책이라고 생각된다"며 "동양을 알려면 한번은 읽어야 한다"고 권했다(「경향신문」, 1963. 9. 25. 5면, "내가 읽은 신간").

1969년 김동성은 몽골의 영웅 징기스칸에 관한 역사소설인 *The Great Khan*도 영문으로 간행했는데, 이는 영어 신문인 「코리아 헤럴드」(*Korea Herald*)에 1968년부터 거의 반년 동안 연재했던 것을 책으로 낸 것이었다.[23] 당시 「코리아 헤럴드」 사장이었던 김봉기(1981, pp. 157-161)에 의하면, 이 영문 소설을 「코리아 헤럴드」에 연재할 때, 김동성은 신문사에 나와서 직접 교정을 볼 정도로 자신의 글에 대한 철저함을 보였다고 한다. 이 영문 소설이 1969년 봄 단행본으로 나오자 4월 23일 신문회관에서 출판기념회를 열었을 때 김동성이 참석했는데, 이것의 그의 마지막 대외 활동이 되고 말았다. 그 전해 위암 수술을 받았으나 결과가 좋지 않아 자택에서 요양하다가 1969년 8월 18일 새벽, 한국 나이 80세로 이 세상을 떠났기 때문이다.

23 김동성은 그 이전인 1955년 10월 26일부터 1956년 3월 16일까지 141회에 걸쳐 「동아일보」에 '대칭기즈칸'이라는 제목의 소설을 우리말로 연재했다.

마. 맺음말: 김동성은 언론뿐 아니라 여러 분야의 선구자

지금까지 살펴보았듯이 김동성은 어린 나이에 개화 의식을 갖고 모험에 도전하는 적극적인 면모를 보이며, 동서양을 넘나드는 문화 체험과 미국에서 공부한 농학, 신문학, 만화, 미술 등에 대한 풍부한 식견을 바탕으로 다방면에서 여러 활동을 부지런하게 전개한 인물이었다. 그러나 그는 무엇보다 "이것저것 직업을 가져 보지만 역시 신문인으로서 글을 쓰는 것이 가장 보람 있는 일로 여긴 참다운 언론인이었으며, 그 경력이나 처신이 항시 조촐하고 다소곳하면서 화사하지 않고 차분하다. 그의 성격이 그러했고 사회 활동이 그러했다"고 평가된 인물이었다(김봉기, 1981, p. 130).

이러한 김동성은 그의 이력이 말해 주듯이 '한국 최초'라는 수식어가 가장 많이 따라 붙은 인물이었다(김을한, "천리구라는 이름의 대기자를 추모함,"「동아일보」, 1969. 8. 19. 6면). "한국 최초로 신문학 관계 전문서적과 라디오 관계 서적을 쓴 한국 언론학의 선구자," "한국 언론사상 최초의 해외 특파원," "국제기자대회 최초 참석자," "4컷짜리 만화를 한국에 처음 도입한 인물," "맥아더를 회견한 최초의 한국 기자" 등등의 수식어가 그의 이름 앞에 붙어 있다. 그는 또한 1910년대에 이미 영어를 영어답게 구사하는 한국인으로 유명했는데, 이런 유창한 영어 실력을 바탕으로 미군정기와 대한민국 정부 수립 초기에 언론인 신분으로 또는 정부 대표로서 미국, 유엔, 남아메리카 주요 국가 등 세계 여러 나라에서 한국의 입장을 대변하는 외교활동을 종횡무진으로 수행한 인물이었다.

윤영춘(1961)은 김동성에 대해 "서구문화에 조예가 깊은 영문학자이시며 민간 대표로 세계 각국을 편력한 바 있는 외교관이요 명성이 높은 저널리스트로 중국에 가서 많은 활약까지 한 바 있는 한학(漢學)에 연구가 깊은 그야말로 동서학을 겸비한 학자"라고 소개하여, 그가 여러 분야에서 큰 활약을 했다고 설명했다. 김동성이 1916년 미국에서 영문으로 펴낸 *Oriental Impressions in America*를 우리말로 공동번역하여 2015년 『미주인상기』라는 제목으로 출간한 황호덕 역시 그 책 끝에 실은 '해설'에서 김동성에 관하여 소개하면서 그가 얼마나 다양한 분야에서 얼마나 큰 역할을 했는지 다음과 같이 평가했다. "당대의 한국인으로서는 거의 유례를 찾기 힘들 정도로 세계 각지의 거의 모든 대륙을 고루 여행하고 체험하였을 뿐 아니라, 그에 관한 수다한 여행 기록을 남겼으며, 문화사적으로도 신문기자 및 편집자 · 만화가 · 사전편찬가 · 고전번역가 · 탐정소설번역가 · 정치관료 · 외교가 · 작가로서 허다한 족적을 남겼다"(황호덕, 2015, pp. 147-148).

이들이 평가했듯이, 김동성은 신문, 신문만화, 라디오 같은 한국 미디어의 역사는 물론, 번역사, 추리소설사, 어학사, 정치, 외교사, 출판사 등 매우 광범한 분야에서 반드시 언급해야 할 선각자이자 선구자이었다. 그런 점에서 김동성은 그의 호인 '천리구'(千里駒)처럼, 언론, 번역, 저술, 외교 등 그가 활동한 여러 분야에서 "천리를 달릴 수 있는 망아지였고, 실제로 천리를 내달은 준마"였다고 결론지을 수 있을 것이다.

제2편

한국 최초의 신문학박사 김현준(金賢準)

제1장 김현준의 학문과 업적:
박사학위논문과 주요 논문을 중심으로

제2장 김현준의 생애:
한국 최초 신문학박사였으나
순탄치 않았던 삶

제1장

김현준의 학문과 업적:
박사학위논문과 주요 논문을 중심으로

박선희(조선대학교 신문방송학과 교수)

앞서 제1편에서는 우리나라 언론학의 선구자 중 하나인 김동성과 그의 업적 및 생애에 관하여 살펴보았다. 그러면 여기 제2편에서는 또 하나의 선구자인 김현준(金賢準)에 대해서 알아보기로 하겠는데, 그는 1928년 2월 독일의 라이프치히대학(Universität Leipzig)에서 우리나라 사람으로는 최초로 신문학 박사학위[1]를 취득한 뒤 동년 6월 귀국하여, 당시 미국의 신문학과 함께 세계 신문학계의 양대 산맥의 하나였던 독일의 '이론신문학'을 우리나라에 처음 소개한 인물이다. 1924년 김동성이 『신문학』이라는 저서를 통하여 미국의 '실천신문학'을 소개한 데 이어, 김현준이 독일의 '이론신문학'을 우리나라에 소개함으로써 신문학이 우리나라에서도 하나의 학문으로 인정받는 데 크게 기여하였다.

1 김현준이 받은 박사학위의 정식 명칭은 '철학박사'(Doktor der Philosophie)였다. 그러나 여기서는 '신문학박사'라고 부르기로 하겠는데, 현재도 독일과 미국 등지에서 신문학이나 커뮤니케이션학 분야의 정식 박사학위 명칭은 거의 모두가 'Doctor of Philosophy'(약칭 Ph.D.)이지만 이를 우리나라에서는 '신문학박사'나 '언론학박사' 등으로 번역하기 때문이다.

가. 김현준의 박사학위논문 주제와 주요 내용

김현준의 생애와 인물에 관해서는 다음 제2장에서 자세히 살펴보기로 하고, 여기 제2편 제1장에서는 먼저 그의 박사학위논문과 그 밖의 주요 연구 업적부터 살펴보기로 하겠다. 즉 김현준의 박사학위논문부터 살펴본 다음, 그가 귀국 후에 발표한 여러 편의 논문들 중에서 독일의 이론신문학에 관한 주요 논문들의 내용을 살펴보고자 한다.

1. 박사학위논문의 구성과 주요 목차

김현준의 박사학위논문은 동아시아 3개국 즉 일본·중국·한국의 근대 신문들의 외적·내적 양태들을 서로 비교하면서 그 특징과 차이점 등의 원인을 각 나라의 역사적, 경제적, 문화적으로 분석한 논문으로 매우 흥미 있는 연구이다. 김현준의 박사학위논문은 현재 라이프치히대학에 소장되어 있으며, 독일 국립도서관 데이터베이스에서도 찾아 볼 수 있다(http://d-nb.info/102374483X). 또한 김현준의 박사학위논문은 단행본으로도 출판되었는데, 라이프치히에서 외국인의 문헌을 주로 출판, 판매한 서점(Buchhand für ausländische Literatur)인 'Kommissionsverlag A. Twietmeyer'에서 1928년 2월 간행한 것이다. 이 간행본 중 하나를 1950년대 후반 독일 뮌헨대학에 유학 중이던 박유봉(서울대 언론정보학과 교수 역임)이 김현준 박사의 아들 김동연(당시 아헨공과대학 재학)에게서 얻어왔고, 이를 박정규(청주대 신문방송학과 교수 역임)가 복사하여 여러 사람들에게 나누어 주었는데, 그중 하나를 차배근(서울대 명예교수)도 소장하고 있다.[2]

1) 논문의 표지 · 인준지 · 헌사와 그 주요 내용

이처럼 김현준의 박사학위논문은 단행본으로 출판된 것도 있으나, 여기서는 라이프치히대학에 소장되어 있는 원본을 살펴보기로 하겠다(이 책의 〈부록 B〉를 참조할 것). 우선 논문 원본의 표지부터 보면, "Die Aufmachung der modernen Zeitung in Ostasien(Japan, China, und Korea)"라고 논문 제목을 네 줄로 나누어 기재해 놓았다. 이러한 제목은 우리말로 "동아시아에서 근대 신문의 양태: 일본, 중국 및 한국"이라고 번역할 수 있다.

논문 제목 바로 아래에는 "Inaugural-Dissertation zur Erlangung der Doktorwürde der hohen Philosophischen Fakultät der Universität Leipzig"라고 기재해 놓았는데, 이는 "라이프치히대학 철학부 박사학위 취득을 위한 박사논문"이라는 뜻이다. 이러한 설명 다음에는 "verfaßt von Heun-Chun Kim aus Korea" 즉 "한국 출신 김현준에 의해 작성"이라고 논문 작성자의 성명과 출신 국가를 밝혀 놓은 후 "Leipzig, Februar 1928"(라이프치히, 1928년 2월)이라고 장소와 연월(年月)을 적어 놓았다.

한편 표지 상단 왼쪽을 보면 "Di 1928 A 3252"라고 손으로 적어 놓았는데, 이는 도서관에서 김현준의 학위논문에 부여한 도서분류번호(도서청구번호)이다. 여기서 Di는 Dissertation(박사논문), 1928은 논문 작성 연도, 그리고 A 3252는 도서기호인 것 같다. 따라서 라이프치히대학 도서관에서 김현준의 박사학위논문을 찾아보려면 이 도서분

---

2 이 간행본은 16×24 cm 크기의 용지에 8포인트(point) 정도의 작은 활자로 인쇄되었으며, 분량은 모두 61쪽이나 그중 12쪽은 참고문헌 목록과 각종 통계자료 표로 이루어져 있다. 이 간행본을 김현준의 박사학위논문 원본과 비교해 보면 다른 것은 동일하나 다만 간행본에는 인준지와 헌사가 없으며, 김현준의 이력도 나와 있지 않다.

류번호로 청구하면 된다.

이와 같은 겉표지 다음 쪽에는 박사학위논문의 인준지가 붙어 있는데, "에베르트와 해니쉬 교수의 심사에 기초하여 철학부(Philosophischen Fakultät) 문헌-역사학과 제2부문 박사학위를 인준함. 라이프치히, 1928년 2월 24일, 몰(Moll), 현 철학부 문헌-역사학과장"이라고 적혀 있다. 이를 보면, 김현준의 박사학위논문의 심사위원은 에베르트(Erich Everth, 1878~1934)와 해니쉬(Erich Haenish, 1880~1966) 교수였음을 알 수 있다. 에베르트 교수는 김현준의 논문지도교수였는데, 그는 저널리스트이자 독일 최초의 저널리즘 교수로 라이프치히대학 신문학연구소 소장을 역임했고, 이후에는 나치의 개입에 반대해 언론 자유를 주장하는 등 나치와 정치적 견해가 달라 해고된 인물이다. 해니쉬 교수는 라이프치히대학 동양학 교수로 몽골어 등을 전공한 사람이었다.

한편 김현준이 신문학을 공부한 라이프치히대학 신문학연구소(Institut für Zeitungkunde)는 '독일신문학의 아버지'라고 불리는 뷔허(Karl Bücher, 1847~1930)가 1916년 창설한 독일 최초의 신문학연구소로 당시 독일의 신문학계를 선도하고 있었다. 이 연구소를 비롯하여 독일의 신문학연구소들은 당시는 물론 현재도 연구만 하는 것이 아니라 교육도 담당하는 곳으로 우리나라의 언론 관계 대학이나 학부에 해당한다. 따라서 김현준도 라이프치히대학 신문학연구소에서 신문학을 공부하고 박사학위를 받게 되었는데, 당시 뷔허는 80대 중반의 노령으로 병상에 누워 있었다. 때문에 김현준은 뷔허 대신 에베르트의 지도를 받아서 박사학위논문을 썼으나 뷔허 교수의 영향도 크게 받았을 것이다(임근수, 1973, p. 9).

김현준의 박사학위논문에 대한 인준지 다음 세 번째 페이지에는 "이 논문을 부모님께 바친다"(Meinen Eltern)라는 헌사(獻辭)가 지면 한 가운데에 적혀 있다.

2) 논문의 주요 목차와 판형 및 분량

네 번째 쪽에는 목차(Inhaltsverzeichnis)를 실어 놓았는데, 이를 우리말로 번역하면 〈참고자료 2-1-1〉과 같다. 이 표에서 보듯이 김현준의 박사학위논문은 서론과 3개의 장(章) 및 부록으로 구성되는데, 이들의 내용에 관해서는 뒤에서 자세히 소개하겠다.

논문의 판형은 국판(菊判, 15×22cm)이며, 분량은 모두 63쪽이다. 그러나 본문은 40쪽에 불과하며 나머지 23쪽은 앞붙이와 부록이다. 부록은 앞의 〈참고자료 2-1-1〉에는 참고문헌과 통계표 및 이력만 표시했으나, 실제로는 이들 이외에도 분석 대상 신문들의 목록을 중국,

[참고자료 2-1-1] 김현준의 박사학위논문 목차

일본, 한국 신문으로 나누어 열거해 놓았으며, 기타 참고한 정기간행물 목록과 독일 신문 목록도 달아 놓았다.

3) 논문 맨 뒤에는 김현준 자신의 이력도 기재

위와 같은 부록에 이어 논문의 마지막 쪽에는 '이력'(Lebenslauf)이라는 제목 아래, 아래와 같이 김현준 자신의 이력을 간단히 소개해 놓았다.

> 본인은 1899년 2월 28일 한국의 나주에서 태어났다. 1911년부터 1918년까지 서울의 휘문의숙(Gymnasiums Whiemun)을 성공리에 마친 뒤 [일본] 도쿄로 가서 1918년부터 1922년까지 도요대학(東洋大學)을 다녔다. 동시에 센지오학교에서 독일어 수업을 들었다.
> 1922년 1월부터 독일에 머물렀고, 1922~23년 겨울학기부터는 뷔르츠부르크대학(Universität Würzburg)에, 그리고 1924년 여름학기부터는 라이프치히대학에 다녔다. 라이프치히대학에서는 1925~26년 겨울학기까지 경제학과 정치학 세미나에서 수학하였다. 1926~27년 겨울학기까지는 신문학연구소에서 에베르트 교수로부터 제출되는 박사학위논문 지도를 받았다.

김현준은 이렇게 그의 박사논문 마지막 쪽에서 자신의 이력을 소개해 놓았으나, 그가 1946년 12월 전주공립사범학교(현 전주교육대학) 교장으로 취임할 때 작성한 자필이력서(박정규 발굴)의 내용과 비교해 보면 몇 가지 상치하는 점들이 있다.

첫째, 박사학위논문에서는 "1899년 2월 28일 한국의 나주에서 태어났다"고 했으나, 자필이력서에는 "1897년(광무원년) 2월 28일생"

으로 기록되어 있어, 2년의 나이 차이가 난다.

둘째, 박사학위논문에서는 "1911년부터 1918년까지 서울에서 휘문의숙을 다녔다"고 했으나, 자필이력서에는 1916년 3월 25일 휘문의숙중학교 졸업으로 되어 있어 약 2년의 차이가 난다.

셋째, 박사학위논문에는 "1918년부터 1922년까지 [일본의] 도요대학(東洋大學)을 다녔다"고 기재되어 있으나, 자필이력서에는 "1921년 3월 25일 도요대학 윤리과 졸업"으로 기재되어 있다.

넷째, 박사학위논문 표지를 보면 논문 작성 날짜가 1928년 2월로 되어 있고, 인준지를 보면 박사학위논문이 통과되어 라이프치히대학 철학부 문헌-역사학과장 몰(Moll)이 서명한 날짜가 1928년 2월 24일로 되어 있다. 그러나 그의 자필이력서에는 "1927년 11월 10일 독일 라이프치히대학 법문학부(法文學部) 졸업, 12월 12일 동(同)대학에서 철학박사학위 수여"라고 기재해 놓았다.

따라서 그의 박사학위논문과 1946년도 자필이력서에 여러 차이가 있다. 그렇다면 어떤 것이 올바른 것인가? 이에 관해서는 다음 제2장에서 자세히 논의될 것이다.

2. 서론에서 연구의 문제 · 목적 · 방법부터 밝혀

앞서 김현준의 박사학위논문의 표지 · 인준지 · 목차와 논문 마지막 쪽에 실려 있는 이력을 살펴보았고, 지금부터는 본문 내용을 간단히 살펴보겠다.

먼저 '서론'을 보면, "특히 유럽의 신문과 잡지의 역사적 발전에 관하여는 이미 광범위하고 상세한 연구 논문들이 많이 나와 있다. 마찬가지로 신문의 정치적, 사회적, 문학적 평가 역시 방대한 문헌에서 깊이 있는 연구와 진가를 발견해 왔다. 그러나 내 견해로는 지금까지

출판된 거의 모든 연구들에서, 그것이 역사적 방식이든 혹은 이론적 방식이든, 한 가지가 너무 적게 내지는 거의 전혀 고려되지 않은 것이 있는데, 그것은 바로 독자와 대면하는 일간간행물의 외적 형식(Form)" 이라고 지적하면서, 이에 관한 연구의 필요성을 제기하고 있다.

그러면서 "마치 신문의 외적 형식, 즉 신문의 '양태'(Aufmachung)에 관한 문제는 순수한 기술적 성격에 관한 문제이고 그 작업은 사회학적 연구의 틀에서는 거의 가치가 없는 것 같지만, 좀 더 면밀히 관찰하면 그 문제의 커다란 중요성이 부각된다"고 하면서 "신문의 심리학적 평가와 관련한 신문의 모양, 신문의 모든 개별적 요소들의 '배열'(Ausstattung)의 중요성을 사람들이 이제야 비로소 이해하고 그 규정들에 따라 헤아리기 시작했으나, 이는 결코 과대평가될 수 없다는 것이 드러난다"고 강조한다.

이에 따라 김현준은 일간신문의 양태에 관하여 연구하되, 동아시아 즉 한국과 더불어 중국과 일본의 신문양태를 분석하고 있다. 김현준은 이러한 연구가 토박이 한국인으로서 자연스러운 것이라고 밝히면서, "바로 지금 '극동' 국민들의 거대한 경제적, 정치적 투쟁을 통해 동아시아의 신문관계는 나날이 의미가 더해가고 있음에도, 그에 관한 좀 더 면밀한 연구들이 지금껏 여전히 가장 적게 이루어졌"기 때문이라고 그 이유를 설명하였다. 그러면서 "'지난 15년에서 20년 사이 중국의 정신형성에 전환이 이루어졌는데, 이는 일찍이 인류역사에서 아마도 가장 크지만 가장 빠른 것이다.' 한스 드리쉬(Hans Driesch) 교수의 근대 중국에 관한 이러한 언급은 강한 이웃 국가 일본과 일본의 가장 중요한 식민지인 한국에도 폭넓게 해당되는 것으로, 이를테면 지난 50년에서 60년간의 발전에 맞먹는 것이다. 정신적인 그리고 경제적인 측면에서 이러한 비할 데 없는 발전은 대부분 해마다 증가하는 동아시아 신문의 힘이 작용하기 때문이다. 유럽과 미국의 영향이 동아시아에서, 우선 일본의 낡은 봉건체제를 흔드는 시점에서 신문도 그에 상응하는 예를 거의 찾아 볼 수 없을 정도로 발전하기 시작하였다. 그것은 근대의 기술적, 경제적 성과와 지속적인 상호작용에서 주도적 문화국들의 신문상황과 어느 모로 보나 동등한 수준에 이르렀다"고 부연 설명하였다.

또한 동아시아 3국의 근대 신문의 양태에 관한 자신의 연구논문에 관하여 "첫 번째 부분에서는 큰 윤곽에서 발전사적(發展史的)으로 동아시아 신문에 관한 가장 중요한 데이터에 관하여 개관하도록 한다. 두 번째 주요 부분에서는 신문의 양태를 순수한 외적, 그리고 편집상의 관점에서 기술하고, 마지막으로 세 번째 주요 부분에서는 동아시아 신문에 대한 종합적 비판과 비교를 제시하고자 한다"고 논문의 구성 체제를 간략하게 소개하였다. 그리고 나서 연구방법에 관해서도 비교적 자세히 설명했는데, "이 연구를 위한 자료는 본질적으로는 동아시아 신문 원본 자체"로 하겠으나, 자료의 범위에는 신문만 넣기로 하겠다면서, "신문이란 정해진, 규칙적인 시간 간격으로 발행하는, 기계적 방법으로 복제된 출판물로, 이를 통해서 개별적으로 불특정한 개인과 단체들에게 최신의 다양한 양식의 뉴스들 그리고 좀 더 특수한 성질의 전달과 보도들이 지속적으로 제공된다"(Brunhuber: Das moderne Zeitungswesen, Leipzig. 1907. S. 15)고 정의하였다.

그러면서 김현준은 신문의 영향력과 기능에 관해 설명하고 있는데, 서양 문명이 비교적 늦게 들어간 국가들에서도 신문이 미치는 거대한 영향은 신문의 특성 때문이며, 도처의 문명화된 세계에서처럼 동아시아에서도 신문은 공공생활의 가장 중요한 요인들 중의 하나가 되었다고 주장한다. 그래서 신문은 이미 일찍이 많은 국민집단들을 정신적 측면에서 묶는 필수적 연결수단(Verbindungsmittel)으로 발전하여, 정치적 측면에서는 국민들에게 사회적 장벽을 깨고 자유주의 시대에 민주적 헌법의 제정을 도와주었다고 강조한다. 경제적 측면에서도 신문은 독자에게 무역과 산업 전반에 관하여 알리고, 특히 신문광고는 독자들에게 생산품이나 그 밖의 매물(賣物)들을 알게 하여 산업과 경제를 발전시키는 일등공신이라고 하였다. 또한 신문은 국민교양수단(Volksbildungsmittel)으로서, 동아시아 지역에서도 국민의 가장 중요한 교양, 계몽 및 교육수단이 되고 있다고 본다.

그런데 이와 같은 신문의 영향력과 기능들은 역시 신문의 양태, 즉 신문의 외적 모습과 지면(紙面)에서 소재들의 체계적 배열 등에 따라 차이가 생길 수 있다는 것이다. 다시 말해서, 어느 특정 지역 신문의 질과 실질적 가치는 흔히 그 신문이 지속적으로 보도하는 소재들의 실제적 배열에 달려 있다고 한다. 그 결과, 어떤 특정 국가의 신문들 내에서 일관된 주요 특징들이 나타나게 되며, 이러한 특징들을 통해 한 국가의 신문들이 다른 국가들의 신문과 전형적으로 구분되고, 이러한 구분은 각 국가의 역사 · 정치 · 경제 · 지역 · 문화 등에 의해 결정된다는 것이다.

그러므로 김현준은 그의 박사학위논문에서 동아시아(중국 · 일본 · 한국) 근대 신문들의 양태에 관한 비교 고찰을 통하여 각 나라 신문들의 특징들과 이들을 결정짓는 각 국가의 역사적, 정치적, 경제적, 지역적, 문화적 요인들을 분석해 보았다고 밝혔다. 그리고 논문 제2장과 제3장에서 각 나라 신문들의 특징들을 동아시아 3개국의 신문들뿐 아니라, 유럽과 미국 신문들의 특징들과도 비교, 분석하였다.

3. 제I장에서는 연구 배경으로 동아시아 신문 발달 과정 개관

서론에 이어 제I장 "동아시아 신문의 발달에 관한 개관: 고대부터 현재까지"에서는 연구 배경으로 동아시아 3개국의 신문뿐 아니라, 그와 연관된 문자의 발명, 붓과 종이 등 서사(書寫) 재료, 서적과 인쇄술 등의 발달 과정을 고대부터 1920년대까지 개관하였다. 그러면서 이러한 커뮤니케이션 수단들의 발달을 동양과 서양 간의 문명 교류, 국가 간의 교역과 접촉, 불교 승려와 기독교 선교사들의 종교 활동 등과도 연결시켜 살펴보았는데, 그 내용들 중에서 중요한 것들만을 요약해서 소개하면 아래와 같다.

신문의 발달에서 가장 핵심이 되는 것은 역시 문자의 탄생이며, 중국에서 문자를 사용한 최초의 역사적 기록은 기원전 700년경에 나온 『시경』(詩經)으로 볼 수 있다. 당시 중국은 이미 정교한 행정조직과 엄격한 법률을 지닌 국가 시스템을 가지고 있었고, 완전한 문자 체계로 조직화된 통신을 통해 제국을 확장하고 있었는데, 이 때는 얇은 죽판(Bambustäfelchen)에 위에서 아래로 글씨를 새기는 방식을 사용하였다. 그 후 기원전 2세기경에는 박엽지(博葉紙, Seidenpapier)가 발명되었고, 유교의 부흥과 각종 전승물의 수집과 해설이 문자의 발전과 필기 재료의 개선에 동력이 되었으며, 또한 식자층의 역사의식을 불러일으켜 『한서』(漢書, Han-shu)의 「제국연대기」(Reichsannalen)가 편찬되었다. 기원후 105년에는 채륜(蔡倫)이 수피(樹皮)와 대마, 헝겊 조각들을 사용하여 종이를 만들었는데, 이 시기는 한(漢) 나라가 다른 나라와 활발하게 교류하면서 팽창하던 때로, 중국의 승려들이 인도로 여행하기도 하였다. 한편 한국의 학자와 승려들이 일본에 문자를 전달하여 일본에서도 문자를 읽고 쓸 줄 아는 특수 계층이 형성되었고, 7세기 초에는 백제를 통해 제지 기술이 일본에 도입되었다.

이후 중국과 일본에서 중앙정부가 들어선 뒤에는 역마제도(Relaisposten)를 통해 정부의 공식 뉴스들이 각 지방에 전달되었으며, 일본에서는 나라(奈良)시대에 평판인쇄(Plattendruck) 형태의 목판인쇄가 증가했고, 난해한 중국 문자들은 음절문자(Silbenschrift)인 가타카나로 대체되었다. 8세기 중반, 중국에서는 킹파오(King-pao)[3]라는 정부신문(Regierungszeitung)을 창간했는데, 이는 일반 신문이라기보다 정부 기관지로, 중앙정부와 지방행정의 정상들을 연결하기 위해 궁정 뉴스와 칙령, 국가행정에 관한 지시 사항, 고위 정부 관리들의 활동에 관한 소식 등을 목판인쇄하여 발간하고, 이를 지방정부들이 신속하게 복제해서 배포하였다.

이어서 10세기와 11세기에 중국에서는 출판문화가 크게 발전하여 980년경에는 1천 권 규모의 백과전서가 간행되었고, 1050년경에는 서양의 구텐베르크에 앞서 비성(Pi-sheng)이 가동활자(beweglicher Lettern)를 발명하였다. 그러나 이러한 가동활자술은 더 이상 발전하지 못하였고 여전히 목판인쇄가 지배적이었다.

중국의 원나라 때는 이탈리아 및 아랍과 무역을 통해, 또한 지식이 풍부한 서양 여행자들을 통하여 동·서양 간의 접촉과 교류가 활발해지면서 유럽의 서적 제작 지식이 동아시아의 서적학에 많은 영향을 미쳤으며, 이는 동아시아에서 판인쇄술의 확산에 기여하였다. 특히 포르투갈 선박들이 1516년 중국에, 그리고 일본에는 1542년에 처음 들어왔으며, 이들 선박을 타고 중국과 일본에 건너온 선교사들의 선교활동과 서양문화의 전파는 동아시아 문화에 여러 영향을 미치게 되었다. 이 시기에 일본에서는 목판인쇄(Blockdruck)가 보급되어, 1615년에는 단면 혹은 양면에 인쇄된 팸플릿 형태의 「요미우리신문」(讀賣新聞)이 출현했는데, 이 신문에는 목판인쇄한 그림이 곁들여져 일정 독자를 갖게 되었다. 한편 중국의 「킹파오」 같은 관보인 「고사타-쇼」(御沙汰書?)도 나타나 지배계급에게 궁정 소식, 관료 임명, 법령 공포 등을 매일매일 알려 주었다.

---

3 「경보」(京報)를 말하는 것 같다.

중국의 청나라 강희제 때는 문헌학적으로 중요한 백과사전이 25만 개 이상의 동활자로 인쇄되었으며, 건륭제 때는 유럽 모델을 따른 최초의 인쇄소가 궁궐 안에 설치되었다. 그런가 하면 19세기 초반에는 유럽식의 정기발행 잡지와 신문이 등장했는데, 이들 정기간행물들은 주로 기독교 선교에 이용되었다. 이와 같은 종교적 목적의 간행물들은 그 후에도 많이 발간되었으나 몇몇을 제외하고는 얼마 되지 않아 폐간되는 것이 많았다.

중국 최초의 정치적 일간신문은 1872년 상하이에서 영국인 선교사에 의해 창간된 「슌-파오」(Shun-pao)[4]이다. 유명 도시들에서는 거대한 국제적 해외지사들(Fremdenniederlassungen)의 진출과 함께 외국어로 발간된 신문이 증가하였는데, 이들 신문이 중국의 지배계급에 대하여 공공연한 비판을 불사하자, 중국 정부는 이를 억압하였다. 이후 철도의 부설, 수로 운송의 체계적 개편, 전보와 전화의 도입, 우편 시스템의 정비 등에 따라 신문들의 종수가 증가하였다. 이들 신문이 서양의 인쇄기를 수입하여 신문의 형태를 개선하고 구독료를 인하하자 발행부수가 증가하면서 독자층이 넓어지게 되었다. 이러한 현상은 신문발행의 기술적, 환경적 요인 이외에도 일본과의 각축이나 러일전쟁, 개혁운동, 제1차 세계대전 등 중국 국내외의 정치적 변화에 따른 것이기도 하였다.

일본의 경우는 미국을 필두로 강대국들과 화친조약을 체결하고 문호를 개방하자, 1811년부터 서양의 신문과 잡지들을 들여와 일본어로 번역하여 목활자로 인쇄해서 간행하였으며, 1863년에는 영국인이 일본 최초의 근대 신문을 영어로 발행하였다. 1868년 메이지유신 이

4 「신보」(申報)를 말하는 것 같다. 그러나 이 신문은 '센바오'라고 읽으며, 영국 선교사가 아니라 영국 상인들이 창간하였다.

후 정치적 사건들이 급속도로 일본어 신문을 성장시키는 동인(動因)으로 작용하였다. 그러나 한국의 경우는 산이 많은 지리적 환경과, 정치적 분열, 주변 열강들의 침입 등으로 말미암아 신문의 종수와 발행부수가 중국이나 일본에 비해 적었으며, 게다가 1910년 이후 일본의 식민지가 되면서 모든 신문이 일본총독부의 엄격한 통제 아래로 들어가게 되었다.

4. 제II장은 본론으로 동아시아 신문들의 양태 분석

지금까지 살펴본 바와 같이, 김현준은 그의 박사학위논문 주제인 "동아시아(일본 · 중국 · 한국)에서 근대 신문의 양태"에 관한 비교분석에 앞서, 그 배경으로서 제I장에서는 우선 동아시아 신문의 발달 과정을 고대부터 현재까지 개관하였다. 그런 다음 본론으로 들어가서 제II장에서는 동아시아 3국 즉 일본 · 중국 · 한국의 근대 신문들의 양태에 관한 연구와 분석 결과를 크게 두 가지, 즉 신문의 포맷, 크기, 제목, 장식 등 순수한 외적 양태와, 신문 내용의 배열, 규모와 순서에 따른 편집 등의 내적 양태로 나누어 제시하였다.[5] 내적 양태는 다시 신문 면(面)의 종류에 따라 크게 정치면(politischen Teil), 경제 및 광고면(Handels- und Anzeigenteil), 지방면(Lokaler Teil), 문화면(Feuilleton)으로 나누어 각 면별로 자세히 설명하였다. 그 내용을 간단히 소개하면 다음과 같다.

---

5 이 연구에서 김현준은, 동아시아 3국에서 영어와 프랑스어 등의 외국어로 발간한 신문을 제외하고 자국어로 발간한 신문들만 분석대상으로 삼았는데, 동아시아에서 영어나 프랑스어로 발간한 신문들은 유럽과 미국 신문들을 직접 모델로 삼았으나, 자국어로 발간한 신문들은 각 국가의 사회경제적 상황을 바탕으로 자신들의 고유한 형식들을 드러내면서 변화를 겪게 되었기 때문이라고 한다.

1) 동아시아 3국 근대 신문들의 외적 양태

우선 김현준은 동아시아 3국 신문들의 외적 양태를 문자와 쓰기 방식, 조판과 편집 체재, 광고 배치 등의 방식들을 중심으로 분석하고 있다. 그 결과 동아시아 3국의 근대 신문들은 기본적으로 유럽과 미국 신문들을 모델로 했으나, 각 국가의 사회·경제적 상황을 바탕으로 자신들의 고유한 형식들을 드러내면서 서로 다른 양태를 드러내고 있다고 한다. 그러나 세 나라 신문들 간에 공통점도 적지 않았다고 한다. 그 내용을 요약해서 소개하면 다음과 같다.

우선 문자와 쓰기 방식을 보면, 동아시아 3개국의 신문들은 모두 한자를 전용하거나 또는 혼용하고 있으며, 문자는 위에서 아래로, 오른쪽에서 왼쪽으로 써 나가는데, 이는 예전에 점토판(泥版)이나 죽판(竹板)에 위에서 아래로, 오른쪽에서 왼쪽으로 문자를 기록한 전통에 기인한 것이다. 바로 이러한 쓰기 방식이 근대 신문에도 전승되어, 사설, 학술 논문, 연재소설, 다양한 이야기, 단신, 최신 전보 등 모든 기사의 기본형태를 이루고 있다. 이는 또한 신문뿐 아니라 각종 저술물, 문헌, 포스터와 공고문에서도 나타나고 있다.

다음으로 조판 체재의 분석 결과를 보면, 세로조판(縱組)이 동아시아 3국의 근대 신문들의 일반적 조판 형태이다. 단수(段數)는 신문에 따라 차이가 많은데, 대체로 지면을 7단 내지 8단으로 나누지만, 많게는 12단으로 나누기도 한다. 그런데 일본에서 가장 영향력이 있는 일간신문인 「도쿄아사히신문」(東京朝日新聞, Tokyo Asahi Shimbun)과 한국의 「동아일보」는 포맷과 단수가 동일하다고 한다. 한편 단(段)의 분할도 나라에 따라 차이가 있었는데, 한국의 일간신문들은 단의 분할 원칙을 엄격하게 준수하지만, 중국의 일간신문들은 단의 분할원칙을 포기하여 다양한 형태와 크기로 단을 나누면서 곳곳에 광고를 배치하기도 한다. 그런가 하면 일본의 일간신문들은 단의 분할을 엄격히 하는 한국 신문들의 방식과 단의 분할을 거의 하지 않는 중국 신문들의 방식을 균형 있게 예술적 형태로 통합하여 사용하고 있다.

편집 체재나 양태를 알아보기 위해서 김현준은 신문의 제호가 있는 제1면의 편집 양태를 분석하였는데, 제1면은 신문의 외적 양태나 특성을 가장 잘 드러낸다고 보았기 때문이다. 그리하여 일본·중국·한국의 대표적 신문을 선정하여 제1면의 활자와 그 크기, 단(段), 지면 배치 등을 꼼꼼히 분석해 보았다고 한다.

분석결과 중 한국의 「동아일보」의 편집 체재에 관한 것을 보면, 지면의 우측상단에 한자로 된 제호를 배치하고, 지면을 12단으로 나누어 국내외 정치에 관한 사설, 주요 뉴스, 최신 정보들에 관한 사설, 한국에 대한 총독부의 행정에 관한 뉴스, 지방 소식 등을 싣고, 지면의 마지막 두 단 혹은 세 단은 광고에 할애하였다. 그러면서 각각의 기사에는 제목을 달되, 여기서 전적으로 굵은 활자와 그 크기를 통해 사설 제목(표제)들을 돋보이게 한다. 그러나 중국 신문들의 경우 편집 체재가 산만할 뿐 아니라 접지면 공간에 기상 예보, 편집 마감 후에 들어온 단신, 물가와 주식, 공지 사항 등을 싣고 있는데, 이는 중국 신문만의 특색이기도 하다.

김현준은 광고도 신문의 외적 양태의 주요 결정 요소의 하나로 보고, 이에 관해서도 분석했다. 광고는 그림이나 큰 포맷의 선전물로 일간신문의 고유한 이미지를 형성하는 데 기여하며, 또한 광고의 제목과 문안의 배치, 광고의 위치 등이 지면 장식의 주요 요소의 하나이기 때문이라는 것이다. 그러나 중국의 신문들을 보면 아무런 체계가 없이 임의로 광고를 배치한 듯하며, 광고의 제목들도 원시적이고 거칠며 강압적인 인상을 준다고 한다. 반면 일본이나 한국 신문의 광고를 보면, 광고지면에서 흑색과 백색 요소들을 강하게 대조시키는데, 예컨대 책 광고의 경우는 제목을 검은 바탕에 희고 힘 있는 큰 강조활자체(Auszeichnungsschrift)가 우선적으로 사용되고 광고 문안을 미학적으로 배치하는 등, 광고를 최대한 기예적(技藝的)으로 꾸민다는 것이다.

2) 동아시아 3국 근대 신문들의 내적 양태: 정치면

김현준은 동아시아 신문들의 위와 같은 외적 양태에 이어 내적 양태도 분석했다. 내적 양태란 신문의 내용과 이들의 배열 방식 등을 말하는 것으로서, 이는 기술적 요인이나 미학적 요인보다는 심리적 요인에 영향을 받는다고 한다. 그러므로 동아시아 3국의 독특한 국가관 등에 따라 각국 신문의 내적 양태는 서로 달라지며, 국민심리적 영향에 따라 정치신문으로서 특정정당의 이익을 대변할 것이냐, 아니면 상업신문, 경제신문, 또는 교양과 사회지식 등의 보급신문이 될 것이냐 하는 것과, 어디에 역점을 둘 것이냐에 따라 기사의 내용이 달라진다는 것이다. 또한 신문의 독특한 입장과 특별한 성격에 따라 어떤 분야의 내용들은 중시하고 다른 분야는 소홀히 하기도 하며, 더 많은 독자를 확보하기 위해 특정 분야를 전문적으로 다루는 것을 꺼리고, 독자의 요구를 최대한 충족시키기 위해 다양한 분야의 내용을 다루기도 한다는 것이다.

김현준은 이와 같은 동아시아 근대 신문들의 내적 양태를 다시 정치면, 경제 및 광고면, 지방면, 문화면으로 나누어 분석했는데, 그 중에서 우선 정치면의 내적 양태에 관한 분석 결과를 보면 다음과 같다.

중국에서는 서양 열강과의 분쟁과 신해혁명, 일본에서는 메이지 유신, 한국에서는 일본의 식민 통치 등의 정치적 사건들이 오히려 근대 신문의 형성과 발전에 유리한 토대를 제공하였다. 세 나라의 많은 초기의 근대 신문들은 주로 낡은 정부의 봉건 정치에 대항하거나 국민들에게 새로운 민주 이념을 위한 수단으로 창간했다. 그 결과, 정치적 논설이나 정치적 논쟁, 개혁 요구 등 정치상황에 관한 뉴스들이 신문 지면의 상당 부분을 차지했다.

그러나 1889년 일본에서 헌법이 처음 제정되고 서양 열강이 중국 영토에 대한 욕심을 노골적으로 드러내게 된 이후, 두 나라의 신문들은 정치 이외에 다른 주제들을 점차적으로 다루게 되었다. 특히 경제면이 점점 더 큰 지면을 차지하게 되면서, 다른 주제의 영역들을 능가하게 되었다. 그러면서 정치면이 2면이나 3면으로 밀려나고 1면은 광고나 산업, 상업, 운수 관련 경제 기사들이 실리게 되었다. 그러나 중국 신문들의 관심은 일본 신문들과는 대조적으로, 자국의 경제 발전이 아니라 외세 열강의 경제적 착취 대상으로서 자국을 가치 평가하는 데 있었다. 외국인이 창간하거나 외국 자본의 도움을 받은 중국 신문들은 경제적 착취에 관심 있는 서양인 등 특정 계층의 중요한 보조 수단으로서 일반인들에게 경제관념을 강조하고 선전하는 데 역점을 두었다. 그에 반해 중국의 독립적 신문들은 정치적 계몽과 외세에 대한 저항 신문으로 1면은 정치적, 경제정책적 내용 등을 깊이 있게 다루는 주요사설과 전 세계 정치 뉴스 및 짧은 외신(전보)들로 채웠고, 2면과 3면은 지방 상황과 종합 기사, 나머지는 경제 기사와 광고로 채웠다.

중국 신문의 이러한 양태는 한국 신문들의 경우에도 마찬가지였다. 일본인이나 이들의 재정적 도움으로 발간하거나 친일(親日) 한국인이 발행하는 신문들은 한국을 일본의 착취 대상으로 여겨 정치기사를 적게 싣고, 일본의 은행과 운수회사들의 식민 사업, 생산 분야의 개척, 토지 투기에 관한 공지 사항과 보고, 일본의 행정 관계 소식 등을 주로 다루었다. 반면 민족 신문들은 정치 문제에 관한 기사나 논설 등을 많이 실었다. 그러나 이러한 정치 관계 기사는 점차 줄고 소홀해지기 시작했는데, 그 주요 이유는 일제의 엄격한 검열, 폐간과 압수, 벌금, 편집자와 기자들에 대한 처벌 때문이었다.

이러한 한국보다는 비록 사정이 좋았지만, 당시 일본과 중국에서도 여러 가지 신문 관계 법을 통하여 발행인과 기자들의 활동 범위를 제한했을 뿐 아니라 신문의 발행 허가 역시 법적 규정을 통해 상당 부분 규제되었다. 또한 이러한 법적 제약들 이상으로 관계 당국이나 정치권력자들의 자의적 규제와 탄압도 많았는데, 이는 신문의 자유로운 정치 의견 표명을 막고, 정치권력자에 대한 비판을 침묵시키기 위한 것이었다.

3) 동아시아 3국 근대 신문의 내적 양태: 경제와 광고면

신문의 내적 양태들 중 두 번째로 김현준은 동아시아 국가의 상황에 근거하여 경제면의 위상을 살피면서 경제면의 내적 양태도 자세히 분석하였다. 그에 의하면, 동아시아에서 초기에 서양인들이 발행한 중국어 신문들의 경제면은 신문광고라는 토대 위에서 발달하였다고 한다. 그리하여 이들 신문은 유럽 기업의 해외 지사들의 무역과 경제적 착취를 뒷받침하는 정치 시설을 싣고, 제품 공급과 수요에 관한 광고를 주로 실었다.

그러나 일본의 경우는 경제 분야에 관한 논설이 실린 경제 부분과 광고 부분을 구분했으며, 광고와 경제 소식이 서로 연관되어 있는 경우에만 이들을 한데 묶어서 편집, 보도하였다. 일본의 주요 일간신문들은 3면과 4면에 재정 · 산업 · 증권 · 금(金) 시장 · 무역 계약 등에 관한 경제 기사를 실었으며, 특히 은행과 증권 분야에 관한 기사들을 중시하였다. 예컨대 도쿄의 「요미우리신문」은 일반 대중 독자보다는 경제와 산업 분야 지도자와 종사자들을 대상으로 금융 · 은행 · 증권 ·

시장 상황 등에 관한 기사를 집중적이고 상세하게 다루었다. 그 결과, 다른 대규모 일간신문들보다는 발행 부수가 떨어졌는데, 대규모 신문들은 1주일에 최대 125만부를 발행하기도 했지만 「요미우리신문」은 약 5만부를 발행하였다.

한편 중국 신문의 경우, 시장과 환율 시세를 접지면이나 판면 외곽에 싣는 등 일본 신문들에 비해 경제 관계 기사가 약하였다. 또한 경제나 산업 관계 기사를 전문적으로 다루는 경제신문이나 산업신문도 많지 않았으며, 이들 신문의 발행 부수도 미미하였다. 그러나 모든 신문들은 매일 화폐환산표를 반드시 실었는데, 당시 중국은 각 지역마다 화폐제도가 각각 달라서, 특히 상인이나 환전상들이 각 지역 화폐의 환율에 관심이 높았기 때문이다.

김현준은 위와 같이 동아시아 각국 신문들의 경제면에 대한 내적 양태를 분석, 제시하면서 광고면의 내적 양태에 관한 것은 별도로 '광고면'이라는 중간 제목 아래 비교적 자세하게 설명해 놓았다. 이는 앞서 언급했듯이 동아시아에서 초기에 서양인들이 발행한 중국어 신문들의 경제면이 신문광고라는 토대 위에서 발달하였다고 보았기 때문인 것 같다. 그리하여 신문에는 1단짜리 광고에서부터 삽화나 사진을 곁들인 대기업 광고에 이르기까지 모든 면에 광고가 실렸고, 지면의 중앙에도 광고가 등장하였다고 한다.

동아시아 일간신문들에 게재된 광고들 중 가장 많은 것은 서적 광고였다. 일본과 한국 신문들에 실린 서적 광고들을 보면, 중간 크기의 활자로 지면의 오른쪽에서부터 작가의 이름과 인적 사항을 싣고, 이어서 검은색 바탕에 크고 다양한 스타일의 음각 활자로 책 제목을 제시하고, 그 아래 해당 서적에서 발췌한 짧막한 주요 문구를 수평 또는 수직으로 배열한 뒤, 책값과 판매 장소 등을 밝혔다. 서적 광고 다음으로 많은 광고는 화장품, 의약품, 금속 제품, 은행, 선박 운행, 각종

기계와 자동차, 의원(醫院)과 약방, 의류, 관청, 부고, 보석과 시계, 가정용품, 일용잡화 광고 등이었다. 이에서 보듯이 가정용품과 일용잡화 광고는 가장 적은데, 특히 중국에서는 행상인들과 호객꾼, 거리와 시장 수공업자들의 포스터 안내문이 신문광고를 대체했기 때문이라고 김현준은 해석하였다.

동아시아 국가들에서의 신문 광고의 형식을 보면, 관청의 공지사항, 단순 판매와 구매, 구직 광고, 토막광고 등은 문안으로만 되어 있으나, 커다란 광고들은 삽화나 사진 등도 넣어서 미적 형태로 디자인하였다. 이는 동아시아적 기교의 고유 영역으로서 신문광고의 그래픽 장식분야가 매우 발달되었음을 보여 주는데, 특히 일본에서는 일본 특유의 붓질 기법 등을 사용하여 광고를 하나의 완전한 예술작품 형태로 만들기도 하였다. 이러한 예술적, 장식적 광고는 자동차, 화공품, 사치품, 수입품 등의 광고에서도 나타났는데, 이는 광고 상품의 특성뿐 아니라 각국의 전통과 사고방식, 예술도 표현하고 있다.

4) 동아시아 3국 근대 신문들의 내적 양태: 지방면

김현준은 동아시아 3개국의 근대 신문의 내적 양태들 중 세 번째로 지방면(Lokaler Teil)의 내적 형태도 분석했는데, 신문 독자에게는 정치 기사나 외신 기사보다는 자신들의 거주 지역에 일어난 사건들의 뉴스가 오히려 더 중요하다고 생각했기 때문이다. 그러므로 동아시아 세 나라의 일간신문들은 모두 지방면을 별도로 설치하여 해당 지역에서 일어나는 사건들, 예컨대 축제 · 행사 · 사고 · 범죄 · 행정 조치 등에 관한 뉴스들을 생생하게 보도하였다.

이러한 지방기사면은 특히 중국 신문들이 매우 중시하여, 정치뉴스와 외신에 이어 해당 도시와 지방에서 일어난 사건, 사고, 축제,

행정 조치 등을 자세히 보도하였다. 한편 일본의 대규모 일간신문들은 2면과 3면을 '지방판'으로 할애하여 각 지역별 지면을 별도로 편집했는데, 이러한 지방판에는 해당 지역에서 일어난 각종 사건들에 관한 뉴스들 이외에 특히 스캔들(추문) 뉴스도 많이 보도되었다. 그런가 하면, 체육(스포츠) 뉴스도 지방 뉴스에 이어 지방면에 싣고 있는데, 종전에는 매해 개최하는 씨름(스모)이나 검도 대회에 관한 뉴스와 광고에 국한되었으나, 근래에는 씨름이나 검도 이외에도 여러 가지 스포츠 뉴스들을 많이 실었으며, 그 분량도 점차 증가하고 있으나, 그 분량은 서구나 미국 신문들에 비해 매우 적은 편이다.

한국의 신문들도 역시 지방면을 중시하고 있는데, 지방 뉴스가 정치와 긴밀한 관계에 있기 때문이다. 다시 말해서, 일제식민지하의 한국에서는 일본인들의 모든 행정 조치, 일본 관리의 간섭, 일본의 금지와 명령 등이 수도 서울을 비롯한 각 지역에서의 지방 정치와 긴밀한 관계를 유지할 수밖에 없기 때문이다.

5) 동아시아 3국 근대 신문들의 내적 양태: 문화면

마지막으로 동아시아 근대 신문들의 문화면의 내적 양태에 관한 분석 결과를 보면, 김현준은 신문의 문화면(Feuilleton)을 수많은 독자를 끌어들이는 지면으로 간주하였다.

우선 일본 신문들의 문화면을 보면, 소설과 설화가 예술비평과 통속-과학적 기사들보다 비중이 더 높고, 거대 일간신문의 경우는 무사(사무라이)이야기와 같은 역사소설과 근대의 서구소설을 번역해서 연재하였다. 그러면서 일부 신문소설은 순 일본문자[假名文字]만 사용하였다. 또 중국 신문들의 문화면을 보면, 전통적 모티브 즉 신화나 전설들이 삽화와 함께 게재되고 있었다고 한다.

한국 신문의 문화면을 보면, 문자와 언어를 다양하게 활용하였다. 중국의 옛 노래나 각색본은 한자로 소개하고, 국내외 시나 설화 등은 순 한글로 게재했으며, 그 밖의 문화면 기사들은 한자와 한글을 혼용한 국한문체로 쓰였다.

한편 중국 · 일본 · 한국 세 나라 신문들의 문화면은 모두가 국민 계몽과 국민교양 수단으로 여겨져서, 여러 가지 새로운 지식과 상식 등에 관한 기사들도 많이 실렸다. 예술(Kunst)에 관한 기사는 적었지만 점차 연극 공연, 음악회, 전시회에 관한 기사와 광고들이 늘어났으며, 또한 예술 관련 사진들도 점점 더 활용되고 있다.

5. 제III장에서는 동아시아와 유럽 · 미국 신문의 양태도 비교 평가

끝으로 제III장 "요약과 비판: 동아시아 · 유럽 및 미국 신문 간의 비교"는 논문의 결론 부분이다. 여기서 김현준은 "동아시아에서 발행되는 신문들은 지금까지 논의한 내용에서도 알 수 있듯이 극도의 다면적 모습을 보여 주는데, 이러한 다면성에도 불구하고 크게 통일적인 특징들이 전혀 없지는 않다"면서 그 통일적 특징으로 "동아시아 신문들이 발전해 오는 동안 아주 다양한 외국의 영향이 아시아인의 가치관에서 오는 가장 다층적인 형태의 표현 양식과 혼합되었다"는 점을 들었다.

1) 동아시아 신문들의 특성상의 공통점과 차이점

김현준은 세 나라 신문들의 주요 특성들을 비교하면서, "대부분의 중국 신문은 여전히 분명하게 그 전체적 형태 면에서 중국 독자들의 정신에 어느 정도 상응하는 형태를 추구하는 단계에 있는 반면, 일본과 한국 신문의 주요 제작물에서는 이와 같은 탐색과 추진의 단계는 이미 지나갔다. 이들 두 나라에서는 때로는 다른 방향으로 일탈한 경우도 있지만 국민 감정에 알맞은 정기 일간물 형태라는 문제가 해결되었다"고 결론지었다.

그러면서 "일본에서는 아주 사소한 분야에서라도 가장 다양한 방식으로 나타나는 이른바 뛰어난 기예적 감각이 낡은 것과 새로운 것 간의 통합을 비교적 용이하게 찾도록 도왔다. 일본인들은 이러한 기예적 시각이 강해서 서구에서 유입된 초현대적인 것들 또한 예술가의 붓과 저널리스트의 펜에 의한 묘사로 일본적 형상과 모양(Gestalt und Form)을 거침없이 드러낸다"고 말하였다. 반면에 한국은 일제의 억압, 서구의 자유주의와 민주주의 사상의 유입으로 미적 영향력보다는 정치적 사설과 일제 식민 통치에 대한 비판 등 주로 냉엄한 정치적 현실에 더 영향을 받고 있으며, 이 때문에 한국 신문의 양태는 독일과 마찬가지로 정치적 입장에 의해 결정되고 1면은 국내외 정치적 사건을 다루고 있다고 보았다. 이와 대조적으로 중국은 다양한 민족의 성격과 기질에 따라 신문 모양이 통일되지 못하고, 보수적이며 전통에 묶여 서구문물에 적대적이고 당파 싸움 등 내적 분열과 서구열강의 이익추구 정책으로 지역에 따라 일간신문의 모양이나 형태가 상이하다고 평가하였다.

한편 신문의 발행부수는 일본과 한국이 중국보다 많은데, 일본은 국민의 교양이 증대되고 교육제도가 갖춰짐에 따라 신문이 널리 보급되고 새로운 지적 욕구들이 증대하였기 때문이라는 것이다. 반면에 중국에서는 극히 적은 집단의 지식인과 기업가, 상인과 정치인들만 신문의 주요 독자이고, 일반 대중은 문맹자들로 신문을 읽지 못하여 신문 독자들이 찻집이나 바자회, 시장 등에서 구전(口傳)하는 소문을 통해 새로운 소식을 접하게 되는데, 여기에는 권력자들이 자신들에 대한 비판 여론을 잠식시키기를 원하기 때문에 근대 신문을 지지하지 않았던 점도 작용한다는 것이다. 그러나 단순한 뉴스뿐 아니라 비판적이고 상세한 뉴스들이 정치적 논쟁 과정에서 알려지고 이것이 신문의 내용 변화뿐만 아니라 외적 모양에도 영향을 미쳤으며, 새로운 신문과 그 상품이 출현할 수 있는 토대가 되었다고 본다. 정당신문과 이익을 추구하는 상업신문의 탄생이 더 문제가 되지만 고유하면서도 자주적이며 외국으로부터 독립적으로 발전한 경제 형태에 대한 옹호는 전 국민을 견고히 묶는 역할을 한다고 김현준은 해석하였다.

이처럼 중국의 신문은 규모가 작고 개별 신문의 판매 부수도 적으며 압도적 문맹 때문에 서구만큼 여론의 규제와 영향이 이루어질 수 없다는 견해도 있지만, 그러나 중국은 고유의 문자를 가지고 있고, 인쇄된 의견을 빨리 지속적으로 전파할 수 있으며, 비록 판매 부수는 적지만 여러 사람이 신문을 돌려보기 때문에 그 영향의 범위가 서구보다 더 크다는 것이다. 그리하여 중국인들 사이에 국내 생산품을 위협하는 외국 상품에 대한 거부 운동이 일어나기도 했는데, 이는 민족주의를 표방하는 신문의 논설이 크게 작용한 결과라고 설명하였다.

2) 동아시아와 서양 신문들 간의 차이점과 신문 연구의 필요성

위와 같이 김현준은 동아시아 3국 신문들의 공통적 특성과 차이점들을 제시한 다음, 이들을 유럽과 미국 신문들의 특성과 비교하였는데, 그는 특히 신문의 사진영상과 캐리커처를 실례로 들어 서양과 동아시아 신문의 특성을 비교했다. 그에 의하면, 유럽 신문과 마찬가지로 동아시아 신문에서도 사진영상과 캐리커처, 특히 정치적 캐리커처를 사용하는데, 이는 독일보다 훨씬 광범위하게 주요 사건에 사진을 사용하는 미국 신문의 관행에 더 가깝다고 한다. 그러나 동아시아에서는 풍자적이고 야유적이며 웃음을 자아낼 의도로 그림을 그린다는 생각이 근원적으로 적기 때문에 정치적 캐리커처는 오랫동안 아무런 역할도 하지 못하다가 그 뒤 서양 신문들의 캐리커처를 모방하여, 신문의 이윤정책의 일환으로 기사와 광고 사이에 조그만 크기의 캐리커처를 넣거나, 일본의 경우는 주요 계기가 있을 때 그림으로 재치 있게 묘사한 그림과 텍스트를 특별 부록으로 발행하기도 한다는 것이다. 그렇지만 윤리적 이유로 아직도 서양처럼 위협적이고 냉소적인 캐리커처는 드물다고 한다.

끝으로 김현준은 동아시아 국가들에서는 아직 신문이 광범위하게 보급되지는 않지만 동아시아 신문들이 여론에 미치는 영향력은 유럽 국가에서보다 더 크고 중요하다고 총평했다. 그리하여 동아시아 신문들은 짧은 기간에 현대 문화의 발전을 지원할 강력한 기구이자, 다층적이고 잘 조직된 하나의 장치로 발전하였다고 평가하였다. 그러면서 이와 같은 신문의 특성과 기능, 사명 등을 좀 더 명백히 인식할수록 신문은 더 빨리, 더 쉽게 문화와 인류발전에 기여할 것으로 본다면서, 이를 위해 신문의 모든 문제에 관한 진지한 학문적 연구가 모든 국가의 대학에서 이루어져야 한다고 주장한다. 동아시아에서도 일본의 도쿄제국대학(東京帝國大學)뿐 아니라 중국의 베이징대학(北京大學)에도 유럽과 미국의 모델에 따라 신문학연구소나 신문학과를 설립하였다고 설명한다. 그리하여 신문에 관한 모든 학문적 연구결과를 바탕으로, 신문을 정보와 지식의 전달과 확산 기구, 모든 문화국가들을 연결하는 고리, 인간들 간의 이성적 소통을 위한 정신적 도구로서, 인류의 문화와 발전에 유익한 후원자가 되도록 만들기를 희망한다면서 논문을 마무리하고 있다.

지금까지 김현준의 박사학위논문 내용을 간단히 살펴보았는데, 그의 논문은 동아시아 3개국 즉 일본·중국·한국의 근대 신문들의 외적·내적 양태들을 서로 비교하면서 그 특징과 차이점 등의 원인을 각 나라의 역사적, 경제적, 문화적 측면에서 분석한 매우 흥미 있는 연구로 오늘날에도 연구해 볼 가치가 많다. 또한 이 논문은 우리나라 신문학 최초의 박사학위논문으로서 한국 언론학사에서도 그 의의가 매우 크다. 이에 관해서는 뒤에서 자세히 논의하기로 하고, 지금부터는 김현준이 귀국 후에 여러 논문을 통해 독일의 이론신문학을 소개함으로써 우리나라 신문학 내지 언론학의 발전에 끼친 학문적 업적에 대해 알아보기로 하겠다.

나. 귀국 후에는 논문 등을 통해 독일의 이론신문학 소개

1928년 2월 독일의 라이프치히대학에서 우리나라 사람으로는 최초로 신문학 박사학위를 취득한 김현준은 그해 6월 9일 귀국하였다.

1. 전문학교 교수로 재직하며 신문 관련 글 계속 발표

귀국 후 고향 나주로 가서 한동안 머물던 김현준은 부인과 자식을 데리고 서울로 올라와 신문·잡지에 많은 글들을 발표하였다. 그는 사실상 귀국 전날인 1928년 6월 8일부터 「동아일보」에 "현대의 독일: 구라파여행감상기 중에서"라는 글을 연재하기 시작하여 동년 6월 27일까지 모두 19회에 걸쳐 현대 독일에 관하여 소개하였다. 그 뒤에도 계속해서 여러 주제에 관한 글들을 발표했는데 신문이나 신문학에 관한 글이나 논문도 많이 발표하였다. 1928년에는 「동아일보」에 "영국 신문계 일별(一瞥)"이라는 글을 7월 3일부터 14일까지 4회에 걸쳐 연재하였다.

1929년 4월 10일 김현준은 보성전문학교(현 고려대학교) 교수로 임명되어 학생들을 가르치면서도 신문, 잡지에 많은 글들을 발표하였다. 그중 신문과 신문학에 관한 주요 논문으로는 1930년 「대중공론」이라는 잡지 제2권 제6호(1930. 7.)와 제7호(1930. 9.)에 2회에 걸쳐 게재한 "근대신문학에 대한 제고찰"이 있다. 이 논문에서 김현준은 선진 외국에서 근대 신문학의 연구·교육 동향을 소개하고 그에 관련된 여러 문제를 논하면서 독일에서 '이론신문학'의 연구와 교육 동향도 소개하였다.

이어서 1930년 9월에는 「철필」(鐵筆)이라는 언론 전문 잡지에 "세계 최대 신문 뉴욕타임쓰 심방기(尋訪記)"라는 글을 통해 미국의 대표적 신문의 하나였던 「뉴욕 타임스」에 관하여 자세히 소개하였다. 또 「철필」 1931년 2월호(통권 제4호)에 "독일급영국신문계순방인상기(1)"(獨逸及英國新聞界巡訪印象記)를 게재하여 독일과 영국 신문계 현황을 소개했는데, 이 기사에서 김현준은 자신을 "독일문학박사 김현준"이라고 밝혀 놓았다.

1931년 4월 10일 김현준은 혜화전문학교(현 동국대학교) 교수로 자리를 옮겼는데(김현준, 1946, 자필이력서), 그가 보성전문학교와 혜화전문학교에서 어떤 과목을 가르쳤는지는 정확히 알 수 없다. 그러나 그의 전공분야였던 신문학은 가르치지 않았던 것 같은데, 당시 보성전문학교와 혜화전문학교에서 신문학에 관한 과목을 가르쳤다는 기록을 찾아 볼 수 없기 때문이다. 아마도 그는 라이프치히대학에서 부전공했던 사회학 관계 과목을 가르쳤던 것 같다. 1930년 『근대사회학』(경성: 光韓書林, 256쪽)이라는 책을 출판했고, 1931년 11월 「신동아」 창간호에 "시위운동과 군중심리"라는 글을 발표하는 등 사회학에 관한 글을 많이 발표했기 때문이다. 그러나 그는 신문에 관한 글도 계속 발표했는데, 1932년 6월 「동광」(東光) 잡지 제34호의 "특집: 조선언론계에 대하여"라는 설문조사 기사에서, "일간신문의 2면과 3면(사회면)이 일반 독자를 대상으로 한 것이라면, 기사 본문뿐 아니라 제목도 한글로 고치는 것이 좋겠다"는 의견을 제시했으며, 또 "우리 조선에는 순수 학술 전문지가 적은 것이 유감"이라면서, 이러한 잡지의 필요성을 역설하였다.

1933년부터 김현준은 신문에 관한 글들을 주로 「조선일보」에 많이 게재했는데, 그의 자필이력서를 보면 1932년 9월 "경성 조선일보사 편집고문 및 논설반 위원 임명"이라고 기재되어 있다. 때문에 「조선일보」에 글을 많이 발표한 것 같은데, 당시 김현준이 혜화전문학교 교수로 재직하면서 조선일보사 편집고문과 논설반 위원을 겸직한 것인지, 아니면 교수직을 그만두고 한 것인지는 알 수 없다. 이와 관계없이 김현준은 "세계신문개관: 그 추세 여하의 연구"라는 논문과 "각국통신망 현세(現勢)"라는 글을 1933년 4월 27일과 28일자 「조선일보」에 각각 2회에 걸쳐 발표하였다.

한편 1933년 4월 28일자 「조선일보」에는 "신문과 사회"라는 글도 발표했는데, 이 글에서 그는 "현대 신문은 인류의 사회 문화 정치 경제에 관한 현상 및 사실을 현대적 기공(技工)에 의하여 가장 평이하게 또는 통속적으로 보편적으로 문자를 사용하여 민속(敏速)하게 규칙적으로 계속 발간하여 불일정(不一定)한 대중 독자에게 세사만반의 신(新)보도를 전달하는 것이다"라고 정의한 다음, 신문은 사회생활에 필수 불가결한 존재로 "사회문화대학"의 기능을 수행한다고 규정하고 있다.

2. 논문 “근대신문학에 대한 제고찰”에서 독일신문학 소개

위에서 살펴본 바와 같이 김현준은 독일에서 귀국한 후, 여러 가지 논문과 글들을 통하여 신문과 신문학에 관하여 소개하였다. 그중에서 특히 1930년 「대중공론」 제2권 6호(1930년 7월)와 7호(1930년 9월)에 2회에 걸쳐 발표한 “근대신문학에 대한 제고찰”이라는 논문은 당시 미국의 ‘실천신문학’과 함께 세계 신문학계의 양대 산맥의 하나였던 독일의 ‘이론신문학’을 우리나라에 소개한 것이다. 이 논문을 통해 당시 독일의 이론신문학의 연구 목적, 연구 대상 등을 이해할 수 있다. 미국의 실천신문학은 뉴스의 취재 · 기사 작성 · 편집 등의 실무를 중시한 반면, 독일의 이론신문학은 신문의 기원 · 본질 · 기능 등에 관한 이론을 중시하였다. 그러면 독일신문학에 관한 상기 김현준의 논문 내용을 간단히 소개해 보기로 하겠다.

1) 논문 발표 동기와 배경

이 논문을 보면 “근대신문학에 대한 제고찰”이라는 제목 아래에 ‘김현준’이라고 자신의 성명을 기재한 다음에 조그만 상자 안에 이 논문에 대한 간단한 주석을 적어 놓았는데, 우선 그 내용부터 소개하면 아래와 같다.

> 이 논문은 최근에 출판 허가된 나의 『근대신문학』 학설의 일단(一端)이외다. 1928년 조춘(早春)에 구라파 제국(諸國)의 각 신문계 및 사회 문화 제도의 실황을 시찰하고 귀국하여 조선 신문계를 방(訪)하였으며 다소간 느끼는 바 있기로 이에 나의 비덕부재(非德不才)로 외람하게도 붓을 들어 신문의 유래, 동서양신문역사와 원리, 신문 경영 방침의 대개

(大槪)를 적으니 독자 제위(諸位)는 다소의 결점이 있을지라도 양해하시어 꾸짖지 않으시기를 바라노라.

이 주석을 보면 "최근에 출판 허가된 나의 『근대신문학』 학설"이라는 말이 나오는데, 여기서 "나의 『근대신문학』"이란 김현준이 출판하려던 책을 말한 것 같다. 상기(上記) "근대신문학에 대한 제고찰"의 '서언' 뒷부분을 보면, 이 논문을 쓰게 된 동기 등을 좀 더 자세히 적어 놓았는데, "목하(目下) 세계 열국에서는 신문계의 진보가 일익융성(日益隆盛)하나 이에 반하여 우리 조선사회에는 너무도 침체한 고로 이를 유감으로 생각하는 동기에서 나의 10여 년간 외국유학시대에 특히 독일에서 6, 7년을 학문을 전공한 것과 구라파제국 신문계의 실지 시찰을 토대로 삼고 나의 저서 독문(獨文) 『동양신문학』[6] 및 재래의 연구재료와 그 외 약간의 외국서적참고와 최근 2년 전부터 착수하였던 『근대신문학』 원고를 섭렵하여서 이 논문을 편간코저 하노라"고 설명해 놓았다. 이를 볼 때, 김현준은 귀국하자마자 『근대신문학』이라는 책의 집필에 착수했으며, 이 책의 일부를 소개한 것이 바로 "근대신문학에 대한 제고찰"이라는 논문이었음을 알 수 있다.

그런데 김현준이 집필하여 1930년경에 출판허가까지 받았던 『근대신문학』은 무슨 이유인지는 알 수 없으나 불행하게도 발간되지 못하였다.[7] 그런 데다가 그의 논문 "근대신문학에 대한 제고찰"은 분량

6 이는 아마도 김현준이 그의 박사학위논문을 단행본으로 출판했던 것을 말하는 것 같다.

7 박정규에 의하면, "김현준은 1929년부터 보성전문학교(현 고려대학교)에 강의를 나가게 되었으며, 많은 잡지사에서 원고청탁이 들어왔고, 신문사와 사회단체 등에서도 강연 요청이 많아서 바쁜 나날을 보내게 되었다. 그럼에도 그는 독일에서 연마한 학문과 이론 등을 정리하여 전문서적을 출판할 계획을 세우고 집필에 들어가 그 무렵 그가 살던 곳인 종로구 교남동 31-1번지에서 『근대신문학』과 『근대사회학』 등 전공 서적을 집필하였던 같은데, 1930년 8월 『근대사회학』은 서울의 광한서림에서 나왔으나, 『근대신문학』

이 겨우 신국판 21쪽 분량에 불과해서, 이것만으로 그가 출판하려던 『근대신문학』의 구성체계와 주요 내용 등을 짐작하기 어렵다. 그의 『근대신문학』이 세상의 빛을 보지 못한 것이 못내 아쉬운데, 만약 이 책이 발간되었다면 독일의 이론신문학을 일찍이 자세하고 체계적으로 소개하여 우리나라 신문학을 발전시키는 데 크게 기여했을 것이다.

2) 서언에서 우선 신문학 연구 · 교육 현황 소개

김현준은 "근대신문학에 대한 제고찰"이라는 논문의 '서언(序言)'에서 신문학의 현황, 신문학의 성격, 신문학의 체계 등에 관하여 소개하고 있다. 그중에서 우선 신문학의 현황에 관한 내용을 보면, "근대의 문화와 사회가 발전함에 따라 제반 과학이 극치에 달하게 된 중에 최후로 발달한 것이 경제학과 사회학이라 하나 신문학은 이들 두 학문보다 일층 더 연소(年少)한 신(新) 과학이다. 최근에 이르러는 문명한 구미열국(歐美列國)은 물론이요 동양에서도 신문을 과학으로 연구하게 되었다. 구미 각 대학에는 신문과(新聞科)가 따로 설치되어 있음이 보통이요, 아니면 매 학기 여러 차례로 나누어 신문학 강의를 하는 것이 상례(常例)이다. 동양에서도 일본과 중국의 유수한 대학에서는 종종 신문학에 대한 강의가 있다"고 소개해 놓았다.

이어서 "구미에서 신문학이 가장 발달된 나라는 독일이요, 그 다음은 북아메리카합중국"이라고 하면서, 독일의 신문학 연구 현황을 좀 더 자세히 설명하였다. "독일에서는 신문학자나 기자(記者) 또는 이에 관계가 있는 사람들만 [신문학을] 연구하는 것이 아니라 일반 학자(정치, 경제, 사회, 철학, 법학)나 그 밖의 상공업자와 정치가들도 모두

은 그의 생전에 나오지 않았다"고 한다(다음 제2장 참조).

신문학 연구를 게을리하지 않은 현상이며, 최근에 이르러는 신문기자가 되려면 반드시 신문학을 전공해야 된다는 신문학적 신문주의(新聞主義)가 유행한다. 그러므로 베를린, 라이프치히, 하이델베르크 등 각 대학에서는 신문과학 전공 학부 졸업자가 매년 수백 수천으로 이들 졸업자가 물론 그 전공 방면에 나가서 신문사업을 경영케 됨으로써 신문의 발달이 심히 민속(敏速)하며 따라서 효과가 현저하다"는 것이다. 그리하여 "독일에는 현재 일간신문이 6천여 종이요, 전문잡지가 1만 2천여 종에 달한다"면서 "나는 멀지 않은 장래에 우리 사회에서도 이와 같은 발전을 희망하며 또한 이에 노력코저 하노라"고 덧붙였다.

3) 신문학 연구의 경향과 연구 방법, 신문학의 성격도 제시

김현준은 위와 같이 독일의 신문학 연구 현황을 소개하면서, 현재 독일에는 신문에 대한 학술지만도 1백여 종이 넘으며, 신문학계 학자들로는 쇠폴네, 뷔허, 뢰풀, 살로몬 등을 위시하여 헤스헐, 그로트 및 에베르트 교수 등과 같은 고명한 학자가 많다고 하였다. 그러나 "현재까지 신문학자들의 학문적 태도나 저서들을 보면, 과학적 입장에서 신문학 연구의 순수성이 빅약하였으며 통상 신문의 역사 또는 신문기자의 실제 경험을 주로 기록한 문예비평적 연구가 많았다"고 지적하였다.

하지만 "근래는 이와 같은 경향을 떠나서 참으로 다른 과학 연구 방식과 대등하게 착착 연구하는 사람들이 많으며, 현대 독일의 신문학 연구 방식은 재래의 그것과 일변(一變)하여 다른 과학과 똑같이 그 연원을 소급, 연구하여 신문과학 즉 '저널리즘'의 지위를 명백케 하며 그 원천을 문학사(文學史), 정치사(政治史), 사회학, 경제학, 통계학, 법률학, 철학 등 각 학과에서 탐구하며 신문의 원천에서 제반 원리 및 기타 참고 재료 — 내외국 일간신문 및 고시(古詩) 등 — 를 종합하여 추구한다"고 하였다. 그러면서 "요컨대 신문학은 문화학(文化學)의 일부분이므로 다른 학문과 동일하여 주관 및 객관의 체험과 내적 또는 외적 관찰의 호상 관계를 명료케 함에 있으며, 그 대상은 실제의 체험으로 성립된 경험적 과학이다"라고 신문학의 성격, 목적, 연구 대상을 제시했는데, 여기서 주목할 만한 것은 신문학을 '경험과학'으로 규정한 것이다.

그러면서 이러한 "신문과학에 대한 방법론은 사회학의 그것과도 대등하며, 군중심리방법론과 문화사(文化史) 방법론을 사용하여 신문의 주요 요소인 시간 및 새로운 사건의 개념을 집어내고 또한 개인 및 국가 경제학의 의의와 동일한 방법론에 의하여 이 학문[신문학]의 원리 및 필연적 조건을 연구하는 것"이라고 말하였다. "그러므로 신문학 원리는 국가 문화사와 경제학적 고찰의 종합만도 아니고, 민중에 관계되는 사회학적 또는 문예사적 고찰의 종합만도 아니며, 실은 이들 여러 가지 고찰에서 나온 판단력에 의하여 일정한 방법과 계통을 추구하여, 이에 대한 종합 또는 전체의 인식 원리를 입증함에 있다"고 주장하였다.

4) 신문학의 연구 분야와 논문의 주요 내용

서언에서 끝으로 김현준은, 신문학의 체계 내지 연구 분야에 관해 "신문학이 가장 발달되었다는 독일 신문학을 표준으로 할진 데는, 독일의 최근 신문학자 오토 그로트는 신문학 분야를 크게 (1) 일반신문학 원리와 (2) 특별부문의 신문학 원리의 2종으로 나누고, (1)은 다시 신문학 개념과 총체(總體), 공중[대중], 여론, 민중과 신문과의 호상 관계 등에 관한 것으로 나누고, (2)는 각국의 신문 역사와 신문의 유래며 각국 신문의 공통적, 이질적 특성으로 다시 나누었다"고 논급했다.

그리나 "독일의 저 유명한 라이프치히대학 신문학부 창설자 뷔허 교수의 분류 방식은 그로트 박사와 상이하여, 뷔허는 신문학 분야를 제1부문과 제2부문으로 나누어, 제1부문에서는 신문 역사를 위주로 하여 신문의 유래를 탐구하여 그 결과를 토대로 신문의 개념, 특성, 원리를 깨달아서 알게 하고, 신문의 조직과 기공(技工)을 발견케 하며, 제2부문에서는 법률 및 정치경제학적 고안(考案)과 신문학과의 호상 관계를 설명하는 데 진력한다"고 설명했다.

김현준은 "이 독일류(獨逸流)의 신문학의 연구 방식을 많이 참조하여 가급적 계통을 따라 그 학리(學理)를 탐구하려고 하며," "이 논문의 정신은 '신문의 유래'를 학술적으로 설명하여 그 의의(意義)를 천명하고자 함"에 있다고 하였다. 그러면서 '서언' 다음의 "A. 신문의 유래와 신문학 원리"라는 항목에서는 (가) 유사(類似) 신문의 유래, (나) 고대 신문 및 소식 전달의 상태, (다) 서찰(書札)과 사자(使者), (라) 인쇄술 발명과 인쇄 신문의 유래에 관하여 설명하였다.

그런 다음, "B. 신문의 개념 및 의의"라는 항목에서는 항목 A에서 살펴본 신문의 유래에 대한 탐구 결과를 토대로 신문의 개념, 특성과 그 원리에 관하여 설명하면서, 먼저 근대 신문의 7개 주요 특성으로 ① 민속성(敏速性), ② 주기성(週期性), ③ 항구성(恒久性), ④ 변태성(變態性), ⑤ 공공성(公共性), ⑥ 기계적 복제성(複製性), ⑦ 경제적 기업성을 들고 있다. 그리고 이들 각각의 특성에 관하여 자세하게 설명했는데, 이에 관한 소개는 생략하겠다.

다. 한국 신문학의 선구자로서 김현준의 업적과 공로

지금까지 살펴보았듯이 김현준은 1922년 독일로 유학하여 당시 우리나라에서는 그 이름조차 생소했던 학문인 '신문학'을 라이프치히대학에서 6, 7년 동안 전공하고, 1928년 2월 우리나라 사람으로는 최초로 신문학 박사학위를 취득하였다. 그리고 동년 6월에 귀국하여, 당시 미국의 신문학과 함께 세계 신문학계의 양대(兩大) 산맥의 하나였던 독일의 '이론신문학'을 우리나라에 처음 소개한 신문학의 선구자였다. 그러나 당시 우리나라는 일제의 식민 통치를 받고 있어서 언론 자유가 없었고 대학에 신문학 관련 학과도 설치되어 있지 않았다. 이러한 시대적 상황 때문에 신문학 학문 연구나 교육은 자리를 잡지 못했다. 때문에 김현준은 대학에서 자신이 전공한 신문학을 학생들에게 가르치지 못하고, 대신 사회학 등을 가르쳐야 하는 학문적 불운을 겪어야만 했다.

1. 우리나라 최초의 신문학박사로서의 업적과 공로

김현준의 학문적 업적을 가늠해 본다는 것 자체가 외람된 일이 될 수도 있다. 하지만 신문학을 연구한 선구자로서 그의 학문적 업적을 새기는 것은 후학인 우리가 해야 할 책무일 것이다. 그의 학문적 업적은, 첫째 그가 우리나라 최초의 신문학박사로서 우리나라 사람들에게 '신문학'이라는 새로운 학문이 있다는 사실을 알려주는 동시에 신문학의 위상을 높여 주었다는 점이다. 왜냐하면 그가 1928년 신문학 박사학위를 취득할 당시만 하더라도 우리나라 사람들 중에는 '신문학'이라는 학문이 있다는 사실조차 모르는 사람이 많았기 때문이다. 그러나 김현준이 우리나라 사람으로는 처음으로 독일에서 신문학 박사학위를 취득하고 귀국하였다는 사실이 「동아일보」 등에 크게 보도되자, 이를 통해 많은 사람들이 신문학이라는 학문이 있으며, 그 학문이 박사학위를 줄 정도로 수준이 높고 중요한 학문이라는 사실을 알게 되었다.

한편 김현준의 박사학위논문은 우리나라 모든 학계와 지식인들에게 신문학의 위상을 높여주는 데 크게 기여했는데, 그의 박사학위논문이 당시로서는 수준이 매우 높았기 때문이다. 이 논문에서 김현준은 동아시아(일본, 중국, 한국)의 근대 신문들의 외적, 내적 양태들을 비교, 고찰하면서 세 나라 신문들의 특징들과 이들을 결정짓는 각 국가의 역사적, 정치적, 경제적, 지역적, 문화적 요인들을 분석하였다. 이와 같은 연구는 오늘날에도 필요한 연구로서 연구 가치가 매우 높다고 할 수 있다. 특히 동아시아 국가들의 언론사나 비교신문학 분야를 공부하는 사람들은 반드시 읽어 보아야 할 논문이다.

김현준의 박사학위논문은 또한 방법론적으로도 수준이 높은데, 그는 오늘날의 내용 분석 방법과 비슷한 경험적 연구 방법을 사용하여 동아시아 3개국 근대 신문들의 내적, 외적 양태를 서로 비교분석하고 있다. 그러면서 공통점과 차이점을 찾아내고, 이러한 공통점과 차이점이 나타나는 이유가 무엇인지를 밝히고자 하였다. 서정우는 이러한 김현준의 연구방법에 대하여 1920넌내에 흔히 사용한 역사학적 방법론에 그치지 않고 당시의 정치, 경제, 사회, 문화적 상황을 연결하여 분석하는 사회학적 방법론을 혼용한 것이 특색이라고 높이 평가하였다(서정우, 1977, pp. 111-112).

2. 독일신문학을 우리나라에 처음 소개한 선구자로서의 공로

두 번째로 김현준의 주요한 학문적 업적과 공로로는, 1928년 2월 라이프치히대학에서 신문학 박사학위를 받고 동년 6월 귀국하여 각종 논문과 글을 통하여 독일의 '이론신문학'을 우리나라에 소개함으로써, 신문학이 우리나라에서도 하나의 학문으로 인정받는 데 크게 기여하였다는 점을 꼽을 수 있다.

김현준은 특히 귀국 2년 뒤인 1930년 「대중공론」에 발표한 "근대 신문학에 대한 제고찰"이라는 논문을 통하여 독일의 신문학을 자세히 소개하였다. 이 논문에서 김현준은 앞서 소개한 바와 같이 구미(歐美)와 동양 여러 나라의 신문학 연구와 교육 현황을 소개하고, 신문학을 문화학의 일부분으로 자리매김하면서 '경험과학'으로 규정하고 있다.

또한 김현준은 신문학의 방법론에 대해서도 소개한 다음, 신문학의 체계 내지 연구분야에 대한 라이프치히대학 신문학부 창설자 뷔허 교수의 분류 방식을 제시하고 있다. 즉 신문학은 제1부문인 신문의 유래와 이를 토대로 하는 신문 개념 및 특성, 신문의 원리, 신문 조직과 기공 등과, 제2부문인 법률 및 정치경제학적 고안(考案)과 신문학 사이의 상호 관계를 설명하는 데 진력한다고 설명한다. 신문학의 고유 연구 분야와 타 학문 분야 사이의 관계를 모두 신문학 체계 내지 연구 분야로 설정하고 있는 것이다.

이러한 논문 이외에 김현준은 또한 여러 글을 통하여 신문과 통신사 등에 관해서도 소개하였다. 그러나 1934년 이후 1945년 우리나라가 광복을 찾을 때까지 일제강점기 말의 약 10년 동안은 학계와 언론계를 떠나 출판업과 무역업 등에 종사하면서 논문이나 글을 많이 쓰지 않았다. 그러다가 1945년 8월 15일 우리나라가 일제로부터 해방되자, 김현준은 9월에 서울로 돌아와서 이듬해 1946년 2월에는 「세계일보」 편집국장을 맡았고 5월에는 주필이 되었다. 그러다가 동년 12월 전주사범학교(현 전주교육대학) 교장으로 부임하였고 1948년 4월 퇴임한 후 동년 9월 전라남도 광주의 조선대학 문리학부장을 맡아 학문탐구에 전념하였다. 그러나 불행하게도 1949년 8월 8일 급환으로 세상을 떠나고 말았는데, 그 생애에 관해서는 다음 제2장에서 자세히 다룰 것이다.

제2장

김현준의 생애: 한국 최초 신문학박사였으나 순탄치 않았던 삶

박정규(전 청주대학교 신문방송학과 교수)

김현준은 우리나라 최초의 신문학박사로, 우리나라 언론학 내지 커뮤니케이션학의 선구자이다. 그는 1898년 전라남도 나주에서 태어나 유년 시절 집안의 사숙(私塾)에서 한문을 배웠으며 향리에서 4년 동안 공립나주보통학교를 다녔다. 그 뒤 서울로 올라와 1912년부터 휘문의숙(徽文義塾 : 현 휘문중고등학교)에서 4년간 수학하고, 일본 도쿄(東京)에 가서 5년 동안, 그리고 독일에서 6년 동안 수학하고 1928년 2월 라이프치히대학(Universität Leipzig)에서 신문학박사 학위를 취득하고 동년 6월 한국에 돌아왔다.

김현준은 귀국 초기 보성전문학교(현 고려대학교)에서 사회학 강의를 하며 신문학과 사회학 서적을 집필하였고, 신문과 잡지에 많은 글들을 발표하고 수많은 대중강연 등으로 바쁜 나날을 보냈다. 1930년대 초반에는 1년 남짓 「조선일보」 편집고문 및 논설위원으로 재직하면서 논설을 집필하는 등 언론계에 종사하기도 하였다. 그러나 일본이 군국주의로 치닫기 시작하여 정치 · 사회 환경이 악화되자, 김현준은 만주로 건너가 인쇄 사업에 종사하다가 광복이 되자 귀국하여 명륜전문학교 교장, 전주사범학교 교장, 조선대학 문리학부장을 역임하다가 1949년 8월 8일 병환으로 51세를 일기로 별세했다.

가. 김현준에 관한 그간의 단편적 소개와 오류

김현준이 우리나라 최초의 신문학박사라는 사실은 잘 알려진 편이나 그의 삶의 이력이나 학문적 성과에 대해서는 잘 알려지지 않았을 뿐 아니라, 단편적으로 기술된 것들도 많은 오류를 담고 있다. 그를 단일 주제로 한 연구논문이나 단행본은 거의 없는 형편이나 한국언론학사를 논의할 때는 항상 초창기의 선구적 인물로 언급하여 왔다.[1]

김현준에 대한 탐구는 사회학 분야에서 일찍부터 관심을 갖고 접근했으며 이들의 성과는 김현준의 기초적 이력을 파악하는 데 유용한 자료가 되고 있다. 30년 전에 일본인 사회학자 마쓰모토(松本誠一, 1986)가 김현준의 고향 나주를 방문하여 관련자들을 만나 구술 채록 형식으로 그에 관한 기초 자료를 수집 발표한 것과, 정근식(1995)이 20년 전에 현지답사와 문헌 연구를 병행하여 집필한 논문이 있다. 그러나 이들은 분량이 몇 쪽에 지나지 않아 김현준의 전모를 파악하는 데는 한계가 있다.

그러므로 첫째로 기존 논의와 연구 성과들이 지니고 있는 오류를 바로 잡고 불확실한 점을 규명하고, 둘째로는 신문학 및 사회학에 남긴 학문적 업적과 교육자와 사업가로서의 면모도 살펴서 김현준의

---

1 언론학계에서 김현준에 대해서 맨 처음 소개한 논문은 임근수, "한국신문학사서설," 「신문학보」 제6호(1973)이었다. 그 후 서정우의 "한국 최초의 신문학 박사 김현준"이라는 논문과 김진홍 번역의 "김현준 박사논문"이 차배근 · 리대룡 · 정진석 · 박정규 편저 『한국신문학사』(정음사, 1977)에 소개됐다.

정확한 자리를 매김하고자 한 것이 이 장을 쓴 목적이다.[2]

김현준의 생애와 업적에 대해서 소개 또는 정리한 글로는 앞서 언급한 마쓰모토의 특별기고문과 정근식의 논문, 그리고 임중빈[3]이 『한국민족문화대백과사전』(한국정신문화원, 1991)에 쓴 '김현준'에 관한 소개가 대표적인 것이라고 하겠다. 그러나 이들은 대체로 짧은 글이어서 김현준의 전모를 파악하기에는 어려운 점이 없지 않다. 특히 상기 사전에 소개된 것은 소략하고 많은 오류를 담고 있지만 권위 있는 사전에 실린 소개이기에 그 내용을 사실로 믿고 그대로 인용하는 연구자들이 많아 오류를 확산시키는 면이 적지 않았다.

『한국민족문화대백과사전』에는 김현준의 출생지가 전남 나주임에도 전남 영암으로 기록되어 있고, 사망에 대해서도 1950년에 "조선대학 문리학부장으로 재임 중 좌익계의 저격으로 사망하였다"고 소설처럼 잘못 기술되어 있다. 김현준은 1949년 광주 서석동 자택에서 담석증으로 사망하였다. 또한 "귀국한 후에는 『동광』(東光) 제34호에 국내 언론계에 대한 제언으로 '학술적 전문 잡지가 필요'를 발표하였다"고 서술하여, 이것이 마치 일종의 논문인 것처럼 밝혔으나 이 글은 설문에 응답하는 형식의 몇 줄짜리 글에 지나지 않는다. 이 밖에도 광복 직후 성균관대학 학장을 역임한 것으로 되어 있으나 이것도 명륜전문학교 초대 교장으로 바로 잡아야 할 것이다.

---

2 이 장은 한국언론학회 2015년도 가을연구발표회(충남대학교)에서 발표한 논문 "김현준 박사의 삶과 업적"을 수정한 것이다. 이 글을 준비하면서 많은 분들의 도움을 받았다. 나주의 향토사학자 윤여정, 전 나주문화원장 박경중, 전주교육대 기록관 배성중, 일본 도요대학(東洋大學) 마쓰모토 세이이치(松本誠一), 충남대 박수정, 서울시립대 김경희, 목원대 이순철, 청주대 김정민 교수 등의 도움이 없었다면 연구가 불가능하였을 것이다. 특히 김현준의 전주사범학교 제자인 전주교육대학 명예교수 한주섭, 만주의 상황을 알려 준 이안조 님에게도 진심으로 감사의 뜻을 전한다.

3 임중빈(任重彬, 1939~2005)은 문학평론가로서 인물연구소 대표로 활동했으며 김유정, 한용운, 신채호 등 많은 사람들의 작가론과 전기를 집필한 바 있다.

김현준의 생몰 연도, 출생지 등 기초적 사항에 대해서도 서로들 다르게 기술하고 있다. 정근식은 김현준의 출생 연도를 1899년이라고 했으며, 임중빈은 김현준의 사망 연도를 1950년으로 보고 있다. 김현준의 출생지는 분명히 나주임에도 불구하고 그 인근 지역인 영암으로 단정하고 있는 점이나, '우리나라 최초의 독일 문학박사'라고 보도한 「동아일보」 1928년 6월 12일자 기사 내용도 사실인지 따져 볼 필요가 있다. 또한 김현준에 대한 기존 논의에서 밝혀지지 않은 사실들을 발굴하고 검증할 필요가 있다. 그래서 필자는 관련 기존 문헌을 면밀히 검토하고 새로운 자료를 찾고자 김현준의 출생지를 방문하고, 기존 연구에서 이용하지 않은 김현준의 이력서 3종을 찾아냈으며, 제적등본이나 토지대장 등도 열람했다. 그리하여 이 글에서는 한국 언론학의 선구자 중 한 사람인 김현준의 삶의 여정을 살펴보고, 그의 학문적 · 사회적 활동과 업적을 조명해 보려고 한다.

나. 김현준의 출신 배경과 한국에서의 학창 시절

김현준은 1897년 2월 28일 전라남도 나주시 남내동 110번지에서 아버지 김병두(金炳斗, 1883~1942)와 어머니 하용(河鏞) 사이에 장남으로 태어났으며,[4] 밑으로는 누이동생만 6명을 두었다. 아버지 김병두는 20대 청년 시기에 전남 지방의 향리(鄕吏)였고[5] 1920년대에 대지주(천석

4 김현준이 1946년 전주공립사범학교 교장으로 취임할 때 작성한 자필이력서(전주교육대학 소장)에는 생년월일은 1897년(광무원년) 2월 28일로, 본적은 전라남도 나주읍 남문정(南門町) 94번지로 되어 있다. 한편 그의 박사학위논문 마지막 쪽(p. 62)에 실려 있는 이력(Lebenslauf)에는 "1899년 2월 28일 한국 나주 출생"으로 기록되어 있다.

5 『관보』 1910년 2월 21일자.

군)로 사회 활동에 적극 나섰으며, 나주수양청년회 등 지역 사회단체에 참여를 주도하는 등의 적극적인 사회 활동가의 면모를 보였다.

1. 천석군 가문에 태어나 나주공립보통학교 졸업

나주공립보통학교는 1907년 5월 개교했으며 김현준이 살던 집에서 가까운 곳에 있었다. 1907년 10월 입학하여 1912년 3월에 제2회 졸업생이 되었다. 당시 보통학교는 4년제였지만 초창기라 4년 6개월을 다녔으며, 당시 작성된 학적부를 보면 김현준은 25명 졸업생 중에서 중간 정도 성적이었다. 1회 졸업생은 6개월 앞서 입학한 학생들이었으며 당시는 보습과(補習科) 과정도 있는 등 교육 체계가 점차로 잡혀 나가고 있었다. 그러나 1911년 일제 총독부는 조선교육령을 실시하여 우리말 과목은 '조선어'라고 칭하여 외국어와 같이 취급하였고 일본어를 '국어'라고 하면서 이의 사용을 강요하였으며, 민족의식, 애국심을 고취하는 우리나라 역사와 지리 교과목은 보통학교 과정에서는 완전히 제외하고 식민지 교육을 실시하고 있었다.

김현준은 보통학교를 입학하기 전에는 약 2년 동안 집안의 사숙(私塾)에서 전자분, 동몽선습 등을 배우며 전통적 한문 공부를 했으며, 보통학교 재학 중인 1911년 나주의 부호 남흥칠의 딸 남상일(南相一, 1896~1986)과 결혼했다. 김현준의 아버지 김병두의 집안은 김해 김씨로 나주 지역의 대표적 향리 가문이며, 1894년 동학농민 운동 때 나주읍성을 지킨 수성과, 1896년 나주 의병에도 함께 참여한 집안이다. 이러한 인연은 일제 식민 지배 아래에서도 계속되었다(박진철, 2003, p. 106).

같은 향리 가문 출신인 박정업은 나주에서 토지를 가장 많이 소유한 대지주로 김병두와는 연령도 비슷했으나, 김병두보다 훨씬 많은 부를 축적하고 있었다. 김병두의 집과는 담 하나를 경계로 이웃하고 있었기 때문에 친밀한 사이였다. 이들은 어느 정도 재력을 갖추자 나주성 안의 동네로 이주했으며, 서로 협력하고 때로는 경쟁하면서 살았다. 김병두는 구한말에 전라남도 관찰부 주사였으며 우리나라가 일제에 강제 병합된 이후에도 나주군 도참사로 지방관직을 수행하면서[6] 대지주로 성장하였는데, 한때는 1년 치 소작료만 1천 석이 넘는 부유함을 누렸다고 한다.

김병두는 1920년 6월 다른 대지주들과 함께 나주청년수양회에 거액의 의연금을 출연하고 이 단체의 찬성부장을 맡을 정도로 사회 활동에 적극적이었다. 우리나라 사람의 손으로 대학을 설립하자고 일어난 민립대학 설립 운동에도 뛰어들어 1923년 민립대학 나주군부 조직 강화에 힘썼다. 한편 1924년 3월에는 전남 도평의원 나주지역 민선의장이 되는 굴절된 모습도 보여 주었다. 그는 자신의 지역적 기반을 유지 또는 확대하기 위하여 식민 권력과 일정한 협력의 모습도 보여 주어야 했다. 1927년 9월에는 좌우 세력이 합작하여 결성한 대표적인 항일단체인 신간회의 나주지부 회장으로 취임하였다(「조선일보」, 1927. 9. 20.). 1929년에는 전남 나주 금융조합 조합장으로 활동하기도 하였다. 1935년에는 나주 출신 1등 비행사 박봉지의 향토방문비행 행사의 환영 준비위원회를 조직하고, 회장에 취임하여 적극 지원을 아끼지 않았다(「동아일보」, 1935. 9. 29.).

그러나 1930년부터 기미(期米) 투기 등에 참여하고, 상호교차 보증을 서는 등의 행위로 인하여 경제적 위기가 도래하기 시작하였다. 그리하여 점차로 몰락의 길로 접어들어 곤궁한 형편에 이르게 된다. 1936년에는 살던 집도 금융조합에 넘길 정도가 되었으며, 이러한

---

6 조선총독부 및 소속 관서 직원록 1919/1920 〈한국역사정보통합시스템〉.

경제적인 몰락은 김현준에게도 무거운 짐으로 다가왔다.[7]

2. 휘문의숙 진학과 졸업 후 일본으로 유학

김현준은 나주보통학교 졸업 후 바로 상경하여 서울 종로구 원서동에 위치한 휘문의숙(徽文義塾)에 1912년 4월 입학했는데, 휘문의숙은 오늘날의 휘문중고등학교 전신으로 구한말에 민영휘(閔泳徽)가 세운 사립학교였다. 이러한 휘문의숙은 당시 양정, 중앙, 보성 등의 사립학교들과 함께 명문 학교로 꼽혔다. 4년제였던 이 학교는 학생들이 많지 않고 학습 분위기도 좋았다. 학생들은 서울 출신이 반절 정도가 되었으며, 나머지는 전국 각 도에서 올라온 학생들이었다. 김현준의 반에는 그 보다 무려 10살이나 많은 학생부터, 두 살 더 어린 학생들도 있어 나이 편차가 컸다. 입학 당시 이미 결혼한 학생들도 상당히 많았다.

당시 휘문의숙의 교육은 물리 · 화학 실험 도구를 사용하여 진행할 정도로 앞섰으며, 체육 시간에는 정구 · 야구 · 배구 등을 비롯하여 겨울에는 한강에 나가 스케이트를 타는 시간도 있었다. 교사진도 수준이 높았는데, 한글 교사는 김두봉(金枓奉, 1889~1960),[8] 역사 교사는 황의돈(黃義敦, 1890~1964)[9] 등으로 쟁쟁한 교사들이 적지 않았으며, 이들로부터 항일정신을 일깨우는 수업도 들을 수 있었다. 김현준의 동

---

7 김병두 소유의 나주시 남내문 78번지 가옥은 1936년 2월에 나주금융조합으로 넘어갔다.

8 김두봉은 독립운동가 · 공산운동가로, 경남 동래 사람이다. 17살 때 서울로 올라와 배재학교 · 보명중학에서 공부하고, 한글학자 주시경 밑에서 연구한 뒤 각지의 한글강습회와 보성 · 중앙 · 휘문고보에서 한글을 가르쳤다.

9 황의돈은 충남 서천 출생으로, 만주 간도의 명동서숙을 거쳐 1911년 평양 대성학교에서 국사를 가르치며 민족정신을 고취했다. 이후 휘문의숙, 보성학교 등을 거쳐 1938년 조선일보사에 입사해 활동했다.

기로는 전국 각지에서 40여명이 입학했으나 중도 탈락생도 나오게 되어 졸업생은 35명이었다.

1916년 3월 24일 휘문의숙 제7회 졸업생으로 중등교육을 마친 김현준은 일단 고향으로 내려가서 약 1년 동안 생활했다. 그러면서 그간에 함께 살지 못했던 부인과 더불어 행복한 시간을 보냈으며, 1917년 3월 귀여운 장남 동환(東煥)이 태어났으나 김현준은 곧 일본 유학의 길을 떠났다.

3. 일본 도요대학에서 윤리학 전공

1917년 4월 김현준은 일본 도쿄의 세이소쿠(正則)예비학교에 입학하여 1년 6개월 동안 공부한 뒤, 1918년 10월 도요대학(東洋大學) 대학부 제1과에 입학했다. 도요대학은 전신이 철학관이었던 관계로 철학 분야가 강한 대학이었다. 도요대학은 대학부와 전문부로 나누어 학생을 모집했는데, 대학부 제1과는 인도철학과 윤리학을 전공하는 학과였다. 그러나 1921년 도요대학은 대학부 제1과와 제2과를 폐지하고 각각 인도철학윤리학과와 지나철학동양문화과로 이름을 바꾸었는데, 김현준의 전공학과는 인도철학윤리학과였다.

김현준이 도요대학에 들어간 지 불과 몇 개월 뒤인 1919년 2월 8일 일본에 유학 중이던 한국인 학생들이 한국의 독립을 요구하는 선언서와 결의문을 선포한 사건이 발생했다. 그 이전인 1918년 12월 1일 고베(神戶)에서 발행하던 영자신문 「더 저팬 애드버타이즈 타임스」(*The Japan Advertise Times*)에 미주에서 이승만, 안창호, 정한경 등 3명이 한국 민족 대표로 한국 독립을 호소하기 위하여 파리평화회의에 파견되었다는 소식이 전파되었고, 12월 15일 「도쿄아사히신문」(東京朝日新聞)에 게재된 "미국 샌프란시스코 거주 한국 교민들이 독립 자금으로

3천만 원의 거액을 모금했다"는 소식은 일본에 있는 우리나라 유학생들에게 커다란 영향을 끼쳤다. 그리하여 유학생들 중 특히 김도연(金度演) · 김안식(金安植) · 최원순(崔元淳) · 정광호(鄭光好) 등은 전남 출신으로 김현준과 함께 2 · 8독립선언의 준비 과정에 적극적으로 참여하면서 독립운동 자금을 모금할 것을 결심하고, 전남 영암 출신의 유학생 김안식과 학업을 중단하고 고향으로 돌아왔다.[10] 그리하여 김현준은 1919년 일어난 3 · 1운동도 고국에서 직접 목도했을 것이나, 그에 참여했는지에 대해서는 알려진 것이 없다. 그러나 일본 유학생들의 독립운동에서는 그 이름이 거론될 정도로 적극적이었던 것 같다.

일본 유학생들은 '조선청년독립단'이라는 독립운동 단체를 조직하고 도쿄 중심부에서 한국의 독립을 요구하는 '2 · 8 독립 선언서'를 발표하고 그 선언서를 여러 나라 대사관들과 조선총독부에 보내는 등 열심히 독립운동을 펼쳤으나, 일본 관헌의 탄압으로 말미암아 2 · 8독립선언은 실패하고 말았다. 하지만 우리나라 일본 유학생들의 2 · 8독립선언은 곧 우리나라 국내의 민족 지도자들과 학생들에게 알려져서 마침내 3 · 1운동이 일어나게 되었다.

김현준은 재일본조선유학생학우회 기관지 「학지광」(學之光)에도 그 이름이 나오는데 그는 1920년 1월 재일본조선유학생학우회 재무부원이 되었다가, 같은 해 9월 학우회 재무부장에 취임했다. 그러나 1921년 1월 임원개선에서 임원직을 사임(松本誠一, 1986, p. 18)한 이후에는 학우회에서 별다른 활동은 눈에 띠지 않았다. 그러나 매년 여름방학 때마다 김현준은 고향집에 돌아와 나주수양회 회원들이나 청년들과 어울리고, 주민들을 상대로 계몽 활동을 펴기도 했다. 1922년 7월 10일자 「동아일보」를 보면, "나주수양회 회원 중 동경유학생 김현

10 「경향신문」, 1947. 2. 6. 1면, "조선청년독립단 2 · 8선언약사."

준군은 '현대의 사상'이라는 제목으로 강연을 하여 만장의 갈채를 받았다"고 보도했다.

다. 독일에 유학, 라이프치히대학에서 신문학 박사학위 취득

김현준이 독일 유학을 계획한 것은 도요대학 재학 중이었던 것 같은데, 앞서 말한 그의 박사학위논문 마지막 쪽(p. 62)에 실려 있는 이력을 보면, "1918년부터 1922년까지 도요대학을 다니면서 동시에 센지오학교에서 독일어 수업을 들었다"고 적혀 있기 때문이다. 이를 보건대, 그는 도요대학에 다니면서 독일 유학 준비를 위하여 센지오학교에서 독일어 공부를 했으며, 또한 독일 유학에 관한 정보도 수집하고 있었던 것 같다. 그리하여 1922년 3월 도요대학 윤리과(倫理科)을 졸업하고,[11] 고향에 돌아와서 더 큰 학문의 뜻을 품고 독일 유학을 떠난 것이다.

1. 일본 도요대학 졸업 후 다시 독일로 유학

김현준의 독일 유학은 당시 뉴스거리가 되어, 「동아일보」 1922년 4월 24일자 지면에 인물 사진과 함께 "김씨 독일 유학, 28일에 출발"이란 제목 아래, 다음과 같이 보도했다. "올봄에 동경에 있는 동양대학 철학 윤리과를 졸업한 김현준(金賢準 25)씨는 오는 28일에 경성을 출발하야 횡빈(橫濱)과 상해(上海)를 거쳐서 독일(獨逸)로 유학을 간다는데 삼 년

11 그러나 김현준이 1946년 12월 작성한 자필이력서(전주교육대 소장)에는 "1921년 3월 25일 일본 동경 도요대학 윤리과 졸업"으로 기록되어 있다.

간의 예정으로 역시 철학과 윤리를 연구코자 한다더라(사진은 김현준)."

1922년 4월 9일, 김현준은 서울 남대문역에서 부산행 기차에 몸을 싣고 유학길에 오르게 되었다. 그의 유학길의 기행문은 「신생활」(新生活)이라는 잡지 1922년 9월호에 "독일 가는 길에"라는 제목으로 실려 있는데, 이를 보면 남대문역에는 수많은 친지들이 전송을 나와 그의 먼 길을 축복해 주었다고 한다. 그중에 아버지 김병두와 삼촌 김병석(金炳奭, 1897~1937)은 김현준과 함께 기차를 타고 떠났는데, 김병석은 「동아일보」 사원으로 김현준과 한 살밖에 차이가 나지 않아서 친구처럼 친밀한 사이였다.

부산까지 배웅하려는 부친을 만류하기 위해 김병석과 김현준은 꾀를 내어 부친의 기차표는 대전에서 나주로 가는 것을 끊었다. 때문에 부친 김병두는 호남선으로 갈아타지 않을 수 없게 되었다. 그래서 그는 아들과 부산까지 함께 가겠다고 기차를 탔으나, 대전역에서 헤어지게 되었다. 이때 아버지는 아들이 독일에 가서 생활할 때 지켜야 할 열 가지 사항을 직접 쓴 '훈계서'를 김현준에게 주면서 이를 잘 지킬 것을 자상하게 당부했다. 김병석이 「동아일보」 사원이었기 때문에 그랬는지는 모르겠으나, 김현준에 관한 뉴스 보도가 다른 일간신문보다 유독 「동아일보」에 많이 실렸으며, 김현준의 기행문이나 그의 귀국 후 학술적인 글들도 역시 「동아일보」에 많이 게재되었다.

부산에서 일본 증기선을 타고 도쿄에 도착한 김현준은 5월 6일 밤 기차로 고베(神戶)로 가서, 거기서 일본 기선 하코네마루(箱根丸)를 타고 프랑스의 마르세유까지 갔는데 38일 정도 걸렸으며, 이곳에서 파리를 거쳐 독일의 베를린까지 가는 데 또 1주일이 걸렸다. 베를린에 도착한 것은 6월 하순이었는데, 당시 독일의 포츠담에는 일본 유학 선배인 김준연[12]이 있었다. 그래서 김현준은 베를린에서 40~50km 떨어진 포츠담으로 김준연을 찾아 갔는데, 당시 독일에는 한국인 유학생이 30여 명 정도 있었으며 그중 절반인 15명이 베를린과 포츠담에 살고 있었다.

김현준은 1922년 8월 뷔르츠부르크대학(Universität Würzburg)에 진학해서 1924년 2월까지[13] 1년 6개월 정도 수학했는데, 이곳에서 그는 한국을 떠날 때 공부하고자 한 철학과 윤리학을 전공했던 것 같다. 당시 뷔르츠부르크대학에는 한국인 학생들이 몇 명 있었는데, 그중 백성욱(白性郁, 1897~1981)은 승려 신분으로 프랑스로 건너가 보배고등학교를 마치고 뷔르츠부르크대학에 와서 불교철학을 전공하고 있었다.

이미륵(본명 李儀景, 1899~1950)도 이곳에 와서 머무르고 있었는데, 그는 1917년 경성의학전문대학에 입학하여 재학 중에 3 · 1독립운동이 일어나자, 반일전단을 뿌리는 등 학생운동 주동자로 활약하였고, 같은 해 상하이(上海)로 망명하여 임시정부 일을 돕다가 유럽행 여권을 받아 1920년 독일에 도착하여 1921년 3월부터 뷔르츠부르크대학에서 의학 공부를 계속했으나 건강 때문에 휴학하고 있었다. 그러면서 이미륵은 한국에서 온 부자 유학생에게 독일어를 가르치는 아르바이트를 했다는데, 김현준도 그에게서 독일어를 배웠을 가능성이 없지 않다. 이미륵은 1923년부터 하이델베르크대학, 1925년부터는 뮌헨대학에서 동물학과 철학을 전공하여 1928년 뮌헨대학에서 이학박사학위를 획득했다. 그 밖에 훗날 연세대 철학교수를 역임한 정석해(鄭錫海), 음악을 전공한 계정식(桂貞植) 등도 뷔르츠부르크대학에 유학하고 있었다.

---

12 김준연(金俊淵, 1895~1971)은 전남 영암 출신으로 1914년 영암보통학교, 1917년 경기공립고등보통학교를 졸업하고, 1920년 일본 오카야마(岡山) 제6고등학교와 1921년 도쿄제국대학 법학부 독법과(獨法科)를 거쳐, 이듬해 도쿄제국대학 대학원 정치학과 조수로 일하였다. 그러다가 1922년 독일로 유학하여 1924년까지 베를린대학에서 정치와 법률을 연구했다.

13 당시 독일 대학에서 겨울학기는 통상 10월부터 2월 말까지였으며 여름학기는 4월에 시작하여 7월 말에 끝났다.

2. 라이프치히대학 신문학연구소에서 박사학위 취득

김현준은 1924년 봄 뷔르츠부르크대학을 떠나 라이프치히대학으로 가서 여름학기부터 1927년 12월 박사학위를 받을 때까지 3여 년 동안 공부했다. 그의 박사학위논문 뒤에 실려 있는 이력서를 보면, 1922~23년간에는 뷔르츠부르크대학에 다녔다. 그리고 1924년 여름학기부터는 라이프치히대학에 다녔는데, 이 대학에서는 1925~26년 겨울학기까지는 경제학과 정치학 세미나에 참석하여 공부했고, 1926~27년 겨울학기에는 신문학연구소에서 에베르트 교수로부터 박사학위논문 지도를 받았다고 밝혀 놓았다.

그러나 그의 귀국 소식을 보도한 「동아일보」 1928년 6월 12일자 기사를 보면, "라이프치히대학에서 신문학, 사회학, 경제학, 통계학 등을 연구"했다고 한다. 한편 「우라키」(末木)라는 잡지 제7호(1936. 9.)에 실린 "구미(歐美) 유학 시대의 회고"라는 기사에서는 "어느 대학에서 무엇을 전공했느냐"는 설문에 대하여 "독일 라이프치히대학 법문학부에서 사회학과 신문학을 전공하였으며 부과목으로는 통계학, 고고학, 기타 철학을 연구하였다"라고 응답했다. 따라서 이러한 것들로 미루어 볼 때, 김현준은 신문학을 주(主)전공했으나, 사회학 · 경제학 · 통계학 · 고고학 · 철학 등도 폭넓게 공부했던 것 같다.

그러면서 라이프치히대학 신문학연구소에서 에베르트 교수에게 박사학위논문 지도를 받았다. 라이프치히대학 신문학연구소는 뒤에 라이프치히대학 총장을 역임한 뷔허 교수가 제1차 세계대전의 참상을 경험하고 신문의 위력을 확연하게 이해하기 위하여, 많은 역경을 딛고 마침내 1916년 11월 1일 설립한 세계 최초의 신문 관련 연구 · 교육기관이었다. 그리하여 이 연구소에서 뷔허는 제1차 세계대전의 경험 속에서 신문의 성격과 역할 그리고 선전술에 의하여 사회가 어떻게 왜곡되는지 등에 관하여 주로 연구하다가 1925년 신문학연구소장 자리를 에베르트 교수에게 넘겼다.

그리하여 김현준은 에베르트 교수에게서 박사학위논문 지도를 받게 되었으며, 1927년 12월 마침내 박사학위가 통과되었다. 당시 에베르트 교수와 함께 김현준의 박사학위논문 심사를 맡은 해니쉬(Erich Haenish, 1880~1966)[14]는 라이프치히대학 동양학부 교수로 몽고어 등을 전공하였다. 또한 그는 1926년 라이프치히대학에서 철학박사학위를 취득한 한국인 김중세(金重世)의 지도교수로서, 김현준의 박사학위논문의 작성에도 적지 않은 도움을 주었을 것으로 추측된다.

김현준의 박사학위논문의 제목은 "Die Aufmachung der modernen Zeitung in Ostasien(Japan, China und Korea)"로서, 우리말로는 "동아시아에서 근대 신문의 양태: 일본, 중국 및 한국"에 관한 연구라고 번역할 수 있다(이 논문의 내용은 앞의 제2편 제1장 참조). 김현준의 박사학위의 정식 명칭은 'Doktor der Philosophie'(철학박사)이다. 독일이나 미국 등지에서는 문·이과를 막론하고 거의 모든 분야의 박사를 'Doctor of Philosophy'(약칭 Ph.D.)라고 부르는데, 이는 '철학' 전공 박사가 아니라 '지식을 사랑하는 박사'라는 뜻이다. 따라서 어떤 전공 분야의 박사이냐를 굳이 구별하고자 할 경우, 가령 '신문학 박사'라는 것을 나타낼 때는 'Doctor of Philosophy in Journalism'(약칭 Ph.D. in Journalism), 즉 신문학 전공 철학박사라고 말한다. 그러므로 김현준의 박사 명칭도 정식으로는 'Doktor der Philosophie'(철학박사)이나, 신문학 전공 철학박사이므로 일반적으로 '신문학박사'라고 부르고 있다.

---

14 해니쉬 교수는 김현준이 귀국하기 전인 1928년 5월 한국을 방문하였으며, 우리 문화에 대한 이해가 깊고 찬사를 아끼지 않았다고 한다(「별건곤」, 1928년 5월호 "外國人이 본 朝鮮의 자랑거리").

김현준이 박사학위를 취득한 날짜는, 현재 전주교육대학에 보관되어 있는 김현준의 자필이력서[15]와 이 밖의 다른 이력서들에는 "1927년 11월 10일 독일 라이프치히대학 법문학부(法文學部) 졸업, 12월 12일 동(同) 대학에서 철학박사학위 수여"라고 기재되어 있다. 그러나 김현준의 박사학위논문을 보면 표지 하단에 "1928년 2월 한국의 김현준 작성"이라고 되어 있고, 그 다음 쪽에 붙어 있는 박사논문 인준지에는 "에베르트와 해니쉬 교수의 심사에 기초하여 철학부(Philodophischen Fakultät) 문헌-역사학과 제2부문 박사학위를 인준함. 라이프치히, 1928년 2월 24일, 몰(Moll), 현 철학학부 문헌-역사학과장"이라고 적혀 있다. 따라서 이를 보면 김현준의 박사학위논문을 라이프치히대학에서 공식적으로 인준한 날짜는 1928년 2월 24일임이 분명하다. 그런데 독일 대학에서는 학위수여식이 별도로 없다. 다만 김현준이 그의 자필이력서에 "1927년 12월 12일 라이프치히대학에서 철학박사학위 수여"라고 기재한 것은 혹시 그날이 심사위원들의 구술시험을 통과한 날은 아닐까 하고 추측해 본다.

다음으로 위에서 언급한 김현준의 자필이력서들을 보면, 그가 라이프치히대학 신문학연구소에서 신문학을 공부했음에도 불구하고 "법문학부 졸업"이라고 기재되어 있다. 그 이유는 무엇일까? 김현준의 박사학위논문 표지와 인준지를 보면, 비록 공부는 신문학연구소에서 했지만 학위는 철학부(Philosophischen Fakultät) 명의로 수여했음을 알 수 있는데, 여기서 'Philosophischen Fakultät'를 직역하면 철학부(哲學部)가 되지만, 이를 독일의 종합대학에서는 '문학부' 또는 '인문

15 김현준의 자필이력서는 '전주사범학교 1962년까지 구직원 이력서'(전주교육대학교 소장)라는 문서에 들어 있는데, 그가 1946년 12월 전주사범학교 교장으로 취임할 때 작성한 것이다.

학부'로 지칭하는 경우가 많다. 그러므로 독일의 '철학부'를 김현준은 '법문학부'로 번역한 것 같은데, 예컨대 1924년 서울에 설립한 경성제국대학의 법문학부를 보면, 그 안에 역사 · 철학 · 윤리학 · 종교학 · 미학 · 어학 · 문학 · 심리학 · 사회학 · 교육학 등에 관한 전공과정들이 설치되어 있었다. 그래서 아마도 김현준은 독일의 'Philosophischen Fakultät'를 우리말로 '법문학부'로 해석해서 자신의 이력서에 "라이프치히대학 법문학부 졸업"이라고 기재했던 것 같다.

라. 귀국 후 일제강점기에서의 언론 · 학술활동

1. "최초의 독일 문학박사 김현준씨 금의환향"

1928년 2월 독일 라이프치히대학에서 우리나라 사람으로는 최초로 신문학 박사학위를 취득한 김현준은 그해 5월 영국으로 가서 신문업계를 시찰하였다. 그리고 다시 베를린으로 돌아와 기차를 타고 소련의 모스크바를 거쳐 시베리아철도를 타고 우리나라 경성역(서울역)에 6월 9일 도착하였다.[16] 이 소식을 「동아일보」는 6월 12일 "최초의 독일 문박(文博) 김현준씨 금의환향(錦衣還鄕). 이역학창생활 칠개성상(星霜). ◇금조(今朝) 고향 나주(羅州)로"라는 2단 크기의 3행 제목 아래, 인물사진과 함께 아래와 같이 보도했다.

16 인천으로 귀국했다는 설도 있다. 정근식(1995)에 의하면, "김현준의 독일에서 박사학위 취득은 장안에 화제가 되었고, 그가 인천으로 귀국할 때 총독부 고위 관리가 영접할 정도였다"라고 한다. 그러나 김현준은 시베리아철도를 타고 귀국했기 때문에 인천항으로 입국하였다는 것은 착오라고 하겠다.

> 전남 나주군 출생 김현준 씨는 벌써 7년 전에 일본 동양대학(東洋大學)을 마치고 독일로 건너간 이래 '라이프치히'대학에서 신문학(新聞學) 사회(社會) 경제(經濟) 통계학(統計學) 등을 연구 중이더니 얼마 전에 그 대학을 우수한 성적으로 졸업하는 동시에 문학박사(文學博士) 학위를 얻어 가지고 지난 9일 밤에 서백리아(西伯利亞)를 경유하여 금의로 귀국하였는데 수삼일 동안 시내 간동(諫洞) 107번지에서 유숙하다가 금십이일(今十二日) 아침에 나주 고향으로 향하였다는 바 씨는 당분간 고향에서 현하 사회의 귀추를 본 후 조선문화사업에 몸을 바치리라는 바 조선 사람으로 독일 문학박사 학위를 얻은 이는 씨가 처음이라더라(사진은 김현준씨).

이에서 보듯이 「동아일보」는 김현준이 독일의 라이프치히대학에서 신문학, 사회학, 경제학, 통계학 등을 연구했으며 한국인으로는 "독일 최초의 문학박사"라는 점을 강조했다. 그러나 김현준에 앞서 그와 같은 '철학박사' 학위를 취득한 사람이 3명이나 있었다. 그리고 그 이후에도 박사학위 취득자가 점차 늘어서 1920년대에 독일어권(독일과 스위스)에서 박사학위를 취득한 사람들은 모두 15명이나 되었다. 이들 중에서 가장 먼저 의학박사 학위를 취득한 사람은 유일준(兪日濬, 1895~1932)과 이성용(李星鎔, 1898~?)으로 이들은 1924년 6월 프라이부르크대학에서 박사학위를 취득했다. 그 후에도 의학박사학위 취득자는 윤치형, 정석태, 박주병, 이석갑, 안남규 등 그 숫자가 점차 증가하여 1920년대에 박사학위 취득자 총 15명 중에서 의학박사가 7명이나 되었는데, 당시 한국에서 '독일 의학박사'는 실력 있는 의사의 대명사일 만큼 명성이 높았다. 그 밖에 의학 이외의 분야에서 학위를 취득한 사람으로는 이관용, 백성욱, 김중세, 이극로, 김현준, 이미륵, 안호상, 김동석 등 8명이 있었는데, 이들의 박사학위 명칭, 취득 대학, 취득 연도, 논문 제목을 조사해 보면 〈표 2-2-1〉과 같다.

이 표에서도 보듯이 독일어권에서 박사학위를 최초로 취득한 사람은 이관용(李灌鎔, 1894~1933)인데, 그는 1913년에 경성전수학교를 졸업하고 영국으로 건너가 이듬해 옥스퍼드대학 문과에 입학하였다. 그러나 중퇴하고, 1916년 스위스로 건너가서 취리히대학에 입학하여 재학하다가 1919년 우리나라에서 3·1운동이 일어나자 독립운동을 전개하였다. 그러다가 1921년 취리히대학을 졸업하고 1923년 심리학 박사학위를 받았다. 따라서 독일어권에서 처음으로 박사학위를 받는 영예를 가졌으나, 모국에 돌아와 「조선일보」 편집고문으로 활동하던 중 불행하게도 청진의 해수욕장에서 익사하고 말았다.

이관용에 이어 백성욱이 독일어권에서 두 번째로 박사학위를 받았는데, 그가 귀국할 때 「동아일보」(1925. 9. 11.)는 "동양철학박사 백성욱 귀국"이란 제목으로 '동양철학박사'라는 칭호로 보도했다. 그 다음 세 번째로 박사학위를 취득한 김중세는 '철학박사'로 보도했으며(「동아일보」, 1928. 4. 5.), 네 번째인 이극로도 그의 귀국 보도 기사에서 '독일 철학박사'로 호칭했다(「동아일보」, 1928. 10. 28., "독일철학박사 이극로씨 귀국"). 그 뒤 김현준, 이미륵, 안호상, 김동석도 박사학위를 받아서 1920년대에 독일어권에서 의학박사 이외의 박사학위를 취득한 한국인은 모두 8명이었는데, 이들 가운데 이학박사 1명을 제외하고 모두 '철학박사'라는 칭호를 사용했다. 그러나 유독 김현준만 '문학박사'라고 호칭하여 그 뒤 신문이나 잡지에 기고하거나 소개될 때도 독일 '문학박사'라는 칭호가 따라 다녔는데, 그의 박사학위논문의 인준지에는 위에서 언급했듯이 "철학부(Philodophischen Fakultät) 문헌-역사학과 제2부문 박사학위를 인준함"이라고 명시되어 있다.

그러므로 김현준을 '문학박사'라고 불러도 무리는 없다고 하겠다. 그러나 그의 이력서에는 항상 '철학박사'라고 기재되었고 잡지

[표 2-2-1] 1920년대 독일어권 박사학위 취득자 명단(의학박사 제외)

성명	학위 명칭	취득 대학	취득 연도	논문 제목
이관용(李灌鎔)	심리학박사	스위스, 취리히	1923. 2.	의식의 근본 사실로서의 의욕론
백성욱(白性郁)	동양철학박사	뷔르츠부르크	1925. 5.	Buddhistisehe Metaphysik, Abhi- dharma (불교순전철학)
김중세(金重世)	철학박사	라이프치히	1926.	Kuei-kuh-tze, der Philosoph vom Teufelstal (귀신 계곡의 철학자)
이극로(李克魯)	철학박사	베를린	1927. 5.	Die Sciden-indudtrie in China (중국의 生絲 공업)
김현준(金賢準)	문학박사	라이프치히	1928. 2.	Die Aufmachung der modernen Zeitung in Ostasien (동아시아에서 근대 신문의 양태)
이미륵(李儀景)	이학박사	뮌헨	1928.	Regulative Erscheinungen bei der Planarienregeneration unter anormalen Bedingungen (비정상 조건하에서 플라나리아 재생에 나타나는 규칙적인 현상들)
안호상(安浩相)	철학박사	예나(Jena)	1929. 5.	Hermann Lotzes Bedeutung für das Problem der Beziehung (관계를 중심으로 본 헤르만 로체스의 의미)
김동석(金東晳)	경제학박사	스위스, 취리히	1929. 2.	동양의 면방직업과 영국공업계

의 필자 소개에는 가끔 독일 문학박사라는 칭호가 사용되기도 하였으나, 자신을 '신문학박사'라고 자처한 적은 없다. 하지만 김현준이 라이프치히대학 신문학연구소에서 에베르트 교수의 지도를 받아서 박사학위논문을 썼으며, 논문도 "동아시아에서 근대 신문의 양태(일본·중국·한국)"에 관한 것이므로 김현준은 '신문학전공 철학박사'(Ph.D. in Zeitungkunde), 즉 우리말로 '신문학박사'임에 틀림이 없다. 하지만 사회학계에서는 그를 '사회학의 태두'라고 하며 '사회학박사'라고 주장하고 있다(정근식, 1995, p. 198; 川合隆男, 竹村英樹, 1998, p. 469).

2. 고향에서 머물다가 상경하여 보성전문학교 교수로 취임

1928년 6월 9일 귀국한 김현준은 서울에서 며칠 동안 머물다가 고향 나주로 돌아와서 가족들과 반가운 해후를 했다. 서울에서 4년, 일본 도쿄에서 5년, 그리고 독일에서 6년 동안 학업을 위해 가족을 돌보지 않은 점이 항상 마음에 걸렸다고 한다. 이는 1922년 9월 낳았던 차남 동민(東玟)이 김현준이 독일에 있을 때 세상을 떠났기 때문이기도 했다. 김현준이 독일로 떠날 때 다섯 살이던 장남 동환(東煥)은 11살이 되어 나주보통학교를 다니고 있었고, 부인 남상일은 그간에 시부모와 6명의 시누이 등 대가족의 뒷바라지에 많이 늙어 있었다. 그러나 자수성가로 천석꾼이 된 아버지와 어머니는 여전히 바쁘게 살고 있었다.

고향에서 한동안 머물던 김현준은 부인과 자식을 데리고 서울로 올라와서 살게 되었는데,[17] 그때는 1928년 말이나 1929년 초였던

---

17 종로구 교남동 31-1번에 살았는데 이곳 토지대장을 발급받아 확인해 보았더니, 1929년 5월 16일부터 1931년 3월 24일까지 김현준이 소유한 것으로 기록되어 있다. 이곳에 살 때 김현준의 누이동생 김준(金準)도 나주에서 올라와 배화여자고등보통학교를 다니면서 함께 기거했는데, 1929년 11월부터 광주학생운동이 일어나 이듬해 3월 초까지 계속되면서 서울에서도 1930년 1월 15~16일 사이에 서울 시내 여자고등보통학교 학생들이 시위를 벌였다. 이를 '서울여학생만세운동'이라고 불렀는데, 김현준의 누이동생 김준이 그 주동자로 지목되어 경찰에 체포되어 조사를 받았다. 김준이 서울여학생운동에 앞장섰던 것은 그가 광주에서 가까운 나주 출신으로 광주학생운동을 소상히 알았을 것이고, 식민 통치의 부당함 또한 잘 알고 있었기 때문이었다. 그리하여 김준은 "만세를 부르고 격문을 뿌리고," 또한 "시내 각급학교 대표자 회합에 참가하여 3개 조항을 결의"하는 등 서울여학생만세운동에 적극 참여한 죄로 경성지방법원 검사국으로 넘겨졌다(「동아일보」 1930년 2월 11일자 및 같은 해 2월 16일자 기사와, 1930년 1월 30일자 "시내 여교 만세사건 금일 검사국 송치" 기사 참조).
1931년 김현준은 성북동으로 이사했는데, 당시 이곳의 법정 주소는 경기도 고양군 숭인면 성북리 130번지였다. 이곳의 집은 비교적 넓었으며, 동네는 한적한 분위기였다. 이곳에서 1931년 장녀 명자(明子)가 태어났으며, 1933년에는 4남 동성(東星)도 이곳에서 탄생했는데, 김현준의 부인 남상일의 회고에 의하면 이곳에서의 생활이 가장 행복했던 시기였다고 한다. 즉 자녀들을 성북유치원과 일반학교에 보내면서 행복한 생활을 누렸다고 한다.

것 같다. 김현준은 1929년 4월 10일 보성전문학교(현 고려대학교) 교수로 임명되었다고 그의 자필이력서(1946년 작성)에 기록되어 있다. 그러나 오늘날의 시간강사 자격으로 '사회학' 강의를 했으며, 전임 교원으로 발탁이 되지 못했던 것 같은데, 이는 당시 보성전문학교에 신문학과나 사회학과가 따로 개설되지 않았기 때문으로 보인다. 그야 어떻든 김현준은 보성전문학교에 강의를 나갔으며, 1931년부터는 혜화전문학교(현 동국대학교)에 나가서도 학생들을 가르쳤다. 또한 많은 잡지사에서 원고 청탁이 들어왔고, 신문사와 사회단체 등에서도 강연 요청이 많아서 바쁜 나날을 보내게 되었다.

3. 각종 신문과 잡지에 수많은 글을 발표

김현준은 신문과 잡지 등에 각종 논문과 많은 글들을 썼는데, 그중에서 일제강점기에 발표한 주요 논문과 글들의 제목을 발표순으로 열거해 보면 〈표 2-2-2〉와 같다. 이 표에서 보듯이 김현준은 1922년 독일에 가자마자 「신생활」이라는 잡지 6월호에 "문화적 생활과 철학"이라는 글을 기고했으며, 9월호에는 "독일 가는 길"이라는 자신의 기행문을 게재한 바 있다. 그러나 그가 1928년 귀국 후 처음 쓴 글은 동년 1928년 6월 8일부터 「동아일보」에 연재하기 시작한 "현대의 독일: 구라파여행감상기 중에서"라는 글이었다. 이 글은 1928년 6월 27일까지 모두 19회에 걸쳐서 연재했는데, 주요 내용은 독일의 인종, 언어, 풍속, 도시와 농촌, 종교, 인구, 직업 등 독일의 사회·문화 전반을 기술한 것이었다. 이 글에 이어 1928년 7월 3일부터 6일까지는 역시 「동아일보」에 "속(續)현대의 독일"이라는 제목의 글을 3회에 걸쳐 연재했는데, 이 글들에서는 주로 독일의 신문계 현황을 소개했다. 이에 이어서 1928년 7월 8일부터 14일까지는 "영국 신문계 일별(一瞥)"이라는

[표 2-2-2] 김현준이 신문과 잡지에 발표한 주요 글들의 목록

A. 신문에 실린 글

글제목	게재신문	게재일자
"현대의 독일: 구라파여행감상기 중에서"(1~19회)	동아일보	1928.6.08.~6.27.
"속(續)현대의 독일"(속 1~3회)	동아일보	1928.7.03.~7.05.
"영국 신문계 일별(一瞥)"(1~4회)	동아일보	1928.7.08.~7.14.
"세계신문개관: 그 추세 여하의 연구"(1~2회)	조선일보	1933.4.27.~4.28.
"각국통신망 현세(現勢)"(1~2회)	조선일보	1933.4.27.~4.28.
"신문과 사회"	조선일보	1933.4.28.
"온건코 착실한 독일의 녀성"	조선일보	1933.6.21.
"씩씩하게 자라는 독일 어린이"	조선일보	1933.6.25.
"히트러 고함에 놀낸 유태계의 독일 어머니"	조선일보	1933.7.1./4.(1~2회)

B. 잡지에 실린 글

글제목	게재잡지	호수와 발간연월
"문화적 생활과 철학"	신생활	1922년 6월호
"독일 가는 길"	신생활	1922년 9월호
"빈자(貧者)는 하처(何處)로"	대조	제1권 제5호(1929. 1.)
"사회 본위 사상 비판"	대조	제1권 제6호(1929. 2.)
"생활 개선 문제 개관"	신민	1929년 4월호
"독일 학생의 하휴생활"	학생	1929년 4월호
"현대 구라파 교육제도의 인상"	학생	1929년 6월호
"사회과정상에 표현된 차별적 생사문제의 연구"	조선강단	1930년 1월호(신년특집호)
"조선가족제도의 연구"(1~3)	대중공론	제2권 제2호(1930. 3. 1.), 제3호(1930. 4. 1.), 제5호(1930. 6. 1.)
"근대신문학에 대한 제고찰"(1~2)	대중공론	제2권 제6호(1930.7.), 제7호(1930. 9)
"독일 급 영국신문계 순방 인상기"	철필	제2권 제1호(1931. 1.)
"사회성과 도덕성의 관계"	별곤건	제36호(1931. 1.)
"신간회해소(新幹會解消) 가부론 : 설문에의 답변"	별건곤	제37호(1931. 2.)
"장단(長短)의 대조 : 설문에의 답변"	별곤건	제37호(1931. 2.)
"시위운동과 군중심리"	신동아	제1호(창간호, 1931. 11.)
"내가 본 내 성격(其2): 설문에의 답변"	동광	제32호(1932. 4.)
"내게 감화(感化)를 준 사람들: 설문에의 답변"	동광	제33호(1932. 5.)
"오펜하이머 독일사회학의 제(諸)신동향"(1~2)	비판	제13호(1932. 5.)~제14호(1932. 6.)
"사회과학상: 생물학의 기여"	비판	제14호(1932. 6.)
"조선언론계에 대하야 : 설문에의 답변"	동광	제34호(1932. 6.)
"남독(南獨)의 하(夏)"	신인문학	제1권 제1호(1934. 6.)
"명사들의 이상과 낙원: 설문에 답변"	신인문학	제1권 제1호(1934. 6.)
"현대 사회사상의 동향"	신동아	제5권 제4호(1935. 5.)
"지중해의 월야(月夜)"	신인문학	제2권 제10호(1935. 4.)
"구미(歐美) 유학시대의 회고(回顧)"	우라키	제7호(1936. 9.)
"조선가족제도의 연구"(1, 5, 6, 9~16)	실생활	(1) 제9권 제1호(1938. 2.), (5) 제7호 (1938. 6.), (6) 제8호(1938. 7.), (9) 제11권 제1호(1939. 1.) ~ (16) 제8호(1939. 9.)

제목의 글을 통하여 영국 신문계의 현황을 4회에 걸쳐 소개했다.

1929년 1월에는 「대조」라는 잡지 제1권 제5호에 "빈자(貧者)는 하처(何處)로"라는 글을 썼고, 2월에는 역시 「대조」 제1권 제6호에 "사회 본위 사상 비판"이라는 글을 발표했다. 그리고 같은 해 4월에는 「신민」이라는 잡지 통권 48호(4월호)에 "생활 개선 문제 개관"이라는 글을 실었고, 6월에는 「학생」이라는 잡지 6월호에 "현대구라파 교육 제도의 인상"이라는 글을 발표하였다.

1930년 1월에는 "사회과정상(社會科程上)에 표현된 차별적 생사(生死)문제의 연구"라는 논문을 「조선강단」 신년 특집호에 발표했으며, 3월, 4월, 6월에는 "조선가족제도의 연구"라는 논문을 「대중공론」에 3회에 걸쳐 연재했다. 그리고 7월과 9월에는 "근대신문학에 대한 제고찰"이라는 논문을 「대중공론」 제2권 제6호(1930.7), 제7호(1930.9)에 2회에 걸쳐 발표했는데, 이 논문은 당시 미국의 '실천신문학'과 함께 세계 신문학계의 양대 산맥의 하나였던 독일의 '이론신문학'을 간략하게 소개한 것이었다.

1931년 1월에는 '독일 급 영국신문계 순방 인상기'를 언론전문잡지 「철필」 제2권 제1호에 게재했고, 또한 "사회성과 도덕성의 관계"라는 글을 「별곤건」 제36호에 실었다. 그리고 11월에는 "시위운동과 군중심리"라는 논문을 「신동아」 제1호(창간호)에 발표했는데, 이 논문에서 김현준은 시위운동과 암시모방, 개인심리와 여론의 관계, 혁명심리와 시위운동 등에 관하여 고찰하면서 특히 여론은 군중심리와 개인심리가 상호 관련되는 데서 성립된다고 밝혔다.

1932년 5월과 6월에는 "오펜하이머 독일사회학의 제(諸)신동향"이라는 논문을 「비판」 제13호와 제14호에 2회 연속해서 발표했고, 6월에는 또 "사회과학상 생물학의 기여"라는 논문을 「비판」 제14호에 발표했다.

1933년 4월 27일과 28일에는 "세계신문개관: 그 추세 여하의 연구"라는 논문과 "각국통신망 현세(現勢)라는 글을 「조선일보」에 2회에 걸쳐 발표했으며, 또한 "신문과 사회"라는 글을 역시 「조선일보」 4월 28일자 지면에 실었다. 그리고 6월 21일자 「조선일보」 지면에는 "온건코 착실한 독일의 녀성"이라는 제목의 글을 통하여 독일의 여성들에 대하여 소개했다. 또한 6월 25일자 「조선일보」에는 "씩씩하게 자라는 독일 어린이"라는 글을 통하여 독일의 어린이들에 관하여 소개했고, 7월 4일자 「조선일보」에는 "히트러 고함에 놀낸 유태계의 독일 어머니"라는 제목의 글을 실었다.

그러나 1934년부터는 신문과 잡지에 가벼운 글들만 몇 번 쓰다가 1938년 "조선가족제도의 연구"라는 논문을 「실생활」이라는 잡지에 모두 8회에 걸쳐 연재했다. 그리고 나서 1945년 우리나라가 광복이 될 때까지는 논문이나 글들을 거의 발표하지 않았던 것 같은데, 1940년 이후에는 신문이나 잡지에서 그의 글을 찾아볼 수 없기 때문이다.

4. 『근대신문학』과 『근대사회학』도 집필, 그러나 후자만 간행

이와 같이 김현준은 귀국 후 신문과 잡지에 많은 글들을 써서 발표했다. 그러면서 또 한편으로는 그가 독일에서 공부한 학문과 이론 등을 정리하여 『근대신문학』과 『근대사회학』 이라는 전문서적을 출판할 계획을 세우고 집필에 들어갔다.[18] 그리하여 1930년 8월 우선 『근대사회학』을 서울의 광한서림에서 출판했는데,[19] 이 책의 서문에 김현준은

18 1930년 8월 발간한 『근대사회학』의 서문을 보면, 그 끝에 "1930년 여름 경성 교남초방(橋南草房)에서"라고 적어 놓았다. 따라서 이 책은 당시 그가 살던 종로구 교남동 31-1번에서 집필했음을 알 수 있다.

19 이 책은 1930년 8월 발간했으나, 원고는 1년 전에 이미 완성했던 것 같은데, 이 책에 안

아래와 같이 적어 놓았다.

> 본서는 제3편으로 분(分)하였으며 제1편은 사회학 원리와 개념을 천명케 하고 사회학 과학적 분류 방법이며 사회학과 타학문 관계를 논구하였고 제2편에는 사회학 원리와 사회학의 전제며 사회학적 학사를 서술하고 특히 근대 사회학 사상에 표현된 유물사관 입장을 사회학적 견지에서 가급적 계통적으로 그 학리를 연구하였다. [중략] 제3편 사회학의 특별 부문은 사회학의 응용 부문이라 할지니 사회조직체, 사회와 공동체, 사회와 국가, 공동체와 가족, 습관 등 특별 부문에 입(入)하여 사회학 원리를 연구하는 자료로 삼았다.

서문에서 보듯이 김현준이 1930년 8월 발간한 『근대사회학』은 3편으로 나누어 제1편에서는 사회학의 기초 개념을, 제2편에서는 사회학 발달사(사회학사)를, 그리고 제3편에서는 응용사회학을 소개했다. 분량이 국판 256쪽인 이 책은 우리나라 최초의 사회하 저서로 꼽히고 있으며, 독일의 사회학을 체계적으로 소개한 책으로도 주목되어 왔다.

하지만 김현준이 발간할 예정이었던 『근대신문학』이란 책은 끝내 발간되지 않았다. 김현준이 1930년 7월 「대중공론」이라는 잡지 제2권 제6호에 발표했던 "근대신문학에 대한 제고찰"이라는 논문의 서문을 보면, "이 논문은 최근에 출판 허가된 나의 『근대신문학』 학설의 일단(一端)이외다"라고 적어 놓았다.

따라서 이러한 글을 볼 때, 김현준은 귀국하자마자 『근대신문학』이라는 책의 집필에 착수해서 1930년에 출판 허가까지 받았음을 알

재홍이 써 준 또 하나의 서문을 보면 그 끝에 "1929년 8월. 조선일보 누상에서, 조선일보 부사장 안재홍"이라고 밝혀 놓았기 때문이다.

수 있는데, 앞서 말한 그의 『근대사회학』 책의 참고문헌 난에 『김현준 근대신문학』이 나와 있는 것으로 보아, 이들 두 책은 거의 같은 시기에 집필을 완성한 것으로 추정된다. 그러나 무슨 이유에서인지는 모르겠으나,[20] 『근대신문학』은 불행하게도 끝내 발간되지 못했다.

김현준은 1930년 8월 『근대사회학』을 발간한 데 이어 그 이듬해 7월 『현대각국사회주의 급(及) 사회운동사 비판』이라는 국판 88쪽의 작은 저서를 역시 서울의 광림서림에서 발행했다. 이 책은 사회주의의 개념에 대한 정의에서부터 현대 각국의 사회주의자들이 어떻게 형성되어 왔는가를 현대 정치경제학과 사회학 원리로서 해답을 찾는 내용을 담은 것이었다. 이외에도 김현준은 『사회학체계론』(약 300쪽), 『현대사회문제 신사전(新辭典)』(약 200쪽), 『사회학적 이론연구』(약 150쪽), 『통계학적 사회실황연구』 등 모두 4종의 서적 발간을 준비했다.

5. 매우 바쁜 와중에도 전국 여러 곳으로 강연도 많이 다녀

위와 같이 김현준은 여러 책을 쓰고, 또한 신문과 잡지에 글도 쓰며 매우 바쁜 와중에도 강연도 많이 다녔다. 그중에서 몇 가지만 들어보면 다음과 같다.

1929년 11월 10일 중앙청년동맹 주최로 천도교 기념관에서 열린 강연회에서 서춘(徐椿), 문일평(文一平)과 함께 강연을 했다(「조선일보」, 1929. 11. 8.).

1930년 12월에는 조선학생과학연구회가 주최한 동기학술대강연회에서 김광진, 리대위 등과 함께 연사로 참가했다(「동아일보」, 1930. 12. 10.).

20 전문학교에 신문학 강좌가 없어서 그랬을 가능성도 없지 않다.

1931년 7월에는 근우회가 주최한 강좌에서 김현준은 '사회학,' 안재홍은 '조선사'를 주제로 각각 강연하였다(「동아일보」, 1931. 7. 29.). 1931년 10월에는 「이러타」사(社) 주최 학술강연회에서 김현준은 "사회과학상의 생물학의 기여"라는 제목으로, 그리고 백남운은 "과학발전의 역사"에 관하여 강연했다(「동아일보」, 1931. 10. 31.).

1933년 5월 광주에서 열린 대강연회에서 "사회생활과 경제적 기초"라는 제목으로 강연했으며(「동아일보」, 1933. 5. 17.), 같은 해 9월 중앙전문학교 주최 신문강연회에서 김현준은 "현대신문의 특성"에 대하여, 그리고 주요한은 "신문사의 조직과 그 기능"에 대하여 강연했다(「동아일보」, 1933. 9. 29.). 이처럼 김현준은 전국 각지에서 개최되는 수많은 강연회에서 강연하면서 대중 교육과 계몽에 앞장섰다.

6. 1932년 9월부터 약 1년 반은 「조선일보」에서 논설 등 집필

1929년 4월부터 보성전문학교에서 사회학을 가르치면서 1931년부터 혜화전문학교에도 출강했던 김현준은 1932년 5월 보성전문학교를 사직하고, 그해 9월부터는 신문사에서 언론활동을 했다. 그가 처음 신문제작에 참여한 곳은 조선일보사였는데, 그의 자필이력서를 보면 1932년 9월부터 조선일보사 편집고문과 논설반 위원으로 재직했다고 기재되어 있다. 그러나 「조선일보」 지면의 인사란이나 조선일보사사(朝鮮日報社史) 그 어디에도 이러한 직책을 맡았거나 재직한 기록을 찾을 수 없었다. 그렇다면 그의 이력서에 기재된 상기(上記) 기록은 어찌된 것일까?

김현준이 입사한 시기로 밝힌 1932년 9월 무렵은 조선일보사에서 그 소유권을 둘러싸고 크게 분쟁이 일어난 시기와 맞물린다. 「조선일보」는 그간에 고리대금업자 임경래에게 신문사 판권을 잡히고 신문사 운영자금을 빌려 써 왔는데, 신간회운동 때문에 사장 안재홍과 영업국장 이승복이 구속되어 채무를 이행하지 못하게 되었다. 그러자 임경래가 조선총독부에 발행인 변경 신청을 해서, 1932년 6월 1일자로 임경래가 법적 발행인이 되었다. 그러나 분규가 계속되어 8월 1일부터는 휴간에 들어갔는데, 이 휴간 기간에 임경래는 「조선일보」의 발행권을 3만원에 조병옥, 주요한 팀에 양도하는 계약을 맺었다. 그러나 조병옥 등이 인수 대금을 완불하지 못하자, 임경래는 그 대금을 완납할 때까지 부사장 지위와 발행인 명의를 맡기로 하고 운영권만 받아 냈다(김민환, 1996, pp. 216-217).

그러자 1932년 10월 23일 「조선일보」는 사장에 조만식을 초빙하고, 조병옥은 전무를, 주요한은 편집국장을 맡았다. 이들이 방응모에게 「조선일보」를 인수할 것을 권유하자, 방응모는 우선 영업국장으로 입사하여 1933년 3월 22일 조선일보사의 경영권 일체를 정식으로 인수했다. 그리고 "본보의 지분국(支分局)을 쇄신, 확장하기 위하여 금번 좌기와 같이 각 지방으로 사원을 파견하오니 특히 애호하심을 복망하오며 지방에서 지분국의 경영을 희망하시는 분은 대지급 본사로 기별하여 주시면 각원으로 하여금 봉후(奉候)케 하겠습니다"라는 광고를 냈으며(「동아일보」, 1933. 4. 9.), 이와 똑같은 내용의 광고를 총독부 기관지 「매일신보」 4월 12일자 지면에도 게재했다. 이 광고에는 조선일보 지분국 경영을 희망하는 사람들이 신청하게 하고 본사에서는 경기·충남북·경북·전북 등 11개 도의 담당자를 뽑아서 직접 상담하게 하는 내용이 있었는데, 그중에 전북 담당자로 김현준의 이름이 나와 있다.

조선일보사 경영권 일체를 정식으로 인수받은 방응모는 조만식을 사장으로 앉히고, 자신은 부사장 겸 총무국장을 맡았으며, 편집국장으로는 주요한, 편집고문으로는 이관영과 문일평, 법률고문으로는 신태악을 임명했다(「조선일보」, 1933. 4. 27.). 따라서 이로 미루어 볼 때,

당시 김현준은 편집고문 자리는 맡지 못했음이 분명하다. 그러나 논설 및 기획 기사 등을 집필하는 역할은 담당하였던 것으로 보이는데, 「조선일보」 1933년 4월 26일자 '혁신기념호'에 "신문과 사회"라는 김현준의 기명(記銘) 논설이 실려 있다. 또한 4월 27일과 28일자 「조선일보」 5면에도 김현준이 '남래생'(南來生)과 '신문안'(新聞眼)이라는 필명으로 2회에 걸쳐 "각국통신망 현세(現勢)"라는 논문을 게재했다. 또 6월 21일자와 26일자, 그리고 7월 1일과 4일자 지면에도 김현준의 기명 기사가 실려 있는데, 당시 「조선일보」 지면을 살펴보면 기자나 논설위원의 기명 기사가 빈번하게 나오고 있다.

따라서 이러한 기명 기사들로 미루어 볼 때 김현준이 편집고문직을 맡았는지는 확증할 수 없으나, 논설을 집필하는 직책을 맡은 것은 틀림없다고 하겠다. 하지만 그가 언제 조선일보사에서 퇴사했는지에 관한 기록은 그의 이력서에 기재되어 있지 않다. 다만 그가 1934년 2월부터 인쇄업을 시작한 것으로 보아, 이때까지 즉 1932년 9월부터 1934년 2월까지 약 1년 5개월 동안은 「조선일보」에서 논설 등을 집필했던 것으로 추정된다. 그러면 그 뒤 김현준은 어떤 일을 했는가?

7. 1934년 2월부터 1937년 5월까지는 '저술 및 출판업'에 종사

김현준의 자필이력서에는 1934년 2월부터 1937년 5월까지 "저술 및 출판업 종사"라고 적혀 있는데, 이는 그가 「조선일보」를 떠난 뒤 집필 활동을 하면서 인쇄소와 출판사를 경영한 것을 말한다. 그가 경영한 인쇄소는 서울 종로의 관훈동에 있던 인광인쇄소였으나, 그 규모나 구체적 사업 등은 알려진 것이 거의 없다.

이처럼 김현준은 1934년 2월부터 인광인쇄소를 경영하면서 조선여자의학강습소에 독일어 강의를 나가기도 하였다. 또한 저술 활동도 계속하여 1935년 4월에 「신동아」 잡지에 "현대 사회사상의 동향"이라는 논문을 발표했다. 이 논문은 제2차 세계대전 직전의 긴박했던 국제 정세를 "자본가적 파쇼 제국주의 국가들 간의 충돌과 갈등"으로 파악하고, 당시 이탈리아와 독일, 그리고 일본의 파시즘화의 원인을 언급하면서 세계의 여러 가지 사회사조(社會思潮)를 통하여 사회 현상을 해명하려고 한 것이다. 이러한 논문 이외에 김현준은 1935년에 "지중해의 월야(月夜)"라는 수필 1편을 「신인문학」이라는 문학잡지 제2권 제10호에 실었다.

이렇게 저술 활동을 계속하면서 인광인쇄소도 운영하던 김현준은 민족문화에 기여하기 위한 출판사의 설립을 추진하였다. 그리하여 1936년 5월 7일 자본금 20만 원 4천 주의 주식회사 '조선출판사'를 설립하여, '조선문고'를 발간하고 또한 문단과 학계와 협력하여 잡지를 발행할 계획까지 구체적으로 세웠다(「매일신보」 1936. 4. 14.). 그리고 발기인 대회와 창립총회까지 개최하였으나, 실제로 출판사 설립은 성사되지 못하고 실패로 끝나고 말았다(「동아일보」 1936. 4. 13. 및 5. 9.).

8. 1937년 만주로 건너가 1945년까지는 무역 · 인쇄회사 '해동공사' 운영

이처럼 출판사 설립이 좌절되자 실망에 싸여 있던 김현준은 1937년 5월 만주 봉천(현재 선양)으로 가서 '해동공사'(海東公司)라는 무역 · 인쇄업체를 설립하여 운영했는데, 김현준이 봉천으로 가게 된 것은 이곳에 새로 세워진 동광중학교[21] 교사로 초빙되어 그곳에 부임했던 김현

21 이 학교는 재만조선인의 후원금을 바탕으로 1937년 설립된 만주국에서 유일한 5년제 조선인 중등학교로서, 재만 동포들과 재학생들의 자존심과 긍지가 높은 학교였다(김경

준의 매제 채규탁[22]의 권고 때문이었다고 한다. 당시 봉천은 만주국의 최대 도시로 만주 지방의 정치·경제·문화·교통의 중심지였다. 그리하여 이곳으로 우리나라 사람들도 많이 이주하여 봉천의 십간방과 서탑거리에는 조선인 집단 거주 지역도 형성되고 있었다. 그러나 이곳에서 김현준이 해동공사를 운영하면서 어떻게 지냈는지에 관해서는 자세히 알려진 바가 없다. 하지만 그가 봉천으로 간 1937년 10월 소위 '군항(軍港)위장사기사건'의 범인으로 체포되어 재판을 받은 사건이 있다. 이 사건은 김현준을 포함한 지식층 일당 6명이 공모하여 각지에서 거금을 편취했다는 것이었는데, 1937년 1월 8일자 「매일신보」를 보면 아래와 같은 기사가 실려 있다.

> 사상전과 2범 김백수(38)와 독일철학박사 김현준(41)과 김동훈(42) 등 최고 수준을 갖는 「인테리겐차」의 6명에 관한 군항위장사기사건은 그동안 서대문 고등계에서 취조를 계속하여 오던바 금번 취조에 일단락을 지었으므로 7일 오전 일건 서류와 같이 전기 6명을 경성지방법원 검사국으로 넘기었다. 사건의 내용은 김백수 이하 6명은 원적을 함남 길주군 길주읍에 둔 「인텔리」로 재작년 11월경부터 충남 서산군 안면도에 군항이 된다는 것을 빙자하고 군항위장(軍港僞裝)의 청사진을 모(某) 고관이 발송한 것처럼 꾸민 사문서를 위조하는 등 여러 방면으로 발호(跋扈)하여 평양, 함흥 등지의 수 명의 재산가에게 호기심을 가지게 한 후 그들로부터 7, 8천 원을 사기횡령한 것이라 한다.

희, 2015, p. 29).

22 채규탁(蔡奎澤, 1904~?)은 광주고등보통학교를 졸업하고 1928년 경성제국대학 예과에 입학하고 본과로 진입하여 1933년 사학과를 졸업하였다. 그리고 만주 봉천(선양) 동광중학교의 교사로 초빙되어 잠시 근무하였으며, 1945년 해방 이후에는 광주서중, 목포고등학교 교장을 거쳐 전남대 상과대 교수를 역임하였다.

이 사건은 김현준이 서울에서 인광인쇄소를 경영할 때 생긴 일이었는데, 어떻든 이 사건으로 말미암아 주범 김백수는 징역 4년, 김현준은 징역 10개월과 집행유예 4년을 선고받고 석방되었다(「매일신보」, 1937. 5. 5.). 그러나 이 사건으로 김현준은 커다란 정신적, 육체적 고통을 감내해야만 했다. 김현준이 실제로 군항위장사기사건의 범인인지, 아니면 일제의 과잉 수사로 억울하게 범인으로 몰린 것인지, 그것도 아니면 그 사건이 일제에 대한 저항 운동의 일종이었는지는 알 수 없으나, 독일 철학박사가 사기꾼으로 낙인찍혀 명예를 크게 실추하게 된 것은 정신적으로 견디기 어려웠을 것이다.

이러한 고통 속에서도 김현준은 1938년 2월부터 이듬해 9월까지 「실생활」 잡지에 "조선가족제도의 연구"라는 논문을 9회에 걸쳐 발표했다. 그러나 이 논문은 그가 1930년 3월부터 6월까지 3회에 걸쳐 「대중공론」에 실었던 것을 9회로 나누어 옮긴 것으로서 김현준이 만주에서 연구해서 발표한 것은 아니었다. 그야 어떻든 이 논문을 발표한 이후 1945년 우리나라가 일제로부터 광복을 찾을 때까지 7년 동안에는 신문이나 잡지에서 김현준의 글은 찾아볼 수 없다.

마. 1945년 광복 이후 1949년 사망 전까지의 주요 활동

1945년 8월 15일 우리나라가 일제로부터 광복을 찾자, 김현준은 9월 만주에서 서울로 돌아왔으며, 10월에 명륜전문학교 초대 교장으로 취임하였다. 그가 어떤 경로로 교장이 되었는지는 정확하게 알려진 바는 없으나 광복이 되자 명륜전문학교와 인연이 되었던 것 같다.

1. 광복되자 귀국, 명륜전문학교 초대 교장에 취임

한일병합 후 일제 총독부는 1911년 성균관을 폐지하고 경학원(經學院)을 설치하면서 선현에 제향하는 석전제는 존속시키는 한편, 성균관의 교육 기능은 없애 버렸다. 그랬다가 총독부는 1930년 경학원 부설 교육기관으로 명륜학원을 설립하여 교육 기능을 부활시켰다. 그러나 명륜학원은 그 뒤 여러 차례 개편을 겪으면서 명칭도 바뀌었다. 1939년에는 명륜전문학원으로 명칭을 고치고, 1942년에는 재단법인 명륜전문학교의 설립 인가를 얻어 신입생을 뽑고 교육에 임하였다. 하지만 제대로 운영도 해보지 못하고 1944년 총독부에 의해 폐지되고 그 대신 '명륜연성소'로 전락하여 버렸다.

1945년 광복이 되자 그해 9월 다시 재단법인 명륜전문학교로 명칭이 바뀌었는데, 이때 김현준은 재단법인 명륜전문학교의 재건과 운영에 참여하였다. 그리고 동년 10월 초대 교장으로 부임하고, 100명의 학생을 모집하여 개교했다. 그러나 재원을 마련하지 못해 큰 난관에 봉착하여 학사 운영이 어렵게 되었다. 그런 데다가 김현준은 유교와 인연이 깊지 않다는 이유로 배척을 당하는 등 여러 우여곡절을 겪다가 부임 3개월 만에 물러났고, 제2대 교장으로 유명한 한학자인 변영만이 취임했다.

1946년 유림대회(儒林大會)가 개최되어 과거 성균관의 정통을 계승할 대학 설립을 위한 성균관대학기성회가 조직되고, 독지가 이석구(李錫九)가 재단법인 학린사(學隣舍)의 토지를 희사하였다. 이에 김창숙(金昌淑)의 주도로 종전의 명륜전문학교의 재단을 병합한 재단법인 성균관대학이 발족하면서 같은 해 9월 정규 단과대학인 성균관대학이 인가되었다. 그리하여 문학부와 정경학부를 설치하고, 초대 학장에 김창숙이 취임하였다(성균관대학교600년사편찬위원회 편, 1998).

2. 명륜전문학교장 사임 뒤 신문계에서 잠시 종사

1946년 1월, 명륜전문학교 교장직을 사임한 김현준은 곧바로 일간신문의 창간에 참여하게 되었다. 당시 '해방 정국'의 언론계는 혼탁하기 그지없는 상황이었다. 신문들은 좌익과 우익으로 편을 나누어 이른바 정론 신문들을 쏟아 내고 있었다. 김현준이 그 창간에 참여한 신문은 「세계일보」였는데, 사장은 학자이자 저술가인 유자후(柳子厚)였고, 발행인은 조성부, 편집인은 오삼주였다. 김현준은 편집국장으로 참여했다.

이 신문은 1946년 2월 2일 창간호를 발행했다. 이에는 이승만(李承晩)과 김구(金九)의 휘호가 실렸으며, 창간사에서는 "완전한 독립자주의 민주주의 새 국가를 건설하기까지의 과도정권은 반드시 대한민국 임시정부의 지도 아래 수립하기를 절대 지지하자"고 천명함으로써 우익신문임을 나타냈다. 그러나 이 신문은 자금난과 인쇄 사정 때문에 간헐적으로 겨우 10호를 발행하고 휴간하게 되었으며, 4월 20일 속간했으나 얼마 지나지 않아 다시 휴간을 반복하였다. 그리하여 김현준은 같은 해 5월 주필로 승진되었으나 곧바로 퇴직해야만 했다.

김현준은 동년 6월 「경성경제신문」 부사장에 취임했으나, 이 신문도 경영이 제대로 되지 않자 사임하고 말았다(윤임술 편, 1983). 그리하여 한국으로서는 최초의 신문학박사였던 김현준은 신문에 대한 이론은 그 누구보다 밝았음에도 불구하고, 언론 및 정치 · 사회적 환경이 열악하여 신문에 관한 그의 이론을 제대로 실천해 보지도 못한 채 언론활동을 접어야만 했다. 이후 김현준은 교육계와 학계로 발길을 옮겼다.

3. 1946년 12월부터 1년 5개월 전주공립사범학교장 역임

1946년 12월 1일 김현준은 전주공립사범학교 교장으로 부임했는데, 그 직전에 각 도의 사범학교가 도청 관할로 이관되자, 당시 전라북도 도청 고위 관리였던 김현준의 보성전문학교 제자가 김현준을 전주공립사범학교 교장으로 추천했다. 그러면서 당시 혼란스러운 학교 내의 분쟁을 바로 잡고 정상화시켜 줄 것을 부탁했다. 그러자 이를 수락한 김현준은 전주공립사범학교(현 전주교육대학) 교장으로 취임하고, 서울에서 전라북도 전주시 서학동에 있는 교장 관사로 이사를 하여 부인과 자녀가 함께 전주 생활을 시작하였다.

광복 후 모든 학교가 겪은 혼란과 시련의 바람이 전주공립사범학교에도 불고 있었다. 김현준이 교장으로 부임하기 직전인 10월에는 전주북중학교에서 교장 이하 2천여 명의 학생들이 동맹휴학을 단행했는데, 그 이유는 ① 일본식 교육 타도, ②) 학원의 민주주의 건설, ③ 경찰의 학원 간섭 중지, ④ 학원의 자치권 승인, ⑤ 학원에 관한 법령 철폐 등의 요구였다. 그런가 하면 12월 14일에는 전국의 사범학교, 농업학교, 여자상업학교 등의 학생들이 동맹휴학을 벌였다(「경향신문」, 1946. 12. 18.).

전주사범학교에서도 교사와 학생들이 좌우익으로 나뉘어 서로 반목하면서 불화가 계속되고 있었다. 김현준이 교장으로 부임한 지 한 달 정도 지난 1947년 1월 8일에 전주에서는 대규모 학생들의 데모 사건이 발생하였다. 이는 미군정청이 과거 경성제국대학과 서울 근처의 전문학교급 학교들을 모두 통합하여 종합대학교(서울대학교를 말함)를 설립하려는 소위 '국립대학설립안'(약칭 '국대안')에 반대하기 위한 것이었다. 이러한 반대 데모가 전국적으로 파급이 되자, 전주에서도 방학 중임에도 불구하고 전주사범 학생들을 비롯한 여러 학교 학생들이 시위에 나섬으로써, 교육 환경이 극도로 악화되었다.

그러자 김현준은 학원 정상화를 위하여 많은 노력을 경주하며 고군분투하였다. 게다가 교감과의 불화로 일부 교사들과 학생들의 배척을 받기도 하자, 김현준은 교장직을 사임하려고 했다. 그러자 일부 교사들은 김현준 교장의 유임을 위한 탄원서를 내기도 했으나, 결국 교장과 교감의 동반 사퇴가 결정되어, 김현준은 1년 5개월 만에 전주사범학교를 떠나게 되었다(전주교육대학60년사편찬위원회 편, 1985).

4. 1948년 9월부터는 조선대학 문리학부장으로 연구와 교육에 전념

1948년 4월 전주사범학교 교장을 사퇴한 김현준은 전라남도 광주로 삶의 터전을 옮기게 되었다. 당시 광주에는 그의 매제 최태근과 채규탁 등 일가친척들이 많이 살고 있었고, 그의 고향 나주와도 가까워서 곧 생활에 익숙하게 되었다. 그러면서 김현준은 조선대학 설립동지회에도 관여하게 되었으며, 그해 5월 26일 재단법인 조선대학 설립 인가를 받는 데도 기여했는데, 당시 문교부 장관 안호상은 독일 유학 시절부터 김현준과 잘 아는 사이였고 국내에 들어 와서도 교류를 계속하였기 때문에 조선대학의 대학 승격에 도움을 줄 수 있었다.

같은 해 9월 조선대학이 정식으로 개교할 때, 김현준은 문리학부장을 맡게 되었다. 그리하여 다시 학문적 탐구와 교육의 기회를 갖게 되었다. 이렇게 되자, 김현준은 과거 10여 년 동안 학문을 연구해 오지 못한 것을 후회하면서 이제부터라도 다시 연구를 시작하겠다는 결심을 굳히게 되었다. 그리하여 우선 그간 1930년에 간행했던 『근대사회학』의 내용을 일부 수정하고 보강하여 책 제목을 『사회학개론』으로 바꿔서 1950년 2월 서울의 대성출판사에서 출판했는데,[23] 이 책 서문인 "개정판 자서(自序)"라는 글에 김현준은 아래와 같이 적어 놓았다.

> 이 소저(小著)는 거금 20여 년 전에 여러 전문학교에서 강의하며 초안을 학도들의 참고를 위주 삼아 공간(公刊)하였던 것이다. 그런데 그간 오랫동안 절판이 되었고 또 당시 공간 시에는 일제의 준엄한 원고 검열 관계로 불완전한 점이 많아서 유감으로 생각하던 차이므로 이제 약간 수정하여 공간케 된 것이다. 즉 사회학 기초관념론에 있어서 사회학의 방법론을 수보(修補)하고 사회력(社會力)과 사회과정론과 사회연대성론 등을 증보하였으며 사회학과 사회과학의 관계론 중에서 사회학과 정치경제학, 사회문화학 등의 부문에 있어서도 각 부문에 증정(增訂)을 가하였다.

이러한 서문에서도 밝혀 놓았듯이, 김현준이 1950년 2월 출판한 『사회학개론』은 그가 1930년 간행했던 『근대사회학』의 내용을 일부 수정, 보강한 것이었는데, 책의 분량을 보면 『근대사회학』이 256쪽이었으나 『사회학개론』은 281쪽으로서 25쪽이 증가했다. 한편 제2편 '사회학발달의 사적고찰'에서 맑스나 엥겔스의 이론을 자세히 소개하면서도 독일 사회학에서 큰 비중을 차지하는 막스 베버의 사회학 이론 등은 소개하지 않았는데, 그 이유는 알 수 없다. 김현준의 『사회학개론』의 출간은 이제까지 1948년에 이루어진 것으로 알려져 왔는데 이는 저자가 서문을 집필한 시기가 그해 10월이었기 때문이었다. 그

23 이 책의 속표지를 보면 책 제목 상단 오른쪽에 "전조선대학문리학부장 철학박사 김현준 저"라고 기재했다. 그리고 이 책의 맨 끝에 있는 판권장을 보면, "단기4283년 2월 10일 인쇄, 단기4283년 2월 15일 발행"이라고 기재되어 있으며, 임시정가는 9백원(圓)으로 되어 있다.

러나 이 책은 김현준이 별세(1949년 8월 8일)한 뒤인 1950년 2월 출간되었다. 그리하여 김현준은 그의 『사회학개론』의 실물을 보지 못했던 것이다. 이 『사회학개론』의 1952년 9월 부산의 한국산업경제연구소에서 다시 출판했는데, 그 경위는 알 수 없으나, 부산에서 출판한 것은 당시는 한국전쟁으로 말미암아 대한민국 정부를 비롯하여 주요한 기관들이 모두 부산으로 피란을 가 있었기 때문이다.

5. 1949년 8월 8일 51세로 파란만장했던 삶을 마감

김현준은 이와 같이 1948년 9월 조선대학 문리학부장이 되어 다시 학문과 교육에 전념했다. 그러나 불행하게도 그의 장남 동환(東煥)이 1949년 1월 32세의 나이로 서울대학교부속 제일병원에서 사망하자 커다란 충격을 받았다. 권투선수를 할 정도로 건강했고, 결혼까지 했던 아들을 먼저 보내게 되었기 때문이다. 그리하여 정신적 아픔을 겪던 김현준은 담석증에 걸려, 자신도 같은 해 8월 8일 광주 서석동 자택에서 51세로 파란만장한 삶을 마감하고 말았다.

김현준의 사망 소식과 부고는 당시 광주에서 발행한 「동광신문」과 「호남신문」의 8월 9일자 지면에 크게 게재되었다. 그 중에서 부고를 보면, 유족으로는 미망인 남상일과, 장남 김동연, 장녀 김명자, 차녀 김정자, 종제로 김창업 등 7명의 이름이 실려 있는데, 당시 장남 동연은 서울대학교 물리학과 1년생이었고,[24], 두 딸은 여학교에 재학 중이었다. 친척 대표로는 김원순, 최태근, 채규탁 3인의 이름이 올라와

24 김동연(金東鍊, 1929~)은 1953년 서울대학교 물리학과를 졸업하고 독일로 건너가 아헨공과대학교(Rheinisch-Westfälische Technische Hochschule Aachen)에서 박사학위를 취득하고 캐나다의 서스캐처원대학(University of Saskatchewan, Regina Campus) 물리학과 교수로 재직했다(서울대 동창회명부, 1977).

있는데, 모두 김현준의 매제들이다. 이들 중 김원순의 이력은 알려진 바가 없으며 최태근은 동경상과대학 전문부를 졸업하고 당시는 전라남도 재무국장 직위에 있었다. 그리고 채규탁은 경성제국대학 사학과를 졸업하고, 당시는 광주서중학교 교장으로 재직 중이었다. 한편 우인 대표에는 최상채(崔相彩), 김정호(金正晧), 서민호(徐珉濠), 신석우(申錫雨), 김두헌(金斗憲), 유자후(柳子厚) 등 쟁쟁한 명망가들의 이름이 들어 있다.

호상은 조선대학 설립동지회장 박철웅이 맡았으며, 장례식은 8월 10일 조선대학 교정에서 조선대학장으로 많은 조문객이 참여한 가운데 엄숙하게 거행했으며, 묘소는 조선대학 캠퍼스 안에 양지 바른 곳에 모셨다(이후 유족들이 나주로 이장했음).

이상에서 살펴보았듯이 김현준 박사의 일생은 우리나라가 겪은 수난사만큼이나 기복이 많은 삶이었다. 천석꾼 집안에서 태어나서 열네 살 때 고향을 떠나 서울로 진학하였다가 다시 일본과 독일으로 유학해서, 독일에서는 신문학과 사회학을 전공하고 한국인 최초로 신문학 박사를 취득하고 귀국하여 학문적으로나 사회적으로 적지 않은 업적을 쌓았다. 하지만 당시는 불행하게도 일본 식민지라는 우리나라의 시대적 상황으로 말미암아 대학에서 신문학을 가르칠 수 없었다. 게다가 1930년대 후반부터는 집안의 몰락과, 일제의 극도의 군국주의와 식민 지배 체제 속에서 좌절과 고통을 겪어야만 했다. 그러다가 광복이 되어 다시 학문의 길에 정진하려던 중에 불행하게도 병환으로 51세에 세상을 뜨고 말았다. 그러나 김현준은 한국 최초의 신문학 박사로서, 우리나라 신문학의 선구자이자 사회학의 태두로서 그의 이름은 후세에 길이 남을 것이다.

부록

TOURNALISM

Compilad by D. S. Kim.

新聞學

Publishers.

Korean Book Company

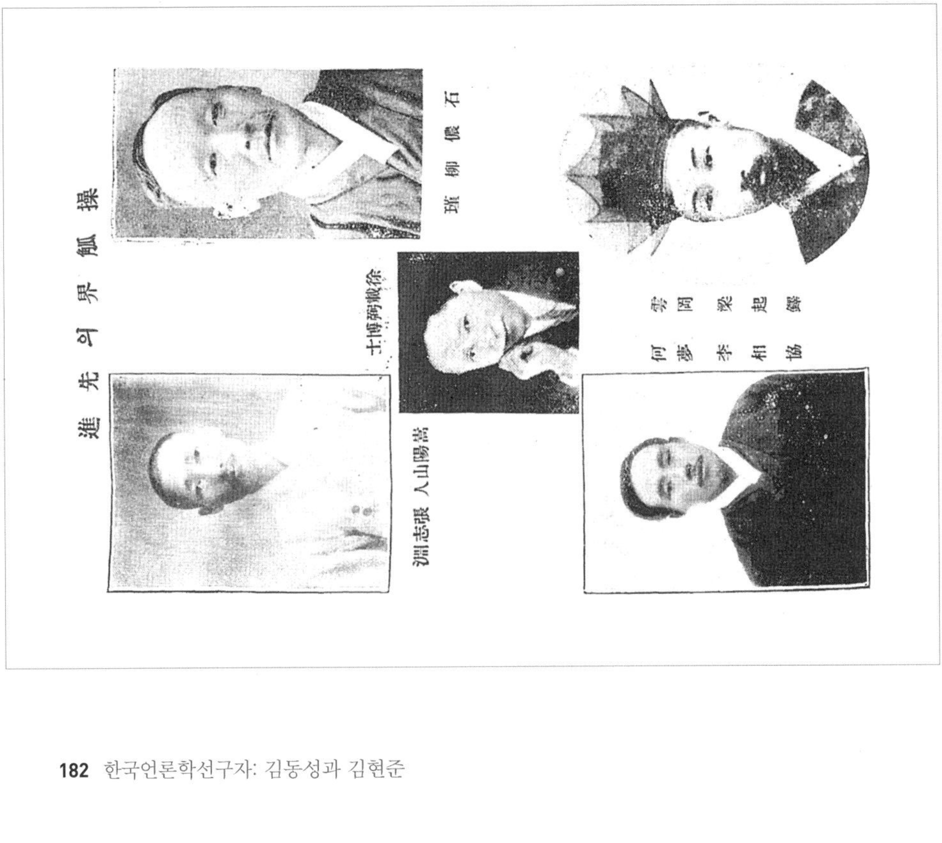
操觚界의 先進
石儂 柳瑾
徐載弼博士
嵩陽山人 張志淵
雩岡 梁起鐸
何夢 李相協

(國米)「반리셜」터부로左人數員派特의議會頓盛華
者編(國米)「앗화」(國英)「스웰」(陀奈加)「ㅡ머이나스」

序

新文化의普及이 아즉도 徹底치못한 朝鮮社會에서 各種의新著가 完備치못할것도 想像할바이다 그中에도 가장理解가狹少하고 硏究가缺乏한것은 新聞紙에關한知識이라할것이다 元來新聞紙의發達이 文化의普及을促進하는것이며 文化의普及이 또한新聞紙의發達을容易케하는것이라하면 新文化의輸入을 目下의最大急務로하는今日에잇서서 斯學에關한常識的普及을 一日이라도엇지等閑에附할수가잇스랴 畏友金東成君이 이에感한바잇서 斯學에關한 專門家의著述을 考參하야 一卷을編하니 이곳「新聞學」이라 實로우리讀書界에잇서서 처음보는作品인同時에 材資의豐富와 分類의排置가 俱

히그宜를得하고 그善을盡한지라 窃히君의苦心努力한 痕影에對하야 敬贊의意를表하는바이다 萬一新知를 交換하는것이 人類의本能인同時에 社會生活의一要素라할진대 此書의發行이 讀書界에 얼마나한稗益이될것도 推想할바이라한다 予는本來斯界에對한淺學末輩임을不拘하고 猥히懸意를被하야 一言으로서 序에代하노라

癸亥十月初旬

東亞日報社編輯室에서

古 下 生

新聞學目次

第三編　記事의種類

第四編　編輯

新聞學

千里駒 編

第一編　新聞社의組織

第一章　緒言

一、編輯室、普通記者의出勤日에는몬저編輯室에會集하난대編輯室은新聞의大小를쌀아달음으로地方週報에는社長과記者一人이一事務所에編輯室을兼하얏고都會地大新聞에는編輯室이廣濶하고三四十名記者가勤務한다

二、都會新聞、都會地大新聞은組織이複雜함으로初學者는地方新聞에서見學하기가容易

하지마는大新聞組織에對하야知識이잇스면地方小新聞制度를見學하는데는事半功倍가될것이다그럼으로第一編에는代表的一大都會新聞의組織을說明한다

三、諸新聞의差異、그러나一都會新聞의組織을閱覽하고各新聞이擧皆同一한줄로알음은誤解이니各新聞組織의細密한部分에는多少差異가잇서記者의數爻와其職責이달으니或은朝刊或은夕刊或은每日二十四時間刊行하는新聞으로二隊記者로社會部長一人下에晝夜補佐를둔다그러나大體로는統一한制度가施行이된다

第二章 編輯室

四、最初事務、前章에記述함과가티記者의初日에出勤하는곳은編輯室인대出勤하기前에社會部長과面會하고出勤時間을定하난대朝刊新聞이면午正으로부터午后六時間이出勤時間

이되고夕刊이면午前六七時에出勤할것이니夕刊記者를例로보면午前七時에出勤하는대其時에는社會部長이亦是出勤할것이라前途有望한記者는느저도六時四十五分에出席하야社會部長을기달일것이다

五、整理記者、新入記者가初日에出勤하면編輯室內에서午前二三時부터勤務하는二三記者가잇서各朝刊新聞을閱讀하고夕刊에再錄할記事를가릴것이다午前七時부터十時間에刊行하는夕刊新聞初版을「쓸셕」版이라稱하니整理記者等이朝刊新聞에서거의材料를取한다新記者가들어오면彼等은一席을指定하야안치어社會部長을기달이게하고다시는돌보지아니하고「쓸셕」版을編輯하야自己新聞의方針을쌀어文法體裁를變更加減한後에題目을記入하야採字室로投入한다大體로整理記者는左右의是非를만히밧는것이니微弱한題目、誹謗하는記事及其他錯誤에關하야社會部長과編輯局長의譴責이잇고記事를削除하며首句를變更하야

써엇던쎄는記者의가장重要視한句節을抹殺함으로此에對한各記者의稱怨을免치못한다

六、他記者、 新入記者가社會部長席近處에서기달러노라면他記者群이入來하나니其中一人은勞働記者임으로勞働과勞働組合에關한記事를採得하고又一人은海運記者임으로各會社汽船의碇泊發錨及一般海運事業을、又一記者는警察記事、又一記者는病院을尋訪하며흔히婦人記者가社交界의消息을、又一記者는各旅館을尋訪하야써모든記事를漏落업시採得하기까지活動한다

七、社會部長、 그리고社會部長이出勤하나니新入記者는반듯이社會部長의命令을嚴守할것이다社會部長은各記者와間或再錄記者의記事에責任을負하고編輯局長은그를監督하는것이니社會部長은新聞材料의出處를알며各記者를指揮하야써新聞紙上에適當히揭載하게하야記事가充分한時에는엇던記事를削除할는지를決定하고또事件이全無한時는記事를作成치아니하면아니된다編輯室에서모든記事는社會部長의監訂을經하고整理記者의게校正을受하며社會部長의意思대로記事의長短과性質을決定하나니新入記者는迅速히社會部長의語體와要求에從할것이다社會部長도誤錯이잇고間或社會部長이缺席하는時에怪常한代理가前例에無한記事의文體를要한다그러나新入記者의最初工課는自身이如何한時機에든지適應되도록努力하고命令에順從하며新聞當局의方針대로勤務할것이며誠心誠力으로社會部長의計劃과指揮를尊重하고嚴守할것이다

八、雜報記者、 社會部長代理로電報와郵便通信을管理하며紙上에記事位置와題目長短을選擇하야一切의紙面記事를決定하나니雜報記者는知識이豊富하야社會及政治上變動에慣熟하고地方事情에精通한人物이다

九、電信記者、 電信記者는間或雜報記者가兼任하는新聞社도有하다內國外國의모든新聞

電報를管轄하야大新聞社에는專用線이社內에잇다電信記者는特히世界의知識에精通하야歐洲戰爭과如한時에는某都市를占領함과某砲臺가陷落된것을直刻에안다

十、地方記者、 整理記者를補助하야地方記事를管轄하나니地方記事의大部分은郵便通信과特派員의長距離電話이며郵便通信도擧皆地方通信員의文體가一定치아님으로校正을要한다此外에各通信員의記事를一冊子에蒐集하얏다가每週或每月終에營業局의會計에提供한다

十一、運動記者、 運動記者는別室에處하야社會部와獨立하나니運動記者室壁上에는現代運動家의名星이羅列하엿다運動記者는大槪大學校在學時의名星이며運動規則에權威임으로如何한運動規則이던지過去諸記錄을記憶한다

十二、交換記者、 各新聞을閱讀하고電報通信에揭載되지아닌記事와論說과自己新聞에關한批評及其他轉載할만한價値가有한事實은剪切하야揭載하고批評的記事는編輯局長에提供

하면編輯局長은答辯할事實이아니면此를休紙桶에投한다滑稽語와格言及新發明等記事는擧皆交換記者의業務이다

十三、「몱」、 交換記者의最重要할職務는記事를蒐集하야가나다順序로冊子를成하야써後日參考를準備하나니此를「몱」이라稱한다「몱」에는直刻印刷할記事를作成한것이니名士가不時의變을當하면곳其履歷과寫眞을揭載하나니一名士가心臟痲痺로即死한지十五分內에號外를發刊하며洋行汽船이沉沒되면過去船隻遭難된時日場所를列記한記事를瞬間에揭載한다「몱」은間或調査部라稱한다大新聞에는調査部를獨立하고多數人員을使用하야地圖寫眞과各新聞에서剪取한記事의目錄을作成하야써瞬間에參考로提供한다

十四、其外에市場、演劇、文藝、社交及論說記者가有한대、 市場記者는金融에關한事件을掌하나니大新聞에서는市場記者와經濟記者가區別이되엿스나普通으로一人의管轄下에서

市場、銀行、工廠及商事會社와直接連絡하야每日市內及全國의經濟狀況을簡單明確히揭載하며文藝記者는흔이新刊紹介에限하엿슴으로小新聞에는社內에文藝記者席이無하며報酬는紹介하는其冊子뿐이다

그러고社交記者는社交界記事外에衣服의流行과禮節戀愛及婚姻記事와女子欄의一切記事를揭載하며論說班記者는無時로退務하야써社內의貴族이라한다 그러나諸社員이午前七時에出勤하는대論說班記者는九時에出勤하지마는前夜深頃까지論說材料를蒐集하는것이다

十五、漫畫家와寫眞師、 漫畫家는一日一枚의社會或은政治問題에關한漫畫를出하나니編輯局長의直轄下에在하야多數한助手를使用하며運動記者下에도漫畫家、社會部長下에도漫畫家一二人이有하며寫眞師는社會部長下에서東西로馳走하야新聞의銅版材料를供給한다

十六、編輯局長、 以上各記者의業務는新聞社內의日課이오各記者를總轄하는人物이編輯局長이니直接編輯하는事實이稀少하고大凡한管理事項에努力하야特別費用이生하는時에는編輯局長의同意를要하며大新聞은章數와體裁가각금變史이되는데此는編輯局長의可決을經하며漫畫家의畫本을檢閱하며重要記事에對하야는社會部長、電話及雜報記者와商議하고日曜記者는附錄記事에關하야來告한다換言하면新聞原稿를擧皆閱覽하야써毁謗的記事의有無를監視하고間或記事의削減과抹殺을社會部長에게要한다恒常奔忙하야出勤時間前에市內各競爭新聞을熟讀하야自己新聞의過失을察見하면其過失의出處와責任者를講究한다

十七、主筆、 編輯局長頭上에는主筆이니흔이新聞所有者即社長이다社長은新聞主이나新聞主의代理임으로新聞의方針을處理함으로最後의編輯局責任은主筆에歸한다그래서主筆은論說班記者와編輯局長及社會部長과週會或은日會를開하고編輯上問題를討議한다

第三章 工場

十八、區分、工場은普通地下室에在하야三部에區別하엿나니採字室整版室及印刷室이다

十九、工場長、社會部長이各記事에題目을附한後에整理記者의手를經하야工場으로送하면工場長은此를切斷하야採字人에게分給하며職工은左手에『스틱』(採字架)을들고右手에『포인섀터』로써活字를고른다

二十、「라노타입」、西洋新聞은採字를안코寫字械와如한械機로써即時鑄字하는대一字式鑄造하면「모노타입」이라稱하고一行을造하면「라노타입」이라稱하는대朝鮮國文의「라노타입」도桑港과호港에서使用이된다

二十一、校正刷、採字를綜合하야一欄을成하면此를「깰레」라稱하나니手廻刷印刷機에此「깰레」三枚를印刷하야編輯局長、雜報記者及整理記者에各々一枚式持來하면整理部에서記者는朗讀하며校正하고一記者는그朗讀하는記事를心讀할뿐이며校正한「깰레」는更히整版部로送한다

二十二、版、記事의校正이畢하고場所를編輯者가定하면長方形의鐵構에鑄字를載하야써版을成하나니此鐵構를『체스』(締版架)라稱하며如斯히一頁을『체스』에載하고쌔기를치는대쌔기는『코인』이라稱한다小新聞에는版에서直接印刷하고大新聞에서는鉛版을製成한다그러나鉛版이一萬五千回를印刷하면精細치못함으로大新聞은每面의鉛版을四枚로乃至十二枚를製成한다

二十三、鉛版、鉛版은半圓形으로印刷械圓筒에配合케하는것이니版이製成되면版上에厚紙를重布하고濕布로蓋한後數百斤의壓械에壓搾하면濕紙는版模型의印象이된다그러고그濕

紙를水蒸氣로乾하면紙型은版의反對形을成한다

二十四、鑄造機、紙型을半圓筒인鑄造機에入하고鎔鉛을注入하면瞬間에新聞一面의版이되야印刷機에挿케되며또鉛版一枚를每十五秒로二十秒間에製出하나니同一한鉛版이多數할수록新聞印刷는迅速한것이다

二十五、印刷室、新聞의頁數가多할수록印刷機는複雜하니此는全力、半分、三分之一의能力을發하야印刷를自由로하나니大新聞에서印刷、摺紙、切斷、貼付及計算을新聞의大小에依하야每時에五萬枚로十二萬五千枚外지及하며最大機는一時에十二頁新聞十四萬四千枚를印刷한다

二十六、印刷機、二個鉛版이一圓筒에符合하나니論說面地方面과如한頁는約半時前에挿入하고最新記事가揭載되는面은最後에挿入한다鉛版挿入을畢하고는發動機를廻轉하면鉛版은先히墨을受하고紙와接觸하는대紙는軸에서廻轉되며內外가同時에印刷되야最後原稿紙가編輯室에서나온後로新聞이配達夫의手中에入키外지僅히十分間에不過한다

二十七、印刷의速力、印刷의速力을加하기爲하야「퍼즈」라稱하는一小械를印刷機內에裝置하야最新記事를印刷하나니此는紙面에空間을殘하얏다가그記事를最後로印刷케된것이다

二十八、速力考案、「퍼즈」의價値는既히採字한版을印刷함에在한故로大新聞에는電線이「퍼즈」採字室로連絡하야野球記事全部를觀客이運動場에셔出하기前에號外를放賣케된다假使米國大統領이重病에罹하엿스면그履歷、事業、寫眞等全部를製版하얏다가死去한지十秒가不過하야市街에號外가出한다

第四章 營業局

二十九、營業內部、 新聞이印刷된後에販賣部長이此를管轄하나니營業部에는二三部로分하야販賣部、廣告部及會計部가有하고此를統管하는支配人이有하다

三十、販賣部長、 局外人이觀察하기에는販賣部長의職責이簡單한듯하나大新聞은每日十萬枚로百萬枚外지販賣하는데汽車時間과配達人夫等을管轄함에無限한努力을要한다時時로如何한方法으로써枚數를增加할가를講究한다

三十一、廣告部長、 新聞의枚數에依하야廣告料金의差異가有하니廣告部長은廣告募集에各方面으로努力하야實로新聞의生命을供給한다

三十二、會計、 會計는經理部或은庶務部長이라稱하나니社員의俸給을管轄하고新聞代金

出納과各項財政을掌하야印刷會社의帳簿를記錄한다會計는編輯室의經驗이無할지라도簿記、爲替、銀行等事에精通한人物이다

第二編 新聞記事

第五章 記事와그價値

三十三、記事의問題、 記事에三個問題가有하니「記事는무엇?」「어듸셔엇더케記事를探得?」「讀者에게엇더케提供?」인대第一問題는記事의註釋과價値를包含한것이요第二는探報에關한것이요第三은記事의構造와體裁를論하는것이다

三十四、記事는무엇、 新聞記者는누구나記事를認知하고自然히그價値를定함이例事이나記事에對한簡單한註釋과그價値의定評에關하야는輕率히發言을할수업나니大體로記事註釋의要點은(一)讀者의趣味를惹起할것(二)如何한事件이던지興味를包含한것(三)새롭고時

期에適한것이며그價値를定評함에는(一)그記事에對하야興味를有한讀者의數爻(二)讀者의興味로因하야起하는그影響이니此를綜合하야보면

新聞記事는時期에適하야써多數人에게興味를與하며또多數한讀者의興味를引할수록그記事는價値가大하다

每事件에以上의要點을考하면記者는新聞記事인줄을認知하며그價値의輕重을批判할수잇다그런대一事件이生하면새롭고時期에適하며讀者幾人에게나興味를與하며多數한人이만흔興味를惹起할것인가를考究할것이다

第一事件이처음에는興味가薄弱한듯하나密接히解析하면엇던局面으로相當한價値가露出되나니銳敏한觀測과看破로써他人이認知치못하는事件을發見할수잇다

三十五、時期의適合、 모든記事는새롭고時間에適合한것이最要件이니「昨日」이라는名

詞는新聞記者에게有치아니하야「今日」까지도「今朝、今日正午、今夕」이라고時間을着하는것이니記者는記事가아즉新鮮할쌔에發刊하기를힘쓸것이다

三十六、讀者의興味、엇던運動이나事件에興味의有無는世人이듯고、읽고、보기를願함으로써判定되나니무엇이던지깃븜이나滿足을與하는記事는興味가有하다

三十七、特別事件、例外、獨特、奇異한事件은興味를引하나니大體로銀行員이正直함으로一銀行員이正直하다면記事材料가되지아니하나正直지아니하다면記事의價値가生하야또든犯罪는普通法規에脫出하는行動인故로記事가된다그래서長距離의飛行、新發明、大建築의竣工이普通例外인故로興味를引하며汽車가定刻에某驛에到着함은記事가아니다脫線을하는境遇에는記事가되고鐘路附近의商業要地에數百萬의建物이櫛比하되그는記事가아니되여도火災暴風雨等으로被害하는時에는그建物에利害關係가無한人이라도알고자하고듯고자하는바他人의犯罪와災殃이讀者에게깃븜을與함이아니라普通에서써나서된事件인故로一般讀者로하야금常例에써나고자하는企望을滿足하게함이다

一流記者는每事에常例以外의局面을發見하나니電車와自轉車가衝突된事件에自轉車를탓든人이兒孩를등에업엇는대그兒孩는傷치아니하엿다하면讀者는此事故中에서가장興味잇게愛讀할것이다

三十八、優勝競爭、商業과政治上競爭及各種競技는優勝을嗜하는性癖에基因한것이니同盟罷業이나雇主停工은勞働과資本間의競爭이오商業上의管轄과獨點을得코자奮鬪하며野球蹴球等各種運動競技에一般의熱誠은곳優勝競爭을嗜好함에서生한것이오政黨戰에勝利하면個人에게直接影響을與함보다도勝利自體로勢力이生하는것임으로此等競爭의記事가新聞材料에適合하다

三十九、人情感、同情心은四海同胞를成하는故로新聞記事이나小說人物은사뭐있는男女의動作을寫出하나니事件의人情味를一般讀者는要한다그레서北極探險家가北氷洋에서苦生한記事가北極을發見하니만치興味잇게읽으며如何한裏面事情으로同盟罷業이進行되얏는지는詳知하지못하나罷業한勞働者의窘塞과그家族의困境은多數人이愛讀한다이와가티吾人은他人의運命에關하야同情하는까닭으로個人上面分이無할지라도人命이傷하엿던지危險한記事는熱心으로閱讀하야新聞上으로보면事件에人命이多數히關聯될사록그記事는價値가重大하다

四十、兒童의才能、우리朝鮮에는兒童의存在를認定하여왓다稱키難하나文化가普及이될사록兒童의動作은一般은奇異하게思하야無邪氣한言語가足히記事의價値가有하며法庭에서父母를爲하야滅刑을哀乞하는等의兒童記事는만흔讀者를엇을수잇다

四十一、動物愛、아모事件업슨쌔에는動物園에서好記事를차저내일수잇나니猛獸나家畜은勿論하고動物記事가好讀物이된다

四十二、娛樂과消遣、運動競技外에도演劇、音樂會와寫眞術、漁獵、圍棋等記事가多數讀者를占한다

四十三、讀者興味의比例、人物場所及事件이興味를比例로惹起하나니（一）讀者의親密與否（二）重要人物에關한記事（三）讀者의直接關係有無等이다

四十四、地方的興味、市內記事는他處記事보다興味가多하니自己地方의小兒爭鬪가外國의戰爭보다重視하나니記事의興味는事件發生地와新聞發刊場所의距離比例로差異가有하야水上에石을投하면石이水上에서進行하는데로漸々물이틀쇠여나는것과가티事件이發生地에서써나갈사록價値가微弱하여짐으로記事는他處事件이라도地方과關聯을식히기가爲主이다

四十五、名望의興味、名望과地位가有한人物과場所에關한記事이면讀者의個人交際가無할지라도興味잇게보고既往에듯도보도못하엿더라도高級地位를占한人物에關한記事는歡迎하나니代議士候補者가重傷한報道보다는大統領候補의輕傷이記事로는重要하다

四十六、家庭及營業興味、吾人에게最適切한關係는吾人家庭과營業의幸福과繁昌이니讀者에게直接關係가有한記事에가장重要한價値가有하야仲買業者와投機事業者는株式時報를무엇보다몬저읽는다

四十七、興味의綜合、萬若一事件이以上모든興味를綜合하엿스면記事의價値는極히重要하니這間日本關東地震과如한記事는特別할뿐만아니라多數人命이慘死하엿고더욱이우리留學生과其他同胞가罹禍한까닭으로全國에서新聞을熱讀하엿다

第六章 探報

四十八、探報의問題、一般讀者가新聞紙를보면數多한記事를엇지短時間에刊行하나하고驚嘆하지마는順序대로組織된團體의行動이요實은奇異할것이업다記事의出處는記者自身보다도警官衙、官公吏、醫師、辯護士、敎員、各商工界人物이供給하나니記者는公私報告에서大部分의難艱을得한다

四十九、記事의根源、新聞을爲하야蒐集한記事는아니지마는各新聞이利用하는記事의根源은如左하니

各警察署、各官廳、府廳、銀行、大會社、商業會議所、市場、旅館

五十、記事區域、記事를蒐集하기爲하야社會部長은外勤記者에게各各區域을定하야每日訪

問케하나니記者는可及的自己區域內의모든記事를다른競爭新聞에落後치안코探得할것이다

五十一、通信社、 大都會에는通信社가有하야每日記事를各新聞에提供하나니假使一新聞社에서外國電報를購來하랴면多額의經費를要하지마는一通信社에서此를各新聞에同一히供給하면電報料金에大差異가有할지니그래서通信社의成立이必要한것이다現在京城에日本電報電信、帝國通信、大陸通信等이有하야外報뿐아니라市內雜報外지謄寫版에印刷하야各新聞社와官廳會社에配付한다同一한記事라도記者의觀察이各新聞을따라相異하게揭載된다

五十二、指定準備、 編輯室에는一年中每日記事件을記錄한冊子를準備하얏다가未來의記事를講究케하나니假使今年九月一日은日本에大地震이發生하엿는대明年九月一日에揭載할記事이면明年八月二十五日에某記者를指定하야그記事를準備하게하는것이다

五十三、重大事件、 重大事件이發生하면社會部長은記者全部를出動하야各方面으로活

動하나니年前에米國議員團이朝鮮을訪問하는때에東亞日報에서一記者는北京으로又一記者는北戴河外지派遣하야그面會記事를次第로揭載하엿고同一行이入京하든當日의光景을맛흔記者、旅館、市內觀覽時에同伴한記者、宴會를맛흔記者等을派하야모든局面으로議員團의行動과그에關聯된一切記事는其日의紙面에最重要한地位에揭載하엿다

五十四、突發事件、 社會部長은곳參謀總長의智慧를有하야突發事件에心神이自若하야各記者를指揮하야써正確한報道를迅速히할義務가有하다우리朝鮮에出版과言論의制限이有하야突發事件에도揭載禁止가多함으로例를擧키難하나一九一〇年八月九日紐育市長「께놀」氏가狙擊을當하엿섯는데一朝刊新聞의社會部長은如左한指揮를하엿다

午前九時三十分에最初의報道가通信社로부터來到하엿는대

「께놀」市長은今朝「호보큰」에서流船「가이제루」號甲板上에서射擊되얏고死去

하엿다는風說이有하다

社會部長은이通信을들고朗讀하야室內에잇던記者는能히듯게하고自己冊床으로가서電話機를들고交換手다려『市長이銃을마젓스니編輯局에오는電話는잘대이고누가뭇거든營業局으로電話를대여주오』하고記者電話番號를쇠내여下人을주며『스미트』、『존스』、『라빈손』씨를불러라하고 期待터는동안에通信第二報가來하야

『市長은「호보근」에잇는聖瑪琍病院으로入院하다』하엿고

下人은드러와서「스미트」氏가電話로나오섯다함애電話機를들고

『스미트」氏요 市長이十五分前에「호보근」에서「가이제루」號甲板우에서銃을마젓스니 곳가보시오』

「스미트」는뭇지도아니하고 電話機를 탁걸고 다른命令도無하엿스나 그는速히가서

무엇할것을아럿다

또下人이와서「존스」氏가電話로오셧습니다함애 그이에게도同一한指揮를한後또一下人이「라빈손」氏가나오셧습니다함애、그이에게도亦是現場으로가라고指揮하고暫間잇노라니까第三報가來하야

『市長狙擊者는捕捉하엿는대姓名은「쌀러거」이며第三街四四○號에居住한다』

下人等에게「존손」、「라벗」、「킹」氏를부르라하야「존손」에게

『市長이오늘아츰「호보근」에서「가이제루」號甲板우해서銃을마젓는대銃논者는「쌀러거」이오 第三街四四○號에산다니 곳가서아러보고 寫眞한장엇고 何政黨員인가아러보고 다른것도仔細히아러보오그리고내게電話하면그때또할말이잇소』하고끈은뒤에「라벗」氏를電話로市長이야기를하고聖瑪琍病院으로가라하는대秋毫도興奮된氣色을音聲에露現치아니

하엿다

第四報通信은

『쌀리거』는去六月一日까지棧橋에夜警을勤務하다가市廳에서罷免을當하엿더라』

「킹」氏가나와왓다함애한마듸로市長이야기를하고『쌀리거』는『호보근』警察署에拘留되엿스니速히가서보라고한後에卓上一片紙에各記者의分擔한區域을記錄하엿는대

現場「스미트」、「쫀스」、「라빈손」

쌀리거家「쫀손」

病院「라벗」

主市警署「킹」

그리고한숨을 쉰후에「색손」、「색갈」、「홀론」三氏를電話로불럿다그런대「색손」氏는발서電話로社會部長을차젓슴으로電話를들고『그럿소市長이銃을마젓소市長夫人을가서보시오、이번旅行에獨行하려하엿스니까畢竟집에잇스리다』라한것은「색손」氏의住宅이市長私邸에서不遠한것을社會部長이안것이다

「맥갈」氏에게는市廳에가라하엿다「홀론」氏는또市廳內의棧橋課로가라하고

市長夫人「색손」

市廳「색갈」

棧橋課「홀론」

이라고片紙에썻다

通信社의報道는漸漸길고多數한대「호밧」、「리드」、「써드」氏를부르라하엿다

電話는여긔저기서울니고다른記者는아모事變이생긴듯도안케日課로하는事務를進行한다

九人은旣히逐捉하엿고三人이또올려인즉十二選手가一事件에着手하얏다

「스미트」氏가電話를거럿는대 社會部長은「스미트」氏가記事全體를쓰고「쫀스」氏는銃놋는光景을目睹한人의말을쓰게하고「라빈손」氏는「쌀리거」가甲板上에서하던일을쓰게하오하야記事의計劃을定하고「쫀손」氏가電話로報告하니까社會部長은『아라드럿소市廳에가서「쌀리거」가已往에攻擊하는書信을만히보냇다는말이잇스니그書信을어더오시오』하고그뒤를니어「라벗」氏가報告하기를『病院에와서본즉重傷은아니고彈丸은아즉發見치못하엿소市長은便히쉬는모양이오』라고하엿다

그런대「킹」氏에게는 아모報告가아즉업고寫眞師가寫眞을가지고드러오는대「쌀리거」엽헤「킹」氏가서잇는寫眞이보이매킹氏의活動은뭇지안코알것이다封套에「킹」이라썻고그안에는犯人이辯護士를雇聘하엿다는消息이잇섯다

그리고最終으로記者三人이入하엿는대「호밧」氏는政客임으로『나가서市長이變死하는境遇에는候補가엇던사람이되고무슨方針으로選擧가되나보시오』하고

「려드」氏에게는「몸」을뒤저서市長의履歷과市長當選後의行政記錄과그家庭記事를쓰게하엿는대 어듸서電話가오더니自己는愛讀者中一人인데「쌀리거」를十七年前에使用한일이잇스며爲人이怪常한것을일러주엇슴으로社會部長은말을막아서『우리가사람을보내면仔細히말을하겟슴닛가』하더니住所氏名을써가지고「써드」氏를주며가서아러오라고하엿다

「잭손」氏가電話로「市長夫人이自動車를乘하고病院으로간다」하는故로따라가라고指揮를하고其時에分擔식힌일은如左하엿다

「스미트」 市長狙擊의全體記事

「쫀스」 甲板上의「인터ㅣ뷰」

「라빈손」「쫄리거」의甲板上行動

「쫀손」 犯人과그書信

「라벗」 病院

「킹」 犯人拘留와計劃

「색손」 市長夫人과家屬

「색갈」 市長代理

「홀톤」 市廳、電報

「호밧」 市長變死後의法規

「리드」 市長의略歷

「써드」 犯人의怪癖

如斯하야記事가將次瀑注하겟지마는그는整理記者의職務이고社會部長의相關할바아니다 但히市長이狙擊을當하엿슬時에記事를如何한方法으로取得할것을指揮할뿐이다

五十五、事實、 雜報의大部分은人에게무러서엇는것인대此는容易한일이아니다記事의價値有無를不拘하고人은對答하나니記者는智慧스럽게探問할것이다먼저記者인것을말하고探問하는便이有利하며俗談으로「배ㅅ심」이조와야한다

事件이發生하면記事쓰기前에그事實을探得하나니例를擧하면通信報道에姓名未詳한老紳士一人이南大門驛플렛폼에서落傷하야重態에陷하야서即時세부란스病院으로다려갓다하면社會部長은記者一人을派하야그事故를探知케한다

記者는即時南大門驛으로나가서驛頭에섯는巡査를맛나서

(記) 한時間前쯤老人이落傷한事件이잇섯소

(巡) 녜

(記) 누구인지아시오

(巡) 일음은모릅니다

(記) 몹시傷하엿던가요

(巡) 그랫든模樣이야요病院으로가든대도精神을못차리엇소

(記) 엇더케되엿서요

(巡) 仔細히모릅니다져쪽에서쎄드는소리를듯고갓더니발서그老人을풀렛폼우헤뉘엿습되다그래서나는人力車軍을식혀업어「세브란스」病院으로보내엿소

(記) 엇더케쎄러젓섯다는말슴이오

(巡) 나도모르지마는아마동풍을하엿든가봅되다

(記) 고맙슴니다驛長室에좀가서보겟슴니다

記者는驛長室로가다가鐵道案內者를맛나如左히問答한다

(記) 老人하나가傷하엿다니엇더케된일이오

(鐵) 그이가軌道우헤쎄러져머티가쌔여젓소

(記) 웨그래섯소

(鐵) 仔細모르지만동풍을햇는가보오

(記) 쎄러지는것을보섯소

(鐵) 아니오나는마츰車票를써교잇섯소

(記) 엇더케쓰러올녓소

(鐵) 驛夫두리쓰러올니랴는대汽車는마츰저아태닥쳐왓슴으로내가얼는쒸여가셔세사람

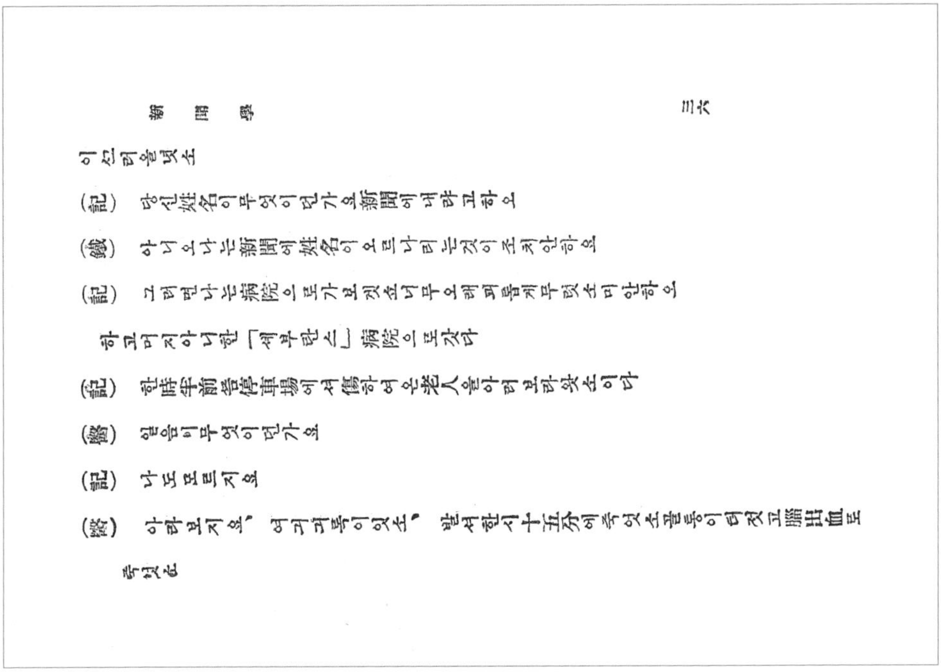

이쓰러운넷소

(記) 당신姓名이무엇이던가요新聞에내랴고하오

(鐵) 아니오나는新聞에姓名이오르나리는것이조치안하오

(記) 그러면나는病院으로가보겟소너무오래괴롭게무럿소미안하오

하고머지아니한「세부란스」病院으로갓다

(記) 한時半前쯤停車場에서傷하여온老人을아러보랴왓소이다

(醫) 일홈이무엇이던가요

(記) 나도모르지요

(醫) 아라보지요, 여긔게통이잇소, 발서한시十五分에죽엇소골통이터젓고腦出血로

죽엇소

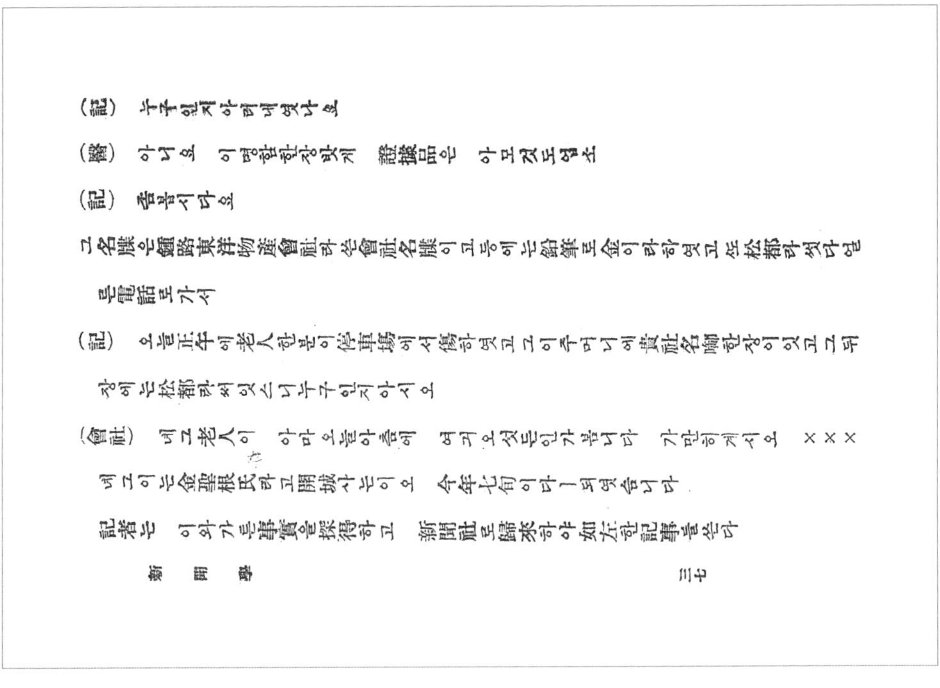

(記) 누구일계아러내엿나요

(醫) 아니요 이명함한장밧게 證據品은 아모것도업소

(記) 좀봅시다요

그名牒은鐵路東洋物產會社라는會社名牒이고등에는鉛筆로金이라하엿고又松都라써다엇

든電話로가서

(記) 오늘正午에老人한분이停車場에서傷하엿고그이주머니에貴社名啣한장이잇고그뒤

장에는松都라써잇스니누구인지아시오

(會社) 네그老人이 아마오늘아츰에 여긔오섯든인가봅니다 가만히계시오 ×××

네그이는金聖根氏라고開城사는이오 今年七旬이다ㅣ되엿습니다

記者는 이와가튼事實을探得하고 新聞社로歸來하야如左한記事를쓴다

「본젹을개셩(開城)에둔칠십로인김셩근(金聖根)씨는오늘정오에남대문정거장에셔려저즁상을당하고곳「세부란스」병원으로다려갓스나한시십오분에뇌출혈(腦出血)로세상을써낫는대그사실을조사한즉사람이매우복잡한정거장풀렛폼에서엇던신사풍의로인이동풍으로궤도(軌道)우헤써러져머리가쌔여젓슴으로즉시「세부란스」병원으로메워갓든바의사가진단한결과두골이파열된것을발견하고수술로곱히옴기려하엿스나뇌출혈(腦出血)로고만무참히사망하엿스며그쌔싸지는그의셩명도아지못하엿스나몸속에동양물산회샤의명함한장에「김、송도」라고연필로써잇는고로전긔회샤에조샤한결과개셩사는김셩근씨라는칠십로인으로판명이되엿더라」

此記事를分析하면記者는一二人에게만探問치안코事實이判明되기까지活動하고그것을綜合하야一記事를完成한것이다

五十六、續報、 前項의記事와如히事實이全部揭載되지못하는故로時間의關係로翌日新聞에詳細한報道를揭載하며朝刊新聞에서는前記午后記事를剪取하야開城金聖根氏本家로電報한結末과그葬禮에關한事實을報道하나니記事가間或最初에는微弱할지라도調査한後에重大한價値를露出하는事件이頗多하다

五十七、 인터ㅣ뷰(訪問)、人을訪問함에는二難關을突破하여야하나니訪問한人을如何히接觸할과記事材料를隱諱치안코말을하게함이다奔走한사람은何時던지記者「인터ㅣ뷰」를반겨아니할뿐만아니다흔히新聞에揭載할事件은絶對로緘口한다一流記者는如斯한人物과接觸하야如何한手段으로던지그의말을聽取하며面會하기가斷定코不可能하면書面으로問題를提出하야그의聲言이라던지辯明을엇는수도잇다

面會하여서도談話를肯치아니하는時에는그의趣味잇는方面으로話題를始하다가記者의願

하는事件으로入하야써成功하는수도잇다新入記者는흔이自己意思를明言하나新聞記者는自己意見을述하는人이아니오不偏不黨하야他人의意見을紙上에紹介할쁜이다發言을肯치아니하는人의目前에서는手帖에記錄도아니할것이니新聞紙上에揭載될줄알면하든말도中止하는人이多하다그래셔一流記者는口述記憶에聰明이잇서야한다

五十八、演說報道、 演說、講演及講道等을報道하는데는重要한句節만連續的으로筆記하고說明的部分은省畧하나니常識이有한人은누구던지練習만하면演士의口述은能히筆記할수잇스며演說의全部를要할時에는速記術記者를派送한다

五十九、法廷報道、 다른講演會이나同一한方式을要하며重要한裁判에는新聞社에서裁判所書記의速記錄을約束하는事도有하다

六十、前送原稿、 新聞社에서豫히講演과公報等을探得하야文選까지하야두는것이緊要하니그런原稿에는發布되는時에印刷하라는標를記한다例컨대李商在氏가三月一日午前十一時民立大學定礎式에演說한다하면그演說草를二三日前에得하야「三月一日十二時印刷」라標하여두엇다가그날午后版에印刷하는것이다그런대新聞에서는이預約을嚴守하고萬若發布時間前에印刷하면重大한違約으로視하야信用上關係가多大하다

六十一、電話記事、 記事材料를蒐集하는대電話가치必要한機關이無하다出勤記者가本社로歸來할餘暇가無한時에電話로報告하며特派員은長距離를만히使用하나니記事를電話하기前에簡單明瞭한筆記를들고電話하면時間의經濟가될것이다

六十二、寫眞、 新聞의寫眞揷畵는甚히重要한者이니編輯局內에寫眞班이有한外에寫眞通信社等이每日發生하는事件에關한人物、場所、景色等의寫眞을供給한다記者이나特派員이반듯이寫眞術을아러야한다

六十三、寫眞部、寫眞部內에는撮影、模型等機械와現象하는暗室이有하며銅板製造場이俱備하야써新聞紙上의『컷』을아모조록迅速히提供하여야한다

六十四、特殊記事、運動、市場、金融、鐵道、勞働、海運、社交、演劇及音樂記者는各其業務에特殊한鍊鍜을要하나니探報의方法은普通記者와特히相異한바無하야運動記者는各競技의進行을記하며音樂及演劇記者는演壇에나劇場에서進行된事實보다는自己의意思를發表하야써公正한批評을加한다

六十五、記者의資格、迅速、堅忍、正確、智慧及機敏은記者의要素이며「時間은金錢」이라함은記者를指한格言이다、記事材料를어듸서엇고엇더케하여야迅速히어들것을知함은時間과努力에큰經濟이다

六十六、堅忍、모든記事材料를採集하랴면堅忍不屈할지니記者가이리저리追行하야事件의內面을漏落업시探得한줄로認하는때에止할것이오萬一中道에停止하면事件의最重要点을缺할는지도모른다

六十七、正確、記事의細微한部分까지라도正確함을要하나니大概무슨事件이發生하면지記者自身이目睹한것이아니고目擊한人의陳述에依하야記事를作成함으로恒常正確한報道에注意할것이며特히住所姓名에注意를加할지니新聞編輯에時間이促迫하다고記事의誤錯에對하야容恕를엇지못한다

六十八、智慧와溫恭、智慧스럽고溫恭하면一般四圍의信用을得하야記事材料를取得함에何等의障碍가無할지니親友가四方에散在하면不時의記事를종종어더준다材料를엇고는그出處는極히秘密을守하야法廷에서라도緘口하는것은新聞記者의道德이다

六十九、通信社、英國의路透、米國의聯合、日本의電通等의通信社는各其本社는一中央

處에置하고重要各都市에支社를列置하야記事를採得하고또此를各新聞社에分配하나니一都市에四五種의新聞이有하면반드시二三의通信社가有하다

第七章 記事의構造와體裁

七十、 記事、事件의內容을詳探한後에는記者가그記事를써야하나니쓰는業務가材料엇기만치나困難하다그래서記事의價値가充分한때에도執筆에慣熟지못함으로因하야記事가傷하는수가잇다記者의原稿를編輯者가다시校正할것이無하여야相當한記者가될것이다

七十一、 原稿의要素、十四字一行인原稿紙에아라보기쉽게똑々히쓰고最初의原稿紙에는數行을남기고記事를始作하야써編輯者로하야금題目쓸餘裕를與하며外國地名人名等에는「」이런括號를挿하고註釋의意味를表하는時는（ ）이런括號를使用하며原稿紙는반드시一面만使用할것이다

七十二、 體裁와構造、記事를쓰는데는두가지原則이有하야（一）은體裁요（二）는構造이니一은辭句를言함이요二는材料를配合함이다

七十三、 分明、新聞의體裁는分明할것이니讀者는恒常奔忙하야辭義가分明치못한記事를再讀할餘暇가無하다努力지안코容易히解得할記事일사록速히閱讀하게되나니分明한記事는單純한體裁이다그럼으로深奧한文章은新聞記事에必要한것이아니다그러타고無能無味한文體를要한다함이아니라興味가有한同時에流暢한辭句를引用하야單純明瞭할것이다

七十四、 文勢、記事初頭에文勢를入하나니何故오하면讀者의眼에記事初頭가먼저現出될뿐아니라奔忙한讀者가記事의始初만보고그記事에對한興味가有하면記事全體를보겟지마는不然하면그記事는停止하고他記事를讀한다그래서最히重要한部分을始初에記入하고其下로

는漸次微弱한說明에不過하야編輯者가整板할時에他의緊急한記事가有하면그記事의下端은쓰너바려도無關한것이다

七十五、記事의緖頭、始作이半이라는말은新聞記事에最히適切하야事件全部의要領을緖頭에記入하야讀者로하야금그事實에關連한人物과時間、場所、原因及結果를詳知캐하나니即무엇、누구、언제、어듸、엇재、엇더캐를簡單明瞭하게記述할것이다

七十六、緖頭要点、緖頭에着手키前에記者는그要点을決定하야緖頭에編入할것이니普通記事에時間을먼저쓸必要가업고特別한事件에限하야만쓸것이오姓名은一般讀者가아는人物이아니면먼저쓸수가업나니그姓名보다그事件이더욱重要한까닭이며場所에는記事의重要点이잇지아니하야特別한事件이아니면場所를先記치아니하고異常한原因과結果와事情이興味를惹起함으로緖頭에始作하는것이니그例를左에擧한다

△時間의例

작일오전세시경에축현(杻峴)뎡거장에서의지가지업는불상한녀자한명이별안간에아해를나핫는대불행이도그녀자는벙어리임으로주소와성명등을조사할수도업스며말을통하지못함으로하는수업시뎡거장압헤잇는룡강뎡이십이번디박래려관(龍岡町博來旅館)에드려뉘여잇는중인대나흔아희는사나희요산모는김씨(金氏)(三○)라는바듯건대그는작년까지부내송림리(松林里)에서중국사람과살다가남편이그해십월경에죽게된뒤로이리저리방랑하다가그리된것이라하며방금산모는신음중이라더라 (인천)

△姓名의例

강일성(康一成)이가본뎡경찰서에인치되얏다함은작일보도한바어니와이제그내용을듯건대사건은평양경찰서(平壤警察署)에관계된일로가지고잇든현금팔백원을압수하는동시에

작일평양으로압송하얏는대죄명은문서위조(文書僞造)사인도용(私印盜用)의사긔횡령(詐欺橫領)이라더라

△場所의例

개성성균관(開城成均館)에서는금월십일일에추긔석뎐제(秋期釋奠祭)를거행할터인바금년륙월경에취임한사성최긔현(司成崔基鉉)씨는제향때에축문(祝文)을일본말로쓰자고주장하는바직원(職員)과장의(掌議)이외일반유림(儒林)에서는크게반대하야수천년래로전하야내려오는순한문의축문을변경함은불가하다고력설하야문뎨는아직해결되지못하얏다하며또는문선왕위(文宣王位)외사성위(四聖位)에대하야는제문을폐지하겟다함으로일반유림은더욱분개한다는대이에대한여론을듯건대사성의직권으로써막중한문묘에대하야이가튼천행을하려함은괴이한일이라고물론이분々하다더라(개성)

△事件의例

금번혹독한수해에선천도바다에접한남면(南面)태산면(台山面)수청면(水淸面)심천면(深川面)에룡궁으로이사한사람이칠명이며간곳을아지못하는사람이륙명이며터만남은집이십여호이며물이다녀간집이사오십호이오데방이문허지고교량이끈어저서뎐답(田畓)에밋친손해는근백만원에달한다함은이미보도하얏거니와이에대하야잇슬곳이업고먹을것이업서주린배를부둥켜안고별々쎌며잇는모양은참아눈으로볼수도업스며생각만하야도몸에소름이끼친다이를구제하기위하야당디군텽경찰서민간유지와본사지국이협력하야지난ㅣ십일에구제회를조직하고군수경찰서댱각단톄민간유지제씨가친히구루마를끌고밀며가가호호에다니며동정을구한다는대돈이나곡식이나의복이나무엇이든지만흔동정을바란다더라(선천)

△原因의例

미국으로류학을가랴다가신의주(新義州)경찰서에잡히인세사람외엣갓흔미인이잇다그들은전부경상남도진주(慶南晋州)태생으로서내공평동(公平洞)일백오십일번디에와서일진(日進)이라는일홈으로려관을하고잇는림명숙(林明淑)의둘재딸셋재딸넷재딸의삼형데인대그들은년전外지경성에서기생노릇을하든미인으로둘재가금향(錦香)(二三)셋재가롱화(弄花)(二六)넷재가롱옥(弄玉)(一九)이엇섯다

△結果의例

동경진재영화를상장하는첫날의조선극당은낫과밤을계속하야대만원의성황을일우엇스며더욱히밤에는뎡각전부터각등에만원을일우워부득히늣게오신분에게좌석을람탁이잡아드리지못한뎜과입당을사절한데대하야서는조선극당당사자와밋독자우대를모처럼시험한동아일보의가장미안히녀이는바이엇스며압흐로는될수잇는대로일즉히오시기를바라며 명십이일부터는다시참담에참담을더한데삼보(第三報)를주야상영할터이라더라

△重要事情의例

큰홍수로인하야집과가장즙물을모다물에띄우고거접할곳이업서도로에방황하는평양피난민(避難民)에대하야본사평양지국에서위문반(慰問班)을조직하야가지고수해위문을하며응급책(應急策)으로곡식을난호아준다함은임의보도한바인대지난칠일에는동대원(東大院)과오야리(梧野里)등디에서구제를행하고팔일에는긔림리(箕林里)와경창리(景昌里)등디에서구제를행한후응급구제는이것으로쯧을맛첫는대지금外지구제를행한인원의총수는삼천사백팔십륙인이더라 (평양)

七十七、繼續의說明、 前日의記事를繼續하랴면緖頭에說明이잇서야一般讀者가速히解得하겟고또는前記事들보지못한讀者이라도事件의由來를速히알게하기爲하야簡單한說明을記

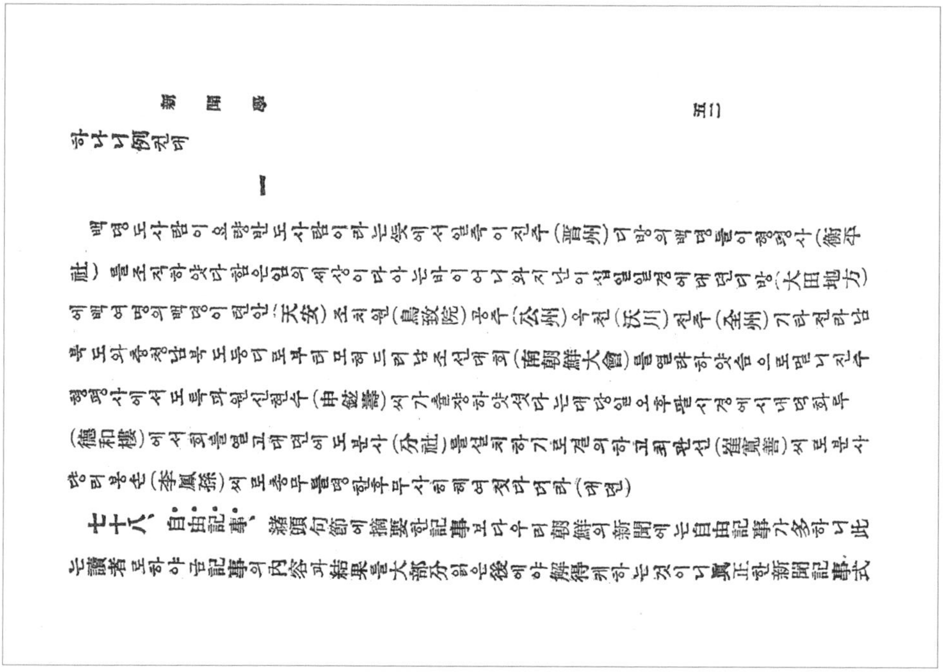

新聞學 五二

하나니例컨대

一

백명도사람이요량반도사람이라는뜻에서일즉이진주(晋州)디방의백뎡들이형평사(衡平社)를조직하얏다함은임의세상이다아는바이어니와지난이십일일경에대뎐디방(大田地方)에백여명의백뎡이텬안(天安)조치원(鳥致院)공주(公州)옥천(沃川)전주(全州)기타전라남북도와충청남북도등디로부터모혀드러남조선대회(南朝鮮大會)를열라하얏슴으로멀니진주형평사에서도특파원신현수(申鉉壽)씨가출장하얏섯다는대당일오후팔시경에시내덕화루(德和樓)에서회를열고대뎐에도분사(分社)를설치하기로결의하고최관선(崔寬善)씨로분사댱리봉손(李鳳孫)씨로총무를뎡한후무사히헤여젓다더라(대뎐)

七十八、自由記事、 緖頭句節에摘要한記事보다우리朝鮮의新聞에는自由記事가多하니此는讀者로하야금記事의內容과結果를大部分읽은後에야解得케하는것이니眞正한新聞記事式

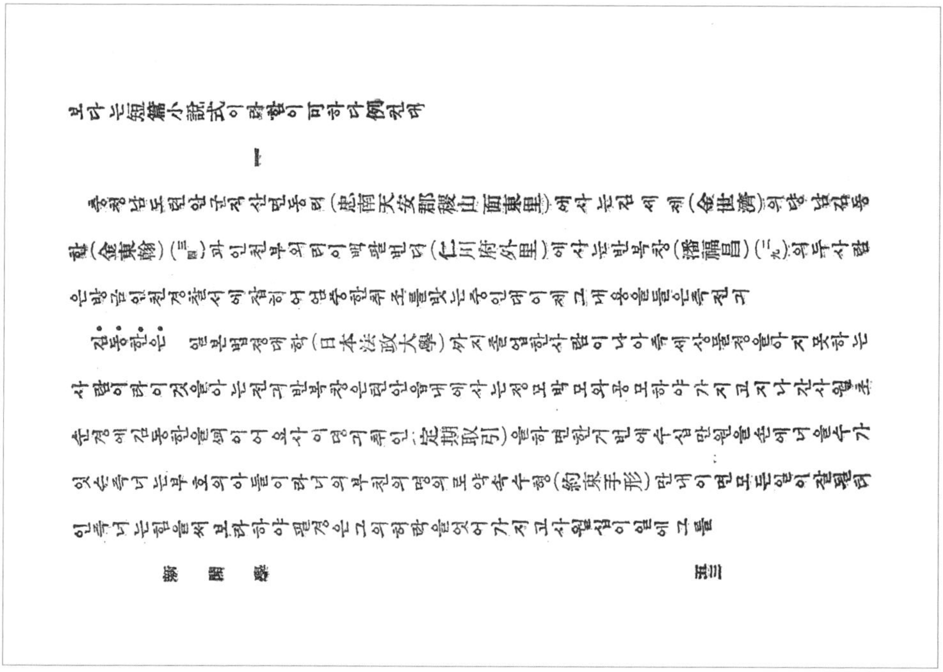

보다는短篇小說式이라함이可하다例컨대

一

충청남도텬안군직산면동리(忠南天安郡稷山面東里)에사는김세제(金世濟)의당남김동한(金東翰)(三四)과인천부외리이백팔번디(仁川府外里)에사는반복창(潘福昌)(二九)의두사람은방금인천경찰서에잡히어엄중한취조를밧는중인대이제그내용을들은즉전긔

김동한은 일본법정대학(日本法政大學)까지졸업한사람이나아즉세상물정을아지못하는사람이라이것을아는전긔반복창은텬안읍내에사는정모박모와공모하야가지고지나간사월초순경에김동한을꾀이어요사이뎡긔취인(定期取引)을하면한거번에수십만원을손에너을수가잇슨즉너는부호의아들이라너의부친의명의로약속수형(約束手形)만내이면모든일이잘될터인즉너는힘을써보라하야필경은그의허락을엇어가지고사월십이일에그를

新聞學 五三

인천으로 다려다가한바탕료리집으로다리고다니며유흥을하고그다음에는그의부친김세제의명의로금액이만원의약속수형을만들어그것을북도중매뎜(北島仲買店)으로가지고가서명긔취인을부탁하엿다그러나필경은그중매뎜에서거절을당하고다시김동한을쎄이어반복창의모친의명의로인천부외리(仁川府外里)에잇는가옥한채를팔만오천원에김동한이가사는모양을하고그의부친의약속수형을쓰게한후가등긔(假登記)를하야수속을마친후로

명긔취인을한다하엿스나미곡상은말뿐이오또는현금은한푼도됴달되지못함으로자연히여러가지로고통을밧게되엿스며그동안질탕히논일만원가량의유흥비도전혀낼수가업서서필경은료리집으로부터고소를당하고김동한은인천을도망하야경성으로오게되엿든바마참내사실이탈로되야그들은사긔미수죄로그와가치경찰서에테포된것이라더라

二

집을팔아가지고서울에올라와서돈버리를하려다가한푼업시요술정이에게감쪽가치쌔앗기시골사람이잇다본래강원도춘천군춘천면대판리구십륙번디(江原道春川郡春川面大板里九六)에살든김영국(金永國)이라는사람은자긔가살든집은물론우마가산등물을죄다팔아가지고얼마전서울에올라와서시내봉래뎡일뎡목오십번디(蓬萊町一丁目五〇)의셋집을어더하숙영업(下宿營業)을

시작하려 하얏스나수입이시원치못하다함으로달러돈잘버는수가업슬가하고잇든중엇더한사람의소개로일명한주소가업는신태위(申泰位)(二八)박희순(朴希淳)(二七)이란사람을맛낫는데이자들이여러가지말로쐴을부어『내가귀신에게빌어서돈을잘벌게하여주겟다』하고위선시내화천뎡사십삼번디(和泉町)지성양(池成洋)의집에다리고가서조고만한그릇가운데돈일전을집어넛코물을부은뒤에조희를덥고무어라々々々입으로축문을외어서가장귀신을부르는

듯이야릇한줏을하여보인뒤에이와가치하면일전이이전이되고일원을너흐면이원이되고십원을너흐면이십원이된다하야

즉석에서 실험하야과연말과갓차나옴으로전긔석골사람은인제는수가낫다하고가진돈수백원을전부본전으로물통속에집어너헛는데『이것은돈수효가만흔까닭으로하루동안은기다려야다시생긴다』고함인뒤에밤동안에가만히훔처가지고다라낫는데이사실을탐지한소관본명서에서이래범인의자최를엄탐중인천방면에도망한형적이잇슴으로즉시뒤를따라가서작일톄포하야방금본명서에인치하고엄중히취조하는중인대이자들은교묘한요술정인대이밧게도여러가지범죄사실이잇스리라더라

第三編 記事의 種類

第八章 突發記事

七十九、 突發의種類、突發事件의報道는即純全한新聞式의記事材料이니火事、汽車及電車故障、礦坑及隧道의崩壞、水災及暴風、破船、爆發、車馬故障等의一種에屬하고殺人、自殺、盜難、詐欺橫領及其他犯罪事項이又一種에屬하야其記事의體裁와搆造를各々分析하면如左하다

八十、 火事와災變、此記事에는傷害된人類、損害의性質과多小及其原因이讀者의興味를引하나니新聞에는死傷者의名簿가必要하며其名簿에는姓名住所職業과病院까지記入한다그래서左와如히六個의要点이有하니（一）原因（二）損害額（三）隣近의危險（四）死傷된

人數(五) 有名한人物의關係與否(六) 特別事情等이다

△火災記事의例

一

작일오전열시삼십분경에시내북미창뎡(北米倉町) 에서불이이러나처음에는그다지대단치안타가돌연히크게퍼지어불은사방으로헛터젓는대이급보를졉한각소방대에서는오십여명이달려가서 진화에진력하얏스며 소관본뎡서에서는령목서댱(鈴木署長) 이하경무계사법계보안계원일동이총출동하야칠십명의경관이골목々々에늘어서서부근을경계하는등일시는대혼잡을 이루엇는데특히그곳은길이좁고집들이빽々하야연소를방지하는등세간긔구를옴기는등인심이매우흉々하얏스며불붓는집바로이웃에서는초상을당한집도잇서서방금출판을하려다가중지케되야소란한중에도더욱소란케되얏다 소방대들은진화에죽을힘을다하얏스나맹렬한불길은한시간동안이나계속하야모다이동에삼호(二棟三戶)를전소하고이동이호(二棟二戶)를반소하얏는대전소된집은전부일본사람의집으로그곳백번디산구하숙옥(山口下宿屋)동번디텰물상유길뎐길(鐵物商有吉傳吉)구십구번디단원고물상(丹原古物商) 등이며반소된집 은일백일번디김인배(金仁培)일백이번디김홍식(金弘植)의집들인대전부화재구역은대략오십평(坪)이나되며손해는방금조사중임으로자세히알수업스나수만원에달하리라는대원인은전긔산구하숙옥의부억에서실화로그와가치사방으로퍼진것이라하며인축의사상은별로업섯는대만일밤에그와가치되얏드면더욱대혼잡을이루엇슬것이며그뿐만아니라뎐거줄이끈어저서루뎐으로의외의재변을당하엿슬는지도몰랏슬터이라더라

二

삼십일오전령시동경시하삽곡광미(下澁谷廣尾)에잇는동경시뎐차과차고에서불이나서삽

시간 에일천여평이나되는차고는전부가불길속에잠기어차고속에잇는뎐차일백여대는전소되고동한시십분에진화되얏는대원인은아즉조사중이오손해총액은약일백수십만원이겟스며부상자가십수명에이르러크게혼잡하얏더라 (동경뎐보)

八十一、犯罪、 모든犯罪記事의其要点은關係人의姓名、犯罪의性質、原因、結果이오犯人이逃走하면其證據品과方向이며殺人自殺及橫領에는其凶行의動機가最要点이다

法廷에셔有罪宣告를受키前에는道德上으로罪人이아닌故로可及的尊稱을使用하야某氏라하며犯人에對하야攻擊或有利한筆法을加함은信用잇는新聞記者의業務가아니오單히그事實만報道할뿐이다또는新聞方針에關係치안코는人身攻擊은如何한記事에던지絕對로不可하다

△犯罪記事의例

월미도(月尾島)의등댓불도조으는듯이고요한십팔일새벽세시경에인천부(仁川府)에서는근래드문대담한일본인의강도사건(强盜事件)이돌발하야경관과강도가어우러저한참동안맹렬히싸운결과맛츰내세명의중경상자(重輕傷者)를내여잡자든부내는문득살풍경을이루게되얏다사건은화평리오백일번디(和平里五〇一)가자식(賈子植)(三七)이라는

츙국사람 의료리뎜(料理店)에서이러낫는데그날밤그료리뎜에일본사람세명이들어와서료리를먹고료리갑을내이지아니하야한동안말성이생기다가맛츰내순사까지알데게되얏는데순사는그들의행동이매우수상한까닭으로여러가지로그들의신분을조사한즉그들은필경자긔들의신분이발각됨을두려워하얏든지그만품속에집히감초앗든륙혈포를내여들고함부로쏘기사작함에고단한순사는불의의변을당하야엇지할줄을모르다가사세가점々위급함을보고드듸여그료리뎜에서일하는사람의후원을어더격투를시작하야

삼십분간 이나맹렬히싸운결과한명은현장에서톄포하고한명은내리(內里)에서톄포하얏스나강도들은륙혈포를사용한까닭에그료리뎜에서일하든임계산(任季山)(四九)은왼쪽다리에관통상(貫通傷)을당하고황합경(黃合卿)(五五)은손까락을상하얏스며순사강명서(姜鳴瑞)(三二)도알에턱에총을마저중상을당하고방금인천병원(仁川病院)에입원치료중이라는대싸우든당시의광경은실로처참하야『테ㅣ블』의자등제반긔구는닥치는대로부서지며미다지

유리창등 할것업시총알을맛고산々히깨여저알뜨리쏨여노흔료리뎜은문득수라장으로화하얏스며더구나도망하는놈을톄포하노라고담벼락을박차며길거리로돌아다니는등대소동에부근사람들은모다곤한잠을깨여뒤수선한모양과음침한새벽공긔는폭풍이지나간전장과흡사하얏다(인천)

記事가長篇이면讀者의興味를惹起키爲하야繼續記事를作成하나니前記한事件에繼續된記事는左와如하다

犯人은日本人

두명은잡히고한명은도주해

인천중국사람의료리뎜에서강도와경관이격투를시작하야수명의중경상자를내엿다함은별항과갓거니와이제그싸움이생기든전후의사실을듯건대본적을녹아도현출수중출수(鹿兒島縣出水中出水)에두고현재인천부화뎡일뎡목삼십사번디(仁川府花町一丁目)중리정인(中里政人)(二二)과화가산현성뎐구(和歌山縣成田郡)에본적을두고인천내리개풍려관(內里開豐旅館)에머물러잇는중정원지진(中井元之進)(二二)과댱긔현(長崎縣)출생으로

주소미상 한중초안(中初安)(二五)의세명은그날밤그료리뎜에들어가서료리를먹엇는대새벽세시가되여도돌아가지안코날을새일듯이함으로료리뎜주인은쌜니세음을맛치고도라가

라고하나그자들은지금돈이업슨즉집에가서주겟다하고중초안이란자가그료리뎜하인을다리고밧그로나간뒤에아모리기다려도다시도라오지아니함으로즉시순사에게이사실을고발하야순사가립장하게되얏스며순사는그들의행동이매우수상함으로

여러가지 사실을심문하다가그와가치겨투를시작한것인데인천경찰서에서는테포된두명에게대하야엄중히취조하는동시에일변으로몬저다라난중초안이란자를톄포키위하야방금사방으로경계선을늘이고범인의자최를엄탐중이라더라

△詐欺賭博의例

시골사람을속히어먹는사긔도박단이매오성행하야저서경성시내에서는그피해가거의업슬날이드므러젓다종로경찰서사법계에서는단연히그갓흔무리를업시할작뎡으로수일전부터사법계형사가총출동을하야시내각처로도라다니며임의검거한수가십사명이나되며재작오일하

오오시경에도시내서대문뎡경성중학교뒤산속에서시골사람을쇠여가지고현금사십칠원을사긔도박으로편취한한호인(韓鎬仁)외삼명을현장에서톄포하얏다는대아즉도잡어야만할주의자가수십인이나됨으로이번에는단연히철저한검거를하고야말니라더라

△强盜의例

지나간십삼일오후구시반경에안주군신안주면소학리(安州郡新安州面巢鶴里)큰길가에세명의강도가낫하나서안주군연호면내삼리(安州郡燕湖面內三里)에잇는리영수(李永銖)외다섯사람이지나가는것을흉긔를가지고위협한후금품가격일백삼십사원륙십전을강탈도주한것을안주서원(安州署員)과신안주주재소원(新安州駐在所員)이

협력하야 고심한결과드대여두명은다라나고안주군신안쥬면운흥리(安州郡新安州面雲興里二一〇番地)에잇는김뎡렬(金貞烈)이란자한명을톄포하야엄중히취조한결과사실을일

ᄉᆞ히자백하얏는대이자들은살인강도단으로안주군신안주면운흥리(安州郡新安州面雲興里二二四番地)에잇는김만주(金萬柱)(二三)동군동면동리(同郡同面同里一七七番地)에잇는김만욱(金萬郁)(二三)등세자가작당하야가지고대정구년도부터안주(安州)박천(博川)개천(价川)숙천(肅川)령변(寧邊)기타각디방을

신출귀몰 히횡행하며재산가들위협하고다수한금품을강탈한일이전후수십회에달한다는대안주경찰서에서는여러형사들이삼사년간을고심하다가이번에키로소잡앗다하며그외에도수한두명도머지아니하야톄포되리라더라(안주)

△自殺의例

한강에몸을던저이세상을써난청년이잇다、원적을평양부항정(平壤府港町)에두고목하시내인사동(仁寺洞)이백삼십팔번디에류숙중인림순긔(林淳基)(二一)는작십륙일상오일시경에박인국(朴仁國)이라하는친고와가치자동차를타고한강건너료리업용금루에가서놀다가돌연히간곳이업슴으로의심이나서용금루의안학수(安學洙)가철교부근으로차자나아갓더니과연철교중앙에그의구쓰가노히고

몸은간곳 이업섯다그쌔에야자살한줄로판명하고곳도라와룡산서에급보를한결과서원이출동하야시톄를찾고자하얏스나아즉까지찾지는못하얏스며그는평양에서도상당한실업가의아들이라는대버서노코간양복웃조고리속에서는김원룡(金元龍)군에게라는유서가발견되얏는대자긔는결코금전의곤란이나달은불상당한리유로죽는것이아니라쓰고특히아래와가튼의미깁흔문자가긔록되야잇더라

第九章 演說、인터ㅣ뷰及裁判

八十二、言辭의樣式、前記한突發事件은그狀況을報道함에止하엿지마는演說、說敎、講演、報告、「인터ー뷰」法廷의判決、辯論及取調等은直接間接으로引用하야讀者에게紹介함으로普通記事体와는相異하다 그럼으로이런報道에는言辭그것의全部或은要領을轉載함이最히重大한要点이다

八十三、逐語的引用、新聞記事에는陳述한말그대로直接引用을取하나니此는그眞狀을正確히報道하는故이다講演或은說敎의原稿를得하야此를引用하고그러치아닌時는記者가可及的重要한部分만을逐語記錄할것이다

八十四、報道의方式、口述或은朗讀하는演說을報道함에二個問題가잇나니一은口述그대로記錄할것과二는廣長舌을엇더케縮少할것이다

新聞報道는迅速을要함으로筆記를그대로文選室로내보내여採字케하는時도有함으로筆記하는記者는其當席에서完全한記事를作成하나니所謂「솔렌드」(速記術)는必要가업스며新聞記者로速記術을使用하는者ㅣ稀少하다

公開演說을筆記함에는縮少하는데技能을盡할지니演說草는一頁에充滿할지라도欄의四分之三을記事하게되면其實은原稿의十分之一이나採用케되는것이容易한業務가아니다

△演說報道의例

一

조선물산장려회(朝鮮物産奬勵會)강연회(講演會)는예뎡과가치재작삼일오후일곱시경에시내경운동(慶雲洞)텬도교당(天道敎堂)에열니엿는대시간전부터군중은사면으로모혀들어그수효가무려이천여명에달하엿스며뎡각이되자설태희(薛泰熙)씨의뎡중한개회사(開會辭)가잇섯는대

개회당시 부터텽중의일부에서논취지를설명하여라물산장려가무엇이냐하며훼방하는자가잇섯스나회는여전히계속하야몬저리종린(李鍾麟)씨의취지설명에대한강연이잇섯고그다음최순탁(崔淳鐸)씨와리갑성(李甲成)씨의강연이잇슨후리돈화(李敦化)씨가단에올나지행합일(知行合一)이라는문뎨로힘잇는강연을시작하엿다텽중은귀를기우리고자미잇게듯는중에처음부터훼방을하든일파는강연중의말구절을잡아가지고야단을하야회장은돌연히소란하게되엿는대텽중의대부분은그일파를공격하고그일파는자긔주장을반대하는텽중을공격하야일반텽중과그일파사이에는한참동안말성을하다가필경일반텽중은그일파를회장에서

쏘차내고 강연은다시계속하야리돈화씨의강연이맛친후오화영(吳華英)씨가연단에올나선장기인(先獎其人)이라는문뎨로웅변을토하야일반텽중에게만흔감상을준후동열시경에회는무사히폐회되엿더라

二

학우회뎨삼회순회강연단대일대한위건、김영식(韓偉鍵、金泳植)량씨의강연은예명과가치지난십륙일오후팔시반부터시내경운동텬도교회당에서개최되엿다마침초복을당하야일긔가심히더웁고또경셩인사는근래매일계속하는여러가지모임에다소지친긔분이잇슴에불구하고명가이됨에사오백명의다수한청중이모혀드는

성황중에 조선청년회련합회간부박운표(朴運杓)씨의사회로시작되여위선한위건씨는『자본주의와사회주의에대한학술뎍고찰』이란문뎨로『칼맑스』의경제학설을소개하고다음김영식(金泳植)씨는문화운동의긔초리는문뎨로단에올나우리사회의모든진보는반항(反抗)으로써성취되는것이라는의미를말하기시작함에림장한경관은위선『변사주의』를불으기시작하야불과이십분동안에내리륙칠차나주의를식히여변사로하야금긔를펴지못하게하엿스며단에나

리는더경에이르게되얏다、이날밤강연은이와가치연사와청중이다가치흥분된중에산회하고 말앗다

八十五「인터ㅣ뷰」式、一般讀者는記者의問題보다訪問한그사람의答辯을더욱興味잇게 보는故로記者의問詞를쓸必要가업스나萬一應答치안는境遇에는뭇든말과對答을써서記事를 作成한다

△「인터ㅣ뷰」의例

十八日北京發　特派員　張德俊

나(본사장특파원)는금십팔일오후령시삼십분에통역문군(文君)을다려고북경반뎜(北京飯店)으로미국의원단댱『스몰』씨를방문하얏다、먼저명함을『보이』에게들이매미구에흰옷으로몸을싸고요사이새로류행하는불란서식딜로만든큰모자를쓴나히사십여세가량이나되는

부인이나오더니응접실로인도하며

『스몰』씨는방금식사중이니잠시기다려라한다나는그부인『스몰씨의부인』을따라서올나갈새검은옷에키가훨신크고얼골에약간침울한빗이잇스나오히려점잔한귀운이넘치는오십가량이된신사한분이칭계에서나려오더니부인을보면서이분이『미스터장』이냐하며나의손목을덥석잡고친절히흔들며그는말하되내가『스몰』이올시다한다나는곳그에게귀단테의일힝을환영하는뜻을말하고겸하야동양에와서늣긴바감상을듯고자왓다는의미로써말을한즉씨는나의심방한것을매우깃버하는듯이손목을잇그러

에레바다 를타고여섯칭우에잇는옥상뎡원(屋上庭園)으로인도를한다씨는빅화가만발하고향긔가가득한화단압흐로친히의자를가져다노흐며안기를권한후문군을통하야나는씨에게『내가조선사람으로북경에서영광잇는귀단테의일행을가쟝먼저맛나게됨은나의무한한영

新　聞　學　　　　　　　　　　　　七四

광이로생각하는바이오 또한신히깃버하는바이라』 고말머리를내인후환영하는뜻을표하고이뒤로명(路程)에대하야순서를무르든즉세는말하되로요일『이십일일』에북경을떠나서귀국을경유하야일본으로갈터인데

서울에는 이십사일에맹영도착할터이오하기로나는다시경성에서는순전한조선사람편에서양인계의일행을환영하기위하야성대히준비를하는중인즉서울에도착하게되면조선사람의환영회에도출석하야주시기를희망한다는뜻을말한즉세는일일로에깃븜을가득히띄우고방끗소사하며말하되『여러분의친절함은진실로감사한바오나와또한우리일행이될수만잇스면여러분으로더부러자리를가치하야간담을교환하기를원하는바이오이는진실로우리가

간절히원 하는바이나 서울에당도하야기회만잇스면여러분을맛나보겟오라하고그러나한쪽으로형편이허락지아니하야깃가히엇지될지몰나서스사로섭섭한일이오그러나환영회는못가더라도개인으로는만히맛나보기를간절히원하오우리가조선사람의경우에동정이업슴이아니오환영회에가고십흔생각이업슴이아니지만은경우가허락을하지아니할지모르니가섭섭하게된다하드래도이러한줄이나알도록귀신문을통하야조선이천만의친구에게오해가업도록전하여주기를원하는바이라』함으로나는다시서울에서준비하는

환영회는 정치뎍의미가업고다만조선신문화(新文化)의선도자이며인도자의의후원자인미국의인중에도더우우대한귀하의일행이조선에옴을기회삼아우리가평시에미국에대하야존경하는뜻을표하고저함에불과하는바이오결코미국이병력이강하고인구가만흐며나라가부자임을보고엇더한의미로정치뎍행동을하야귀단체를환영코자함이아니라하는의미를말한즉세는다시말하되여러분은그러한의미로써환영한다할지라도그밧게사람이엇더한행동을할지도몰음으로아마

新　聞　學　　　　　　　　　　　　七五

십에팔구는조선인환영회에출석치못하게될듯하오귀하는귀신문을통하야조선의유지제씨에게우리일행의사정을전하야주기를나는두번재간절히청하오하며매우의미잇는낫빗흐로나를바라보앗다나는시간이총총함으로매우유감이지만은일행의조선에대한호의를감사하노라하는한마듸로써를작별하고반뎜(飮店)을나서니때는오후두시러라

八十六、法庭報道 裁判廷의報道는演說報道와恰似하니辯護士의辯論은演說과無異하고證人審問은「인터ㅣ뷰」와갓다

△法廷報道의例

일월십칠일새벽에시내삼판통(三坂通)에서뎐촌형사(田村刑事)를총살하고그달이십이일에시내효뎨동(孝悌洞)에서순사들의총을마저죽은사건의범인은경성부창신동사백팔십칠번디(京城府昌信洞四八七)에서렬풀상을하던김상옥(金相玉)(二二)이오그가죽은후그와한가지일을하든동지는모다경찰의손에잡히어임의경성디방법원검사국에서심리를맛치고관계자중여덜명은지난십삼일에긔소되얏더라

金相玉의指揮에依하야

피고김한등여덜명의비밀활동

만록총중일뎜홍격의리혜수양

‖十三日京城地方法院檢事局發表‖

本籍京城府仁義洞五一

住所 同上

大正八年制令第七號違反强盜豫備

京城郵便局人夫全宇鎭(四一)

本籍咸南咸興郡州內面豊南里

住所 不定 無職

同 上 安 弘 翰 (三)

本籍 未 詳

住所京城府觀水洞四七

著述業無產者同盟會委員

同 上 金 翰 (三七)

本籍京城府孝悌洞七三

住所 同 上

大正八年制令第七號違反强盜豫備

李 惠 受 (二八)

本籍京城府樂園洞二六

住所 同 上

大正八年制令第七號違反强盜豫備

印章彫刻業徐 丙 斗 (四)

本籍忠南洪城郡廣川面內竹里三三一

住所京城府鳳翼洞一七

徽文高等普通學校生徒

同 上 鄭 尙 敎 (二七)

本籍慶南固城郡永吾面五西里六三

住所京城府唐珠洞一六
佛敎學院學生
同 上 申 華 秀(二七)
本籍忠南洪城郡長大上面花溪里一八〇
住所同郡廣川面廣川里一七八
東亞日報洪城分局長
同 上 尹 益 重(二八)

피고김한(金翰)은일즉이상해가정부의법무국댱(法務局長)이엇든일이잇고그정부의위원(委員)인리시영(李始榮)김원봉(金元鳳)등과는아는터인대현재무산자동맹회(無產者同盟會)의위원이되여정치의변혁(變革)을도모하고잇는사람인대전거

김원봉등 은조선독립자금을변통하기위하야 조선안에폭탄을비밀히수입하야 그것을가지고인심을소란식히어돈을강탈하기를도모하고대정십일년칠팔월중에리응명(李應明)이란사람을특파하야피고김한에게그사연을말하고몰내보내인폭탄을바든후상해에서파견할사람에게교부하기를의뢰하얏더니피고김한은그계획을찬동하야그러케하기를승락하고경성부인사동칠번디숙옥영업하는리수영(李遂榮)의집을통신소(通信所)로명하야통신을하고그해**구월중순** 에김원봉이가특파한박선(朴善)이라는사람에게서폭탄을안동현까지갓다두엇슨즉일주일후에는도달하리라는보도를어덧스나그후소식이업슴으로사람을그곳에보내서그상황을탐색케하고한편으로뒤를이어김원봉(金元鳳)에게그뜻을통신하고폭탄을음밀하보내주기와파견된사람이오기를기다리고잇는중일즉이대정구년팔월에미국위원단일행이경성에오는것을긔회로암살단(暗殺團)을조직하야폭탄을사용할일을계획하다가일이발각되여상해

에도주하얏든
김상옥 이란사람이대정십일년십일월중에김원봉등에게서조선에잠입하야피고김한에게면회하고전거계획을실행할취지로지휘를밧고이전부터알든피고안홍한에게그뜻을말하고함씌그달중순경에륙혈포네자루와불온문서등을담은나무상자한개를휴대하고상해를출발하야그이듬달즉십이월일々에가마니경성에드러와서곳이전부터김상옥의경력과목뎍을아는피고전우진의집을방문하고그온뜻을말하엿더니전우진은피고안홍한을피고정설교에게소개하고또김상옥등이
상해에서 가지고온륙혈포등을자긔(전우진)의집에숨기어보관하고또피고전우진과피고안홍한은김상옥의명령대로폭탄에대하야전후세번이나피고김한의집에가서면회하고김상옥도역시금년일월중순경까지의사이에두어번이나피고김한을방문하며김한은경성부관수동

(觀水洞)무산자동맹회사무소에서김상옥을면회하고
폭탄에 대하야협의하엿스나김원봉에게서보낸폭탄이아즉도착치아니하기때문에폭탄을주고밧기전에일이발각된것이라피고정설교는피고안홍한을자긔집에긔숙식히고또김상옥에게서독립운동자금으로돈오백원을변통하야달나는의뢰를바드매이를승락하고또김상옥의명령대로십일년십이월십칠팔일경에운동자금을변통하기위하야전긔암살단과한편의피고윤익중(尹益重)피고신화수(申華秀)에게대하야지급히경성으로오라는뜻으로편지를한즉피고
윤익중과 신화수역시이에응하야상경하야광화문통(光化門通)최모(崔某)의집과또피고리혜수(李惠受)의집에서김상옥과정설교피고등에게면회를하고김상옥의계획을듯고이에찬동하얏고또독립자금으로각々돈일천원식을변통하기를승락하고피고윤익중은즉시돈오십원을내이고그후피고리혜수의손을것치어돈백원을김상옥에게주고또김상옥의의뢰에의지하

야경성부안에배부할불온문서독립자금령수증의인쇄와이에사용하는도장색이는것을피고서병두(徐丙斗)에게의뢰한즉

서병두는 전긔사정을알면서이를승락하고그달이십삼일에독립자금령수서모형과인장색일것등을피고전우진에게서밧고또도장색이는비용으로이십원을그달이십칠팔일경에피고윤익중의게서바닷는대피고등은정치변혁을목뎍하고치안을방해하려한것이라또피고리혜수는전긔와가치김상옥등의계획을알면서피고윤익중의게서독립자금으로김상옥의게보내는돈백원을바다다주고또김상옥이가전긔와가치죄를범한것과그해일월십칠일에경성부삼판통(三坂通)고봉근(高峯根)의집에서순사전촌댱칠(田村長七)을살해하고경부금뇌태랑(今瀨太郞) 등을상해한범인인줄알면서그달십이일아츰에이르기까지자긔집에숨기어둔것이라검안(檢案)하건대피고전우진안홍한김한리혜수서병두정설교신화수윤익중등여덜명에대한범죄사실은모다그증거가충분하다고인뎡함으로경성디방법원공판에붓친다하엿고그외의관련된사람네명은모다증거가충분치못하다하야면소방면되얏더라

第十章 記事의特種

八十七、特種方面、 모든記事는大體로以上論述함과如하나大新聞에서는運動社交及市場記事는特殊記者를使用한다그러나普通社會部記者로間或派送이되야運動競技와市場時勢를報道하게되나니如何한記者던저記事라하면무엇이던지能히報道할資格이잇서야한다

八十八、運動記事、 新聞에서運動記事를漸次로重要視함으로記者는運動記事에關하야精通할必要가有하니迅速하고觀察이銳敏하여야運動記者의資格이充分하다運動記事에는四個種類로分하엿스니(一)競技前의記事、(二)競技의報道、(三)競技當日의光景과其解剖、(四)모든運動에關한記事이다

八十九、記事의體裁、 運動競技를簡單히報道하라면選手의列名、任員의姓名、最優最劣의選手、언제엇더케得点、運動場의形便과氣候及觀客의數多等이오長記事를要하면모든選手의競技를一一히報道하며最後로入場料의收入까지加한다

△競技前記事의例

남자의운동을권장하야활발한긔상과건강한신톄를가지게함이필요함을생각하고본사에서는당초부터이방면에여러가지로진력하야왓거니와한층더근본으로올라가서생각하면운동의권장은먼저녀자로부터시작하지아니하면안될것이라그러나남자의운동은경향을물론하고상당히권장되야가히볼만한성적이만흐나아직녀자의방면에는별로생각이도라가지못하얏스며더욱이항상방안에드러잇는시간이만하운동이극히부족한조선녀자의톄질은다른나라사람에비하야매우허약함으로녀자의운동을권장함이긴급함을통절히깨다른본사에서는이에대한사업을개혁하야녀자의운동권장을시작하고저우선경성안에잇는각관사립녀학교의당국자와여러가지로협의한결과각학교당국자도평소에이일에대하야깁히필요를인뎡하는바이라흔연히본사의발론에찬동하얏슴으로현금각녀학교에서실행하는중이오또한녀자의톄질에가장뎍당한뎡구(庭球)를선택하야대회를열기로내뎡한바금월하순을긔약하야경성에서조선안에잇는각녀학교의찬동으로조선녀자뎡구대회(朝鮮女子庭球大會)를대대뎍으로열기로방금준비중인바상세한규뎡은일간각녀학교당국자가회동하야결뎡한후발표할터이며경성이외각디방의녀학교에서도긔술의우렬과경긔의승부만생각하지말고조선전톄녀자의톄육을발달식히랴는취지하에서처음생기는이번의대회에다수히참가하시기를바라는바이라

△競技報道의例

본샤주최의데일회조선녀자뎡구대회도하로를격하얏다참가하는각녀학교선수의련습은더

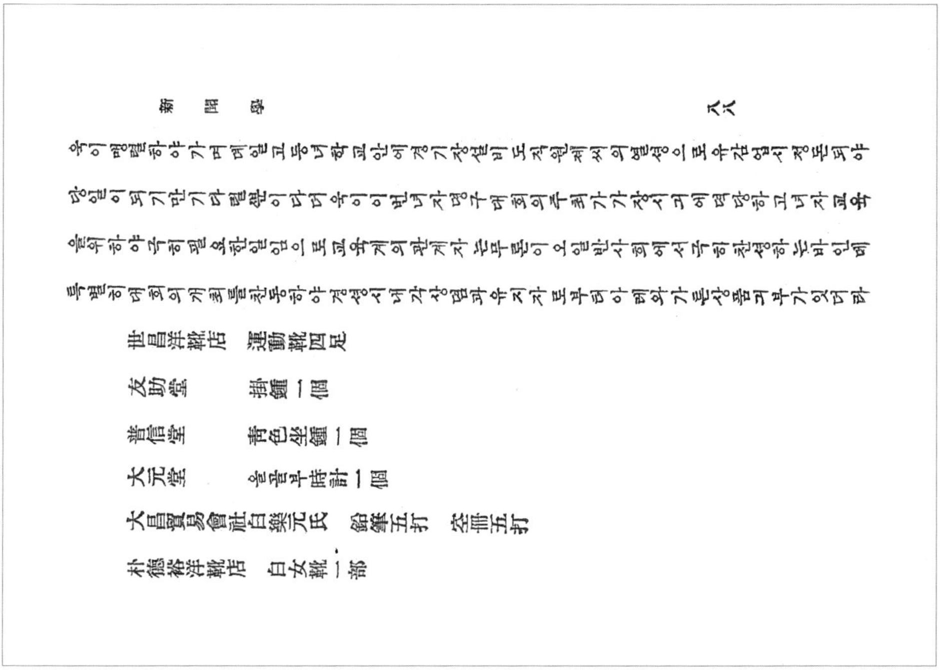

新聞學　八八

욱이맹렬하야가며뎨일고등녀학교안에경기장설비도직원졔씨의열셩으로유감업시정돈되야
당일이되기만기다렷뿐이다더욱이이번녀자뎡구대회의주최가가장시긔에뎍당하고녀자교육
을위하야극히필요한일임으로교육계의관계자는무론이오일반사회에서극히찬셩하는바인데
특별히대회의개최를찬동하야경셩시내각상뎜과유지자로부터아래와가튼상품긔부가잇더라

世昌洋靴店　運動靴四足
友助堂　掛鍾一個
普信堂　青色坐鍾一個
大元堂　올골부時計一個
大昌貿易會社白樂元氏　鉛筆五打　空冊五打
朴德裕洋靴店　白女靴一部

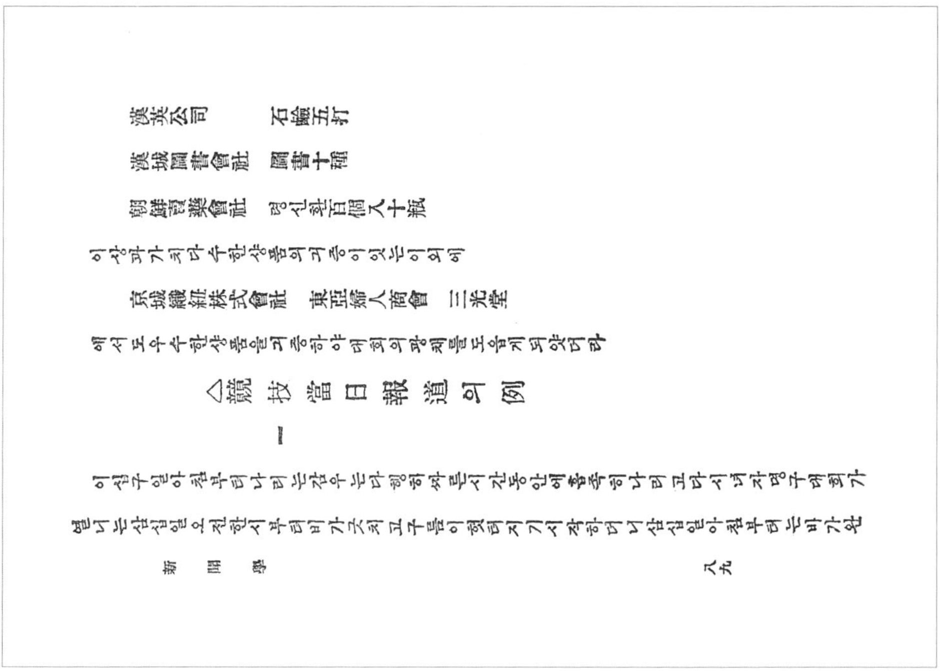

漢英公司　石鹼五打
漢城圖書會社　圖書十種
朝鮮賣藥會社　뎡신환百個入十瓶
이상과가치다수한상품의긔증이잇는이외에
京城織紐株式會社　東亞婦人商會　三光堂
에서도우수한상품을긔증하야대회의광채를도읍게되얏더라

△競技當日報道의例

一

이십구일아참부터나리는감우는다행히싸른시간동안에흡족히나리고다시녀자뎡구대회가
열니는삼십일오전한시부터비가긋치고구름이헛터지기시작하더니삼십일아침부터는바가완

新聞學　八九

전히개이고마럿다비로인하야연긔될가념려하던각학교선수들도아침해빗의찬미를밧아가며낫열두시가지나며부터각기선명한운동복과경쾌한보조로운동장을향하야모혀들기를시작하엿섯다운동장일대에는오정전부터모혀드는일반부인관람자와래빈으로거의한거름도내어드듸여디가업시되얏섯다낫열두시삼십분에각학교대표자는본부에모도혀상대팀추첨을한결과

(一) 淑明──貞信

(二) 同德──培花

(三) 進明──女高

(四) 永明──호스톤

으로결명되얏는대공주(公州)영명학교와개성(開城)호스톤과남북이경성에맛나싸호게된것이한진긔한현상이엇섯다하오한시뎡각이되매숙명녀자고등보통학교와뎡신녀학교사이의

첫재번예선전이윤호병(尹暐炳)씨주심연학년(延鶴年)씨루심하에뎐개되니장내에가득한맛가튼후원단의박수소리는아렷다운음악가치울녀나왓섯다잔약한팔에라케트를잡고공을조차날렵히뛰는선수의아담한뎀시는참으로조선태육계에서처음보는반갑은현상이엇스며특히배화학 당선수의붉 은머리동이와뎡신녀학교의물빗리본은장내의이채를발하더라

各校出場選手

여덜학교팔십인

이번뎡구대회에출장한각녀학교의선수는다음과갓더라 (무순)

◇永 明◇

(一) 金孝禮 金容愛 (二) 李亘淑 金永淑 (三) 金君禮 李仁順 (四) 禹明美 羅玉童 (五) 金玉炫 徐只淳

◇好 壽 敦◇

(一)金元 忠信 亮天 (二)玄李 銀撒 男濃 (三)崔宋 孝 樣善 (四)白崔 有士 甘羅 (五)金任 마리아德寶

◇京城女高◇

(一)洪金 淳順 姬用 (二)申俞 玉玉 順姬 (三)金元 又後 男奉 (四)尹黃 貞熙 姬淳 (五)元李 永金 順玉

◇進　明◇

(一)朴李 萊柔 順淑 (二)朴金 福鍾 男男 (三)金文 嘉相 梅淑 (四)金金 南景 娳善 (五)閔崔 壽貞 男淑

◇貞　信◇

(一)金安 春季 淑順 (二)金金 順貴 福仁 (三)朱金 寧祥 玉順 (四)崔李 順長 玉禮 (五)崔申 貞戊 淑先

◇培　花◇

(一)蔡崔 善恩 妃信 (二)金黃 珠夷 (三)林劉 景永 蘭愛 (四)吳金 立貞 芬賢 (五)宋金 南美 順道

◇淑　明◇

(一)韓鄭 柔益 貞男 (二)吳李 七鳳 星愛 (三)李康 順仁 男徒 (四)金徐 聖貞 貞洙 (五)李李 潤鍾 雨淑

◇同　德◇

(一)梁朱 敬榮 淑愛 (二)宋辛 斗太 善玉 (三)金姜 淳永 培善 (四)朴鄭 三貴 点德 (五)南崔 宮三 千奉

二

일본야구계(野球界)에서조대(早大)야구단과서로패권을다투는강군경응군(慶應軍)과조선야구계의패자인휘문군(徽文軍)의야구경기는재작오일오후한시반에룡산만텰운동장에서구정(駒井)씨의구심과원뎐(原田)씨루심하에경응군의선공으로개시되야십이대삼으로경응군의승리에도라갓스나휘문군이데사회말에뎍군의게사구(四球)둘을어며

조흔긔회를일치아니하고김종세(金鍾世)왕명구(王命求)군의안타두개로석뎜을취하게된것은조선야구계에당々한패자의가치가잇슬뿐아니라륙회초에경응군의원피취신뎐(新田)

군이먼저피취와가라들어서경기하게된것을보면동경패자의경응군으로도경뎌치못할것으로증명하는사실이라하겟더니계속하야가튼장소에서하오네시부터동경구락부군과배재고등보통학교군과의야구전이개시되야마츰내십칠대일로배재군이패전은하얏스나폭양아래에실로히강적에대항하야쏫싸지잘작히고잘싸홧다할것이다금칠일하오네시부터는동경구락부군과경응군과의대항야구전이잇스리라더라

九十　社交記事　흔이女子記者가社交界의記事를蒐集하나니新聞社에서는間或婚家에用紙를送하야詳細히記入한書類를取한다그러나우리朝鮮에는아직女權이充實치못하고또한女子의讀者가稀少하야社交界의記事가外國의그것과는判異하다

△社交報道의例

◇신랑신부◇

계림흥산회사(鷄林興産會社)의지배인으로잇는리병훈(李丙薰)씨와박춘길(朴春吉)양의결혼식은이십팔일(수요일)오후네시삼십분에인사동승동례배당(勝洞禮拜堂)에서거행한다더라

◇……모　　임……◇

▲금이십륙일오후일곱시경에시내계동(桂洞)에잇는녀자고학생상조회(女子苦學生相助會)주최로경운동텬도교당(天道敎堂)에서춘계대강연회(春季大講演會)를개최한다는데연사량써는요사이동경서새로히건너온사람들로매우자미잇는말을하리라하며입장료는보통삼십전이오학생과부인은반액이라는대그연데와연사는다음과갓더라

醫學上으로본女性　崔相勳君

女性의反逆　朴謹熙女史

未定　申一波君

九十一、死亡報道、有名한人士가逝去하면略傳을揭載하나니그要点은姓名、地位、住所死因、病臥時期、遺族姓名及其關係事件을首題로略傳을繼續한다

第十一章 特殊記事

九十二、特殊記事의種類、新聞記事는거의事實報道에限하야讀者에게快樂이나勸告를與함보다는通知함이다그러나特殊記事는雜報欄의短記事로充分히報道치못하는境遇에特別히讀物인長記事를作成할것이다一種類는事件의內容을詳知하면即人生의一幕이되나니或은喜劇或은悲劇임으로感情과事實이合致한다又一種은日報이나時下問題의重要한事件을說明하고陳述하야써讀者로하야금研究하랴는好奇心을生케한다그리셔長記事를成하나니換言하면新聞紙의特殊記事는定期刊行物의記事와近似하다

九十三、特殊記事의體裁、特殊記事는普通雜報記事報道와가티容易히敘述하기不能하니곳小型의短篇小說이다一定한規例는無하나雜報記事와如히記事總論을先頭에揭載치아니한다敘情論文이라稱할만하야訪問記、感想文、旅行文等이此에屬한다　例하면

一

쏫갓튼몸이　생명을쓴 키싸지에

그네의생활에는엇더한비밀
이잇섯던가ㅣ강명화의애화

요부인지 명기인지좌우간려항에말이만턴강명화(康明花)는이십삼세의젊은목숨을백만댱자장길상(張吉相)씨의외아들장병텬(張炳天)의눈압에서끈어바렷다그러면의설인비밀은과연엇더한것이던지매인열지하는기생의과거는새삼스러히말할것업고서모와서숙모들축으로뫼신부형자뎨로서기생에게정들이면내용도다시긔록할것은업다그러한것은다덥허두려니와이번의비극이

일어난것 만은미상불눈물의재료도될것갓다그네가만난뒤에두사람사이에는의례히잇는사랑싸움과세상의불신으로혹은손가락도잘라보고혹은구름가튼머리도잘넛스며혹은살을짝기도하야변하기쉬운남자의마음에자긔의참사랑을증명하노라고애틋한생각을한일도만엇다고한다그러나마침내엇써지박행한자긔의비운을깨닷고자살을하고만것이다비록장병텬한사람은강명화의순진한사랑을밋고잇스나장병텬의가뎡에서는거의강명화를세상에도무서운요마로인증을하얏스며사회에서장병텬을

부랑자로 대우하는것도단순히강명화한사람의탓이라고생각하엿다그러함으로강명화와사랑의살님을누리게된뒤로의장병텬은백만장자의아들로단돈백원을자유로엇어쓰지를못하얏스며허영의생활을하던강명화도몸갑한푼비단옷한벌을엇어입지못하고간구한살님을누려왓셧다그러함으로강명화는항상장병텬을보고

『나는결코당신을써나서는살어잇슬수가업고당신은나하고살면사회와가뎡의배척을면할수가업스니차라리사랑을위하고당신을위하야한목숨을끈는것이올쇼』

하며더운눈물을흘닐쌔가만핫셧다이제로부터한달전에도종로통륙명목삼십이번디자긔집에서독약을마시고

죽는다고 하는것을집안식구가간신히말니엇스나그후로그는항상안면에수심을띄우고조

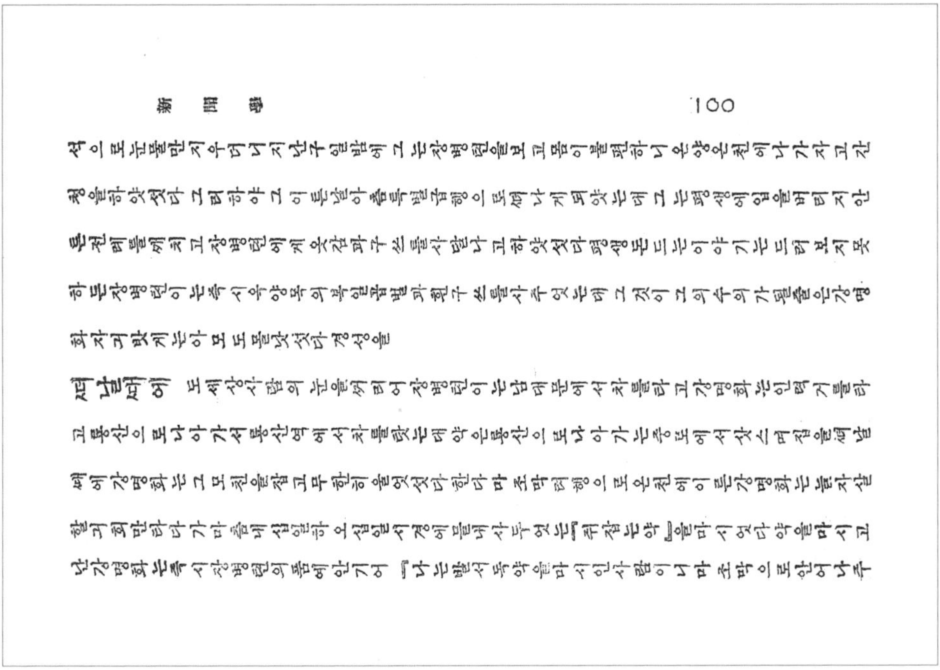

新聞學 100

석으로눈물만지우더니지난구일밤에그는장병련을보고몸이불편하니온양온천에나가자고간청을하얏섯다그러하야그이튼날아츰특별급행으로써나게되얏는대그는평생에입을버티지안튼전례를깨치고장병련에게옷감과구쓰를사달나고하얏섯다평생돈드는이야기는드려보지못하든장병련이는즉시옥양목의복일곱벌과휜구쓰를사주엇는대그것이그의수의가될줄은강명화자긔밧게는아모도몰낫섯다경성을

써날때에 도세상사람의눈을써려어장병련이는남대문에서차를타고강명화는인력거를타고룡산으로나아가서룡산역에서차를탓는대약은룡산으로나아가는중로에서삿스며집을써날때에강명화는그모친을잡고무한히울엇섯다한다마조막려행으로온천에이른강명화는늙자살할긔회만타다가마츰내십일하오십일시경에믈내사두엇는『쥐잡는약』을마시엇다약을마시고난강명화는즉시장병련의품에안기어 『나는밟서독약을마시인사람이니마조막으로안어나주

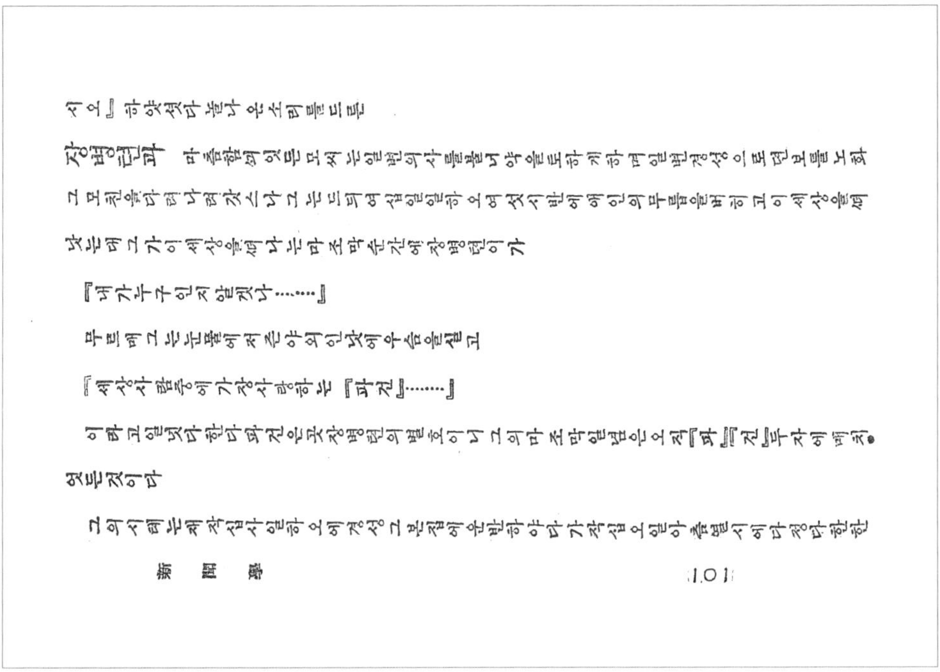

시오』하얏섯다놀나온소리를드른

장병련과 마츰함께잇든모씨는일변의사를불너약을토하게하며일변경성으로뎐보를노화그모친을다려나려갓스나그는드듸여십일일하오여섯시반에애인의무릅을버히고이세상을써낫는대그가이세상을써나는마조막순간에장병련이가

『내가누구인지알겟나……』

무르매그는눈물에저즌야외인낫에우슴을실고

『세상사람중에가장사랑하는『파건』……』

이라고일넛다한다파건은곳장병련의별호이니그의마조막일념은오직『파』『건』두자에매치엇든것이다

그의시테는재작십사일하오에경성그본집에운반하야다가작십오일아츰열시에다정다한한

新聞學 101

애사를남기인녯집을떠나일곱대의자동차에가득한호상과애인을뒤에세우고리태원공동묘다에파무치엇스니눈물만코말성만튼박행한미인의꿈가튼력사의페지는영원히덥히고만것이다 그가죽기전까지는별々수단으로강명화를배척코자애쓰든장병련의부친에게도오히려죽은이에대하야는눈물이잇던지재작십사일밤에그는제물과제문을지어가지고친히빈소에이르러서간곡한제례를제푸럿다한다

二

元山港頭의活悲劇 ||
避難白軍을訪問하고
긔한에우는칠빅명에게
본사에서빵떡으로위문

元山에서 金東成特信

아라사피란민이국경을거처중국디방으로향하는소문은드른지오래엇지마는원산항구에상륙도못하고군함에가처잇는정경은눈으로보는사람으로하야금척은한마음을금치못하겟다지금사람수효는칠천여명인대겨우칠백여명이해안에잇는해관창고에서살님을하고잇다긔자는그창고문간에서

위문장을 어더가지고드러가본즉너른해안에우둑커니섯는사람과아모철모르는아해들은한푼달나고따라다니는광경이처참하지마는창고안에를드러가니까과연인생의비극을분명히말하는광경이뵈인다누더기를깔고덥고누어잇는어른아해가혹은빵떡을뜻고혹은탄로우헤국끌는그릇을드려다본다약소하지마는동아일보의명의로가지고갓던면보를한덩이식난호아준즉어린아해들은앙중한손을내여미러밧기가무섭게뜨더먹으며그중에감시하는로인은군복을

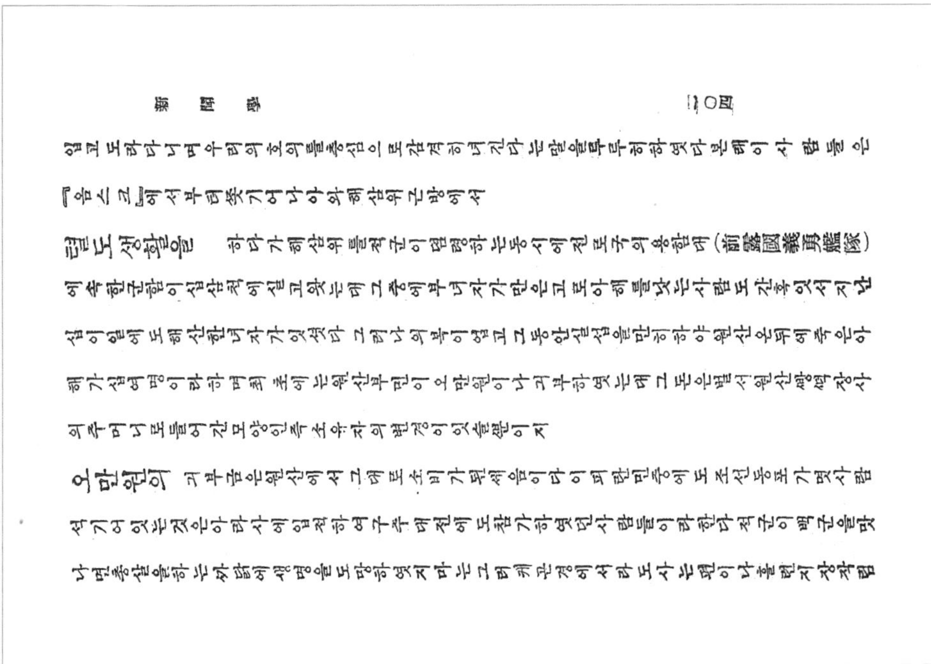

新聞學　二〇四

입고도라다니며우리의호의를충심으로감격히녀긴다는말을루루히하엿다본래이사람들은
『옴스크』에서부터쫏기어나아와해삼위근방에서
털도생활을 하다가해삼위를적군이덤령하는동시에전로국의용함대(前露國義勇艦隊)
에속한군함이십삼척에실고왓는대그중에부녀자가만은고로아해를낫는사람도간혹잇서지난
십이일에도해산한녀자가잇섯다 그러나의복이엽고그동안실섭을만히하야원산온뒤에죽은아
해가십여명이라하며최초에는원산부민이오만원이나긔부하엿는대그돈은벌서원산쌩썩장사
의주머니로들어간모양인즉소유자의변경이잇슬뿐이지
오만원의 긔부금은원산에서그대로소비가된세음이다이피란민중에도조선동포가몃사람
석기어잇는것은아라사에입적하여구주대전에도참가하엿던사람들이라한다적군이백군을맛
나면총살을하는싸닭에생명을도망하엿지마는그러케곤경에서라도사는편이나흘련지장작림

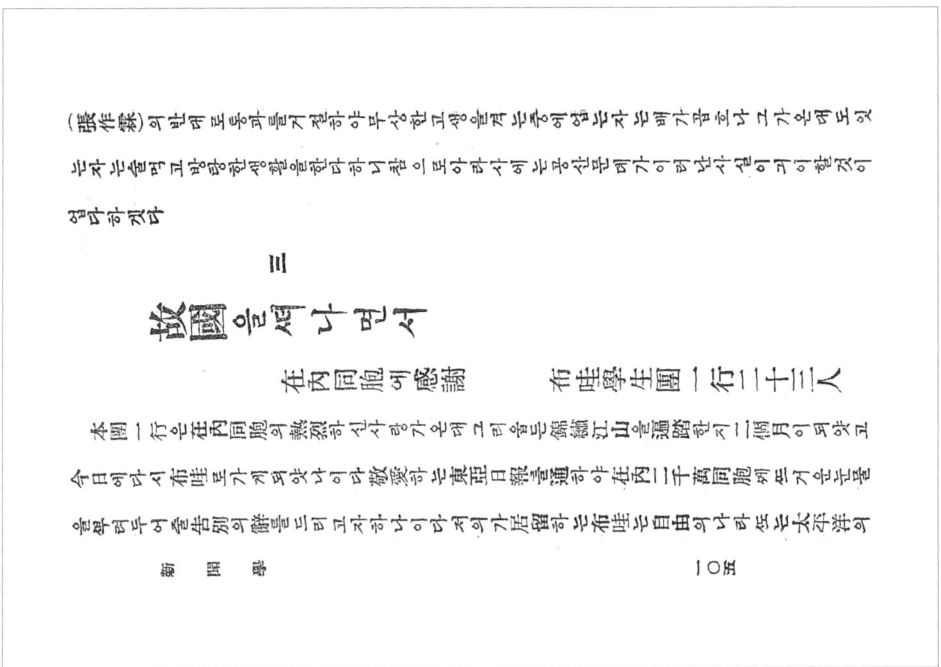

(張作霖)의반대로통과를거절하야무상한고생을겻는중에엽는자는배가곱흐나그가온대도잇
는자는술먹고방탕한생활을한다하니참으로아라사에는공산문뎨가이러난사실이긔이할것이
업다하겟다

三

故國을써나면서

在內同胞에感謝　　布哇學生團一行二十三人

本團一行은在內同胞의熱烈하신사랑가온대그리웁든錦繡江山을遍踏한지二個月이되얏고
今日에다시布哇로가게되얏나이다敬愛하는東亞日報를通하야在內二千萬同胞께뜨거운눈물
을뿌려두어줄告別의辭를드리고자하나이다저의가居留하는布哇는自由의나라또는太平洋의

新聞學　一〇五

樂園이올시다四時를勿論하고어느때가萬花芳暢이아닌적이업나이다그러나우리槿域으로한번다시도라와서父母兄弟를맛나뵙기가居留同胞의一般所願이올시다他國人의生活上裕足을보던지諸般施設의完備함을볼때에우리는西天을우러러在內同胞를다시생각하나이다

今般本團員中에或은二十年만에或은平生처음으로故國에도라와서其間同胞의發展에敬賀하엿고諸般事業에感服하는同時에在內同胞의苦痛에가치우럿나이다臨時로居留하는地方이自由의나라인들何等의所用이잇슴닛가故國을떠나는今日에際하야本團員은實로感慨無量하오이다雨天에宇宙가暗黑하지마는晴天의白日이다시나타나는것은天理의循環이올시다二千萬의分子인저희우리는自由의樂園인異域에居留한다고在內同胞를一時라도忘却치안나이다同胞의幸福을爲하야最後의努力을다하고자하나이다

父母兄弟시여내내康寧하소서今般에多額의物質上援助를어더가지고도라가나이다布哇基督學院은곳여러분同胞의사랑하시는精神上紀念塔으로儼然히太平洋中에聳立케되나이다本團이訪問中에西海沿岸에悲慘이極한水害를目睹하엿나이다이러한때物質上援助를어더가는일은衷心으로未安하오이다

京鄕各地의本團歡迎會員諸位씌서多忙中또는炎天을不顧하시고數朔을하로와가치努力하섯고各新聞社本支局社員諸位씌서各方面으로便宜를與하신結果ㅣ無事히今日歸布의途에올느나이다京鄕各地方人士씌一々히書面을올니지못하옵고저희의衷情으로感激하옴을이에삼가告하나이다禮節에缺欠이만사오나寬容하시기바라나이다

四

大邱行

柳光烈

夕陽이빗기인漢江鐵橋와

덧업시흘러가는타임의勢力!

編輯局長에게大邱에나려가서愛國婦人團의公判을듯고오라는말슴을듯기는六日午後여름해발이서으로기우러질때이엇섯다나는이때에오래憧憬하든그들의面影을보겟다하는깃븜과엇더케하면熱誠으로읽어주시는百萬讀者에게遺憾업시迅速하게보게할쩌하는근심도적지아니하엿다

기우러저너머가는저녁해발이二等室琉璃窓에고요히빗취는대나는釜山行列車乘客中의한사람이되얏다

사철사람이와글와글하는南大門龍山의두停車場을어느듯지내여붉은鐵橋가길게빗겨잇는漢江을當到하엿다　웝남가루를푸러노은듯이푸른漢江물에는　두어척의漁船이사름업시떠서잇고　물결도일지아니하는潺々한물우에너머가는저녁해빗이反射되야　금뎅이를뿌린것가치아름다웟다　우둑허니椅子에기대여안젓든나는　車窓밧게흘너가는漢江水를내려다보다가　無心中前日엇더한女子들의말이생각난다　A라는女子가나에게『先生님저는近日○○쌍에를갓다오는대漢江鐵橋를지나왓슴니다푸른물이시름업시흘너가는漢江물의自然의美를보고저는참쌔저죽고십헛슴니다』하닛가　엽헤안젓든B라는女子가同感되는듯이『참그래요죽겟서요참죽고십허요』하든말이생각난다　無神經하고無頓着하야凡事에마음이느러지고늣김이업는나는다만「네ㅣ그럴까요」하는슬미지근한對答을할뿐이엇섯다그러나只今에이강물을내려다보며다시생각하야보니그들의말속에무슨說明할수업는깁흔뜻이잠겨잇지아니한가疑心이난다　죽엄!누구나人生치고는……아니動物치고는다실혀하는죽엄!이것을하고십다는그들의心理를알수업다　그들도다만一時的自然의美에心醉되야無心中에나온말인

가　또는社會로나個人으로나壓迫만코悲哀만흔이社會ㅣ를咀呪하는쏫에이와가튼自然美를感觸하넛가싸이엇든感情이一時에爆發됨인가　眞正으로이不自由한世上이라는동산에오래머물러잇기를실혀하야　아름다운自然의품에안긴채로永遠한잠을자고자하는可憐한어린人生들이나아닌가　그들의마음을알수업다　너무우수운말갓지마는그들이지금내압헤안자잇스면　무러라도보고십다　그러나내가그들두사람을偶然한機會로한번맛나본후　그들은只今어대잇스며　무슨일을하는지나는모른다　또는알녀고하지도아니하고　알녀고할必要도별로업슬것이다　이럿케생각하면只今에이강물을내려다보며가는내가엇지한理由로그들에게이江물에對한늣김을들엇던가？世上일이란모다우숩다하얏다　그들의이약이를聯想하고私情업시흘너가는타임의勢力을생각할때에　過去에對한모든追憶이말할수업는哀然한情調를엮이고　나의가슴에지향업시徘徊한다　나는쌀막쌀막하게가슴에써오르는모든過去의追憶을하나씩붇너이르키여하나식하나식씹어보고십헛다그맛은혹은쓰고혹은달다그러나쓰던지달던지사람은때ㅣ過去를追憶하는것인가보다하얏다　그리고風前燈火와가치모라가는모든人生의行路를可憐타하얏다　이러하는동안에汽車는벌서鐵橋를지내고鷺梁津停車場에當到하얏다

麥穗離離한悠閑한鄕村

野原에해는지고牧歌만凄凉하다

紅塵萬丈인서울안에서　世務에精神을못차리든나는　새로운푸름을자랑하는綠陰아래에뚜염〳〵잇는山村의農家가　한업시정다워보인다　나는이때우리故鄕집근처의景致도이러하려니하얏다보리밧헤는갈보리이삭이누릇누릇하게닉어가고　그사이에꼴지게를지고　해지는줄도모르고凄凉한牧歌를부르는牧童들을보고　나는그兒孩들의生涯가부러웟다　勿論

그境遇가되면그境遇의不平이따로잇겟지만은 世上사람의是非榮辱과軋轢과嫉妬만흔社會를써나서 저들과쎄를지음이엇더할가 나의머리속에는모든散亂한情緖가秩序업시徘徊하야憮然히하염업는寒心을吐할뿐이엇다 이때에임의해는지고車室안에는電燈불이눈이부시게켜지엇다팔뚝에붉은案內의腕章을두른車掌이드러와 票를調査하고나간후에 나는다시無聊히안자잇다

面上의刀痕은平生의光榮!

祖國을위하야피를흘녀

世上일은그러야할것!

이때에언듯나의안즌건너편椅子에안진一名의日本人을보앗다년긔가四十은너머보히고흉상스럽게생기어한번보면무서운感想이날만한사람이다그의한편쌤에는긴칼痕跡이나마잇다

나는그의칼痕跡의由來를想像하야보앗다그가戰場에나가서自己의祖國을爲하야피를흘니다가敵軍에게마즌칼자죽인가또는엇더한境遇에다른理由로마즌칼자죽인가!나는이러한생각을하다가다시나도쓸데업는걱정을쌔ㅣ하는사람이로구나하고마음을가라안치고자하얏다그러나容易히가라안지안는다눈을뜨면눈압헤는얼골에칼痕跡이잇는日本人이보히고눈을감으면해쓱하게세인愛國婦人團의열골이어렴풋이想像된다自己의나라를위하야피흔적을永遠히面上의記念을남긴것을볼때에나는世上일은모다그러타하얏다그래야한다하얏다칼痕跡남은얼골!해쓱하게세인婦人네의얼골!世上일은다그럿타하얏다그래야한다하얏다아마그들도저잘살자고그래ㅅ겟지!光榮잇게사람다웁게살자고그래ㅅ겟지!하얏다疲困한몸을椅子에의지하고暫間자고자하얏스나容易히잠은오지아니하고神經은더욱興奮된다

가슴에서는불길이타오르고목은말나못견듸겟다한손으로가슴을문지르며뜨거운속을식히

고자食堂으로드러갓다저녁은떠날때에임의먹엇슴으로밥은먹고십지도아니하고다만타오르는가슴을鎭定하기爲하야아이스크림을네다섯그릇먹엇다그러나목은如前히마르고가슴은如前히죄인다이때에나는이각갑한가슴은아이스크림으로식히지못할줄을알앗다벌서時間은새로두時가되얏다車室안에서麥酒甁을기우리며짓거리고잇든日本냥반들도대개는잠이드러서或椅子에눕기도하고椅子에기대인채로쑤벅쑤벅졸기도한다나는좀자야하겟는대하면서밧글내다보니四面은캄캄한대汽車는全速力을다하야다라나는모양이다

森嚴한法廷도涙의海!

親父母갓치정다운西洋婦人네

아아!主여感謝를올니나이다　　法廷로맨스

椅子에기대인채로몃時間을지내엿는지어른어른하는長明燈에흰글시로大邱라쓰히고驛夫들이悠長한목소래로『에ㅣ다이규ㅣ다이규』하는소래에깜작놀내어차에내린후本社支局인大邱市北通韓一商店으로人力車를모라갓다나는大邱를到着한후적지아니하게놀내이엇다내가想像하든大邱는地方의小都會草家집만흔어두운街道에길가의長明燈좃차별로업는곳이려니하얏섯다그러나及其到着하야본즉二三層洋屋이左右로櫛比하고燦爛한電燈은不夜城을지어잇다때는임의새벽녀이갓가왓슴으로집집에서닭의소래가어지러히들녀온다支局에到着하야몃분동안피곤한꿈을꾸다가언듯깨여보니일긔는淸朗하게개이고八公山머리에鮮明한아참해가도다오른다支局長韓翼東氏와아참밥을함께하는대맛침勞働共濟會長朴重華氏同總務朴珥圭氏吳湘根氏를만나게된것은不意의奇遇라하겟다定刻인開廷時間아홉時를二三十分늣게法廷에갓더니法廷은임의滿員이되고문턱에는붉은테두른警官이장승가치서서警戒하고잇다記者도처음에는巡査에게쪽명스러운拒絶을當하다가及其나의職務를듯고는머리를숙이어준

다

十餘間이나되는法廷안에얼골이세이고흰옷혹은검정옷을입은男子被告와해쓱하게세인얼골에白髮갓흔녀름옷을입은女子被告가축 느러안젓다나는언듯이 것이一世를놀래이든靑年鬪과愛國婦人鬪이로고나하고머리를숙이어敬意를表하얏다더욱女子被告中金瑪里亞와白信永은病든몸으로椅子에기대어안자잇다더욱김마리아는담뇨로몸을두루고얼골을흰수건으로가리엇는대내여노은두손은뼤만남도록말낫다나는그의얼골을보지아니하야도그의뼤만남은두손을보고넉넉히그의獄中生活이얼마나괴로웟스며그의病이얼마나重한것을알겟다흰수건아래로하얏케보히는턱! 축느러진그의양자를볼때에맛치죽은사람을보는것갓치불상한마음이가슴에充滿하얏다가슴이써르를하얏다나의이때의늣김은맛치聖母마리아나보는듯이敬虔한態度를가젓섯다裁判長의잠간나가잇스라는말에金、白두被告를濟衆院看護員長西洋婦人과

또한사람의朝鮮靑年이들고나갈때에傍聽席의늙은부인의애처러워하는눈물로훌적훌적우는소리와여러사람의눈에떠오르는同情의表情으로음산한法廷도한참동안宇宙의極致美인情愛의表現으로充滿하얏다아! 情愛를떼어노코사람이엇지살랴!? 먼저男子被告부터審問을시작하야一一히事實을取調하는대午前中被告李秉澈에關한速記錄을가지고나와서本社로報告코자하는대意外에電話의故障이생기엿다나는急한마음으로二十分마다한번식郵便局으로무러보면무러볼적마다잠간만기다러어달나는대답이라잠간잠간기대러는것이어느듯午後四時가되엿다나는할수업시郵便局에가서 大畧만을電報로本社에報告한후 다시地方法院을갓다이동안에大邱支局記者孫宗洙氏가男子安在鴻 金泰圭、李鎬承、羅大化、女子被告李貞淑、張善禧、金英順、兪仁卿 에關한傍聽을듯고 方今黃愛施德의심문을시작한다 孫氏에게오래기대리게한것을謝過한후黃애스터 辛義經、李惠卿、白信永、金瑪利亞의여러被告의速

記를繼續하는대이때에나의가슴에백이고눈물이흐를만치感謝한것은西洋婦人들이엇다 金瑪里亞와白信永의두피고를안고안저그길고긴ㅣ녀름날이해가지고밤이되도록부채질을하야주고땀을싯겨주는정성스러웁고多情한태도ㅣ親父母의정성은무엇이이에더지내랴！神聖하고거룩하신『그리스도』의使命을바든그들의行動ㅣ가련한病人에게始終이如一한態度！나는다만가슴에가득한感謝의마음이넘치어깃부고슬픈눈물이함께흐르는同時에머리를숙이어默々히祈禱를올니엇다主여天使가치고마운저들의前途에永遠한幸福을내리시옵소서孤獨한우리의身邊에저들파가튼同情者가잇슴을主여誠心으로感謝하옵나이다하얏다　해는어느듯지고쓸쓸한저녁바람이유리창밧그로보히는무성한포푸라입새를싯치고정처업시지내가는대法廷안에는電燈불이켜지고檢事의論告가잇슨후辯護士鄭求昌氏의대쪽쪼겨내는듯한말로被告安在鴻의無事와李秉澈의執行猶豫를主張하는말은言言句句히痛快의感을금치못하얏다

저들의罪名은　果然무엇?

門外佇立苦待人아！

속깁흔늣김은다一般

午後열時나되여閉廷이된후에法廷門을作別하고支局으로도라와終日동안의速記錄을써서本社로보내고피곤할대로疲困한몸을얼마동안쉬이는대어늬듯날이새엇다困한눈을부비며아참밥을먹고오늘도어제와가치法廷에가서반나절을보내이엇다獅子吼하는各辯護士의辯論이씃난후判決言渡期日을定하고閉廷되엿다閉廷한후에도傍聽왓든사람은모다도라가기를섭섭히녀이고被告의나오는모양이라도보고자하는마음으로裁判所構內에몰녀섯는模樣은情的動物인人生으로避치못할일이라하얏다누루스름한녀름해발이被告의나오기를苦待하는여러사람의얼골을빗취는대그들의얼골에는모다무엇을咀呪하면서不可抗力인서름을속깁히슬퍼하

는寂寂한表情이顯然이낫하난다 나도그속의한사람이요 그들의內的悲哀를속깁히가이업시아는한사람이지마는엇지할수업는일이다 조금잇다가흰옷입은女子들을두손을채이고面上에는보기도흉한용수를쓰이어看守가몰고나온다 아아! 두손을채이어지고天日을보지못하는저들의罪名은果然무엇이뇨 日本人檢事가말하기를萬世一系인大日本帝國의逆賊이요 罪名은大正八年에새로發表된新法律制令第七號違反者라고하더라

風磨雨洗의 觀風樓

너로하야금마음이잇스면
靑年을위하야울어주렴우나

支局總務韓起東氏記者孫宗洙氏의두분과함께점심밥을먹고孫宗洙氏의引導로大邱市西便에잇는達城公園觀風樓에올나갓다 孫氏의말을듯건대이집은故朝鮮國監營압헤三百年前부터잇섯든것인대樓名을觀風이라함은觀風察俗이란觀風두자를쎄여다命名한것이라한다 그러나 나는그네들이그럿케좁게風俗만을보지말고넓히世界의風潮를보는觀風樓엿더면우리의형편이오늘날이와가치되지아니하얏슬가하얏다

무엇? 風俗을본다는觀風樓에는暴民虐政의惡魔인監司大監의遊興樓나아니든가 아름다운妓生의淸歌妙舞를드르며제멋대로놀든곳이나아니든가 三百年동안것츤바람과모진비발에丹靑버슨觀風樓야! 人世의喜悲劇을얼마나보앗느냐? 너도마음이잇다하면三千里에널녀잇는可憐한靑年男女를생각하고今昔의感淚를禁치못할것이다 이樓上에서내려다보면大邱全市가눈압헤모힌다 市街中央에웃득서잇는第一華麗한붉은벽돌집이大邱銀行이라한다 大邱市에는慶北道廳、第八十聯隊、大邱府廳、大邱警察署、慶北慈惠醫院의重要한官衙와公署가잇다고한다 前面으로보히는八公山에는綠色이依稀하고東便峨嵋山은蒼松이鬱鬱하다 達城公園을一週하

야支局에도라와서저녁밥을먹고韓一商店事務員曹英煥氏의勸함으로大邱의夜市를구경하고 그의京城留學時의리약이를들엇다 그는多感한美男子로서善隣商業學校를卒業한후大邱殖産銀行支店事務員으로잇섯다고한다 『내가京城에가본지도벌서다섯해가되얏소만히變하얏슬걸이요典洞골목의길이넓어젓다지요한번가보앗스면죳켓소 아ㅣ참學生時代에는자미잇더니ㅣ』하고덧업는過去의追憶에쌔ㅣ늣김을견딀수업는듯하다 나는그의모양을보고다시금사람은쌔ㅣ過去를追憶하는것이라하얏다 뉘ㅣ덧업시흘너가는少年의봄을애닯어하지아니하랴

背燈共隣深夜月
踏花同惜少年春
峨嵋山머리에半月만걸녓는대
嗚呼年光二十二!

해노은것이무엇이냐

停車場으로나와서曹英煥氏와섭々히손을나뇌인후두時間동안이나車時間을기대리게되엿다時計는벌서새로한時나되엿슴으로실거리는죽은듯이寂々하고峨嵋山머리에半달이시름업시걸녀잇다나는다만抑制할수업는孤寂한마음으로全身에달빗을가득히밧으며꿈속갓흔大邱市中을彷徨하얏다나의머리에는여러가지모양이획々지나간다京城府花洞에잇는本社가보힌다벼루를함께하든동모중더욱정다운동모가보힌다汽車안에서보든나라를위하야피를흘닌日本人이보힌다여러달鐵窓아래에서呻吟하든愛國婦人團의얼골이말할수업는哀調를씌히고보하더니다시場面이變하며그들이執行猶豫가되여出獄해나오는모양이보힌다또다시붉은옷입은그들이보힌다그러다가場面이한참닷치고내一身의일이생각난다어려서父母를여의고十餘年동안漂浪하든모양이歷歷히보힌다敎育이라고는小學校에도못드러가본나는學校가무엇인

지모른다이러한無識漢으로現在의地位에라도잇는것이世上을對하기붓그럽다하얏다未安하다하얏다아아! 나의나희임의二十二歲! 아아ㅣ하야노흔것이무엇이뇨? 同胞와社會를爲하야무엇을이루엇나뇨? 부절업시밥벌레를免치못할뿐ㅣ漠漠한나의過去를回想하고너무도世上을爲하야일한것이업슴을스사로슬퍼하며寂寂한길에외로운그림자를낫하냇다너머가는달그림자는如前히峨嵋山머리에걸녓는대感涙에목멧친나는모든不自由한世上일을回顧하며실컷울고십흔대로울엇다아아! 나의罪업는눈물ㅣ너는나의동모이다　나의위로이다　나의모든슬품을씻서다고…

情恨綿綿한大邱市야

너잘잇거라나는간다!

몃時間後에나는어두운밤凄凉한汽笛소래와함께大邱를作別하고모든나에게親切을주시던여러분에게머리를조와感謝하얏다車안에는畏友金雨英氏와함께내려갓던西洋人二名과朝鮮人看護婦한명이탓다車에오를때에一名의西洋人이내압흘지나車에올느려다가不知中나의몸을건듸리고그는푸른눈에未安한同情을가득히씌이고容恕하야달나고머리를조와인사한다아! 溫良恭虔한그들의態度! 하나님의恩惠만히밧으소서이러하야나에게만흔늣김과우름을주든大邱와도作別하고말앗다　山은疊々물은重々! 너잘잇거라나는간다(完)

五

어머니를뵈옵고

柳光烈

머리가압흐다四肢가압흐다아々잔약한몸에병이든것이로다압흔몸을자리에누은지몃時間이나지낫는지나는어렴풋이잠이드럿다

나는어느곳에를왓다자세보닛가어려서살든곳이다나의마음은무엇이라말할수업시신산스

렵다이ᄯᅢ에나는우연히저편에서十餘年前에도라가신어머니를뵈왓다아々ㅣ이ᄯᅢᄭᅡ지도라가신줄만알든어머님을뵈왓다나는엇더케반가웁든지와락그압흐로달녀들며부지중목을노하울엇다그러고어머니가엇더케오섯소하는말을하려도입이ᄯᅥ러지지아니하고말이되지아니한다이럿케애를몹시ᄡᅳ는데도어머님은역시반가워하는긔석도업시가마니잇슬ᄲᅮᆫ이다나는이ᄯᅢ에ᄯᅩ다시가슴을ᄶᅵᆺ는듯한야속한싱각이드러서ᄯᅩ다시어머니압헤업듸리어목을노아울엇다이러하다울음으로내처ᄭᅢ이넛가어머니는간곳업고초저녁에켜노앗든촉불이어는틈에다다랏는지방은캄々한데홀노病席에누엇다

몸에는식은ᄯᅡᆷ이흐르고입살은타드러간다물을좀마시고자머리맛흘보닛가엇저녁약먹고나서양치질하든물이한목음쯤나마잇다나는그렁수한목음을드려마시고다시벼개에누으며하염업시흐르는눈물이작구ᄡᅳ다진다밤은몃時나되얏는지四方은잠々하고뉘집어린아해가우는지처량한어린아해우는소릐가들닐ᄲᅮᆫ이다눈물저즌벼개를다시한번돌처누으며『밤이어는ᄯᅢ나되얏나』할ᄯᅢ에새벽닭우는소릐가들니인다밤도지리하기도하다나는다시잠이들어서앗ᄭᅡ맛낫든어머님을다시한번뵈옵고한마듸의말이라도하고십흔마음에련해도라누으며잠오기를바랏스나도모지잠이오지아니한다

十餘年前에이자식이十二歲ᄯᅢ에도라가신어머님이시어ㅣ어머님도라가신지가엇그제갓고하다가하다가못하야서어머님마조막운명하실ᄯᅢ샛기손가락잘으고울든일이앗가일갓치분명한데어머님도라가신지가벌서십여년이되엿습니다참으로歲月가치지리한것은업고歲月가치쉬운것은업도소이다어머니사라계실ᄯᅢ에는어머님만도라가시면저도ᄯᅡ라죽을듯하얏더니이못싱긴자식은그릐도세상에서웃을일보면웃고깃분일보면깃버도하얏나이다어머님이마즈막으로운명하실ᄯᅢ에울며드려다보는저에게『나죽으면저게엇지사나』하시든이자식은커닷케자

라서所謂社會에나서서도라다니나이다그러나저는어머님이도라가신후에다시어머님가치저를사랑하야주는사람을보지못하얏습니다고단한신세가뭇칠곳업시東으로西으로도라다니며그럭도살녀고애쓰나이다어머니의젓곡지를물든그입으로日語와英語도짓거리고어머님의쌋뜻한무릅우에안겨어리광부리든그손으로펜을잡게되엿나이다어머님의한편젓곡지를물고한편젓곡지를누가쌔서갈듯이움켜쥐든그손으로職務를다하고자애쓰나이다

그러나어머님ㅣ저는이세상에살수업습니다이럿케슬퍼서는살수업습니다세상에서아모慰安을엇지못한저는歲月이쬑으나지리하옵니다세월지내기가어렵습니다견듸기어렵습니다하로면하로살기가지리하고잇흘이면잇흘살기가지리하옵니다낫이면그림자를물고밤이면눈물싯고지향업시도라다니는저는참으로歲月이지리하옵니다사닛가살지살자고사는것은아니로소이다서른사정은말할곳업고압흔가슴은호소할곧업서싸히고서린대로세월을보내나이다

한시나반시나모진잠들기젼에는어머님을닛지못하지마는더욱客舘에병드러누엇슬때에는어머님싱각이간절하야지나이다어머님의부드러운손이그리워지나이다

길에서어머님얼골과모습만갓흔부인을보아도반가옵습니다저그번에도길에서어머님갓흔婦人을보고알수업시뒤를싸라가다가그婦人이획도라볼때에視線이마조치며곳저는눈물짓고도라섯나이다

하도세상이귀치안코설은일이잇슬때에는어머니의산소에가서실컷울고나면모든슬품이다ㅣ사라지는듯하옵니다좀속이싀원하야지옵니다

이럿케간절히사모하는어머님의얼골이무슨연고로병중꿈속에얼뜻보히어저의情緖를散亂케하시나니잇가?

어머님地下에게십닛가天國에게시옵닛가?어대든지조흐니불너주십시요天國에게시면天

國으로地下에계시면地下로어머니계신데로따라가겟슴니다

저는이세상을떠나기에아모것도앗가운것이업슴니다

남들은金錢이잇다하야金錢을앗가워하나이다남들은地位와名望이잇다하야地位와名望을앗가워하나이다남들은愛人이잇다하야愛人을앗가워하나이다그러나저는그러한가계중에아모것도업나이다

무엇을爲하야이세상이떠나기어렵깃슴닛가무엇이앗가워이세상을못놋고놋키를어려워하리잇가?

이자석의근원성활은하로도세번식죽음을생각할뿐이로소이다정따운어머니시여당신의계신곳을따라가려하나이다

우리어머니가나를나시든곳은漢江下流조고마한漁村이엇다내가그곳에서날때에는그마을은불너서洛下이라하얏다近日에드르닛가검은옷닙은분네들도그곳을불너崇賢面洛河里라고한다더라검음한골자구니에방편가으로산이잇고가운데에는논이잇스며산빗탈은풀(草)것우에게(蟹)색지가기저은茅屋들이벌려잇다

골자구니를세고한참나가면게빗江岸에흰돌것우에적은漁船이두어척々々써잇다

이러한거츠른江村中에도내가나든집은第一적고第一초라한집이엇다집웅은볏해들헤여이지못하야비들성마전에이면비가새이엇섯다울안에는몃百歲나묵은古木인지콜참나무가하나섯섯다해질써에는그콜참나무가西窓의해빗을어리위엇섯다우리아버지는漢學者이요우리어머니는漁父의쌀이엇다우리아버지는량반이요우리어머니는常人이엇다아버지는寬大한老人이요어머니는仁慈한婦人이엇다내가세상에날째에는아버지의나희는마흔다섯이요어머니의나희는설흔다섯이엇스니夫婦間에나희가十歲나틀니섯다내가키잇게자란후에어머니에게그理

由를물으닛가어머님은우스시면서自己가後娶로드러오섯다고말슴하시더라

내우흐로누의님세사람이잇섯다는데맛누의님은내가나기전에싀집은가고엿섯고둘재누의님은내가나기전해에세상을떠낫다고한다셋재누의님이나를길너주고다니며놀고나와갈써호든사람이다그러나세분누의중에내가나든전해에도라가신누의님이第一재조잇고第一령리하얏다고한다하여간그가도라가든해에나희가十四歲이엿다는데小學과孟子를能通하얏다고한다女子敎育이發達되지안흔그째에十四五歲의女子가小學、孟子를아는것이그리神奇한것이엿겟스나그째는甲午年日淸戰爭이거우지내고세상은발롱가치어둡든때인줄을記憶하라

우리어머니는한편으로한업시仁慈하시면서도한편으로는한업시욕심이잇섯다하고불상한사람에게同情도하얏스나갓흔處地에잇는사람에게지수안이하고자하는性質이잇섯다우리父母外에우리집에잘오기는우리三寸숙자근아버지이엿다그는才操가만흔代身에경우輕薄하얏다내가六七歲째에그가도라갓슴으로그의얼골을잘記憶할수업스나그의얼골은얽고그의키가작으며그의行動의輕薄한줄은알겟다그러나그는自慢心이富한者이엿다곤도자긔가第一잘하고말뿐도자긔가第一조흔줄로自處하얏다

저지안으며는어머니는自慢心만흔자근아버지를보은말뿐한분은常人그들사이에는잘衝突이잇섯다어머니는자근아버지를輕薄한男子이요주착이업고外볼고品行이不端正하다고非難하얏스며자근아버지는어머니를가리처엇는漁父의딸이요욕심만흔婦人이라하얏다그러하야그들은恒常反目하얏다反目의最初原因은자근아버지가어머니를常人이라고輕蔑하야주머니라고불으기를질기지아니하고간난어머니라부르는까닭이다그러하야凡事에남에게지지안는어머니도亦是그를간난이三寸이라고불넛다고한다　아아ㅣ무서운階級의弊害이여！

내우흐로누의님만잇고男子가업슴으로父母께서들은편애를쓰섯다고한다그러하야그들은잘

山푸르고물맑은그윽한곳으로다니시며祈禱를올니섯다고한다그러니나의둘재누의님이나나든前해에도라갓슴으로어머님은그로하야상성을하시고병저눕게되섯다고한다참으로도라간둘재누의님은쌔제조가잇고얼골도第一어엿부게싱겻섯다고한다그리하야아버지나어머니가그쌀을제일잘가르치고자하신듯하다내가칠난후싸지어머니가바누질하실쌔이면『그애는엇더케나를모라치는지자식이라도야속할쌔가잇섯다』고하시는말슴으로足히그의어린재조가어머니를凌駕하얏든줄알겟다

그가병들어죽은후에어머니는애절복전을하시다가그여히病席에누으시고神經이極度로衰弱하서서새벽에닭우는소릐만드러도가슴이압프섯다고한다그를싱각다싱각다못하야恒常산밋바위에終日이라도안저서해지는줄도모르고지내섯다고한다내가어머니배속에드러잇슬쌔에어머니는이럿케눈물로歲月을보내고神經病으로괴로워하엿다고한다이럴쌔에내가나서어머님에게는큰위로가되섯다父母兩位가퍽으나깃버하섯다父母뿐아니라洞里婦人들싸지나를귀여워하얏다어머니가나를업고이웃집에가면여러婦人들이나를팔(腕)로부터팔(腕)로안아돌니엇다

두살싸지는意識이업섯스나세살부터는무엇이나좀알게되엿다어머니가마당에서절구질할쌔이면나는방에서작란감을가지고마음대로노랏다놀다가疲困하야얼마쯤자다가깨게되면어는틈에인지어머니가드러와서『에그우리입분강아진가미운강아진가? 푸지게도자고낫다』하시면서내얼골에입을맛추어주섯다어머니가부억에서일할쌔든지마당에서일할쌔든지내가젓이먹고십흘쌔에는울엇다한번우러서안드러오면나는문득분로하얏다

어머니는힝주치마에물무든손을련해씨스며드러오서서젓곡지를내게물린다나는분하든숫해하얏케난두개압니쌀로어머님의젓곡지를쑥물엇다어머니는별안간얼골을씽그리고『아야

ㅣ이자식아압호다』하시면서손으로내의뺨을절컥때리섯다나는다시『으아』하고울면어머님의쎙그렷든량미간이봄눈슬듯스러지고원얼골에우슴을씌이시면서『오오ㅣ아니다착하다어서ㅣ머』하시면 나는울음을쯧치고젓을실컷빠라먹엇다

赤貧한우리집안에아버지는他鄕에나가서아해들에게漢文을가라치시는것이職業이엿슴으로집에는어머니와어린것들우리男妹뿐이엿다어머니가어는村家에가서일을하시면누의와내가寂々하게놀앗다바로문압해맑은내물이졸々흐른다나의어린마음은늘ㅣ맑은물이조핫섯다노랑저고리에다홍치마입은누의와붉은저고리에흰두렁치마입은나는잘그내물에서漁父의작란을하면서노랏다나무로민든적은배에붉은당사실의닷줄을느리고유리조각으로키를삼앗다.

이럿케놀기에醉하다가도해가누엿누엿西山으로너머가고저녁해가처량하게서잇는굴참나무의성긘가지를빗취게되면어머니가보고십고젓이먹고십게된다쓸々한夕陽바람이뒤동산에잇는나무가지를흔들어쏴ㅣ하고어대서온벌(蜂)인지벌몃마리가그굴참나무근처를날러다니며잉ㅣ하고우럿섯다이런때에는나는공연히신산스러워서누의에게어머니에게로도라가자고발을동々구르며울엇다누의는나를도라보고우스며입속으로가는게漁夫의노래를부르며압서거럿다내우흐로참척을만히보신父母네들은 나의將來壽命을爲하야퍽ㅣ심려하신듯하다드르닛가내의돌을잡히어소반우에쌀과실과척과기타각식물건을집으라할때에내가실을집은것을제일조와하섯다고하신다이무슨연고이뇨?실은그쯧이한업시긴것을象徵한물건이닛가그것은사람의壽命이긴것을象徵함이요내가그것을집은것은내의壽命이길ㅣ象徵이라고하신다ᄯᅳ내일홈지흘때에父母두분이늘ㅣ마조안저서公論하시다가決局鐘石이라고짓게되섯다자란후에드르닛가이것은아버지의硏究이니警鍾과가치萬人의心臟을울니고金石과가치意志가堅固하라는것이다

바로울타리를隔하야外祖가잇섯다外祖父母도도라가시고外叔父도도라가시고外叔母한분과外四寸한사람과그의妻가잇섯다

外叔母는나히늙고얼골에줄음이잡히고키가작은婦人이엇스며外四寸宅은얼골이살씨고키가크고심술굿게싱긴婦人이엇섯다

外叔母는恒常옥석치마를입고잇슴으로나는그를푸른아주머니라부르고外四寸宅은恒常븕은치마를입고잇슴으로나는그를븕은아주머니라고불럿다

이때에나는恒常어른이되고십헛다。웨그런지모르게어른이부럽고어린아해노릇하기가실혓다。

누의와내가둘이섯슬때에어마님은누구에게말하시는것인시모르게村家에가서무엇을엇어오라고부탁하신다。그럴때에나는내가먼저가고자다름질하얏다그러나어머님은나의하는양

보고우스시면서『네와짓것이무엇을하겟니 누의가하게하여라』하신다이럴때에나는일시에슬푼마음이낫섯다

엇더한첫가을이라일시는土石을녹일듯하든더위도차々풀려가고아침저녁으로산들거리는가을바람이불때이엇다뒤동산무성한樹木에『매암々々매암』창자를쓴는듯매암이의소리가들닐때이엇다압마당에는베여다논풀들이수둑수둑말랏섯다누의는말을가서집에업고어머니는웃지도안코寂々하게무슨일을하시더니심々하게안젓는나를힐끗도라다보시며마당에너른나무를안아드리라고하신다나는엇지좃튼지곳나서려고하닛가어머님은우스시면서잘々울리는나의두령치마를벗겨주신다나는쒸여나가一時에한아름을어른이하듯이듬뿍안앗스나죄ㅣ쌔지고남은것은몃올되지아니한다 이모양을보고어머님은또우스시면서『조금식조금식』하시면서고개를쓰덕이고나를놀니섯다나는이날종일조핫섯다나도인제는일하얏다하고든々한

듯한깃붐이내가슴에充滿하얏다

우리집은貧寒하고外家는富裕함으로그집반찬은늘ㅣ우리집반찬보다조핫섯다

나의나시례하게난검은머리를어머니가실을드려싸주섯슴으로머리에느려진자주빗실을나팔거리며잘그집에놀러갓섯다。 나는밥을먹고나서그집을갓슬때에外叔母가진지를잡수시며『너ㅣ밥먹엇니』하실때에나는밥이더먹고십흔마음이나서부른배를감추고고개를흔들엇다 그러나그것은失敗이엇다붉은아주머니가우리집으로향하야『아주머니이애밥먹엇서요?』하고물엇다어머니는우리집에서『그애아츰먹고갓다』하신다。 푸른아주머니와붉은아주머니는일시에나를보고쌀々웃는다나는侮辱當한듯이얼골이쌜기지며집으로도라왓다。 이러하야나는人生으로처음거짓말을하야보고거즛말도쓸데업는줄도알게되엿다

어느날은外家의마당에베여너른풀나무가만핫다어머니는부억에서일하다가나오시더니봉당에서노는나에게불막때로外家마당을가라치며가서안아오라고하신다 나는수가난듯이뛰여가서한아름을안앗슬때에붉은아주머니에게들키엇다그는우스며눈을흘기고나를싹지젓다 나는엇지무안하든지안앗든나무를그자리에놋코우리집으로뛰여갓다、 어머니도작구웃는다 이러하야세상에난후에처음으로도적질을하야보앗다네살먹든해정월이라누의와나는다가치무식드린새옷을입고웃말로歲拜를갓섯다 歲拜는엇더케하얏든지맛치고누의가그집婦人과이약이할동안에나는뒤문을열고울안에나섯다그집울안에는쑛쑛하게자란옷나무몃주가서서잇섯다 나는이때문득작년녀름에村아해들이송(松)긔나무를써거벳기어죽죽훌터먹든일이생각낫다 나는얼는그것을시험하야보려하얏다 만일천천히하다가는누의가干涉할터이닛가그가보기전에얼른하리라하엿다

한줄기를얼는써거섭질을벳기고입으로죽죽훌터먹으며드러왓다 나는큰成功을한듯이自

慢하얏섯다 누의는그러놀라지아니하고『저애가무엇을먹어』하얏스나그집부인은질석을하며얼는그막대를쌔서내버리고나에게향하야입을버리며삼키지아니하얏느냐고물엇섯다。

나는만히먹엇다고하닛가그婦人의얼골은더욱蒼白하얏섯다。이러하야죄업는누의넘은어머님에게매를맛고나는옷이올나서十餘日을病床에呻吟하얏다이呻吟中에잣과호도를만히사가지고나를訪問한靑年이잇섯다。後에아닛가그는나의七寸再堂姪이엇섯나니우리門中에는가장먼저新思想를理解한사람이요나를잘引導한사람이라

그러나그후나의이러한시험은긋치지아니하얏다。엇더한봄날이엇다누의와나는문압내물근너논뚝에가서풀을뜻으며놀다가도라오는길이엇다。누의는적은내물을근너뛰면서나를도라보고『너는좀기다려어ㅣ내가다리를노아줄터이니』하고 굵은돌을차지러다니엇섯다。나는이때얼는싱각하기를누의가근너가는것을내가근너가지못할려가업다하고얼핏건너뛰엿다그러나나의발은그대로물에써러지고나는두령치마를입은대로물에너머젓다 누의는돌아보고얼골이새파랏캐질리어나를쓰러내이며눈에는눈물이핑치엇섯다、누의는원망스러운語調로『왜아해가남의말을그럿캐듯지아니하녀 재까짓것이엇더캐그곳을근너뛰겟다고』하면서『또어머니에게꾸중듯겟다』하고우럿다 나는슬품과붓그럼이한데발하야울엇다

어머니는들(野)로나물을캐러가고집에업섯다 나는終日어머니가보고십헛다 그러하야놀지도안코문압헤서서洞口를바라보며어머니오시기를기다렷섯다해는젓는대어머니는아즉도라오시지안는다북녁하늘에검은구름한장이쓸쓸돌더니바람이지동치듯불고비방울이와수수써러지기시작하얏다아즉도어머니는아니도라오신다 나와누의는비를피하야방안에드러가안젓다 나는이때눈에서더운눈물이흘렷다비는한참내리부엇다비가잠간씃친후에누의는별안간『저긔어머니가오신다』하고반석을하야뛰여나간다。나도뛰여나갓스나 가슴에는

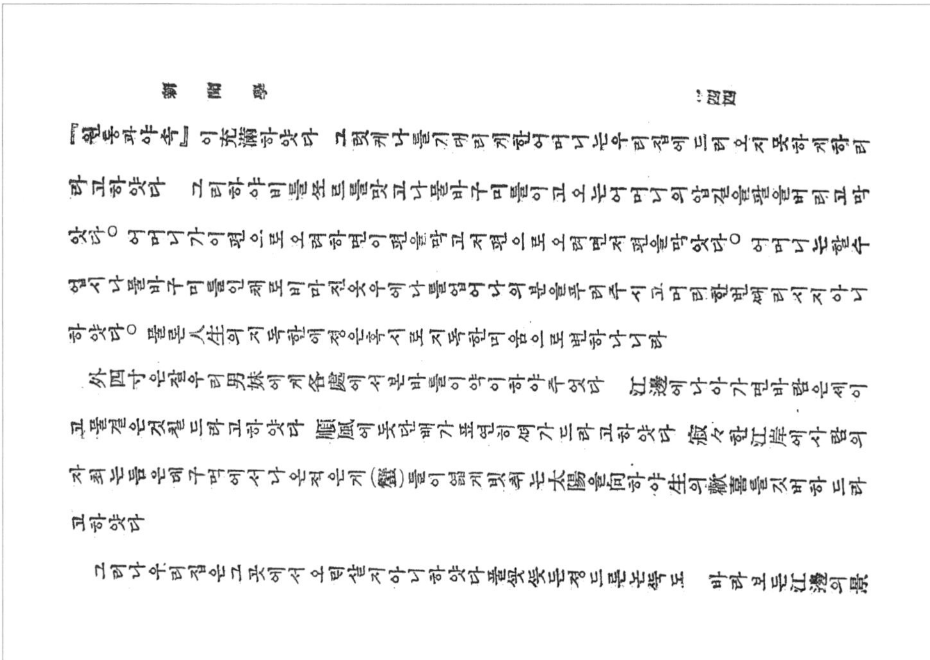

『원둥과야속』이充滿하얏다 그렷케나를기대리게한어머니는우리집에드러오지못하게하리라고하얏다 그리하야비를쪼르를맛고나물바구미를이고오는어머니의압길을팔을버리고막앗다。어머니가이편으로오려하면이편을막고저편으로오려면저편을막앗다。어머니는할수업시나물바구미를인채로비마진옷우에나를업어나의분을푸러주시고머리한번쌔리시지아니하얏다。물론人生의지독한애정은후시로지독한미움으로변하나니라

外四寸은잘우리男妹에게各處에서본바를이약이하야주엇다 江邊에나아가면바람은세이고물결은것칠드라고하얏다 順風에돗단배가표연히써가드라고하얏다 寂々한江岸에사람의자최는듬은데구먹에서나온적은게(蟹)들이엽게빗취는太陽을向하야生의歡喜를깃버하드라고하얏다

그러나우리집은그곳에서오릐살지아니하얏다 풀쑥쑥든정드른논뚝도 바라보든江邊의景

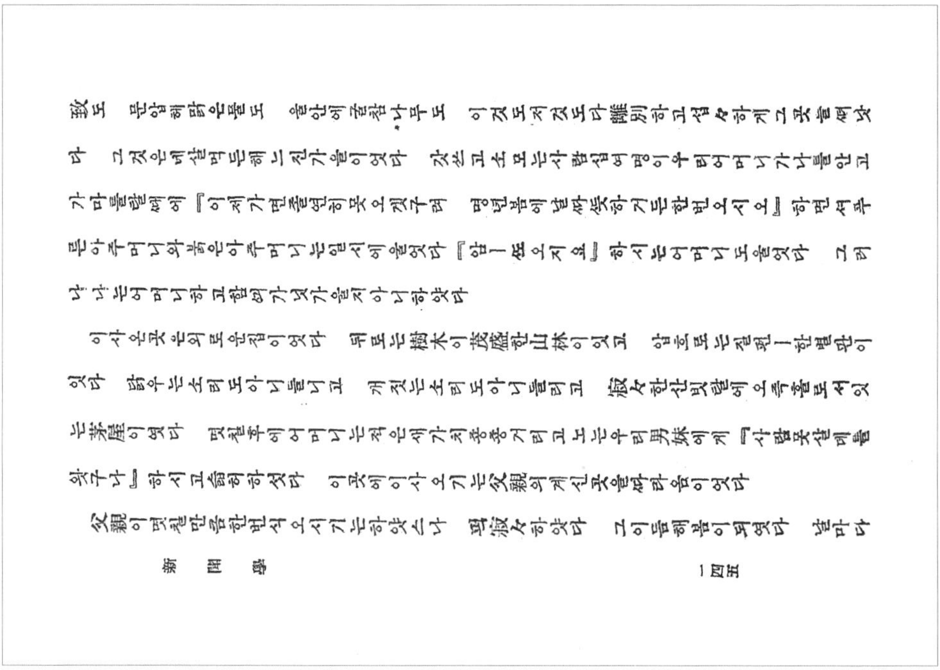

致도 문압해맑은물도 울안에굴참나무도 이것도저것도다離別하고섭々하게그곳을써낫다 그것은네살먹든해느진가을이엇다 갓쓰고소모는사람십여명이우리어머니가나를안고가마를탈쌔에『이제가면졸연히못오겟구려 명년봄에날싸뜻하거든한번오시오』하면서푸른아주머니와붉은아주머니는일시에울엇다『압ㅣ또오지요』하시는어머니도울엇다 그러나나는어머니하고함쎄가녓가울지아니하얏다

이사온곳은외로운집이엇다 뒤로는樹木이茂盛한山林이잇고 압호로는질펀ㅣ한별판이잇다 닭우는소리도아니들니고 개짓는소리도아니들리고 寂々한산빗탈에오족홀로서잇는茅屋이엿다 몃칠후에어머니는적은새가치쫑쫑거리고노는우리男妹에게『사람못살데를왓구나』하시고슯허하섯다 이곳에이사오기는父親의계신곳을싸라옴이엇다

父親이몃칠만큼한번식오시기는하얏스나 퍽寂々하얏다 그이듬해봄이되엿다 날마다

날마다온화한봄바람이불고짜듯한해빗이 어떤든쌍을녹인다 산기슭잔듸밧헤는파릇파릇새싹이머리를들고 문압논뚝에는할미꼿(老姑草花)이수업시픠엿섯다 나는이집에온후로변으로사람이그리워젓다 그리하야어머니압흘떠나지아니하엿다 밤을자고깨이면벼개머리에선명한아참해빗이드리빗친다 누의와나는아참밥을먹은후에그논뚝에나가서할미꼿을뜻으면서놀핫섯다 누의는논뚝에서풀꼿을뜻으면서군소리를하얏다『산도설고물도선데누구를바라고여긔를왓나』

이노릐를哀然한調子로부를때는 나도웨ㅣ그런지모르게울뜻하게슯허섯다

어느날은突然히外四寸이왓다 마당에서놀든우리男妹는너무조와서一時에쒸여가서그의옷자락에달리엇다 나는그를붓들고그에게서그먼데를(略三十里)엇더케왓느냐고물으닛가그는우스며거러왓다고하면서 나를안아주엇다 오릐잇다보닛가퍽ㅣ반가웟다 나는고개를기웃거리며조하하얏다 그러나그는그잇흔날집으로도라간다고한다 우리들이가지말라고붓드닛가그는섭섭한듯이뒤동산에가서철죽꼿을뜻어다주며이꼿을병에꼿고이꼿에벌이오거던내가올줄알라고하얏다그러나그꼿에벌은몃번이나왓지마는外四寸은다시오지아니하얏다

겨울이되면하늘은쌔ㅣ하게흐리고쌀쌀한겨울바람이落葉진뒤산樹木을흔드러처량한소릐를發한다 저녁을일즉해먹고어머니와누의와내가화로불을쐬고마조안즈면변으로寂々하얏다 어머니는『오늘도아버지가아니오시는구나』하얏다 바람은쏴ㅣ하고불어닷처잇는大門을덜컹〳〵소릐를내인다 그소릐가유란스럽게처량하얏다 우리男妹는견딜수업시심심하야어머니에게小說을읽어들려달라하얏다 어머니는잘국문소설九雲夢、三國誌、悔心曲을읽혀들려주섯다 어머니는참小說을잘보섯다물흘러가는듯하얏섯다그중에도悔心曲에人生이죽어저승길을거러갈때에열두대문을드러갈때사자들이人生의등을鐵片으로울닐때에압

흠에못견듸는人生은『인졍쓰오 인졍쓰오 사자넘아』하는구졀에이트러는 누의와내눈에一時에눈물이어리엇섯다

우리男妹의마음은一時에어두어진다 금시에지부왕이낫하나는듯하고 금시에렴라대왕이낫하나는듯하얏다 窓外의風聲은여젼히요란하야언덕에싸히엇든積雪을날리어定處업시모라간다 온집안은陰鬱한대 부억에서는고양이한마리가『야웅ㅣ야웅ㅣ』우는소릭더욱처참하다 一陣의찬바람이몰녀와서해여저떠러진문풍지를잉ㅣ하고울리면 온방안에는쌀쌀한冷氣가돌고깜박깜박하는석유등불이써질듯이나붓긴다 이럴때에누의는손으로써지는불을황망히가리엇섯다 얼마동안듯다가우리들이졸리어서하품을자조하게되면 어머니는『고만자자ㅣ』하시면서이불을내려쌀고 적은새가어미새의날개밋흐로드러가듯이 나는어머니가슴에얼골을폭파뭇고잣섯다

잇다금아버지가집에도라오시면우리집안은구석구석깃분빗이물결친다질거운우슴소릭적적하든방을화긔롭게변한다 아버지는우리들에게먼저반졀을써서가르처주섯다나는열는쌔치엇스나누의는나보다뒤졋섯다어느날새벽에빗갓헤는눈이하얏케싸히엿는데누의와나는국문밧침을하야보앗다내가하고난후에누의가하야보다가잘못하얏다아버지는『네그년매를좀마저야하겟군』하시고나를도라다보시면서『너나가서휘추리한개해오나라』하섯다나는누의의매맛는모양을보려고얼는매두개를하야다노핫다 누의는내가매를들고드러오자마자흙흙늣기어울기를시작하얏다누의마음에는평소에다리고다니며논보람업시그럿케얄미웁게하는것이야속하야하는듯하얏다 나는심즁으로잘못하얏구나불상하구나하고후회하얏다아버지는『이년매를맛기도젼에울기부터해』하시고하염업시우스섯다

이해겨울에나에게는동싱이싱겻다어머니는작난감가치된적은어린애를씨고압뒤로병풍을

치고이불을쓰고몃날몃밤을지내엇다

이ᄲᅢ에그의얼골은부석부석부엇섯다 나는이ᄲᅢ어머니를남에게ᄲᅢᆨ앗김이슬푸지아니함은아니로되어머니가나를보시며『이애기가네동싱이다귀애하여라』하실ᄲᅢ에나는인제는점잔케되엿스닛가하는마음으로위로하얏다 그러나어머니의이말슴끗헤웬일인지눈물이쏘다젓다 어머니는이눈치를아시고『자식도ㅣ』하시면서우스섯다

그러나그아해는오릐살지아니하얏다百日이라는짜른시간을양지바른우리집에生을누리다가 검고푸른저세상으로 다시도라간것이다 나는밧갓헤셔놀다가도 잘방으로뛰여드러가며『나는드러가어란아해보겟다』하얏다 그러나그애가불붓는듯이항상우럿섯다 어머니는근심스러운듯이어린애를안고방안으로徃來하섯다 그러나그애는울음을긋치지안는다 엇절줄을몰으시는어머니는나종에는어린애를안은채로눈물좃차흘니섯다 그애가경긔를하다가죽을림시에는컴컴한등잔불아릭에어머니는몃날몃밤을새이섯다죽으려고그랫든지그애는조곰경긔를긋치면비죽비죽울기도하얏다 드려다보시는어머니는『어미젓을못먹고죽겟스닛가서러서우니』하시면서목이뮈여말쯧을맛치지못하시고 쏘다지는눈물을치마자락을드러씨스섯다

청명시절이도라왓는지근심을쐬인창문밧게는눈물가튼봄비쌀이소소히ᄲᅧ란다 엇저녁에어린애를뭇은어머니는종일늣겨가며우럿다 아버지도寂々하게안경을쓰시고古書를보섯다 그들의얼골에는一時에우숨이업서젓다 서리마즌풀밧가치荒冷하얏섯다 잔약한人生이死를對하면恒常이러하니라

소릭도업시해가떠서소릭도업시해가지기를몃날몃밤이나지나갓는지山밋茅屋에는또다시봄이차젓다 江南의제비는녯깃을차저오고건넌산뻑국새는붉게피인철죽쏫에쏘다시피빗을드

러는지처량하게도우럿다어란아해를일흐시고가슴이메여지는듯이슬어하시는어머니는날마다진지도잡숫지아니하시고날로바구미를쎄고들로도가시고내손목을쓸고산에도오르서서지향업시슯흔마음을위로하섯다

時局은日露戰爭이라東洋의風雲이바야흐로急하고黃白의피싸홈이大連灣머리에서재넘이질칠때이다 그때나지금이나가련한우리의살님사리는그러한싸홈한구퉁이도참례치못하고군수품을운전하기위하야조선사람을뽑아보낸다고당시한국정부에서는야단법석이이러낫든모양이다그러하야當時우리交河郡守로잇든尹某는郡守의인뚱이를던질지라도못하겟다고하든때이다그려나그때某郡守某가내가가서뽑아보마고하얏다고한다 그러하야그가뽑으러오는날을긔약하야우리고을民衆은民擾를이르킨것이다아모리아모것도모르는그들이엇지마는그들이모르느니만콤그들의性格은愚痴하얏스며愚痴하니만콤그들의態度는曠野의獅子가치强하얏섯다全郡內에즉시사발통문을돌니어每戶에제일(齊一)히몽치한개식해가지고그郡內長明山으로모히라하얏섯다그것은만일某郡守가오거던一擧에때려죽이고만일그뒤에日兵이몃千名을지라도때려죽일心算이다영문모르는民衆은의긔洋々하게그산으로모히기를無慮數萬名이엇섯다 그러하야某郡守가올때에즉시죽이고자하는瞬間百餘名의日本守備隊가올나오며連發하는銃聲에二三人이피를흘리고걱구러지매엇절줄모르는그들은一齊히痛哭하얏다그들의最初생각은몽치만가지고가면총도쏠대업고칼도쏠데업슬줄아랏섯다 아니라총그것이엇더한것인지칼그것이엇더한것인지도몰랏스리라 그리고총칼가진사람을몽치로때려죽이려다가豫想은버서나고자긔네들만죽으니가엇절줄을모르는그들은一齊히痛哭한것이다 아아가련한것들이여! 나는이原稿를草하면서當時의光景과그들의心理狀態가눈압헤완연히나타나서이를갈며『敎育! 敎育!』부르짓는다 그러나당시交河郡守로잇든尹某가갈녀갈때에

人民은그은혜를감격하야주머니돈을터러石碑를해서세워주엇다더라지금은坡州와合郡이되여그곳邑內도보잘것업는荒凉한村落이되고길청과內舍는경찰서와學校가되고검은옷입은日本사람이적은저자를내게되고이름도모르는巡査나리面書記나리가활개짓을치고다닌다더라그러나봄바람이무심히불지라도가을날구즌비발무심히뿌릴지라도푸른축동연긔자저진곳에민중의정성의눈물이엉긔인頌德碑만은當年의無量한感慨를말하리로다

저녁때먼곳에서그윽하게무수한사람들의우는소리가들님으로어머니와나는뒤동산에올나가서바라보앗다먼곳산빗탈에흰옷입은사람이물결혜여지듯한나맛치적은개아미떼가무수히모히엇다가우리들이발부면희여지듯이——어머님은그심란하신중에도『아이그저를엇저나』하셧다그러나그날그러한소동이잇슨후로일군뽑아간다는말도휘지부지되여버리엇다세상은다시잔잔하게되엿다日淸戰爭을하거나日露戰爭을하거나나는상관업다하는듯이우리집문압

너른벌판에는흰수건쓴農夫가한가하게논을갈고나물을캐는村婦가수업시널너엇섯다

어머니가보시는小說을만히듯는동안에나는하나님을알게되고神仙을알게되고關羽、張飛趙雲가튼날낸장수를알게되엿다、그리하야나의어린마음은恒常하나님을싱각하게되고쟝사중에恒常趙雲을崇拜하얏섯다웨ㅣ그런고하니關羽와張飛가함께陣中에가처잇슬때에趙雲이가와서救援하야주엇다는말이朝鮮文三國誌에잇섯든까닭이다그러고하나님과趙雲을心中으로比較하야보앗섯다그리하야어느때는참다ㅣ못하야누의에게『이애하나님과趙雲을比較하야보면누가낫겟니』하고무럿섯다누의는나희十一歲나되엿섯슴으로고개를기우리고한참성각하더니『긔운만키야趙雲이와하나님이거진갓지마는趙雲이를하나님이내셧스닛가하나님이더나시지』그러나이긔운이거진갓다는『거진』이얼마만한거며가잇는지나는몰낫섯다나는다시참을수업시갑갑하야다시『그러면趙雲이도하나님이사자를보내서잡아가시겟지?』

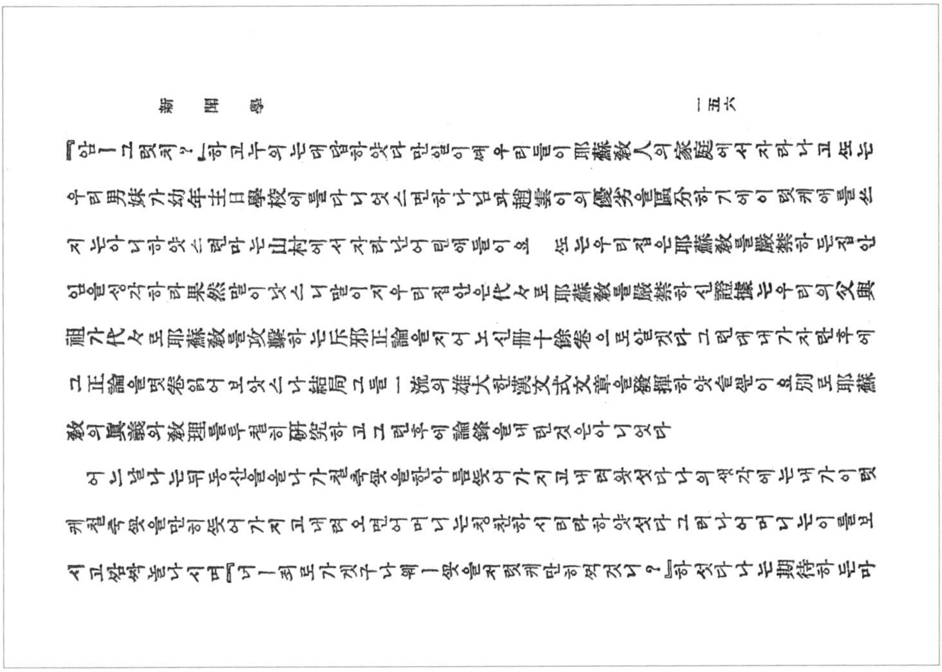

『암ㅣ그럿치?』하고누의는대답하얏다만일이때우리들이耶蘇敎人의家庭에서자라나고또는우리男妹가幼年主日學校에를다니엇스면하나님과趙雲이의優劣을區分하기에이럿케애를쓰지는아니하얏스련마는山村에서자라난어린애들이요 또는우리집은耶蘇敎를嚴禁하든집안임을싱각하라果然말이낫스니말이지우리집안은代々로耶蘇敎를嚴禁하신證據는우리의父與祖가代々로耶蘇敎를攻擊하는斥邪正論을지어노신冊十餘卷으로알겟다그런대내가자란후에그正論을몃卷읽어보앗스나結局그들一流의雄大한漢文式文章을發揮하얏슬뿐이요別로耶蘇敎의眞義와敎理를투철히硏究하고그런후에論鋒을내린것은아니엇다

어느날나는뒤동산을올나가칠축쏫을한아름뜻어가지고내려왓섯다나의생각에는내가이럿케칠축쏫을만히뜻어가지고내려오면어머니는칭찬하시리라하얏섯다그러나어머니는이를보시고깜짝놀나시며『너ㅣ죄로가겟구나웨ㅣ쏫을저럿케만히썩것니?』하섯다나는期待하든마

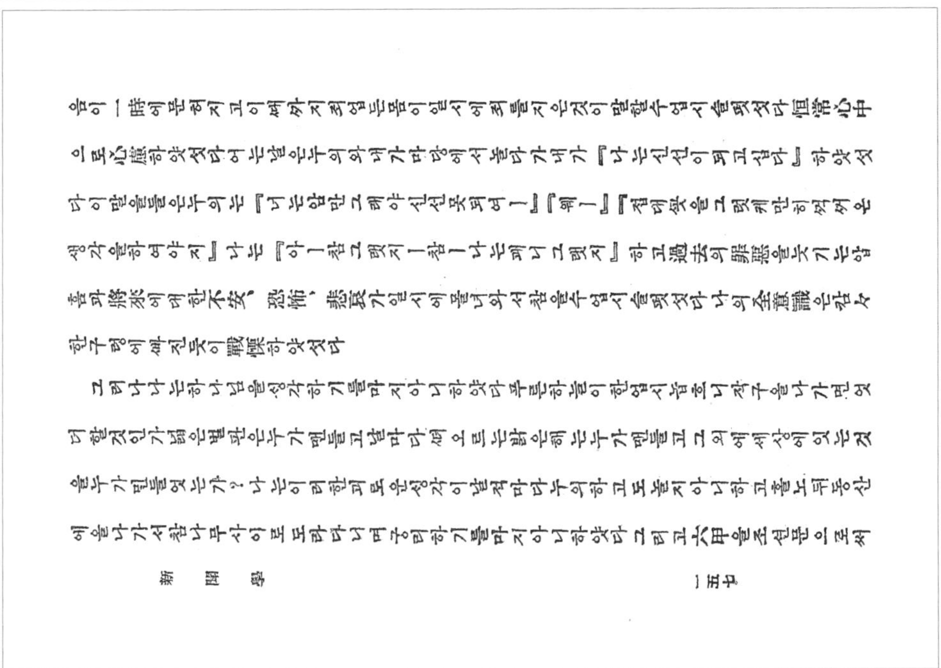

음이一時에문허지고이때까지죄업든몸이일시에죄를지은것이말할수업시슬펏섯다恒常心中으로心慮하얏섯다어는날은누의와내가마당에서놀다가내가『나는신선이되고십다』하얏섯다이말을들은누의는『너는암만그래야신선못되여ㅣ』『웨ㅣ』『절대쏫을그럿케만히썩써온생각을하여야지』나는『아ㅣ참그랫지ㅣ참ㅣ나는괘니그랫지』하고過去의罪惡을늣기는압흠과將來에대한不安、恐怖、悲哀가일시에몰녀와서참을수업시슬펏섯다나의全意識은캄々한구렁에빠진듯이戰慄하얏섯다

그러나나는하나님을싱각하기를마지아니하얏다푸른하늘이한업시놉흐니작구올나가면엇더할것인가넓은벌판은누가맨들고날마다떠오르는밝은해는누가맨들고그외에세상에잇는것을누가맨들엇는가?나는이러한괴로운싱각이날적마다누의하고도놀지아니하고홀노뒤동산에올나가서참나무사이로도라다니며궁리하기를마지아니하얏다그리고六甲을조선문으로써

서배호기도하고 東西南北과날수가는것 달수가는것 이여러가지를나는알지못하야서애를썻다어머니가아르켜주시면 나는이불속에서도손을ᄲᅩᆸ아가며외여보앗섯다

잔병이만흔나는다섯살이되도록글을배호지못하다가여섯살먹든해봄에야처음으로千字를배호기始作하얏다 그ᄯᅢ는다소간외일재조가잇섯슴으로두줄을배화도외우고넉줄을배화도외우기는하얏스나나는글이읽기실혓섯다 그러하야 그럭저럭외울공부를한후에는밧그로나가놀기만하얏섯다 그러하야어머니는나를글을읽게하는수단으로내가항상조와하는조청을고와두고글한번읽고한숫갈식ᄯᅥ먹으라하섯다 그러하야나는조청을먹고십흔욕심에열는々한번식읽고그것을ᄯᅥ먹엇섯다 칙장과글줄도잇지안는다 (槃業所基) 지금도묵은칙속에서 그칙을ᄭᅳ내보다가주착업는내가조청을훌넌흔적을보고는피훌넌흔적을보는것보다나의가슴이더압흐다 ᄯᅳ거운눈물이칙장을적신다

그러나그것도오릭계속지못하얏다 봄철이지나가고녀름철이되면서나는해마다알른복학으로ᄯᅩ다시고싱하게되엿다어머니는잘일흔아참이면나를ᄭᆡ이어업고너멋말로가서침을맛처가지고도라오시엇다어둑々々하야서잠을깨이어서커거등에업히면항상그맛기실흔침을마지러가서맛고나서도라올ᄯᅢ이면해가훨신퍼진다 그것은엇더한녀름날이엇다 산언덕연두석잔듸밧헤구슬가튼아참이슬이선명한해빗을밧아한이업시곱게보힐ᄯᅢ이다 나는항상나를ᄭᆡ히어침을맛치는어머니가원망스럽고뮈웟섯다 처음에는『너하고십흔대로하려무나』하시더니五里나되는산길을오는동안에한결가치 그러닛가나중에는참을수업스시던지풀밧에나를내려노흐시며『어미는너를뮈워서그러니 다ㅣ너를위해서그러지』하시고눈물이흐르섯다 나는이ᄯᅢ어머님의눈을보고치미러올나오는더운눈물이압흘가리엇섯다 후회의눈물인지슯흠의눈물인지나는ᄭᅡ닭을몰낫섯다

머리가압하도어머니가만져주면낫는듯하얏다　배가압하도어머니가쓸어주면낫는듯하얏섯다무슨병에든지、어머니의근심스러운눈치、정다운우슴、정성을다하는간호、부드러운손길、이모든것이나에게는달고맑은힝복의나를믿들게하신다자다가도어머니가엽헤눕지아니하섯스면섭々해서울엇섯다어렴풋한잠속에도손길만다아도어머니인줄알고목소리만들어도어머니인줄안다맛잇는음식을보시면당신은못잡수서도허리춤에너허다주시고고흔무식을보아도나만입히시고쌋뜻한료에나를누히셧다그리하야나는어머니를하로도떠나지못하얏다어대가서늣게만도라오서도나는울엇섯다엇던때는머리를빗기실혀서내가울때에어머니가『머리풀고울면어미죽는단다』하실때에나는나오는울음을참고금시에눈물을거두엇섯다

겨울밤희미한등잔불이고요하게방안을빗취울때이면나는잘경거로父母의간장을녹이엇섯다내가經攣이심하야죽을듯이될때에아버지와어머니가번가라가며불러보섯다나는정신이업다가도그들의불으는소릭를알아듯고『옹』하는대답을하얏섯다어머니의불으는소릭는울음이석기인목소릭이엇다

얼마동안알타가피곤한눈을써서방안을스르를둘너보면수심을씌인등불이싼ㅣ히방안을빗취고애를태이시는어머니가悄然히안저계시다내엽해노힌화로에는숙늉그릇과약그릇이잇서하얀김이오르고방안에는약내음새가가득하다어머니는나의눈뜨는것을보시면한이업시반가워하시며『이제는압흐지안으니』하시고근심스러운듯이무르시면나는타드러간입살을혀로축이며『아니ㅣ』하고고개를흔드럿섯다이것을보신어머니는애석한듯이숙늉을한숫갈써서내입에너허주신다어머니는아버지에게『밤이어느때나되엿슬가?』아버지는『글세ㅣ』『먼저좀누흐시구려』『아마이제는더하지안켓지』밤은번으로조용하얏섯다

일곱살먹은해봄에그산밋茅屋을써나게되닛가정다워보힌다그리하야몃번이나도라보앗섯

다새로온곳은적은村落이엇다한가한봄날이집웅을빗취는대十餘戶의草家집이벌려잇고마당에는흔히흰수건쓴村婦人이十餘名式느러안저집흘썰고잇섯다이촌으로온지몃칠이되지아니하야누의와나는이촌아해들과사괴이게되고이해에나의둘재동싱이낫다

이웃집에는연두석저고리에다홍치마노랑저고리에다홍치마입은처녀가이삼인씩잇섯다수명가치맑은가을달이빗취고집々에다듬이소릐가요란하며저편산언덕의동빅나무가달빗을밧아어스름ㅣ한그늘을지은때이다누의와나와이웃집처녀들은잘숨박곱질을하면서놀앗다나는어릴때에는퍽마음이조용하야처녀들하고놀기를조와하얏섯다이것은물론내가누의를너무싸라단인영향도잇지마는

섯달이되면나는설이퍽기다려젓다식동저고리입고썩국먹고아아깃거운설! 어서왓스면하고매일새벽이면이불속에서도손을꼽아가며인제아흐레남앗다열하로남앗다하고처보앗섯다

겨울밤단잠을실컷자고깨이면어머니는내설베임을다듬으신다그리지안아도애쓰시는어머니에게나는몃번이나당부하얏다

『어머니ㅣ아주내옷이제일좃케다드머주오』하고또무석을드릴때이면나는어머니에게청하얏섯다아못조록네저고리를새쌜것케드려달나고그리하야붉은물감을풀때이면나의마음은쒸엿섯다눈빗가튼옥양목이쌜것케드려나와셔줄에걸닐때에마음이쒸엇섯다오석이령롱한허리씌를보고조와하고금자빅인갑사당긔를보고조와하고연두석주머니쓴보고조와하고파란단임을보고조와하얏섯다그러나누의는그럿치못하얏다무석도내가다드린후에드리엇슴으로누의치마는항상붉으뎅々한薄紅色이엇다이리하야누의는설에그치마를입지안코운일도잇섯다

정월이되면사내아해는사내아해끼리처녀는처녀끼리몰녀다니며놀앗섯다그러나나는흔히누의를짜라다니며처녀틈에서놀앗섯다그들의셩풍하게노는작란은가락지노름『가락지노름

이라함은가락지를가지고치마속에한참느헛다가움켜쥔손을내노흐며『어느손에잇겟니』하고물어서누구든지『이손에잇다』하야서마츠면그맛친사람이하게되고만일못맛치면그사람이계속하야하는것이라』천진란만한어엽분처녀들은이럿케손을내놋타가만일맛치지못하면입에得意의우숨을띄우고『여긔잇서!』하고가락지를보히며서다시하고만일맛치면『애개ㅣ고만아랏지ㅣ』하고섭々하게가락지를내여놋키도하고엇던처녀는아라내인사람을눈을흘기며『조것이아마본것이지남의하는것을』하고원망할때도잇섯다

이럿케놀다가도엇던처녀는나를보고『이애는왜사나희가여긔와안젓서ㅣ』하면누이는『이애ㅣ이애는내동싱이란다』하고역성하얏섯다또원나가기라는것은윳을놀아서『개』를세번치든지『도』를세번치든지무엇이든지세번치는사람이원(郡守)이되고그다음그럿케치는사람이좌수가되고그다음이칙방이되며이럿케빈ㅣ못되는사람이죄수가되여원님이치죄를하는것인대얽어내는죄명도만코응용하는법률도만타그러나결국은원을처결잘못하얏다고담아다내여버리는것이그작란의最終의幕이엇섯다

八歲부터二三年동안나는父親을따라다니며한문을배왓섯다이동안나는母親이엇더케그리웟는지異鄕의月이울연히오를때에몃번이나간절히어머니를성각하얏는지! 정월선보름을집에서놀다가선보름이지나면나는母親을리별하고他鄕으로나갓섯다신산한봄바람이불때、논뚝의흙이해빗을밧아질척々々할때 내가써나서洞里산모퉁이를마츠막도라갈때마다우둑허니바라보시든어머니는눈물을짓고도라스섯다

써나는나도눈물이압흘가리어길이보히지아니하얏섯다 가슴을쎄게는離別의情懷로어머니는눈물이흔하게되엿다산머리에夕陽이잠겨너머가고새소릭가요란할때에몃번이나쓴거운눈물을쏫앗는지! 客館孤窓의夢이부절업시정다운어머니를뵈옵게하나쌔여보면허사이엇다

봄철이면봄옷을하야가지고녀름철이면녀름옷을하야가지고어머니는나를보러오시엇섯다처음에몃번은나는어머니를볼적마다쏘다지는눈물을참지못하야어머니치마압헤가서푹ㅣ싸히며ᄒᆞᆰ々늣겨우럿섯다그러나나는이럴ᄯᅢ에어머니눈에도마조눈물이흐르는것을보고그후부터이를악물고울지아니하야잠시와보시는어머님의심사를좀덜ㅣ슬푸게하고자하얏다그러나일부러짓는우슴은우름보다더압핫섯다

어머니가도라가시든해에나는近村에가서敎鞭을잡고잇섯다五里나되는곳임으로一週日에한번식은어머니를뫼우러왓섯다이해에우리집은더욱赤貧하야어머니는조밥을잡수섯다남의집에가셔라도이밥을먹는나는어머니가조밥을들고안저서입맛이업서못잡수시는모양을보면나의가슴은압핫다그리고그주인집에가서이밥을대할ᄯᅢ마다눈물이치밀고목이메이어밥이참아너머가지아니하얏다

이만큼쓰고나는눈물이흘러참아가련한우리어머니에대한이약이를더ㅣ쓸수업다그실ᄒᆞ신조밥을잡숫다가도라가신어머니를생각하면손맥이잇는대로결이고가슴을쎗는듯이압흐다

아아!어머님々々々잡숫고십흔것한가지를못해드리고입으시고십ᄒᆞ신의복한가지를못해드리고철모르고웅석만부러든이자식은알뜰살뜰이불효만씨치든이자식을무슨락을보시려고

……………아!아!

어머니가五六個月동안이나긴병으로病床에누ᄒᆞ섯슬동안에나는낫이면職務를힝하느라고어머니의간호를누의에게맛기고나는밤을도아약을지러다니엇섯다캄々한밤중에五里나되는산길을걸어집에도라오면우리집창문에는불이싼ㅣ히빗취고누의가신음하는어머니를안고안젓다나는어머니의파리해가는얼골을볼적마다

병으로괴로워애쓰시는것을볼적마다평소의고생을생각할적마다평소에웅석만부리고불효

씻친것을생각할적마다나는눈물이흘럿섯다만일이대로어미니가도라가시면엇지하나하고가슴이캄々하얏섯다

가을에시작한어머니의병환은언으듯겨울이되엿다겨울날살을에이는찬바람을무릅쓰고집에도라오면어머니는나를힐끗처다보고『너왓니?』『네ㅣ』『오죽칩겟니ㅣ불쬐이어라』하면서화로를밀어놋는다내가종용히불을쬐이고안젓스면어머니는『나는아모래도이번에죽을까보다』나의마음은캄々하야지며쏘다지는눈물을겨우참고『무얼알는다고다도라가시겟서요』『아니다내가꿈을꾸엿는대그꿈이심상치아니하다』하시면서꿈리약이를하시엿다

꿈에어머니가어대를가시닛가그곳은평소에보지못하든이상한곳인대산빗탈에문이달려엿는대그문을열고드러가닛가그속은세상사람의살림하는방과가치모든세간이노히어잇고한업시陰鬱한곳이드라고하섯다그런대어머니가다시나오시고자함애웬사람이날카로운소리로그문으로나가지말고저문으로가라고함으로할수업시뒤문으로나서닛가환ㅣ하게넓은길에달이밝듸밝드라고하섯다어머니는한이업는무서움과슬픔에싸여어스름한달빗을좃차한업시가다가깨이섯다고한다

나는이리약이를듯고더욱마음이어두어젓섯다그리하야밤마다의원의집에갓섯다그러나너머가는해는긔어코너머가고말핫다흘너가는물은긔어코흘너가고말앗다그것은하늘은음산하게흐리고뒤동산에서까마귀가어지러히짓든날이엇다　새벽부터숨을모시는어머니는나에게『오늘안에는내가죽을터이다』하시엇다나는하도아쉬인마음에또의원의집으로향하고자하얏다어머니는이를보시고『좀춥겟니밥을데워먹고가거라』하섯다도라가실때까지나의추음을념려하시든어머니의지극한애정!

내가약을지어가지고집에도라온후에도어머니는신음성을끗치지아니하얏다그러나그약을

대리가도전에어머니는숨을모신다안고안젓든누의가련안간눈물이쏘다지며엽헤안저계신아버지에게『아이그아마어머니ㅣ가』하고울엇다아버지는훌굿도라보시며역시눈물을훌리시며『아모리죽겟서도좀더ㅣ정신을차리어서이자식들을보아더살어ㅣ』하시엇셧다어머니는다시정신을차리서서『사람이죽으려면하는수업서ㅣ암만정신을차리려야차릴수가업다』하시더니다시말슴을니어『우리종석이불상하지어미를살니려고세상짓을다하다가고만못살리는구나』하시면서마즈막으로밧삭마른어머니의눈에새로운눈물이고이섯다나는이말씃헤몃번이나몃번이나어머니병중에터질듯하든우름을힝혀어머니의병중심사를상할가하야주리참듯참든눈물이일시에쏘다지며소릐를내어울엇다○

아아萬事休矣ㅣ나는이우는一瞬間에번개가치번득이는내싱각이잇섯다이전에어른이말슴하시든단지ㅣ하야보리라하얏다북밧치는우름을참으며좌우를둘너보넛가아버지의주머니칼이노히어잇다나는얼른집어샛기손가락을자르는대원릐급하기는하고칼은들지아니하야부뷔다십히하야선듯부어젓다 내가피흐르는손가락을들엇슬쌔에누의가얼뜻보고『이애가웨ㅣ손가락은잘라ㅣ』나는비오듯하는눈물과울음에북밧친목소래로『나는단지할터이오』하얏다이것을보신아바지는긔막히신듯이『하………이자식아………단지는아모손가락이나한다드냐……하하……죽는사람을……단지로……못싱긴자식……못싱긴자식』하시면서굵은눈물이내손등에수업시쏘다지섯다피흐르는손가락을흰수건으로써서주섯다

나는더욱울며아버지에게『나를그대로두시요』하고물러안지며손가락에서다시피가솟기를기다릴동안에어머니는반듯이누으며우아렛니를밧삭악물고마즈막으로운명을하신다아々!나의最後의시험도허사로도라가고어머니는긔어코도라가섯다나는이째분함과놀나움과슬품이일시에발하야소릐를내어울엇다아々!금방숨을지시는순간까지나의우는소릐를드르시

고조곰이라도나의마음을위로하려고그하시기어려운말슴을최후의努力을다하야『나안죽는다』를겁푸말하시며니숨이지시면서고만이다아々고만이다…………고만…………

아버지가어머니신체를빅지장으로얼골을덥흐시며소리내어우는우리三男妹를도라보시고祠堂에告別의辭를드리고『使者의밥을해노을동안에는울지말라』하셧다우리들은소리를삼키며우는대방안은죽은듯이적々하다앗가어머니가도라가실때까지어지럽게울든까마귀는우름을긋치고연일너머가는해쌀이西窓에들엇는대처량스러운어머니의招魂『招魂이라함은亦是一風俗이니死人의옷을들고死人의姓氏를三唱하는것이라』부르는소릭가나의가슴을무여질듯이들녀온다

아아！나는이때에一種異常한氣分을늣기엿다금방사러계시든어머니가벌서혼이되엿다！그러면어듸로가섯는가？초혼이씃치며아버지는긔막히는語調로『하ㅣ이것들이……벌서』하시면서머리를풀어주시고옷고름을씌어주신다우리들은어머니의시테압헤업듸려어머니를부듸지며우렷섯다누이는이따금빅지덥흔어머니의얼골을처들어보며『어머니ㅣ정말도라가셧소？』하다가다시『아이고이를엇지하나』하면서또울엇섯다

그러나우리의모든하소연도아모소용이업고어머니는오즉寂然히누엇슬뿐이다대답도업시！아아ㅣ어머니는임의이세상을떠난것이다이세상에대한모든근심을이즌거이다이제는어머니에게는근심이업다자손을어대보내고기다리실근심도업다우리들을아모조록고히먹이고고히입히려고알뜰살뜰이고싱할것도업다아아ㅣ아모근심업다그러나어머니는도라가시는瞬間까지죽기를원통해하섯다우리가열마를울엇든지목은쉬이고눈물은말랏다벌서해는저무러방안에는등잔불이엇저녁과變치안코켜젓는대엇저녁까지숙병으로압하서신음하시든어머니는아모소릭업시누어계시고밧갓헤는이웃사람들이두런두런한다나는말랏든눈에새로운눈물이

호른다

어머니안장한곳은우리先山中青松이욱어진적은언덕이요안장하는날은엷은저녁해가고요히비취고쌀々한겨울바람만부럿더라

歲月은가고人生은變한다十年이라는歲月의검은수레는언의틈에달녀가도다이동안에아버지도도라가시고우리들은커다랏케자랏다昨年봄에내가어머니산소에省墓가닛가故鄕의봄은변함이업시산에는철쭉쏫이울연히퓌고들에는농부가한가히논을갈더라

어머니가도라가시든집도헐린후보리밧이되엿고정다웁게놀든동모도업서지고그때나를귀여하든이웃부인들의머리는人生의가을을재촉하는서리빗머리털이빗겻더라

나와누의가살든외로운산밋茅屋도자최가업서지고거츠른풀이茫々하더라

둘재동성의뭇은형적도차질수업고처랑한봄바람만불뿐이더라

昨年가을에오릭간만에내가나든漁村에나의그림자를낫하내이엇섯다내가나든집이헐니이고서리마즌호박덩굴이와삭와삭할뿐이요外家집도업서지고붉은아주머니도업서젓다드르닛가滿洲로떠낫다더라그려나울안에섯든그굴참나구는그대로잇다짐을헐고밧을만드는사람들이무슨연고로이나무만은그대로두엇는가? 이것은너무오릭된古木임으로버히면벌력을입을가두려함이라더라나는이굴참나무의성긘가지에저녁해가빗취이고참새떼가요란히지저귀는대憮然히서々눈을감고漠々한나의過去를回想하얏다

아아廢墟! 廢墟! 荒凉한人生의廢墟! 엇지이뿐이랴! 아々ㅣ나는人生의모든廢墟를도라보고痛哭하노라、北岳山머리에잠겨너머가는夕陽을보고우노라、겨울날열븐해빗이눈물에저즌녯대궐을빗취는것을보고우노라、無心한兒童들이연을날니며『이것이그전대궐이라지』하는소릭를듯고우노라、滿月臺녯城터에것친풀욱어진것보고우노라、二千年古都에목멧치

는大同江소리듯고우노라、아々人生의廢墟！

붓을들고어머니를뵈옵고싱기는늣김쓰기를이제맛치고자하매가련한幼年의봄날과정다운어머니의얼골이다시싱각나서눈물이원고지를적신다

아아！그녀자는무슨연고로나의어머니가되여나를그와가치사랑하고길럿섯든가？(完)

第十二章 論 說

九十三、論說體裁、 論說은普通記者의所關이아니며論說班이特有하야新聞의方針대로每日時事問題를論評한다文化施設이發達될사록論說이短篇이되야가나니奔忙한世上에長篇新聞論說을讀할時間이無함이다혼이論說欄에는寄書와短評과漫畫等의記事로裝飾한다그런대論說은必히時事에關한問題이고公平한判斷으로讀者의信用을博할것이다그래셔天下의輿論을惹起하며世界의公論을指導할것이다 例를擧하면

一、主旨를宣明하노라

蒼天에太陽이빗나고大地에淸風이불도다山靜水流하며草木昌茂하며百花爛發하며鳶飛魚躍하니萬物사이에生命과光榮이充滿하도다

東方亞細亞無窮花동산속에二千萬朝鮮民衆은一大光明을見하도다空氣를呼吸하도다、아、實노살앗도다復活하도다장차渾身勇力을奮發하야멀고큰道程을健行코자하니그일홈이무엇이뇨自由와發達이로다

世界人類의運命의大輪은한번回轉하도다『쓰아』는가고『카이사ㅣ』는쫏기도다資本主義의貪婪은勞働主義의挑戰을밧고强力에基本한侵略主義와帝國主義는權利를擁護하는平和主義와正義를根本한人道主義로轉換코자하는도다그런즉人民으로말미암은自由政治와勞働으로말미암은文化創造와正義人道에立脚한民族聯盟의新世界가展開하려하는것이아인

가

吾人은夢想家가아니라또한現實에即한者로다엇지理想과하날만보고事實과짜를忘却하리오世界의大勢를如實히論할진대一便에新勢力이잇난同時에又一便에此와對立하야舊勢力이잇서서로爭鬪하난도다換言하면政治로나經濟로나社會로나文化로나各方面에解放과改造의運動이잇난同時에곳이모든것을抑壓하랴하는一大運動이存在하도다이모든事實이라뉘ㅣ敢히否認할바리오嗚呼라新舊衝突과進步保守의닷홈이엇지이時代에만特有한배리오온歷史를通하야常存하는것이로다

그러하나一陽來復에積雪堅氷이融解하고百花萬物이各敍其生함은그쌔가옴이라누가能히膨然한邪의힘을抑拒하리오이와갓치新舊의衝突은입의新의올셰됨을表示함이오舊의갈셰됨을鳴皷함이라必然의勢는人力으로左右치못할바ㅣ라新이期必코成功하고舊가반드시退去하리니

吾人은新時代가임의왓다아니하노라新世界가발서展開되엿다아니하노라오즉黑暗中으로서爭鬪로써解産의苦를가지고雄雄한新文明의婆와明明한新時代의曙光이멀리水平線上에보이드다하노라

뵈이도다보라幾千萬의男女民衆이그를向하야努力함을

이러할쌔에東亞日報는生하도다噫라그生이엇지偶然하리오

回顧컨대日韓合併于玆十年그사이에朝鮮民衆은一大惡夢의襲한바되엿섯도다그가또한사람이라엇지思想과希望이업섯스리오그러나能히敍치못하며그가또한社會라엇지集合的意思와活力의衝動이업섯스리오그러나能히達치못하며그가또한民族이라엇지固有한文明의特長과生命의微妙그러나敢히發치못하엿스니實노個人이間或經驗하는바부르지지고자하되開口

치못하며다름질하고자하되用身치못하는그惡夢에朝鮮二千萬民衆은써젓섯도다

이는곳死地라陷穽이라自由와發達을期치못할곳이엿섯도다朝鮮民衆은實노苦痛을感하도다或은울고或은怒하엿도다엇지現代民衆뿐이라하리오四千年歷史的生命이憤慨하도다그는朝鮮人民이흘노그生을遂치못하며그곳을得치못함으로말미암음이라

그러나세가한번變하야言論自由가多少容認된다하매朝鮮民衆은그의意思를表現하며그의前途를引導하는親舊가될者를熱望으로期待하얏도다

이에東亞日報가生하얏스니그가엇지偶然타하리오實노民衆의熱望과時代의動力으로生하다하노다

主旨를左에宣明하야써創刊辭에代코자하노라

(一)、朝鮮民衆의表現機關으로自任하노라

社會的政治的經濟的少數特權階級의機關이아니라單一的全體로본二千萬民衆의機關으로自任한즉그의意思와理想과企圖와運動을如實히表現하며報道하기를期하노라

(二)、民主主義를支持하노라

이는國體나政體의形式的標準이아니라곳人類生活의一大原理오精神이니强力을排斥하고人格에固有한權利義務를主張함이라그用이國內政治에處하야는自由主義오國際政治에處하야는聯盟主義오社會生活에處하야는平等主義오經濟組織에處하야는勞働本位의協調主義라

特히東亞에在하야는各民族의權利를認定한以上의親睦團結을意味하며世界全局에在하야는正義人道를承認한以上의平和聯結을意味함이라

更言하건대그體는暴力强行을不可타하고良心의權威와權利의主張으로써人生各般의關係를規律코자함이니古者의所謂王道의精神이 곳 이라吾人은天下人民의慶福과光榮을爲하야

이를支持하노라

(三)、文化主義를提唱하노라

이는個人이나社會의生活內容을充實히하며豊富히함이니곳富의增進과政治의完成과道德의純粹와宗敎의豊盛과科學의發達과哲學藝術의深遠奧妙라換言하면朝鮮民衆으로하야곰世界文明에貢獻케하며朝鮮江山으로하야곰文化의樂園이되게함을高唱하노니이는곳朝鮮民族의使命이오生存의價値라思惟한緣故라

要컨대東亞日報는太陽의無窮한光明과宇宙의無限한生命을三千里江山二千萬民衆가운데實現하며暢達케하야써自由發達의局面을展開코자하노니(一)朝鮮民衆이各正性命하야保合大和하는一大文化의樹立을期하며 (二) 天下萬衆이各得其所하야上下與天地로同流하는一大樂園을建設함에同力共助하기를願함은本日報의主旨로다

그러나本社의前途가甚하險하도다그의運命을누가可히豫測하리오吾人은오즉民衆의親[illegible]로서生死進退를그로더부러한가지하기를願하며期하노라

二

六月二十八日

여섯히전의금월금일은전쟁의사닭이나던날

작년의금월금일은평화조약에됴인을하던날

소득은무엇인가? 감개가깁도다!

이세상의어두움! 언제나광명에?

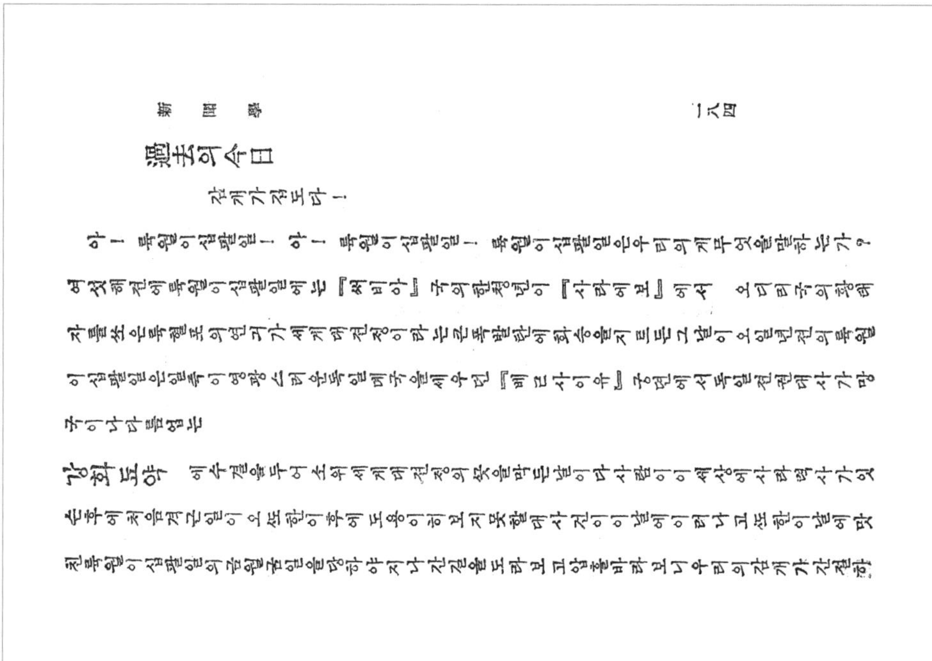

新聞學 一八四

過去의今日

갈계가셧도다!

아! 륙월이십팔일! 아! 륙월이십팔일! 륙월이십팔일은우리의게무엇을말하는가? 여섯해전에륙월이십팔일에는『세비아』국의한청년이『사라예보』에서 오디리국의황태자를쏘은륙혈포의연기가세계대전쟁이라는큰폭발탄에화승을지르든그날이오년전의륙월이십팔일은일즉이영광스러운독일제국을세우던『베르사이유』궁전에서독일전권대사가망국의나라를엿는

강화조약 에수결을두어소위세계대전쟁의끗을막는날이다사람이이세상에사라잇사가잇는후에귀음거근일이오쓴한이후에도용이히보지못할대사건이이날에이러나고쓴한이날에맛치륙월이십팔일의금월금일을당하야지나간길을도라보고압흘바라보니우리의갈계가간절하

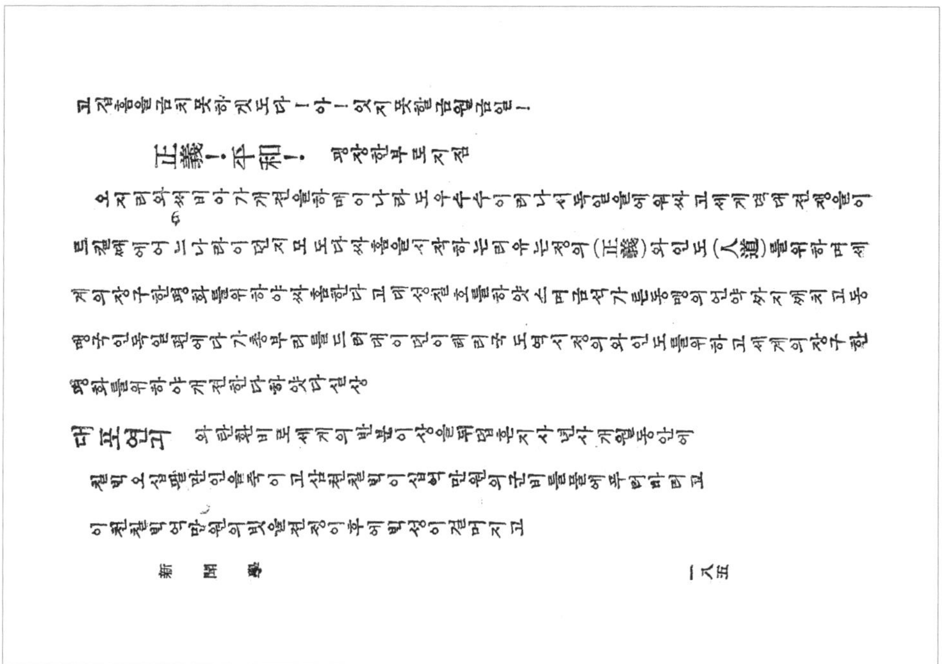

고감흠을금치못하겟도다! 아! 잇지못할금월금일!

正義! 平和! 평강한부르지짐

오지리와세비아가개전을하매이나라도우수이러나서독일을에워싸고세계대전쟁을이르킨때에이느나라이던지모도다싸홈을시작하는리유는정의(正義)와인도(人道)를위하며세계의장구한평화를위하야싸홈한다고며성명을하얏스며금석가튼동맹의언약까지깨치고동맹국인독일편에다가총부리를드리대이던이태리국도역시정의와인도를위하고세계의장구한평화를위하야개전한다하얏다선상

대포연기 와탄환비로세계의반분이상을뒤덥흔지사년사개월동안에천백오십팔만인을죽이고삼천칠백이십여만원의군비를몰에푸러바리고이천칠백여만원의빗을전쟁이후에벗성이걸머지고

新聞學 一八五

이싸홈을힝하야그어든결과는과연엇더한것인가과연얼마나조흔것인가?

萌芽한新理想 새희망과새피

이젼정이정의인도를위하야칼을잡고이러난나라의승젼으로끗을마치면약한자를학대하뎌포학한힘은이세상에서뿌리를쑥코온갓올치못하고인도에어그러진일은이세상에서그림자까지감초아우리의사는세상은정의를집고인도의우에올라서서쌋뜻한평화의빗에싸여서강한자이던지약한자이던지똑가치이세상에서사는권리를보젼하야질거웁게

편안하게『에덴』의동산가치무릉의도원가치사라볼줄아랏다며욱이정의인도를놉히부르지지며이빅만대군으로하야금대서양을건네이든미국대통령윌손씨가텬하의이목이한몸에모힌중에온세계를나려다보며강화회의에가지고오러라하든소위열네조목에대하야세상사람은간절한『바람』과깁흔『기다림』을이에부첫다이제야아마세상이오나보다하고약한자의눈에

는새희망이빗나고쏫긴자의가슴에는새피가쒸엿다

結果난何如?

도회계의끗장

아ㅣ그러나세계대젼쟁의문서를마감하는끗장에도장을찍은지우금일년에이세계는과연엇더케조흔평화를어덧는가세계대젼쟁이라는것은과연세계에무엇을가져왓는가로국이문허지매『로마노후』의황실이참혹히젼멸하얏고독일의혁명에『카이제루』가왕관을버섯스며소래놉든『민족자결주의』는다만멱국의사지를『각쓰는』구실에지나지못하얏도다

강화결과는독일을다시이러나지못하도록수족을몽지르고피를말리우는데지나지못하고오더러를찌저발기며토이기를아세아의한구석으로쏘침에긋쳣슬뿐이오그이외는특별히긔록할큰일도업시다만한가지젼쟁의소득이라할소위「국제련맹」도거두절미에맛잇는가운데토막

만남은것이아니라알맹이는다쌔여버리고헛겁덕이로만엉구은것조차주창하던미국에싼죽을 걸지아니하얏는가

世界는暗黑!

이밤이언제새나

그뿐아니라독일을무찌르기위하야는범연한형뎨보다는몃곱절람탁하야보이던나라끼리도 한번강화회의에드러서서는쌔아서온것을노누메기하기에ᄀ진분경을다격것다그리하야내용 은하여간에간신히평화조약이라는것을엉구어만들기는하얏스나그뒤의형편은과연엇더한가 승젼한나라가모도다불평이오약하고쫏긴민족은새정신에쌔여서사방에서분긔하는한편으로 소위『위험사상』이라는것은온세계를뒤덥허온다아! 세계전쟁의

소득한바 과연무엇인가? 시긔、음해、쟁투의모든죄악이평화라는가면을뒤집어쓰고부

운의그늘가튼거짓말의정의아턱에응거하야잇슬뿐이로다아! 우리의세상은아직도밤중이로 다정의의분명한형용을불수가업고인도의평탄한길은지척을분별할수업는어두운밤쑹이로다 그러나이밤은어느쌔까지밤일가그아느니뉘인가어둔밤에길일흔아해어듸로갈가부르지지매 공중에서소리잇스되『동편만바라보고한길로가라하시던가』아니하시던가

三、秋松張德俊兄을思하노라 同 人

秋松兄秋松兄아生耶아存耶아何處로去하고何處에住하관대엇지生時에見치못하며또엇지 夢裡에逢치못하는고秋松兄아渭濱의呂尙이되야姬昌의게招聘이되얏던가漠北의李陵이되야 匈奴의게俘虜가되얏던가아니原野에獅子를만나拒抗의勇이窮하얏던가鋼塘에毒蛇를만나避 身의氣가絶하얏던가叢林에鷙鳥를만나脫身의銳가盡하얏던가何處로去하고何處에住하관대

엇지信이無하며息이斷한고?

昨年初冬에는漢陽의夜月이비속離亭의飛葉을悲하얏스나그러나오히려關北萬里에杜絶한生民의憎을聞하고劇孟의家에서再會의歡을囑하야嶮路危步의吉凶을卜코저思치안이하얏더니今年新春에는間島의寒風이歸雁의路를開치아니하고다만空山暮雲에셜리우는猩々의소리가友人의銳敏한鼓膜을치며凄凉할색이라이에雪의朝를當하야雪을詠하고立하되雪이言이無하고風의夕을當하야風을望하고聽하되風이報가無하고月의夜를當하야月을懷하고步하되月이影을謝치아니하야孤獨한隻影이自狀을吊慰할색이니그生을誰의게聞하며그存을誰의게知하리오噫々라蒼天蒼天이여人事의一生이果然如斯한가?

天이여神이여斯人의所在를斗護하야豊盛한恩惠를施하시고그所在를그親의게또는그友의게傳告하야간절한생각과熱々한사랑의憂愁를解하는對象을作케하시며저의所在가沙漠이어든颶風이吹치勿케하시고山谷이어든濃霧가降치勿케하사저의精神을快하게肉體를安하게하소서

秋松兄秋松兄아오래停刊이되얏던兄의愛이며兄의友인東亞日報는續刊이되는대兄은何處去하야우리同人으로더부러歡을또는憂를共히하지못하는고兄이續刊의報를聞하면戀人이蘇生함보다더욱歡喜할지오經營의難을察하면愛子의飢啼하는소리를듯는것가치그肝膽이셜렐줄로知하노라그러나우리同人은險路에危步를上할새心志가窮에서一層堅固하야서로扶助하고서로吊慰하니團欒한會合은時日을經할사록和氣를添하나다만우리同人으로하야금時時로一丙의恨을臍케함은吾兄一人이그堂에參席이無함이로다來客의接對를行할때와湯飯의午餐을喫할때에左로顧하고右로察하다가문득嗚咽하니從此로事에臨하고心을論할時에우리同人이少一의懷를感하는그情況은果然如何할고?

兄은本社의猛將이며우리同人中秀才이라本社의刱始가兄의經綸에서出하얏스며於間의發展이또한兄의熱誠과奮鬪로因함이니兄은實로本社의産婆이며賢母이라故로本社의從此로成長發達도兄의力을賴하야圖코자하얏스며兄도또그全力을本社에注하야우리同人으로더부러苦樂을共히할뿐만아니라그平生을本社에投하야本社로하야곰自我의生命을作코자하얏나니兄은何處에在하며何處로去하얏슬지라도本社는兄의懷中에抱하얏슬것이오腦裡에印하얏슬줄로信하노라그런즉兄은本紙續刊이됨을知하면愛子의急症을救한것보다戀人의宿病을治한것보다더욱歡하며悅하야그사랑의所在우리同人의會集處로瞬刻을遲滯치아니하고晝夜倍道하야來駕하리라蒼天蒼天이여저의前路에銀河가橫在어든鵲橋를賜하시고弱水가阻隔이어든靑鳥를與하소서

秋松張兄은朝鮮靑年이라性은嚴하고志는堅하고心은仁하며氣는活하니恒常朝鮮을思하고憂하야惻々한志氣가外表에露出하며體는中이니格은健하고質은强하야비록惡疾을抱하고時々로血痰을吐하되能히그病을勝하고그痛을耐하야席에安치아니하고荊棘의道에社會의魔와惡戰苦鬪하얏나니昨年嚴冬에北方의寒雪도畏치아니하고그區域의險惡도顧치아니하야弱質單身으로毅然히程에登함은본대蓄積한바義氣로犧牲奉公의精神이一身의苦痛과危險을秋毫도思치아니함에在하다

秋松兄秋松兄아霜雪은去하고陽春이來하얏나니來하라來하라陽春은來하얏스나四圍가寂寂하고我懷는悠悠하도다高山에誰로더부러登하며深淵에誰로더부러臨할고兄이여兄이여來하라南畝의耙耕도兄을待하고東疇의播種도또한兄을竢하니兄이여來하라

널리우리兄弟의게告하노니秋松張兄은當年이三十이라形容은憔悴하고瘦弱하되活潑한氣概와猛烈한膽力은人의志氣를壓하며喋々한口辯으로方々한調理는人의敬仰을集하며그狀은그

性을書하얏고그性은그狀을印하얏나니비록初面의人士이라도一面에張秋松인줄을知키難치아니한지라斯人을何處에見하던지吾儕의形便을告하고그所在를傳하야주시오噫々라靑天이無言하니그生을知치못하며人事가無道하니그存을聞치못하겟도다秋松兄秋松兄아그生耶아存耶아芳草에春歸하나니그來하라來하라

秋松張德俊兄은本社의特派員으로昨年十月頃에間島方面의險惡한形勢를調査키爲하야出張하얏다가行方이不明하야探知할道가杜絕되다

四、吊石儂柳瑾先生

狂風이作하니高枝가折하고陰雨가降하니名花가盡이라世道가舛하니先生이逝토다先生先生이여芸窓에酒를酌하야도先生의醉가無할지오書樓에詩를題하야도先生의韻이無할지며安

市城中에武를講하야도先生의言이無할지오淸川江上에宴을張하야도先生의歌가無할지며三五空樑에月이上하야도先生의影이無할지오卅六宮中에春이歸하야도先生의音이無할지라嗚呼痛哉라天乎〳〵여

先生은그氣를氣하고그志를志하야그性을擴하고그心을充하니崇高한道德은世의型이되얏스며廉潔한持操는人의師가되얏도다

高尙한意志와淸雅한品格과堅忍한節義와要約한處世는그始와終을一貫하얏스며出群한學識과拔類한文章은當代를鳴하얏슬뿐아니라先生은人을愛함을己를愛함과갓치하고世를憂함을家를憂함보다倍하야己의樂은樂치아니하고人의樂을樂하얏스며家의憂는憂치아니하고世의憂만憂하얏도다先生은自己를家族을妻子를私치아니하고社會를民族을天下를公하야그樂이며憂를오로지社會와民族과天下로더부러共히하고그熱과誠과力과知와愛를온전히社會와

民族의게提供하얏나니故로先生은柳家의先生이아니오社會의先生이며先生은先生의先生이아니오우리民族의先生이라韓國時代에政府紀綱이紊亂하고雜輩가跋扈하야天下를濁亂하니志士와仁人이그志를得치못하얏스며그道를行치못하도다그러하야良民은業을失하고君子는害를被하니斯民의産業이頹破하고教育이不振하고生活이末由하야寇氛이漲天한社會에蒼々無適의群衆이한갓悲鳴만絶叫하얏도다先生은毅然히起하야坐하야後를待함은立하야伐함만갓지못함을主張하고千辛과萬苦를嘗하며皇城新聞을創始하야春秋의筆法으로亂人悖子를聲討하고頑夫愚氓을警醒할새其知와力과그誠과熱을總히盡하야社會의威力이며因習의惡德과惡戰苦鬪하다가時가利치못한지라이에是日也에放聲大哭을題하고激한情과怒한心을吐盡하야世人의喚起를促하얏스며大勢가非하고人智가劣하야傾覆된大廈를一枝로可히重建치못할지라身을教育界에投하고徵文義塾、中央學校의校長을歷任하야人才養成에그心力을傾注하

얏스며時代가一變함에更히言論機關의必要를切々히感하야本社의刱立을計畫하고監督의重任에處하야後輩吾人을諄々한言語와懇々한愛情으로啓之諭之하며教之導之하야本社今日의現狀을有케하얏스니此等은先生의平生事業이라그範圍의廣狹과成敗의如何는勢이며運이며時이어니와當時社會의一般狀態를回想하고先生의奮鬪와努力을默思하면暗然히五丈原의古人을聯想치아니치못하겟도다

噫々라先生은暗衢에秉燭이되고迷津에覺筏이되야오즉그樂을社會와民族으로더부러共히하얏스며그憂를또한社會와民族으로더부러共히하고맛참내鞠躬盡瘁하야死로써이에已하얏나니北斗가殞함에衆星이그拱할바를失하고泰山이崩함에百獸가그棲할바를失함과如히先生이逝하니吾人은그師長을失하고社會는그木鐸을失하얏다茫々한大海에羅盤針을失한저孤舟여晴天이오順風이라도彼岸에達함에오히려憂慮를捨치못하겟거날허물며濃霧가降하고逆風

이吹하나창차압갈을엇지할고? 嗚呼痛哉라世乎며人乎여

先生〳〵아先生의게存한바이何이며有한바이何이뇨　地位인가名譽인가黃金인가　地位는官爵이無하고名譽는寒士이오黃金은寸土도茅屋도衣箱도米櫃도無하도다年이老하되輕煖이有치無하며身이病하되甘旨가有치無한지라貰家陋室에窓戶가破裂하고冬服經春에油垢가作色하며冷突粗食에飢腸을僅救하다가今焉化羽하니老妻는弊履破服으로庭에哭하고愛子는鐵窓陰窟에楚를受하며幼孫一兒는人의生死를分別치못하야呼祖呼爺하며崩城의淚를呑하는祖母의게罔極의痛을訴하는慈堂의게無知無覺하고趨進하얏다가滂沱하는熱淚에無心히嗚咽하고悲慘히退去할뿐이니噫라有情한斯人이엇지寒淚를灑치아니할者이有하리오先生은일즉皇城新聞의社長이되얏스며中等學校의校長이되얏、니財를蓄하랴면幾許의財는可히蓄하얏슬것이오位를圖하랴면또한可히得하얏슬것이라그러나先生은財를蓄함은念치아니하고施함만念하얏스며位와如한것은當時形勢의渾濁함을忿怒하야反히位를有한者를邪로妖로思하고此를排斥攻擊하얏나니그淸雅高潔함은此로써可히推測할지오家庭의安樂과個體의幸福은眼中에置치아니하고오즉人으로世로더부러憂患疾苦를共히하야一生을社會에民族에提供하고死로써已하얏스니그志氣의高尙함과節義의堅固함과慈愛의弘博함은또한此로써可히想像할지라故로先生의게有한바는志와義이며存한바는愛와誠이로다志와義로爵位에代하고愛와誠으로黃金에充하얏나니先生의게何가有하며何가存하리오吾人의願하는바는地位가아니오志와義며社會의願하는바는黃金이아니오愛와誠이라先生이逝하니그志와義가埋沒하얏고그愛와誠이退縮하얏나니故로吾人이先生을吊함은先生의게對하야私의情分으로然함이아니오社會가先生을惜함은先生個人을爲함이아니라오즉先生의社會的志와義이며民族的愛와誠이우리의게그때까지享有치못하고이에社會의先生이個人의先生이되야奄然히羽化하얏슴으로然

함이로다空山夜月에誰를伴하야月을咏하며黑雲暮雨에誰를師하야海를航할고嗚呼痛哉라天乎天乎여

先生은私의先生이아니오公의先生이라顏淵이天하니孔子가天의喪余를呼하고王猛이早하니符堅이天의誤我를呼하얏나니

孔子의喪余가顏子의게對한愛情에서出함이아니오符堅의誤我가또한王猛에게對한私分이아니로다孔子는그大道를顏子에게托하야傳하라하얏스며符堅은그大業을王猛에게賴하야成하라하얏더니顏子가天함에孔子는그道를傳할者가無하고王猛이早함에符堅은그業을成할道가絕하얏도다그럼으로孔子의哭之痛은道를爲함이오符堅의傷之切은業을爲함이라

先生은春秋가六旬을經하얏스니天가아니며早가아니로되本社가創始된지僅히一年有餘이니本社와先生과의關係로觀하면先生은壽치아니하얏고또한享치못하얏도다荊棘의危路이며

波濤의苦海를航하는本社가今也에先生을失하니엇지孔子의게顏淵이며符堅에게王猛의痛과恨이無하리오그러나人生은生死가天의數이라可히人力으로及치못하는것이로다그러하고波瀾이며屈曲이오邪妖이며惡魔뿐이라此世에處하야저와爭하며鬪하는것은實로苦이며痛이니此를解脫하고無念無想한涅槃의境에羽化함이先生의게安이며泰이로되先生은그志를道에立하고그義를民에樹하얏나니先生이비록羽化하야도志한道를聞치못하얏고義한民을救치못한지라이에先生은可히그目을冥치못할지로다그러나先生은此로恨치勿하라吾人은先生의志를承하고先生의心을體하야先生의義를先生과如히遂코자하노니先生〳〵이여그目을冥하라先生이逝하고先生의志가又는義가成치못하면先生은永遠히冥目치못할것이오吾人도또한他日의公道를行할쌔에今日先生과如히目을冥치못할지니그럼으로吾人은先生의目을冥케하기爲하야他日吾人의그것을冥케하기爲하야그誠과力이며愛와熱을先生과如히斯世에斯人에提

供함을警하노니先生々々이여그冥目할지어다

五、米國議員團一行을歡迎하노라

太平洋의渺茫한海原을隔하야吾人의肉眼으로써能히보지못하되마음으로恒常思慕하는自由와正義의나라人民의亞米利加『록키ㅣ山』과『하드손河』의大自然『워싱톤』과『링카ㅣ』의大民衆淸敎徒의맑은信仰으로社會의基礎를삼고하나님의特別한恩寵으로國家의富源을지어世界의光明이되고人類의擁護者가되는偉大한亞米利加로부터오는사랑하는兄弟를우리朝鮮二千萬民衆은마음것歡迎하고자하노라

兄弟여兄弟의朝鮮에來할것을聞할時에吾人은非常한緊張과깃븜을感하얏나니吾人의가슴은뛰놀고吾人의全身은쩰리엿도다大槪깃븜과緊張이甚함이라兄弟의京城到着하는날을吾人은實로指를屈하야기다리엿나니이를가라처그무엇갓다比할고慈母를기다리는幼兒의마음이라할가愛人을苦待하는情人의가슴이라할가아!兄弟여東洋에는一刻이如三秋라하는말이잇나니곳기다림이懇切함을意味한것이라兄弟의到着이엇지그리더듸든고

吾人의손에는아름다운꽃이업고吾人의입에는쑬갓흔말이업도다諸君을마즐때에吾人은그무엇으로써할고구든握手와쓰거운『키스』로써할가아니라오즉뛰노는가슴과넘치는깃붐으로써하리라吾人은이제兄弟를마자無限한感慨를禁치못하노니亞米利加는元來苦難밧는者의避難處오壓迫밧는者의解放處라일즉歐羅巴의良心拘束으로부터諸君의大自然中에解放된者얼마며虐身의壓制로부터諸君의大民衆가온데에自由를엇은者얼마엿나뇨이럼으로虐待를밧는者는亞米利加를바라고苦難을밧는者는亞美利加를思慕하얏나니過去가그러할뿐아니라現在에쏘한그러하도다보라暴虐下에呻吟하는天下의모든民衆은눈을들어亞美利加를바라지아

니하며마음을갓치하야亞美利加를思慕하지아니하는가亞美利加는憧憬의目的이되고希望의彼岸이되얏도다이제吾人은○○○○○○○○○○○○○○○○諸君을맛노라엇지無限한感慨를스사로禁할수잇스리오回顧컨대諸君이代表하는偉大한北米合衆國은일즉히우리와修好條約을締結하야互相國家間에親愛의關係를結하얏슬뿐아니라그偉大한民衆은苦難과金錢을헤아리지아니하고吾人의게傳道하는者를보내여或生命의福音을傳하며學校를設하야文明의知識을授하며病院을置하야貧困한者의게恩惠를베푸럿도다

在來東洋의專制思想과階級道德에拘束되야發達의機會를失하고겨혼沉淪에陷하얏든朝鮮二千萬民衆은이에生命의光明을見하며道理를得하야人生의永遠한價値를發揮하게되얏스니이제朝鮮에希望이잇나뇨果然그러하면吾人은그리스도를通하야諸君이代表하는米國民衆의게感謝하노라그런즉諸君은日本에對하야그鎖國安眠을打破하고現代의文明을傳하얏슬뿐아니라또한우리朝鮮에對하야生命의文化를傳하얏도다吾人은아즉하나님의眞實한人民이되지못하고사람의完全한社會를이루지못하야諸君의게스사로붓그러움을禁치못하거니와太平洋의雲霧를헤치고吾人이思慕하야마지아니하는그쌍으로부터오는諸君을眞實노兄弟갓치맛고愛人갓치맛노라

兄弟여吾人은이제諸君을불러兄弟라하노니吾人은貧하고또賤하도다敢히諸君을불러兄弟라稱할資格이잇스랴그러나吾人은하나님압헤諸君과兄弟되기를願하며또한된줄을밋노라하나님압헤무슨富貴와貧賤의別이잇스리오오즉사랑과尊敬과信賴가有할싸름이로다임의하나님압헤兄弟가된지라그러면이世上에處하야우리는또한갓흔理想과갓흔目的을向하야兄弟갓흔生活을하여야할지니兄弟여吾人은吾人의衷情을諸君의게披瀝코자하노라

諸君아諸君은朝鮮에入하야무엇을觀察하엿는고狹小한家屋과不美한市街와險惡한道路와

荒廢한山川을보앗는가이로써諸君은朝鮮民衆이過去에얼마나虐待를受하엿스며現在에얼마나生命을萎縮하는지를推測하얏스리라諸君은이로써觀察의目的을滿足히達하얏다하는가이는오즉外部의朝鮮이라吾人은諸君의肉眼으로써보지못하되心眼으로써捕捉할수잇는內部의朝鮮곳二千萬民衆의希望과能力諸君과兄弟로서의生活을營爲케하는그原理를擧하야諸君의參考材料로供하고자하노라

이제우리朝鮮二千萬民衆은데모크라시ㅣ를主張하며極東에在하야그를實現하고자犧牲을앳기지아니하노니大槪荒廢한山川을變하야生命花草의樂園을作하며不美한社會ㅣ壓迫과爭鬪와猜忌와無知에沈淪한社會를化하야圓滿한社會ㅣ自由와平和와博愛와聰明이充滿한社會를成하야써하나님의뜻을이世上에나타내며사람의生活을사람답게하는道理오즉데모크라시를實現하는外에無함을自覺함이라元來草木의生長에는雨露가必要하고人類의發達에는自由가必要하나니이는諸君과諸君의先祖가熟知하는바ㅣ오貴國의尊貴한經驗이敎訓하는바이라吾人은이제貧하고賤하며또無力하나그러나眞理에依하야解放과自由를實現함으로써富하며또貴하고强하야하나님알에榮光엇기를스사로期하노니이는實노吾人의信仰이오熱望이오또理想이라이곳荒廢한外部朝鮮에躍動하는豐富한內的生命이라하노니同時에吾人을引하야諸君과兄弟의生命을營爲케하는原理라自任하노라

願컨대兄弟는이朝鮮人의希望곳內的生命을本國兄弟의계傳하야우리와갓치깃버하며또한同一한理想을爲하야한가지힘쓰기를바라노니비록地理上에太平洋이隔하얏슬지라도愛情과目的에一毫의間隔이無하기를願하노라世界와人類를爲하야諸君이代表하는바그偉大한民衆이더욱〳〵繁榮하며하나님의祝福이豐富하기를바라며諸君의健康을아울러빌고이만긋치노라

六 一千號紀念

一

一千號紀念이라하면先進社會의恒間例見事라그대지奇異한感慨가生할것도업스며또한그대지深刻한情緖가發할것도업슬것이다그러나文化의程度가아즉低拙하고言論의發達이極히遲鈍한우리社會에잇서서는엇지偉觀이아니며奇蹟이아니리오더욱히구진비모진바람속에서모든苦痛을備嘗하며모든危難을堪耐하면서昨日에一號를發하고今日에一號를刊하야不息不休하는時日이本報로하여금一千號의紀念을促進케하얏도다吾人은이에이르러이를祝할것인가또한이를歡할것인가過去를追懷하고前途를想望하매다못茫然自失하야言路가梗塞할뿐이로다

二

『東亞日報』가朝鮮民族의忠僕으로自任하며民主々義의信者로自期하며新文化建設의勞役者로自處하는것은旣히中外에宣布한바라이리하야發刊의動機가生하고○○○○○○○○○◇○○○○이라하야民衆의伴侶를作하엿도다그러면이主義를貫徹하고이目的을實現하려하는途中에立한吾人은倍前의奮鬪를要할것이며絶對의努力을要할것이라悲風慘雨가우리의過去世界며辛汗苦淚가우리의前途生活이라此를念하고彼를思하매吾人의感慨가엇지量이잇스리오

三

創刊以來로本社의經營狀態를如實히暴露하면無前한經濟恐慌의時機를際하야東奔西走에收拾整理의鼻酸한苦況은更論할餘地가無하거니와停刊의毒風이過하고押收의黑雨가下하매

業務의荒廢는全社를擧하야枯野焦土의觀이有하엿도다殘壘를更修하고散軍을收拾하며陣容을整齊하야社會의愛를賴하고讀者의護를杖하야百尺竿頭에一步를進한것이目下의狀況이며그中에서도民族의體面을維持하며社會의榮譽를爲하야는殘橐을傾盡하며無謀를敢行하야能力이及한데까지誠意가잇는데까지鞠躬盡瘁하려하는것이本社過去의進行된事實이라元來本社는營利主義가아니라物質의潤豐만期待하는것은아니나一千號를發行하는今日에잇서서야추도雨가降하며風이襲하는荒凉한세집속에서呻吟蹣跚하는狀況을自顧할時에엇지悶憐한情을禁하리오또한社中同志의生活動靜은如何하얏는가或은同胞의慘狀을調査키爲하야千里從軍에劒頭의魂을作하얏는지砲彈의烟으로化하얏는지雲朝月夕의悲懷를加할뿐이며或은心身의疲勞로病魔의侵襲한바되야黃泉의客을作하얏스며或은本報의世界的發展을企圖키爲하야東奔西走하얏도다創刊當時에比하면社中同志의零落出沒이殆히半數에過하도다殘存한社友도或은債鬼의督責下에서或은病魔의呻吟中에서能히意氣를振作하며能히氣焰을吐하야百折不回하는氣勢를示하는것은그所信이何이며그所特가何인가半萬年歷史的精神이며二千萬民衆의聲勢이라아ㅣ朝鮮民族은疲勞하얏스며朝鮮社會는荒凉하얏도다本報가萬一朝鮮民族의信者이며朝鮮社會의影子일진대本社의荒凉과社友의疲勞도當然한歸着이라일로부터疲勞가變하야活潑하게되고荒凉이變하야繁榮하게될것이果然그誰의責任이며誰의使命인가天은自助者를助하나니東亞日報는朝鮮民族의表現이며朝鮮民族은東亞日報의產婆인것을過去現在將來를通하야自信不已하노라

四

宇內의大勢는吾人으로하여금益壯益堅의試練期에在하도다本報의創刊當時의形勢로말하면世界的解放思潮가絕頂에達하얏도다그리하야世界의全民衆이過度의樂觀에陷하얏스며短

期의實現을要하얏도다그러나實現과理想과는항상短期의合致를不許하는도다그럼으로舊世紀의殘滓인軍國的侵略主義、橫暴한資本主義、官僚式專制主義가大戰後人心의疲勞休養의期를窺하야漸次擡頭의氣勢를示하는것은不誣할事實이니이는米國을爲始하야英國伊太利佛國日本의政治界의現狀을보아서證明할것이라保守的色彩가濃厚한『하딩』『카손』[뭇소리나]加藤之徒가國際政局에盤踞하야反動的政策을實現하는것은宛然히『나폴네온』戰爭後에墺國奸雄『매터리하』之徒가神聖同盟을中心으로하야反動政策을取하는것과何異가有하리오그러나그破壞沒落이迅速하엿든것은過去의史實이昭然하도다人類歷史의進化를萬一事實이라하면岩壁으로부터落下한物體가空氣의抵抗을바더多少의動搖가잇다할지라도究竟의目的地를到達하기前에는靜止치아니할것은事實이라佛國革命의產物인博愛、平等、自由、人類的大理想大潮流가滾々不息하야或은露國의共產政府가되며或은英國勞働黨의擡頭가되며或은日

本의普選運動이되여全世界에氾濫한今日에잇서서特殊部落의反動的思想이不遠將來에消滅을當할것은必至의形勢라그럼으로現下의反動的優勢는殘燭將明의物理學的現狀과無異하도다그러면世界大潮流中에서游泳한朝鮮民族도一時的으로反動的餘禍를被할것은不可避할狀態이라그러면우리의進路를如何히할가더욱그志를堅하며더욱그氣를壯히하야沈着하고冷靜하게敎育과產業에全力을傾注하야不遠將來에現出될新勢力에接應하게할것이라엇지一刻이라도解弛를許하리요

五

基督이云하엿도다生命으로가는길은狹隘하고死亡으로가는길은廣濶하다하엿나니우리는死活의岐路에立하엿도다深刻하게徹底하게目的과主義를爲하야奮鬪努力하자하는것이다만社中同志의自警自醒하는盟約이될뿐아니라全民族과가치意氣를一新코저하노라千號紀念을當

하야所懷가엇지 一二에止하리요마는더욱이泉下의客이되며釖頭의魂이되며海外의旅가되는社友를追懷遠望하매엇지一滴의暗淚가無하리요

七、人格과信念

基督의信念이如何하얏는가

在天의聖神이我에在하니무엇을懼하며또무엇을患하랴함이基督의信念이엿도다萬一基督의生涯에以上의自覺과信念이無하얏드면彼는當時猶太國의一農夫에終하얏슬것이라彼는그出生이門閥의貴가有함도아니요또當時衒學으로一世를風靡하든파리사이敎徒의敎養도無하얏도다다만猶太의偏陋地인나사렛農村의寒微한家門에그生을受하야幼少로부터乃父와工匠世業을從事하얏다하니彼는正則의敎育을受할餘暇도持치못하얏도다다만天性이穎脫하야聞

一知十의才能이有하얏슬는지는不知이나結局知識의總量으로論하면當時의學者에比較치못하얏슬것을想像키不難하도다實際彼에對한當時의世評은彼의粗野한擧措와彼의儀禮의學에熟치못함을譏弄함이多하얏든것을可知할뿐이로다

이와가치彼의淺學寒微한境遇에서猶太數千載過去의傳統을脚下에一蹴하고遂히繼天開來의新福音을傳播한것은果然超人的奇蹟이아니고무엇이리요吾人은基督의傳記를讀하야彼의偉大한性格을追慕할時에實로仰之彌高의感을不堪하는바로다彼를指하야神人이라稱하며又는神子라仰함도彼의偉大한性格과그의超人的權能을表示하는所以이어니와彼의性格이果然神性에合致한것을吾人은認定하는바로다그러면彼의性格이이와가치偉大한그根據는무엇인가吾人은斷言하야彼의信念이非凡絕人한것을稱하는바로다卽彼는彼의自身에在天의聖神이體現함을信하고彼는神人合一의大理想을道破하얏스니人類有史以後의最大信念이아니고무

엇인가 아ㅣ基督의이信念이基督의基督인根據를作하든것이로다基督의說한哲理가深厚하고또그行動이勇壯한것도基督을偉大케한바어니와이는도로혀枝葉에屬한要件이라그根幹은彼의信念에在하도다彼의信念이確固하얏는지라彼의說한哲理도生命이잇섯스며彼의取한行動도全人類를皷舞躍動케할潛勢力이有하다信하는바로다

아ㅣ信念의偉大함이大槪如此하도다吾人이基督의性格을觀하고人格과信念의如何한것을論하얏스나信念이無한人格은結局空殼에不過할것을斷言하는바로다人格은그本質이다만一片의槪念이아니로다槪念은結局思想에不過할것이요信念은即生命이잇는活力이로다萬一사람의사람된바人格의內容이思想槪念에不過하다면이는生命이업는幽靈에不過할것이며따라서自主自立의能力이업슬것이로다그러나吾人의說하는바所謂人格은即生命이잇는人格다시말하면信念에根據한人格을謂하는것이니信念이업고는人格의觀念을認識치못할줄로思하는바로다信念이確立하여야비로소人格의活動을期할지니우리가人生에對하야道德에對하야事業에對하야모든方面의社會에對하야우리의信念을確立할것이第一의須要條件이라하겟도다信念이업는者는그意思의自由가無하며意思의自由가無한지라屹立의氣魄이無할것은自然한結論이아닌가千萬의計劃이有하고또盡善盡美의施設을策한다하드래도中心에確立한信念이無하면諸般施設計劃이殆하水泡에歸할것이로다

基督의十字架上의犧牲은實로勝利의死를意味하는도다基督은임의自家의所信을實現하얏는지라生死를超脫하얏다하야도過言이아닐것이로다우리는幾多의設計家와創案者를要求하는바로다그러나그以上의信念이確固한人格者를一層더渴望하는바로다印度의民族運動이近年에至하야一層强烈하게된原因은다만깐듸氏의信念에皷吹된바로그러히얏도다彼는憎惡를說치안코愛의福音을說하고暴力의代身에自己犧牲을宣言하며腕力의對抗을無視하고靈力의

發揮를主唱하는等그理論의根據가一見迂遠한感이有한뿐만아니라到底히그實現이不可能한觀이有치안는가그러나싼듸氏의信念이鞏固한지라全印度民衆은以上聖雄의主唱에隨喜渴仰할뿐만아니라印度三億二千萬의全人口가着々運動의實現에就케된것은吾人의驚歎할바가아닌가實로信念은常識을超脫하야不可思議의偉力이有한것도다그러고信念은術策의如何를度外視하는觀이有하나結局術策以上의方略을貢獻하는것이로다信念은即誠力이라誠力의集中에百魔가散할것은太陽의偉力이現出할에黑暗과雲霧가退治한과갓도다印度싼듸氏의三寸不爛의舌이如何히有力하다하야도彼의鐵石갓흔信念의根據가無하고는到底히今日과如한效果를奏치못하얏슬것이라아ㅣ人格의힘이여信念의偉力이果然偉大하도다

八、地方靑年의特色

剛毅한氣風과誠實한心情

國家社會를維持하며人生生活을豊富하하는것이오今汽車와汽船이며電氣와瓦斯이며華麗한都市의繁雜한市街라하면已이니와萬若그러치아니하고人民의意識과感情을向上하며濬厚히하야써그基礎를鞏固케하며그豊富를期企할것이라하면現代文明을咀呪한『톨스토이』와『카ㅡ펜타』의所論이반다시妄斷이아니며偏見이아니로다現代의文明은一面으로觀察하면都市文明이며他面으로觀察하면物質文明이며又一面으로觀察하면權利를基本한文明이라할지니權利에는義務의觀念이附隨한다하나그러나그基調가權利에在한지라必然히爭鬪를招來하며分裂을成하는弊가有하고더욱이物質的幸福을追求함에精力을集中하는지라國家는國家의

民族은民族과서로殺伐攻取를일삼아寧日이無하며一國家와社會內에在하야서도各階級이서로利를攻하야마지아니하는狀態에在하니이엇지人生의平和를欲求하는本心이라稱揚할바ㅣ며諸般文明의利器는都市를中心하야運轉하는바이는商工業을基調로한現代文明의避치못할運命이라그럼으로名을揚하며身을立하기를願하는者는반다시都市에集中하나니그必然한結果는地方의衰退가되고都市의澎湃가되는도다그러나人生은自然의子라自然를써나며或버리고人爲에만奔忙하면健壯한氣力을失할뿐아니라雄大한氣象과純粹한感情을아울러滅하나니볼지어다都市人을、그顏色이蒼白하며眼力이衰退하고그行爲에無理와虛僞가數多하도다이와갓흔特徵을一言以蔽之하면神經質이라할지니神經質病에罹한現代都市人에對하야悠長한民風과誠實淳厚한美德을求한들그엇지能히어들바ㅣ리오이와갓흔見地에서觀察하면國家와人生生活의基調를汽船汽車의所謂文明利器에求하지아니하고田園生活의淳厚한心情과剛毅한氣風에求함이果然無理한것이아니며近世에至하야都市를田園化하랴하는新運動이起함이必히新流行을追하며變遷을好하는輕薄者流의好奇心으로出한것이아니로다

이제朝鮮地方青年의特色을論하건대或平野에耕하며或山川에遊하야日常에天地로同流하는結果그身體가健壯함은勿論이오그剛毅한氣象과誠實한心情은果然朝鮮社會의基礎를成하며그發達의希望이된다할것이니社會發達에知識과利器가必要한것은勿論이나그러나그것만으로써滿足하지못할것은上段에累累히論述한바ㅣ라一社會의健全한發達은그人民의健全한心情과健壯한身體에잇다할지니都市人에게知識이豊富하다할진대地方青年에게는純粹한道德이存在하며都市를中心하야文明의利器가發達하얏다할진대地方青年에게는健壯한身體가發達되얏다할것이라吾人은如此한地方青年의特色을基本한朝鮮文化의發達을希望하노니곳神經質的文明이아니라深邃하며雄大하고活力에充滿한文明이라政治道德은勿論이오詩歌小

說等人生의創造의各方面에亘하야그淸新하고活潑한生命이活躍하기를바라노라그러나그質이비록아름다울지라도學하며修하지아니하면또한그아름다운質을充分히發揮하지못할지니그럼으로吾人은地方靑年이서로團結하야各方面으로能力을發展하기를希望하며他面에在하야는朝鮮의有爲한靑年이都市에만集中하지말고地方에散在하야그特長을基本하야健全한新文化創設에努力하기를希望하노라願컨대現代都市文明의特長과田園生活의美點을兼하야科學的知識에純厚한道德과健壯한身體에文明的利器를加하기를希望하노니이와갓치하야各地方을啓發하면그地方幸福이엇지그地方人士에게만限하며또朝鮮全體의一大幸福이될것을確信하야疑하지아니하노라

九、藝術과民族性

一線一劃이모다個性의表現

天下에빛이만흐나마갓치아니하니붉은빛도잇스며하얀빛도잇스며金과玉의빛도잇고天下에音이만흐나마갓치아니하니쇠소리도잇스며나무소리도잇스며새와짐생의소리도잇고天下에形狀이만흐나또한마갓치아니하니별의形狀도잇스며해와달의形狀도잇스며蟲魚와山岳의形狀도잇도다天下萬物의性質이各히다른지라그特性에依하야音을發하며色을現하며形을成하나니이러므로宇宙의特別性이며各히性命을正히하는것이라한방울의이슬과한떨기의풀이엇지그個性을表示하는것이아니리오이로써보건대宇宙는自我의表現이며自我의綜合이라함이過言이아니로다

사람이비록만흐나各히그얼골이다른것과갓치그技能이갓지아니하며그마음의傾向이同一하지아니하니或政治를조아하는者도잇스면經濟에趣味를가지는者도잇스며或勇猛한者도잇스며또한優柔한者도잇도다이럼으로社會는各方面으로發達하며따라圓滿하나니사람이모다政治家가되거나모다學者가되면엇지하며모다勇猛하거나優柔하면엇지되리오各히그特性을發揮함이自然이며必然일뿐아니라또한可하도다個人에對한이와갓흔原理는또한民族에對하야適用할수잇나니英國民族의特性이엇지반다시佛國民族의그것과갓흐며露西亞民族의特性이엇지또한漢民族의그것과同一하다하리오民族性의形成은그天賦한才能에基因하는바는勿論이어니와그歷史와地理的環境의影響을受하는것이또한事實이니希臘民族의藝術的天才는勿論그天賦한才能에基因하얏거니와그明美한自然에게影響된바적지아니하며猶太民族의宗敎的天才는그固有한素質의所發이라할것이나그歷史的訓練에影響된바實로多大하다하리로다歷史와地理的環境을人力으로써變更하기어려운것이맛치空氣와太陽의光線을人間生活에서除去하기어려운것과갓다할진대民族性의差異를一朝一夕에破滅하기어려운것은또한個々人의特性을人力으로써抑制破滅하기難한것과同一하다하리로다그런즉天下의萬物이各히特性이잇는것과갓치個人의特性이잇스며民族의特性이잇다할지니따라各個人의生活과創作에獨特한趣味가잇스며各個民族에特異한文化와藝術이存在하는것이로다

藝術이여人生은短하되藝術은長하도다民族은비록興亡盛衰의理에依하야亡한다할지라도그藝術은永遠히存在하나니太古에存在하든鬱々한密林을누가能히想像하리오만은그結晶인바石炭은今日의吾人으로하야금日常의用을辨케하는同時에그歷史를參考하게하는도다民族生活의結晶인바藝術이또한그러하니千百年後의吾人으로하야금當時의精神과理想을感得케하며그生活을맛보게하는도다

그民族性이勇敢하며雄壯한가、그筆致에一點一劃에無限한勇力과絕大한生命이動하며그作曲에一聲一音에猛烈한意志와雄大한氣象이表現되고、그民族性이溫良하며優美한가、繪畫와音樂에無限한平和와溫柔의아름다운情이或은悠長한線으로或은淡明한色으로或은軟柔한音으로遺憾업시發露되는것이니맛치個人의性情을따라그行動이或은暴烈하며或은優美한것과갓핫도다그런즉藝術을稱하야그民族生活의結晶이라함이엇지過言이라하리오朝鮮의藝術이如何한고吾人의觀察하는바에依하면朝鮮人의聰明과快活과平和와또한勇敢이모든藝術에表現된줄노아노니그藝術은곳彫刻과建築과圖畫와그他의工藝品을包含하야말하는것이라吾人은此等藝術品으로過去의文明을理解하며觀照하는同時에그能力에基本하야또한將來를圖謀할수잇나니過去에存在하든智能과勇力이엇지今日에枯渴하얏다斷定하며將來에다시復活하지못하리라明言하리오吾人은이와갓흔意味에在하야過去의朝鮮藝術品이漸次로散逸하는今日의弊를痛歎하야마지아니하며그民族性과의關係를一言하야써一般의注意를促하노라

十、歐米留學을勸하노라

新學期에臨하야

日本의文明史를檢討하면그進化發達의幾個原理가特出하나그中一은遣外留學生制라할것이니新羅와百濟가物質的精神的諸般學術을傳한以後로日本은自勉하야或隋에或唐에或明에親히留學生을派遣하야中介를待하지아니하고直接文化本源地에就하야그寶貨를探査하며그精粹를輸入하얏스며至於明治維新하야는特히『知識을넓히世界에求할것』을興國의大策으로決定하야或英或米에或佛或獨에陸續不絕히留學生을派遣하야그文化取來에寧日이無하얏스니大槪天은스스로謙遜하는者에게恩惠를施하며스스로勉勵하는者에게援助를與하는것이라日本의今日이그緣由한바實노深長하도다

明治維新當時의日本의文化狀態와朝鮮의그것과를比較하야보면別般의優劣이無하얏스나今日에至하야는一은世界列强에參與하야世界의運命을支配하고一은讀者의所知하는바와如한現狀에處하얏스니換言하면一은上하야天에至한듯하고一은壓하야地에落한듯하도다秋毫의差가千里의違가됨은怪異한事가아니니그러면秋毫의差를生한그動機는何에在한고文明進步의機會가日本에來함과如히朝鮮에도來하얏나니米艦이日本의春夢을破하엿다할진대同一한覺醒의使命을佛艦이일즉히朝鮮에도傳하엿도다그러나一은此機會를善用하고一은不然하얏스니秋毫의差는實노此에在하야一은開國進就의興運에至하고一은鎖國保守의否運에處하야今日千萬里의相違를招致하얏도다吾人은此를回顧할時마다果然痛恨함을禁치못하노라

吾人은今日各地卒業生에對하야個人的으로는大器晩成의遠大한抱負를持하기를希望하얏거니와이제此機에際하야特히提唱하고자하는바는歐米의留學이니此는勿論學費關係와그他事情으로萬人에게均一하게希望할수는업스며또한此로써其他地에留學하는것을反對하는것은아니라오히려더욱히그旺盛하기를希望하거니와事情의許하는대로는多數한人士가歐米에就하야直接文化를輸入하기를希望하노니大槪그理由는左와如하도다

(一) 歐米의文明은그系統이獨特하야東洋의그것과는判異한點이多하도다따라이를直接으로輸入하는것과이를或地를通하야間接으로輸入하는것과는그結果에多大한相違가有하니假令例를擧하면日本에輸入된歐米文化는日本에特殊한歷史的社會的諸般事情에依하야日本에適合하도록融和된것이라換言하면歐米文化는日本에入하야日本化가된것이로다中國을通하야輸入한다할지라도또한此理를免치못할것이니中國化한或은日本化한것을朝鮮에輸入하야更히朝鮮化하는것과本質그대로의純粹한歐米文明을直接輸入하야朝鮮化하는것과그間에多大한差異가有할것은明白한事理가아닌가眞實한文明의綜合은純粹한文明을能히理解하며

消嚼함으로써비로소來하는것이로다

(二) 文化를歐米로부터直接輸入하는것은그關係가恰然히經濟關係를歐米와直接相結하는것과如하니此로因하야歐米와交通될바이多할지며따라歐米의事情에精通할바이多할뿐아니라그影響하는바朝鮮社會의改革도多大한便利를得할것이라

(三) 目下世界狀態를觀察하건대文明의本源이歐米에在할뿐아니라活躍의覇權을또한歐米가掌握하얏스니此事情에精通치아니하고이에對한方策을定하랴함은暗中에模索함과如하야能히功을成하지못할것은知者를待하야비로소知할바이아니라故로古人은云하되知彼知己라하얏도다

(四) 朝鮮人의世界的散布니今日의英米가能히强大하며富裕함은何에因함이뇨世界各地에善히分布한所致라吾人은朝鮮人이自此以後로朝鮮內地에만蹈躊하지말고天下의各方面으로活躍하기를希望하노니朝鮮人이將來무엇으로써此活躍을可히期할고爲先彼의文化를輸入함으로써此를期할지며留學生으로써그先驅를作함이可하도다

歷史는人生의進步와社會의發達을引導하는光明이라吾人은日本의文明史와朝鮮의今日을對照하야갑히鑑하는바이잇슴으로此를玆에敢히提唱하노니바라건대朝鮮兄弟는特히此에考察을加할지어다

十一、嗚呼人災

朝鮮人아—거듭나자

이번日本의天災는實로史後未曾有의慘狀이다他地方은말말고東京橫濱二大市로만보더라도거의四百萬의生靈이方今火焰속에懊惱하고아직確報는알수업스나임의慘死한者만도東京

에만十五萬이라한다게다가이十五萬中에는日本의精髓라할만한有爲한人物들이만히석겻슬것인즉四十億五十億이라는經濟的損失은或恢復할수잇다하더라도이人材의損失은永久히恢復할수업는日本의쓰린瘡痍라할것이다

이것을볼때에우리는모든民族的感情을超越하야純眞한人類愛의情으로써慘憺한生靈을爲하야쓰거운同情의눈물을흘리고그네가하로라도밧비救濟를밧기를빌어야할것은임의昨紙에도우리가말한眞情이다

그러나不幸한우리는이러한境遇를當할때에도自己의身勢를反省하는생각이압슨다

『남은不可抗의天災나當하야民族的大損失을當하엿건만은우리는그러한天災도地變도업시웨이慘境을當하얏는고?』

먼過去와일은姑捨하고今年一年지나간八個月間의우리의當한慘狀만을보자昨冬에發芽하야

新年劈頭부터全半島가總動員된觀이잇든自作自給運動은而今에安在런고一百七十의이目的으로된團體와數萬의運動者들은무슨災變으로全滅을當하엿는고鍾路에번듯거리든水木帽子와女學生들의水木치마는어느火災에슬어젓는고?

니어서닐어난民立大學運動은而今에安在런고八路에서모혓든四百餘의發起人과各郡各面에까지設立되엇든支部와그일의責任을마튼數千名의任員은다무슨災變에雰替를當하엿는고

近七十의改造派創造派의諸團體는二年을니어軋轢과黨爭을일삼다가무슨天災에全滅을當한고 대관절吾族의政治的經濟的文化的모든生活이무슨天災로이대도록慘酷한全滅을當한고?아니그慘酷함이엇지東京의全滅、橫濱의全滅에比하랴진실로全朝鮮의全滅이다!嗚呼人災다、사람이업는災며올치못한사람이잇는災다、自作運動을할만한사람은업고문허터릴사람은잇는災다 民立大學運動自作運動을할만한사람은업고문허터릴사람은잇는災다!

그사람이란一二의英雄豪傑을가르침이아니오朝鮮全民衆을가르침이다적더라도全民衆의中軸이될만한다만一萬名이라도쓸만한사람이업는까닭이다天災는人心에悔改의機會를준다『아아! 罰이다』하는것은天災를當할때에제나남이나가치밧는衝動이다이제우리朝鮮民族은이번에日本이當한몟百十倍以上의大災殃의遺墟에섯다만일적이心眼이열린者일진댄全朝鮮에人肉의타고썩는내를마를것이다이것이사람들아人災의慘憺한遺墟다

日本의天災가비록史後未曾有라하나日本民族에게生命力이잇는以上早晩間恢復될날이잇슬것이다或은天災以前의日本以上의日本을建設할날도잇슬것이다그러나生命이썩어버리는人災야무엇으로恢復하랴

『거듭나라!』하고예수는滅亡에들어가는同族을向하야웨첫다『너희는天國에들어갈줄아느냐? 地獄에싸지리라』하고울엇다그러나그의同族은이웨침을듯지안코地獄에싸젓다인제

當時猶太族以上의大天災의遺墟에선우리朝鮮族에게도웨칠말이하나요오즉하나니곳『朝鮮族아거듭나라!』함이다、虛僞와懶惰와詭譎과猜忌와怯懦의모든醜한탈을버서버리고眞實과勤勉과誠實과相愛와勇氣의흰옷속에거듭나慘憺한災變의遺墟에新生命을建設하자

十二、橫說竪說

八日深夜京城府內各處에起한火災에對하야이즈음의일이라『不逞鮮人의蜂起가아닌가』하야東京大阪地方에서는一般의疑問이不少하다한다▲大阪滯在中인丸山警務局長은此에就하야『不逞團의蜂起라고는아모리하야도想像할수가업다』고發表하얏다든가警務局長兼活動寫眞辯士가매우活動을하는模樣이다▲그러나最近警務當局者의態度로보 서는『京城府內各處에火災가起햇스리라고는아모리하야도想像할수가업다』고發表할勇氣가엇지하야大

阪外지에는繼續되지못하얏든지疑問이다▲十一月七日의東京某新聞에는『朝鮮最初小作爭議』라는大題目下에慶南昌原郡의小作爭議를報道하얏다『朝鮮最初』이라는것을보면十年前의十一月七日新聞인듯▲又此新聞社說欄에는『在留外人間에疑惑의中心이되얏든朝鮮人殺傷事件은政府가事實대로發表한外에此等疑惑을一掃하얏다』고大體이놈의新聞記者는朝鮮總督府警務局長閣下보다도多量勇氣의所有者인듯

十三、휴지동

▲충북청주군청주면에사는리만열이란사람과어윤선이란사람이공갈과무고죄라는가튼사건가튼죄목으로공주디방법원청주지텽에서공판을개뎡한결과리만열은징역십개월의선고를밧고어윤선은징역오개월의선고를바덧다그래서어씨는오개월쯤이면그대로칠어발인다고복죄하여바리고리만열은공소하엿던바공소재판의결과는징거불충분으로불긔소가되고말엇다○다섯달이라고복역을한어윤선은신수가불길하엿고공소한리만열은신수가조앗다하면그뿐이지만은공소심이데일심에비교하야권위가잇다하면어윤선의오개월징역은인권유린이아닌가○가튼일에관계된두사람중오개월에상당하다는사람만은유죄되고십개월이라고언명한사람이무죄라는것은아모러생각하여도모순

第四編 編輯

第十三章 記事編輯

九十五、原稿整理、 記者의筆記와通信員의郵便物及電信電話의記事原稿等은擧皆整理를要하나니(一)文章과事實의誤錯을校訂할일(二)新聞社規로決定한體裁를從할일(三)記事全體의色彩를增進할일(四)法律違反의記事를除却할일(五)文選部를爲하야原稿에記號할일(六)記事의大小

題目을書할일이며校訂에嫺熟한編輯者는모든誤錯을即刻에發見한다新聞記事에는時間의餘裕가無함으로誤錯이多하니此를校訂함에는誤字뿐만아니라事實의誤錯까지校訂하며藝術、科學、實業、職業、運動、其他諸般事項이모다新聞記事가되는고로諸方面에修養을要하고全世界의國名、地名、人名과有名한書籍、美術品、脚本、音樂의名稱과重要한會社、鐵道、商標等에까지도智識이잇서야할지니『데렌스』의言과如히『余의掌中에入치아닌것은人間事가아니다』함은新聞記者의所言일것이다

九十六、活字의寸法 編輯者는活字에對한知識이必要하니活字의寸法은「포인트」式으로計算하야「포인트」의一單位는一吋의七十二分之一인즉六「포인트」活字는一吋의七十二分之六이오十「포인트」는一吋의七十二分之十이오三十六「포인트」는一吋의七十二分之三十六即半吋活字인대普通大新聞에서는六「포인트」小新聞에서는七或은八「포인트」를使

用하며東洋에서는號數로計算하야東亞日報와每日申報는五號、朝鮮日報는六號를使用한다

九十七、活字의種類 大活字는題目에、小活字는記事에使用하나니普通記事에五號活字면特別記事에는四號活字를使用하는故로記事의活字는五「포인트」半題目에는八「포인트」로一百二十「포인트」까지使用한다

初號 **東** 三十四「포인트」

一號 **東** 二十七「포인트」

二號 **東** 十七「포인트」

四號 東 十二「포인트」

五號 東 八「포인트」半

題目에는八「포인트」로一百二十「포인트」까지使用한다

九十八、活字書體、漢文書體에明朝淸朝隷書行書의四體가有하지마는新聞에는明朝體만使用한다

九十九、歐文活字名稱、「포인트」式을使用키前에는名稱이잇섯나니五半「포인트」는「애겟」、六「포인트」는「논패렐」、七「포인트」는「미니연」、八「포인트」는『섀레비어』、九「포인트」는『뿔조아』、十「포인트」는『롱프리미어』、十二「포인트」는『파이카』라命名하얏다

百、校訂略號、原稿를整理함에는加入과削除를赤잉크로校訂하나니例를擧하면如左한대

題目에四號活字를用하라는意味로 |4| 이와가티赤字로記入한것이다

|4| 崔斗善氏의篤志

龍川郡邑東面舊邑洞崔斗善氏는
그곳耶蘇敎會에經費를補助키爲
하야自己의所有田五千六百餘坪
을寄附하얏슴으로附近人士는頌(揚)(歌)다더라

第十四章 題目

百一、題目의用務、題目은記事自體의次로最히重要하니重大事件일사록大書特書하야讀者로하야금一瞥에其內容을解得케하며또는街路上呼賣時에多數한購讀者를引케되며記事의內容을題目만보고짐작하게되는故로奔走한人士는題目만훌터보아도其日의世界大勢를能히

觀察할만하다題目은곳新聞記事의廣告인즉興味잇는題目이면記事의內容이如何한가를解得코자하는好奇心을讀者에게與한다

百二、大題目과「얄로쪼널」、 大題目은「얄로쪼널」(黃色紙)과連絡이된다는批判을間或免치못하나大題目이라고相當히使用만하면不確實한記事를虛張하는것이아니다何如間根據가堅固한大新聞에서는街路上呼賣品에賴치안는故로輝煌한大題目은採擇하지아니한다

百三、正確과分明、 題目은곳記事의揭示板인즉事實을正確하고分明히記錄할지니其文勢는具體的이오事實은即刻에摘發하도록搆造할것이며紙面이短縮한故로簡單明瞭하고新鮮한句語를採用할것이다

百四、不偏不黨、 題目도記事와如히色彩를加하야編輯者의意見을附할수가잇나니公正한記事라도題目이不公正하면讀者에게그러한印象을與한다題目에도評을加치아닐것이니評은論說에만一任할것이다

百五、題目의部分、 題目에는原主體의題目과小題目이有하며또는肩書가有하니例하면

輕快히優美히

단비가재로개인하날아레
쏫가튼션수의예션젼시작

理想的인日氣、空前의盛況

朝鮮人의日本行

今後絕對不能

일본경찰당국의통첩으로
엇더한사람이든지못간다

新島嶼가 突起

여긔저긔에

百六、題目의限度、東亞日報로말하면一行이五號活字「八포인트半」十四字인대初號를使用하랴면二段題目이라야겨우六字以上은더쓸수가업스니上下에餘白이업스면讀者의眼에不美하게된다그런고로記事의重大함을隨하야二段或은三四段까지라도長題目을附하는데그段을作定한後에는반듯이字數를計算하야體裁를銓衡할것이다

百四、題目의音調、題目은讀者로하야금記事中에如何한事件이有한가를知케하는揭示임으로記事가感慨悽慘하면題目도此를倣하고喜消息或은諷刺滑稽이면亦是此에倣하야其音調를作成할것이다

百五、中間題目、 長記事를모다五號活字로印刷하면讀者가疲倦하여지는故로그便宜를圖키爲하야中間每十四五行式을切斷하야四號로別行에四五字題目을附하나此는題目이아니라即記事中에서重要한文句四五字를引用하나니記事가略二十行以上이아니면適用될必要가無하다

第十五章 校訂

百九、校訂의方式、 原稿를보고活字로植字를한뒤에는長方形의鐵版곳「갤레」에入하야가지고手轉機에印刷하면此를校正刷或은單히「갤레」라稱하나니校訂部即整理部에서二人이對坐하야一人이原稿를보는때에又一人은校訂刷를讀하며誤錯이有한境遇에는赤잉크로此를校訂하는대換言하면新聞原稿校訂에는讀合法을使用한다

百十、赤字、 校了한校正刷를赤字라稱하나니校正으로부터回示한誤字及不足文字를整備하엿다가新聞全面製版의試刷와比準한다

赤字의一切

終了한結果十四日午前十一時同
郡廳에서當選者의게賞品授與式
擧行(价川)

崔斗善氏의篤志

龍川郡邑東面舊邑洞崔斗善氏는
그곳耶蘇敎會自己와所有田五千
六百餘坪을寄限하얏더라(楊市)
大坪普校運動會 晉州郡大坪面
에在한大坪公立普通學校는今年
春季에新築하고落成式外지擧行

新聞校正의常用記號

ㄗ 削去　◎ 正倒

[昇　] 降

」 右移　└ 左移

第十六章 製版

百十一、製版의要点、校正刷가提出되야校正을了한後에는紙面의各主任者가其記事를羅列하야一面을裁成하나니某記事는何部分에載하며寫眞과漫畵는何處에挿하야써紙面에興味를加할가討究한다 一言으로論하면製版은記事를調和되도록하되各新聞은各其方式이有하야歐文新聞에는第一面이通常으로重要한雜報頁이오右端에最重要한記事를載하며우리朝鮮의從來四頁新聞에는三面先頭에最重大事件을揭載함이常習이오그래서一面은論說、二面은政治經濟及商況이오四面에는小說及地方通信이엇섯다

第十七章 新聞의用務

百十二、新聞從業者와其事務、新聞學을論함에新聞의用務와其從業者의關係를생각치아니치못할지니以上論述한바는但히新聞作成의方式에止하엿고그로因한結果와目的은아직論及치못하엿다新聞의用務에對한理想的基礎를樹立치아니하면從業者의事務는無意味하야現行方式만採用할뿐이오其裏面의目的은看過함이니新聞記事가한번世上에傳播되야天下의輿論을惹起하며文化向上에勢力이되는結果를示한後에라야從業者는其事業의偉大한價値를비로소是認할것이다

百十三、新聞과社會、모든公益事業과如히新聞은其社會의理想과趣味에合致하나니即其範圍의產物이되는同時에其範圍를創造하는威力이다消息을公開하는紹介書類임으로購讀하

는社會의標準을從하야新聞의價値를定評한다

百十四、廣告、 新聞의發展을따라廣告가增加하나니商人은一般讀者가廣告文에對하야도雜報와同一한興味를持하는故로大商店과各會社에서新聞紙를利用하야新聞社自體와廣告主가供히利益을均沾한다 그래서新聞의維持費에서三分之二或은四分之三이廣告收入이오新聞販賣로는僅히三分之一或은四分之一이니讀者가一錢에新聞一枚를購讀한다하면其新聞의實價는三錢乃至四錢인대其差額은廣告主의支出이다

百十五、戰爭으로發展、 世界에如何한處所를勿論하고戰爭中에讀者가增加함으로最近의歐洲大戰은世界의新聞에大發展을與하엿스며非常事가出來할때마다新聞販賣數는增殖이된다

百十六、新聞의目的、 五個條의目的이新聞發刊의根本精神이니(一)報道(二)事件解析과時下問題의論評(三)有益한告示와勸勉(四)好讀物提供(五)廣告의媒介이다 그러나最先의目的은報道와論評이니今日의新聞과如히廉價로讀者에게提供함은實로廣告宣傳의重要한調達品이되는故이다

그럼으로記事와廣告와의關係는新聞의生活機能이되나니讀者의階級과數爻를따라廣告의價値를定하고또는販賣部數가記事自體에依賴하며販賣數가增加할사록廣告料金이高하야新聞社의收入이增大하나니收入이增加될사록新聞紙面은發展될것이오減收됨을따라讀者도減少되는關係가有함으로廣告와販賣와記事內容이互相連絡이된다

百十七、公益事業、 記事로報道하고또論評하야써四圍의情況을指導勸諭함으로言論自由의神聖함은世人이是認한지已久하다新聞은一般의教師가되고講壇이되야一般民衆은文學、學校、講壇이無하되但히新聞이有하다고絕叫한이도잇섯고新聞記者를第四「에스텟」(英國에三「에스텟」이有하니貴族、教會、衆院)이라稱하며無冕帝王이라稱한것은其事業의重

大함을明言한것이다

百十八、黃色紙、 所謂黃色紙（惡德新聞）는如何한事件이던지針小棒大로讀者의興味만惹起하려하야或은人身攻擊或은秘密暴露로重大한事實이아닌記事라도大題目을附하야虛張하나니大體로新聞에色을加함은三個의原因이有하야(一)新聞主가自己나或自己黨派의私利를圖하랴고(二)廣告主와其他關聯者의利益을擁護하랴고(三)事實보다重要한記事로作成하야써讀者를增加하랴는野心이다、그러나新聞의用務는鐵道와如히每日事件을運轉할뿐만아니라奉公하는義務가有함으로純全한營利事業이아니니不正한記事는讀者에與하는害毒이食料品의不潔한者가身體를傷害하는그것과洽似하다그래서言論自由를尊崇함은事實을쎠나色彩를加하지안코正確한報道로써社會에奉公함에在하다

百十九、不正廣告 新聞은廣告의媒介物로社會에衷誠을盡할義務가잇나니詐欺的投機事業의危險한賣藥、不正한醫師、其他人類社會에不利益할廣告를宣傳함은不知中讀者에게害를與한다此等廣告를揭載하는理由는누구던지料金만支出하면紙面을販賣하고廣告內容은廣告部의調査할바아니라稱託하나此를鑑한新聞에서는揭載를拒絶하야一年에數十萬圓의損失도生한다

百二十、記者의問題、 新聞의方針은新聞의幹部에서決定함으로記者는絶對服從할것이며僞報는最初부터始作을아니할지니編輯長을其時에欺惑할뿐만아니라自身의道德的觀念이低劣하여지며僞報記者는自身에害가되는同時에僞報에關係한人物과其新聞全體를傷害함이니社會의大使命을帶한無冕帝王의行할바아니니다

新聞學 終

Welcome to the Congressional Party.

In the name of twenty million Koreans we extend our heartiest welcome to the congressmen who are just entering our land, coming as they do from a great country, a country that Nature has endowed with the awe-inspiring Rockies, with mighty rivers and opulant prairies; a country that has produced men like Lincoln and Washington; a country that has for its foundation liberty of conscience for all its people; a country which is in the vanguard of humanity as regards freedom and justice.

When it was whispered that the party was coming there were many hearts that leaped with joy and gladness and we are among those who have been counting the days until their arrival, like children waiting the return of their mother, impatient as one who waits for his beloved,

We have no bouquets in our hands nor honied words upon our tongues. How then are we to manifest our gladness? Shall it be by a handshake or by the kiss of Bible times? Neither, but rather by the simple overflowing of the heart with gladness.

In welcoming our brothers from over the sea we cannot dispel the feeling that comes cver us when

we recall the fact that America has ever been from its earliest days a refuge for the oppressed. How many have escaped from Europe to find freedom of conscience in the vastness of her great domain, and relief from oppression among a great people! This is why America has been loved and respected by the troubled and the tyrannized. This has not only been found to be true in the past, but it is even more so now, because the people, the world over, who are groaning under violence and oppression are looking to America for succor. America, is their cynosure and their hope. We who bear upon our back a sad history and carry in our embrace an unsatisfying present find ourselves overwhelmed with our feelings as we meet you.

Looking back we find that this great republic which you represent is not only joined with us in a treaty of friendship inspired by the spirit of peace and of freedom but its great people spared neither their money nor their efforts in order to send us the Gospel of Life and to provide us with schools and with hospitals. The twenty million Koreans, who had lost through despotism and class distinction the opportunity of development, have received the Light and found the eternal value of life. Is there a hope for Korea? It is through the lately Son of Man that we have it, and we wish to express our thanks to the people whom you represent.

You have not only the honor and distinction of having awakened Japan from her peaceful slumber of isolation and of introducing her to modern civilization, but you have also brought to us the enlightenment of life. We are not a people that is wholly Christianized and a society complete in itiself, and we are filled with remorse and shame, but nevertheless we welcome you as brothers from a land where our esteem has found its way even through the wide expanse of the mist and waters of the Pacific.

Brothers we call you, not because our earthly circumstances match yours, but because we are such before God, who is no respecter of persons. To be brothers before God means to have the same idea's and aims in life.

What is it that you see in Korea? Dingy houses, unsightly streets, rough roads and denuded hills. By these you can know the oppression of the past and the crampedness of the present. These are the things that may be seen by the physical eyes, but the hopes and the endeavors of the twenty million souls can be discerned only through the mental eyes.

What is uppermost in the mind of the Korean people and what they are ready to make sacrifice for is the principle of democracy. It is realized

that to change the barren hills to a verdant paradise, to transtorm unbeautiful society to one of liberty, pride, love and intelligence, to bring out man's faith in God and to make man's life worthy of man there is nothing else but the spirit of Democracy. It is fundamental that vegetation requires rain and dew for its grawth and man requises freedom for his development. This is what you and your forefathers have already known and what the experience of your nation has taught. Though our circumstances are poor and lowly, we realize that through truth and endeavor and the spirit of democracy man can achieve emancipation and individual liberry which in turn will usher in other blessings and give glory to God. These things constitute the faith and hope of the Koreans. The dreary and desolate surface contains a life that is throbbing and active.

Our hope is that you, our brothers, will carry our hopes to those in your home land so that they may rejoice and labor with us in and for the common object. Though the great ocean separates us geographically there can be nothing which can separate us in our love and common ideals. In conclusion we wish you and your people in the years to come greater and greater prosperity and God's richest blessing.

大正十三年六月七日 印刷
大正十三年六月十日 發行

(新聞學)
(定價金一圓五十錢)

不許複製

著作者 京城府積善洞百八十一番地 金東成

發行者 京城府花洞百三十八番地 宋鎭禹

印刷者 京城府公平洞五十五番地 沈禹澤

印刷所 京城府公平洞五十五番地 大東印刷株式會社

發行所
京城府堅志洞六十番地
電話光花門一七七番
振替京城八二五五番
朝鮮圖書株式會社

—(5)—

Die Aufmachung der modernen Zeitung in Ostasien

(Japan, China und Korea)

Inaugural-Dissertation

zur
Erlangung der Doktorwürde der hohen
Philosophischen Fakultät der
Universität Leipzig

verfaßt von

Heun-Chun Kim
aus Korea

Leipzig, Februar 1928

Angenommen von der II. Sektion der philologisch-historischen Abteilung der Philosophischen Fakultät auf Grund der Gutachten der Herren

Everth und Haenisch

Leipzig, den 24. Februar 1928.

Moll
d. Z. Dekan
der philologisch-historischen Abteilung
der Philosophischen Fakultät.

Meinen Eltern

Inhaltsverzeichnis

Beilagen:

Vorwort.

Mit der vorliegenden Arbeit ist der Versuch unternommen worden, einige zusammenhängende Untersuchungen anzustellen über ein Gebiet, welches im Rahmen der Zeitungswissenschaft selbst noch einer besonders eingehenden Bearbeitung wartet. Über die historische Entwicklung des Tagesschrifttums, besonders der europäischen Zeitungen und Zeitschriften, liegen bereits eine ganze Anzahl umfangreicher und ausführlicher Arbeiten vor. Ebenso hat die politische, soziologische und literarische Wertung der Presse in einer gleichfalls umfassenden Literatur eingehende Bearbeitung und Würdigung gefunden. Meines Erachtens jedoch ist in fast allen bisher erschienenen Arbeiten, seien diese historischer oder theoretischer Art, eines zu wenig, oft überhaupt nicht, berücksichtigt worden: nämlich die äußere Form, in der das Tagesschrifttum seinem Publikum entgegentritt.

Mag es beim ersten Überlegen auch den Anschein erwecken, als ob die Frage nach der äußeren Form der Zeitung, nach ihrer „Aufmachung" eine Frage rein technischer Natur sei, deren Bearbeitung sich im Rahmen einer soziologischen Untersuchung kaum lohne, so stellt sich bei näherer Betrachtung doch ihre große Wichtigkeit heraus. Gerade in Bezug auf die psychologische Wertung der Zeitung zeigt es sich, daß ihre Aufmachung, die „Ausstattung" aller ihrer einzelnen Teile, deren Wichtigkeit man — nach David[1]) — nun erst zu begreifen und nach ihren Normen hin zu ergründen beginnt, gar nicht überschätzt werden kann.

Die Grundlage für die vorliegende Arbeit bilden die Presseverhältnisse in Ostasien, unter welchem Begriffe hier China und Japan nebst Korea zusammengefaßt sein sollen. Für mich als gebürtigen Koreaner lag es naturgemäß nahe, die Arbeit in Angriff zu nehmen. Außerdem sind die Presseverhältnisse in Ostasien bisher noch am

[1]) J. J. David, „Die Zeitung". 1906. S. 10.

wenigsten genauerer Untersuchungen gewürdigt worden, während sie andererseits gerade jetzt durch die ungeheuren wirtschaftlichen und politischen Kämpfe der Völker des „fernen Ostens" von Tag zu Tag mehr an Bedeutung gewinnen.

Die Arbeit selbst soll sich in drei Hauptteile gliedern, deren erster Teil in großen Umrissen einen Überblick über die für die Presse des Ostens entwicklungsgeschichtlich wichtigsten Daten zu geben sucht. Der zweite Hauptteil soll die Aufmachung der Presse sowohl in rein äußerlicher als auch redaktioneller Hinsicht darstellen und der dritte Hauptteil endlich eine zusammenfassende Kritik und Vergleichung der Presse in Ostasien bieten.

Das Material für diese Arbeit bilden im wesentlichen die ostasiatischen Zeitungen in ihren Originalausgaben selbst. —

„In der Geistesgestaltung Chinas hat sich im Laufe der letzten 15 bis 20 Jahre eine Umstellung vollzogen, die vielleicht die größte, jedenfalls aber die schnellste ist, die es jemals in der Geschichte der Menschheit gegeben hat." Dieser Ausspruch von Prof. Hans Driesch[1]) über das moderne China, gilt im vollen Umfange auch für das große Nachbarreich Japan sowie dessen bedeutendsten Besitz, Korea, und zwar für die letzten 50 bis 60 Jahre der Entwicklung. Diese beispiellose Entwicklung in geistiger sowie wirtschaftlicher Hinsicht ist zum großen Teil eine Wirkung der von Jahr zu Jahr steigenden Macht der ostasiatischen Presse. In dem gleichen Zeitpunkt, in dem es dem europäischen und amerikanischen Einfluß gelang, die alten feudalen Verhältnisse in Ostasien, zuerst in Japan, zu erschüttern, begann auch das Zeitungswesen sich in einem Maße zu entwickeln, für das ein entsprechendes Beispiel kaum zu finden ist. In steter Wechselwirkung mit den technisch-wirtschaftlichen Errungenschaften der modernen Zeit hat es eine Höhe erreicht, welche in jeder Beziehung den Presseverhältnissen der führenden Kulturstaaten ebenbürtig ist. Dasselbe läßt sich auch von der Entwicklung des gesamten übrigen Schrifttums in Ostasien, dem Buch- und Zeitschriftwesen, feststellen.

Da es im Rahmen dieser Arbeit nur die Zeitung ist, deren Erscheinungsformen untersucht werden sollen, ist es nötig, den hierfür zugrunde liegenden Begriff der Zeitung genau festzustellen. Zeitungen sind in bestimmten, regelmäßigen Zeitabschnitten erscheinende, auf mechanischem Wege vervielfältigte Veröffentlichungen, durch die individuell nicht bestimmte Personenkreise mit Nachrichten aktueller und vielseitiger Art sowie mit Mitteilungen und Berichten speziellerer

[1]) Ostasiatische Rundschau 1924, 3, S. 33 f.

Natur fortlaufend versorgt werden.[1]) Die Länge der Zeitabschnitte zwischen den einzelnen Veröffentlichungen wird grundlegend mitbestimmt von den zivilisatorischen und kulturellen Verhältnissen, die für die in Frage kommenden Landesteile maßgebend sind. Es ist daher notwendig, den Maßstab der Aktualität mitunter wesentlich weiterzufassen, als es beispielsweise den europäischen oder amerikanischen großstädtischen Bedürfnissen entspricht.

Die ostasiatischen Länder sind Gebiete starker wirtschaftlicher Gegensätze, die in bedeutenden Handelszentren eine ausgeprägte Mischkultur geschaffen haben. Wenn in Osaka oder Tokio, in Schanghai, Kanton oder Peking sowie in Söul das tägliche, ja selbst mehrmals tägliche Erscheinen einer Zeitung ein unerläßliches Bedürfnis ist, so ist dies keineswegs der Fall in großen Gebieten des chinesischen Reiches oder Koreas. In diesen Provinzen, die, vom Weltverkehr verhältnismäßig noch wenig berührt, Wirtschaftsformen von jahrhundertalter Tradition aufweisen, entsprechen naturgemäß wöchentlich und sogar halbmonatlich oder monatlich erscheinende Veröffentlichungen den höchsten Ansprüchen. In der Hauptsache handelt es sich hier um die Missionszeitungen fremdländischen Ursprungs und deren eventuelle einheimische Nachahmungen.

Die Gefahr, daß sich durch die langfristige Erscheinungsweise einzelner Zeitungen die Begriffsgrenzen zwischen diesen und den in großer Anzahl in Ostasien erscheinenden Zeitschriften verwischen könnten, besteht kaum mehr. Mehr noch als in den Ländern westlicher Kultur wenden sich hier die Zeitschriften an genau bestimmbare Interessentenkreise, genau bestimmbar durch das Maß, in dem die moderne Kultur, Wissenschaft, Technik, Handel, Industrie usw. ihren Einfluß auf diese Kreise ausgeübt haben.

Der ungeheure Einfluß, den auch in den Ländern, in denen die westliche Zivilisation erst verhältnismäßig spät ihren Einzug hielt, die Presse ausgeübt hat, liegt in den Charaktereigenschaften der Presse begründet. Hier, wie überall in der zivilisierten Welt, ist sie zu einem der allerwichtigsten Faktoren des öffentlichen Lebens geworden. So hat sich die Zeitung bereits früh zu einem unentbehrlichen Verbindungsmittel entwickelt, das große Volkskreise in geistiger Beziehung zusammenhält. Als Ausdrucksmittel der Anschauungen und Wünsche dieser Kreise hat sie geholfen, jahrhundertalte, festgefügte soziale Schranken zu zerbrechen, ein Zeitalter des Liberalismus mit heraufzuführen und den Völkern demokratische Verfassungen zu schaffen.

Nach: Brunhuber, Das moderne Zeitungswesen. Leipzig 1907. S. 15.

Wie in politischer, so hat sich die Zeitung auch in wirtschaftlicher Beziehung den ersten Platz unter allen Mitteln, die der Entwicklung auf diesen Gebieten dienen sollen, erobert. Sie orientiert ihre Leser über sämtliche Zweige von Handel und Industrie, hält sie dauernd auf dem Laufenden über alle wirtschaftlichen Bedürfnisse und Veränderungen, nicht nur des eigenen Landes, sondern aller Länder der Erde überhaupt.

Durch ihren Charakter als Anzeigenorgan ist die Zeitung gleichfalls zu einem der wichtigsten Vermittler des wirtschaftlichen wie auch in großem Umfange des persönlichen Verkehrs geworden. Unentbehrlich für geschäftliche Unternehmungen ist die Zeitungsreklame, durch welche Erzeugnisse oder Projekte und sonstige Anerbietungen weitesten Leserkreisen zur Kenntnis gebracht werden. Ungeheuer ist der Wert der Zeitersparnis, beispielsweise durch die Zusammenfassung, periodische Veröffentlichung und Verbreitung von Angebot und Nachfrage aller Art im Inseratenteil der Blätter. Selbst den rein persönlichen Bedürfnissen Einzelner kommt die Zeitung in ihren Familien- und Gesellschaftsanzeigen im weiten Maß entgegen.

Diese kurze Beschreibung zeigt bereits deutlich ein Hauptcharakteristikum der Zeitung, und das ist ihre Vielseitigkeit, eine Variabilität, die allmählich alle Beziehungen des sozialen Lebens in den Kreis ihrer Betrachtung gezogen hat. Die Tatsache, daß der Zeitung durch die mannigfaltigen technischen Verkehrsmittel, die auch in den ostasiatischen Ländern von Jahr zu Jahr mehr Bedeutung gewinnen und größeren Umfang annehmen, ein immer umfangreicheres Verbreitungsgebiet zur Verfügung steht, hat bald die Erkenntnis gebracht, daß sie neben ihrer politischen und wirtschaftlichen Bedeutung noch eine Aufgabe von ungeheurer Wichtigkeit zu erfüllen hat: Es handelt sich um die Zeitung als Volksbildungsmittel.

Über den Wert der Presse in volksbildender und erzieherischer Hinsicht gehen, besonders in Europa als dem eigentlichen Ursprungsgebiet der heutigen modernen Bildung und Zivilisation, die Meinungen der berufenen Führer auf diesem Gebiet noch auseinander. Man macht ihr bisweilen den Vorwurf der Oberflächlichkeit, des Halbwissens, den der Unglaubwürdigkeit und besonders den Vorwurf, daß sie die Urteilsfähigkeit großer Leserkreise hemme und selbst unterdrücke.

Besonders aus Kreisen geistig hochgebildeter Wissenschaftler und Literaten werden diese Vorwürfe erhoben, zum Teil vielleicht nicht ganz mit Unrecht, eine Tatsache, mit der u. a. Löbl[1]) rechnet, wenn

[1]) Löbl, Kultur und Presse. 1903. S. 239.

er sagt, daß „die geistig höher stehenden Volksklassen in der Benutzung der Presse gewisse Gefahren für ihre intellektuelle Verfassung zu befürchten und zu meiden haben". Viel wichtiger jedoch ist, was er diesem Satze vorausschickt und was von allen, die maßgebend über das Zeitungswesen geschrieben haben, immer wieder betont und in der verschiedensten Weise belegt wird, daß „der Einfluß des Pressewesens auf das geistige Leben der b r e i t e n M a s s e zweifellos ein überwiegend günstiger ist".

In ganz besonderem Maße gilt eben dies für die Bevölkerung der ostasiatischen Reiche. Was im Mittelalter in Europa einer der Haupterfolge der Kirche und ihrer Diener gewesen ist, nämlich die Verbreitung neuer Kenntnisse und kultureller Erziehung, das ist in Ostasien eine der Hauptwirkungen der außerordentlich stark angewachsenen Presse der letzten Jahrzehnte gewesen und ist es heute noch. Nirgends vielleicht so sehr wie in großen Teilen Chinas und in Korea ist die Zeitung zu dem wichtigsten Bildungs-, Aufklärungs- und Erziehungsmittel des Volkes geworden.

Aus dem bisher Gesagten ist leicht ersichtlich, daß auch der Aufmachung der Zeitungen, d. h. ihrer äußeren Erscheinung sowie der mehr oder minder systematischen Anordnung des Stoffes in ihren Spalten hohe Bedeutung zuzumessen ist. Ihrer Aufmachung verdankt die einzelne Zeitung größtenteils den Umfang ihres Verbreitungsgebietes und damit ihre Wirkung im Volksganzen. So ist die Güte und der praktische Wert einer bestimmten Zeitung vielfach abhängig von einer geschickten und als praktisch erkannten Anordnung der Stoffgebiete, über die sie fortlaufend referiert.

Schließlich bilden sich in dieser Beziehung innerhalb der Presse eines bestimmten Landes große einheitliche Züge heraus, wodurch sie sich typisch von der Presse der anderen Länder unterscheidet und wodurch sie zu einem Dokument wird, das deutlich bestimmte Charaktereigenschaften des betreffenden Volkes zum Ausdruck bringt.

Um volles Verständnis für die Aufmachung der modernen Zeitung in Ostasien zu erzielen und damit zugleich einen Beitrag für die große kulturelle und wirtschaftliche Bedeutung der ostasiatischen Ländergebiete zu liefern, ist es nötig, in einem gedrängten geschichtlichen Überblick die Entwicklung des ostasiatischen Nachrichtenwesens, besonders der schriftlichen Nachrichten und somit endlich der Zeitung, zu beleuchten.

I.

Überblick über die Entwicklung des ostasiatischen Zeitungswesens vom Altertum bis zur Gegenwart.

Die Betrachtung der ältesten Geschichte der drei ostasiatischen Reiche — China, Japan und Korea —, bietet wesentlich größere Schwierigkeiten als eine analoge Betrachtung der antiken Kulturstaaten der alten Welt. Dies rührt vor allem aus einem fast völligen Mangel an gesicherter schriftlicher Überlieferung her, die sich beispielsweise den Ägyptologen und Assyriologen in größter Mannigfaltigkeit bietet. Keine in Stein gegrabenen Dokumente wie die Hieroglyphen auf den ägyptischen Denkmälern oder die Keilschriften der babylonischen und assyrischen Bibliotheken künden in Ostasien dem Geschichtsforscher die Ereignisse aus grauer Vorzeit. Die ersten schriftlichen Aufzeichnungen von historischem Wert finden wir in China um 700 v. Chr. in dem Buche Shi-King.

Um diese Zeit tritt uns China bereits als festgefügtes Staatswesen entgegen, das über einen bis ins Einzelne wohlorganisierten Beamtenstand verfügt und dessen kleinbäuerliche Feldwirtschaft sich als ein durch kluge und strenge Gesetze genau geregeltes soziales Gebilde darstellt. Dieser Staat mußte, um bis zu dieser Höhe zu gelangen, bereits eine lange Entwicklungsbahn zurückgelegt haben, über die jedoch die ersten schriftlichen Aufzeichnungen nur schwer kontrollierbare, mythologische und sagenhafte Mitteilungen machen.

Die Tatsache aber, daß zu dieser Zeit bereits ein vollkommen ausgebildetes Schriftsystem existierte, läßt mit Sicherheit vermuten, daß der alte Staat, wenn auch in verhältnismäßig primitiven Formen, auch über ein einigermaßen organisiertes Nachrichtenwesen verfügte. Die unaufhörliche Ausdehnung des chinesischen Reiches nach allen Seiten, nach Süden und Osten vermutlich in friedlicherer Weise als nach Norden und Westen, wo zum Schutze gegen die Barbaren Innenasiens das Wunderwerk der „großen Mauer“ entstand, machte eine stete Verbindung der Grenzen mit dem jeweiligen Mittelpunkt der Staatsgewalt nötig. Günstig für einen entsprechenden Botenverkehr waren die natürlichen Wege, längs deren die Ausbreitung des Volkes erfolgte, das ausgedehnte Netz der großen Ströme.

Die Erfindung der Schrift selbst schreibt die Legende nach dem Shi-King einem sagenhaften Minister eines ebenso sagenhaften Kaisers zu, der aus Vogelspuren im Sande etwa 450 Bildzeichen nachgeahmt haben soll. Dieses Zurückverlegen in den Mythos zeigt, daß die Entstehung der Schrift bereits völlig aus dem Bewußtsein der Zeit geschwunden war, sie also eine bereits lange Entwicklung hinter sich hatte.

Als Schreibmaterial dienten in diesen Zeiten schmale Bambustäfelchen, auf welche die Schriftcharaktere von oben nach unten eingeritzt wurden, eine Form, die sich, auf den neuen Stoff des später erfundenen Papiers mit dem Pinsel übertragen, bis heute erhalten hat.

In die Zeit des 2. Jahrhunderts v. Chr. fällt die Entdeckung des Seidenpapiers, nachdem bereits im Jahre 209 der Haarpinsel von einem General des ersten Kaisers in China eingeführt worden war. Die Schriftzeichen waren ebenfalls mehr und mehr vervollkommnet worden und erhielten durch das neue Schreibwerkzeug, das die alte Rohrfeder schnell verdrängte, ihren etwas eckigen und scheinbar flüchtigen Charakter. Einen außerordentlich starken Antrieb zur Weiterentwicklung der Schrift wie zur stetigen Verbesserung des Schreibmaterials bildete die Wiederherstellung der konfuzianischen Lehre und die Sammlung und Kommentierung der alten Überlieferungen.

Diese Sammeltätigkeit machte während der Han-Periode den literarischen Hauptinhalt der Zeit aus. Es bildete sich ein starkes geschichtliches Gefühl in den schreibkundigen Kreisen heraus, das sich zum Bedürfnis nach historischer Fixierung der bestehenden Verhältnisse entwickelte und in der Gründung der „Reichsannalen“, der Han-shu, seinen äußeren Ausdruck fand. Ein weiterer bedeutender Fortschritt wurde erreicht durch die Erfindung des Papieres aus vegetabilen Stoffen im Jahre 105 n. Chr. durch den Staatsmann T'sai-lun. Man verwendete zur Herstellung dieses neuen Papieres Baumrinde, Hanf und Lumpen.

Wie reich die Periode der Han-Dynastie (206 v. bis 220 n. Chr.) an neuen Anregungen gewesen ist, kann man ermessen, wenn man sich die Entwicklung der Beziehungen des chinesischen Reiches zu anderen Ländern vergegenwärtigt. Es war eine Zeit der ausgedehntesten Expansionstätigkeit. Gesandtschaften der Han-Kaiser drangen durch das Tarymbecken vor bis an den Oxus, um Bundesgenossen gegen die Hunnen zu gewinnen, worauf Ende des ersten Jahrhunderts die Besitznahme des gesamten Tarymbeckens folgte. Handels-Karawanen benutzten die frei gewordenen Wege, um bis ins Reich der Parther vorzudringen. Durch dieses erste Zusammentreffen mit ebenbürtigen Kulturvölkern ergab sich ein äußerst fruchtbarer Austausch kultureller Art. Bezeichnend dafür ist das Eindringen griechisch-baktrischer Motive in die künstlerischen Darstellungen der Hauptperiode, während chinesische Produkte in den Ländern des Westens zu begehrten Handelsartikeln wurden.

Die Kenntnisse von den Nachbarvölkern wurden in China während der folgenden Jahrhunderte wesentlich erweitert durch die zum Teil sehr ausgedehnten Reisen buddhistischer Mönche, die besonders nach Indien gingen. Mit Japan und anderen Nachbarreichen wurde reger diplomatischer Verkehr unterhalten, anfangs meist auf dem Landwege über die große Halbinsel im Nordosten, das heutige Korea. Dieses Gebiet entwickelte sich allmählich zum Durchgangsland, durch welches nach und nach die gesamte chinesische Kultur nach Japan übertragen wurde und festen Fuß auf den Inseln faßte. Als Übermittler der kulturellen Errungenschaften spielten vor allem koreanische Gelehrte und Priester eine große Rolle. Bereits im Jahre 372 hatte der Buddhismus von China aus in Korea Eingang gefunden und mit ihm die Kunde der chinesischen Literatur und der Schriftzeichen, wie auch die Kenntnis der Papierherstellung. Kaum 30 Jahre später übermittelte ein koreanischer Gelehrter namens Wanni (jap.)[1]) die Schriftkenntnis nach Japan, wo sich anschließend eine besondere Klasse von Schriftkundigen heranbildete, das Geschlecht der Uyi Fumi no Obito. — Außerordentlich erweitert wurde auch in Japan die Schrift- und Literaturkenntnis durch die Einführung des Buddhismus im Jahre 552, als durch eine Gesandtschaft aus dem Lande Pekche (auf Korea) buddhistische Schriften und Idole als Geschenke überbracht wurden. Die Kenntnis der Papierherstellung fand Anfang des 7. Jahrhunderts Eingang auf den Inseln.

Handel und Verkehr, sowohl im Innern der Länder, als auch weit

[1]) Wang-In ist Koreaner („Wanni“ japanisch, „Wang-In koreanisch“).

über die Grenzen, standen während der Tang-Periode in China (618—907) und seit der Taikwa-Reform, der Zusammenfassung des alten Geschlechterstaates durch eine kaiserliche Zentralregierung in Japan (645) in verhältnismäßig hoher Blüte.

Die bedeutenden Städte im Innern der Reiche waren durch gute Straßen miteinander verbunden, die unter anderem auch einem regen Botenverkehr dienten. Offizielle Regierungsnachrichten wurden durch wohl organisierte Relaisposten[1]) sowohl zu Pferd als auch zu Fuß mit großer Schnelligkeit übermittelt.

In jene Zeiten eines hohen kulturellen Aufstiegs, in Japan besonders während der Nara-Periode (710—794) fällt auch die mehr und mehr zunehmende Verwendung des Holzschnittes für den Buchdruck, in der Form des Plattendrucks. Die schwierig zu erlernenden chinesischen Schriftzeichen wurden in Japan ersetzt durch die noch heute gebräuchliche Silbenschrift Katagana.

In China erstand ein anderes Werk von größter Bedeutung, und zwar die Gründung einer Regierungszeitung, der King-pao[2]), um die Mitte des 8. Jahrhunderts. Diese ältesten fortlaufend erscheinenden Veröffentlichungen sind, streng genommen, noch nicht dem Begriff der Zeitung einzuordnen, da ihnen ein Hauptmerkmal derselben nicht zugesprochen werden kann, nämlich die Versorgung individuell nicht bestimmter Personenkreise mit Nachrichten vielseitiger, allgemeiner Natur. Die King-pao war ein reines Regierungsorgan, eine kluge Verwaltungsmaßnahme und diente als solche vor allem der Verbindung der Zentralregierung mit den Spitzen der Provinzverwaltungen. Ihr Inhalt setzte sich in der Hauptsache zusammen aus Hofnachrichten, Edikten der Regierung, Mitteilungen aus der Staatsverwaltung und endlich Beiträgen hoher Regierungsbeamter über ihre Tätigkeit, dies letztere oft in durchaus kritischen Formen. Ursprünglich erschien dieses Regierungsorgan ganz nach Bedarf und wurde mittels des Holzplattendrucks hergestellt. Wenig später und bis in die neueste Zeit hinein wurde sie wöchentlich in zweifachen Formen herausgegeben, nämlich gedruckt und handgeschrieben. Durch einen eigens dafür geschaffenen Verwaltungskörper sorgten die Pro-

[1]) Relaisposten heißen: „Juk-Ma" koreanisch oder „yi di" chinesisch. Sie wurden schon in der „Ming"-Periode, 13.—16. Jahrh., in China durchgeführt. „You Tsen Dien". Literaturgeschichtssammlungen „Tsin tin csu China tu shu chi chen" über „yi di pu". Bd. 59, S. 1.

[2]) Von der in der chinesischen Literatur schon zwischen 700 und 800 n. Chr. die Rede ist. Dietz: Das Zeitungswesen, Leipzig. 1919. S. 15.

vinzialregierungen schließlich für ihre schnelle Vervielfältigung und Verbreitung.[1])

In die gleiche Zeit etwa fällt die Entstehung des Erstlingswerkes einer Literaturgattung, für deren Pflege und Vervollkommnung China ein klassisches Land wurde und der nach Umfang und Gründlichkeit kein anderes Land etwas ähnliches zur Seite stellen konnte. Es war die erste Encyclopädie, die um 980 verfaßt bereits einen Umfang von 1000 Bänden aufwies. Der Stil entwickelte sich in dieser Epoche durch die glänzenden literarischen Arbeiten einiger ausgezeichneter Gelehrter, besonders auf dem Gebiete wissenschaftlicher Essays, zu jener vollendeten künstlerischen Form, die sich bis in die modernste Zeit in Ostasien erhalten hat, und gegen die der junge Journalismus einen schweren Kampf führen mußte und teilweise noch führt.

Mehr als historisches Kuriosum ist hier eine Erfindung zu erwähnen, die dann ungefähr 400 Jahre später unabhängig von China in Europa das gesamte Geistesleben der alten Welt in neue Bahnen lenkte, — die Erfindung beweglicher Lettern um das Jahr 1050 — durch den Schmied Pi-sheng. Dieser formte die Schriftzeichen in weiche Tonplatten, zerschnitt diese und härtete die einzelnen Stücke im Feuer. Über geringe anfängerische Versuche hinaus entwickelte sich diese Kunst aber nicht weiter. Der Plattendruck behielt die Herrschaft.

Während Japan seit der Shogunats-Herrschaft — d. h. der tatsächlich durch die Häupter bestimmter Adelsfamilien ausgeübter Regierungsgewalt, neben der die geheiligte Person des Kaisers mehr oder weniger gezwungen nur ein Schattendasein führte — sich nach außen hin verhältnismäßig abschloß und lediglich Angriffe auf den Bestand seiner Grenzen kräftig und erfolgreich abwehrte, geriet China unter die Fremdherrschaft der Mongolen. Unter der Herrschaft des Hubilai, des Begründers der mongolischen Yuan-Dynastie (1280—1368), erfolgte erneut ein westöstlicher Kulturaustausch. Hubilais Fremdenfreundlichkeit ermöglichte die ausgedehnten Reisen europäischer Kaufleute und Missionare in China, wie unter anderem des Marco Polo, den er zeitweise sogar als vertrauten Rat zu seinen Regierungsangelegenheiten heranzog.

Der westöstliche Kulturaustausch nahm bereits intensivere Formen an, besonders auch durch die Heranziehung der zwar wenigen, aber außerordentlich kenntnisreichen abendländischen Reisenden zur wissenschaftlichen Arbeit an den bestehenden Instituten durch die Mongolen-

[1]) Der King-Pao ist erst durch die neueste Revolution in China beseitigt worden im Jahre 1925.

2

herrscher. Träger dieses gegenseitigen Austauschs war der Handelsverkehr zwischen Westen und Osten, der in dieser Periode einen für unsere heutigen Begriffe ganz erstaunlichen Umfang angenommen hatte. Italienische Faktoreien am Schwarzen Meere standen über den Landweg durch Innenasien mit China in Verbindung, venezianische, genuesische und arabische Kaufleute verkehrten auf dem Seewege mit ihren Kontoren in einzelnen chinesischen Häfen, und chinesische Schiffe erreichten wiederum selbst die afrikanischen und arabischen Küsten des Indischen Ozeans. Es wird somit verständlich, daß unter vielen anderen Kenntnissen auch die der europäischen Buchherstellung das ostasiatische Buchwesen beeinflußte, daß besonders der Plattendruck, der ja in China selbst bereits seine unabhängige Geschichte hatte, sich mehr und mehr verbreitete.

Die Beziehungen Chinas zu Japan waren im Gegensatz zu früheren Zeiten jetzt ausgesprochen kriegerischer Natur; die Gelüste des Hubilai auf die angeblich sehr reichen Inseln waren geweckt worden, doch scheiterten alle Angriffsversuche an der harten kampfgewohnten Art des japanischen Kriegsvolkes.

Das bemerkenswerteste Ereignis der nun folgenden Perioden ist das erste Auftreten der Portugiesen, des damals seebeherrschenden Volkes, sowohl in China als auch in Japan. Die Herrschaft der mongolischen Yuan-Dynastie hatte 1368 der rein chinesischen Ming-Dynastie Platz machen müssen, unter der das chinesische Reich sich nach außen hin immer mehr und mehr abschloß, während seine im Wesentlichen auf alter Tradition beruhende Kultur einer das gesamte soziale Leben umfassenden Erstarrung entgegenging.[1])

Mit dem Eintreffen des ersten portugiesischen Schiffes in China im Jahre 1516 hatte Europa endgültig festen Fuß in Ostasien gefaßt und somit den ersten Schritt auf dem Wege getan, der im Verlaufe der nächsten Jahrhunderte zu den folgenschwersten Ereignissen in der Welt des fernen Ostens führen mußte. Portugiesische Kaufleute waren es, die von Malakka kommend in Kanton landeten und um Handelserlaubnis nachsuchten. Die wurde ihnen anfänglich auch gewährt, doch bald wieder entzogen, da bei ihnen hier wie überall bei ihrem ersten Auftreten in neugewonnenen Gebieten, rohe Erobergelüste zutage traten. Was diesen Konquistadorennaturen nur langsam und unter Schwierigkeiten gelang, sich nämlich für die Dauer an einer Stelle festzusetzen, erreichten die Missionare, besonders die Jesuiten,

[1]) In diese Zeit der Ming-Dynastie fällt das erste Auftreten von gedrucktem Papiergeld. S. Carter, The invention of printing etc. New York 1925. S. 70—81.

die ihnen hier wie überall sonst auf ihren Reisen auf dem Fuße folgten, schon leichter. In kluger und geschickter Weise gewannen diese gewandten und gebildeten Männer das Vertrauen des fremden Volkes, und nicht lange dauerte es und ihr Wirken war zu einem der stärksten kulturellen Entwicklungsfaktoren geworden. Ähnlich wie in China war auch das Bild in Japan, wo das erste portugiesische Schiff im Jahre 1542 landete. Auch hier begann eine intensive Missionstätigkeit, so daß man etwa 20 Jahre später bereits 20 000 Christen im Lande zählte. Im Verlauf des 17. und 18. Jahrhunderts erschienen nach und nach auch die anderen seefahrenden europäischen Nationen an den ostasiatischen Küsten, um sich günstige Plätze für ihre Handelsbeziehungen zu sichern.

Während dieser Zeit verbreitete sich in Japan der Blockdruck, der schon früher als „kawara-ban", d. h. als Steinplattendruck seinen Eingang gefunden hatte und nunmehr durch den Holzplattendruck abgelöst wurde. Der alte Name „kawara-ban" wurde auch für die neue Form beibehalten. Um das Jahr 1600 herum entstanden die ersten Vorläufer der japanischen Zeitungen, die als Yomiuri-Zeitung bekannten Flugblätter.[1]) Es waren dies ein- oder zweiseitig bedruckte Blätter, teilweise mit künstlerischen Holzschnittillustrationen versehen, in denen irgend bedeutsame Ereignisse festgehalten waren. Der früheste bekannte Druck dieser Art stammte aus dem Jahre 1615 und gibt die illustrierte Schilderung einer Schlacht zwischen zwei rivalisierenden Shogunatsfamilien wieder. Der Inhalt dieser Yomiuri-Blätter wurde, wie ihr Name bereits sagt, durch Vorleser zur Kenntnis der an ihrem Inhalt interessierten Kreise gebracht. Sie blieben, wie fast alle ersten Veröffentlichungen dieser Art, ein privilegiertes Orientierungsmittel der herrschenden Klassen.

Entsprechend der alten chinesischen Staatszeitung King-pao bestanden auch in Japan während des Tokugawa-Shogunats ebenfalls solche Einrichtungen für die regierenden Kreise, besonders in dem fast täglich erscheinenden Blatte „Gosata-sho", dessen Inhalt sich in internen Hofnachrichten, Beamtenernennungen und Erlassen erschöpfte. Dieses Blatt war der direkte Vorläufer der im Jahre 1869 gegründeten „Dajokan-Nisshi", des offiziellen Regierungsorgans. Die japanische Stagnationsperiode fand ihren Abschluß erst in der zweiten Hälfte des 19. Jahrhunderts. Von dieser Zeit an, mit dem Sturze der Shogunatsherrschaft und der Einführung der verfassungsmäßigen Monarchie begann auch auf dem Gebiet des Zeitungswesens jener

[1]) S. Kawabe: The press and politics in Japan. Chicago, 1920. S. 14 f.

2*

beispiellose Aufschwung, der das gesamte soziale Leben Japans in den letzten Jahrzehnten auszeichnete.

Während Korea die lange Zeit bis um die Mitte des 19. Jahrhunderts hindurch ein politisch und kulturell fast bedeutungsloses Dasein führte, war in China eine bedeutende Änderung vor sich gegangen. Zum letzten Male in seiner Geschichte geriet das Reich im Jahre 1644 unter eine offizielle Fremdherrschaft und zwar unter die der Mandschu (Dynastie Ch'ing), die sich bis zum Jahre 1912 gehalten hatte. Besonders die Regierung des zweiten Kaisers der Dynastie, des K'ang-hsi (1662—1723) bildete eine neue kulturelle Blütezeit. Gleich den Mongolenherrschern zeichnete sich dieser durch seine Fremdenfreundschaft aus, und ebenso wie anderthalb Jahrhunderte früher waren es auch jetzt vor allem Jesuiten, die den stärksten kulturellen Einfluß ausübten. Namen wie Faber, Martini, Schall u. a. hatten einen hervorragenden Klang im chinesischen Reiche, und ihr Wirken blieb von dauerndem Werte besonders in wissenschaftlicher Hinsicht.

Literarisch von Bedeutung ist die Herstellung der noch heute grundlegenden Wörterbücher — im Jahre 1710 und 1711 — und die ebenfalls vom Kaiser K'ang-hsi angeregte Herstellung der 1628 Bände umfassenden Encyclopädie „Tu-shu-chi-chéng". Dieses bedeutende Sammelwerk soll mittels mehr als 250 000 eigens zu diesem Zwecke geschaffenen Kupfertypen gedruckt worden sein, die sich jedoch nicht erhalten haben.

Ein halbes Jahrhundert später wurde in einem Gebäude des kaiserlichen Palastes durch den Kaiser Ch'ien-lung die erste Druckwerkstätte nach europäischem Vorbilde eingerichtet.[1])

In diese ersten Jahrzehnte des 19. Jahrhunderts fällt das erste Auftreten von periodisch erscheinenden Zeitschriften und Zeitungen nach europäischem Muster. Diese ersten periodischen Druckschriften dienten, was ja auch der Wille ihrer Gründer war, lediglich der religiösen Propaganda. Nachdem die erste in chinesischer Sprache erscheinende Zeitung von zwei englischen Missionaren außerhalb Chinas, in Malakka auf der Malayischen Halbinsel, im Jahre 1815 gegründet war, fand diese Einrichtung rasch Nachahmer in China selbst. Freilich erreichten nur wenige dieser ersten Blätter ein höheres Alter. Meist gingen sie bereits nach wenigen Jahren wieder ein, wie z. B. „The Canton Register", das 1831 gegründet bereits 1834 wieder aufgegeben wurde, wenn sie nicht gar nur den Umfang von einigen wenigen Nummern erreichten, wie u. a. „The Canton Miscellany" in Macao, der

[1]) Zit. bei Faulmann, Illustrierte Geschichte der Buchdruckerkunst, 1882, S. 54 fgde.

portugiesischen Besitzung im Mündungsdelta des Hsi- und Pe-kiang, unweit von Kanton.[1])

Die erste rein politische Tageszeitung war die im Jahre 1872 in Shanghai durch einen englischen Missionar gegründete „Shun-pao", die sich bis heute erhalten hat. Dieses Blatt erhielt bald einen starken Konkurrenten in der in Zi-ka-wei von französischen Jesuiten gegründeten I-wen-lun, die zweimal wöchentlich erschien und über einen außerordentlich gediegenen Inhalt verfügte.

Von Jahr zu Jahr steigerte sich nunmehr die Anzahl der Zeitungen, die unter dem zunehmenden Einfluß der großen internationalen Fremdenniederlassungen in allen bedeutenderen chinesischen Städten gegründet wurden. Anfänglich überwog die Anzahl der in fremden Sprachen erscheinenden Zeitungen die chinesisch gedruckten und von Chinesen herausgegebenen und geleiteten. Den regierenden Kreisen war die immer offener geübte Kritik dieser Blätter mehr als unangenehm, denn die Korruption des gesamten Verwaltungsapparates hatte unglaubliche Dimensionen angenommen, und jede öffentlich geübte Opposition mußte den unterirdischen Einfluß der über das ganze Reich verbreiteten geheimen regierungsfeindlichen Organisationen verstärken. Mit den strengsten Maßnahmen suchte man die neu entstandenen und sich schnell vermehrenden Zeitungen zu unterdrücken, wobei man selbst vor der Hinrichtung unbequemer Zeitungsleute nicht zurückschreckte. Es war nur natürlich, daß die chinesischen politischen Blätter in der Folge meist unter dem Schutz der Fremdenkonzessionen erschienen, wobei als Inhaber ein der chinesischen Gerichtsbarkeit nicht unterstehender Strohmann fungierte. Allmählich konnten jedoch auch die chinesischen Machthaber nicht umhin, die außerordentlichen Wirkungen der Presse anzuerkennen und sich ihrer schließlich selbst zu bedienen. Die Vorschriften für die Zeitungsunternehmen wurden wesentlich gemildert, wenn auch die Anforderungen, die man an die geistigen und moralischen Qualitäten der Herausgeber und Redakteure und an ihr politisches Wohlverhalten stellte, noch streng genug waren.[2])

Je mehr sich weiter der Verkehr in China entwickelte und Neuerung nach Neuerung sich siegreich durchsetzte, so der Bau von Eisen-

[1]) Arens, Das katholische Zeitungswesen in Ostasien und Ozeanien. Aachen. 1918. S. 5. Anm.

[2]) Mit welcher Rigorosität man dabei gelegentlich verfuhr, dafür kann man folgendes Beispiel anführen. Ein Redakteur der „Sao-pao" in Schanghai, der für durchgreifende Reformen eintrat wurde „wegen Beleidigung der Kaiserin-Witwe" festgenommen, nach Peking gebracht, gefoltert und zum Tode verurteilt. Salomon, Allgem. Geschichte der Ztg. 1907. S. 171.

bahnlinien, die systematische Neuorganisation der Flußschiffahrt, die Einführung der Telegraphen und der Gebrauch des Telephons, die Ausgestaltung des Postwesens nach europäischem Vorbilde, — desto größer wurde die Zahl der Zeitungen, desto besser wurde infolge der eingeführten neuen Druckmaschinen deren Aufmachung, desto höher ihre Auflagenzahl, desto billiger ihre Herstellungskosten und schließlich um so intensiver ihr Einfluß auf weiteste Volkskreise. Eine statistische Übersicht am Schlusse der vorliegenden Arbeit wird in übersichtlicher Form das Anwachsen der Presse unter Berücksichtigung der erwähnten Momente darstellen. Besonders belebend auf das Wachstum des Zeitungswesens wirkten die kriegerischen Auseinandersetzungen mit Japan im Jahre 1894—1895, die Ereignisse des russisch-japanischen Krieges im Jahre 1905, ganz besonders stark auch die Reformbewegungen im ersten Jahrzehnt des zwanzigsten Jahrhunderts, die ihren Abschluß mit der Revolution und dem Sturze der herrschenden Dynastie 1911/12 fand, und schließlich der große Krieg von 1914/18 mit seinen Teilwirkungen in der ostasiatischen Welt. (s. Anhang Tab. I.)

Ähnlich wie in China war es den Fremden in Japan gelungen, mehr auf gewaltsamem, denn auf friedlichem Wege, Bresche in die Abschließung des Landes zu schlagen und die Eröffnung einiger Häfen des Inselreiches zu erzwingen. Insbesondere war es die amerikanische Expedition unter dem Commodore Percy, die zuerst im Jahre 1853 einen japanischen Hafen anlief und in der Folge den Vertrag von Kanagawa vom Jahre 1854 erzwang. Drei Häfen, Nagasaki, Hakodate und Shimoda waren dem Warenaustausch, wenn auch unter der Aufsicht japanischer Behörden freigegeben. Ähnliche Verträge wurden weiterhin auch mit anderen Staaten abgeschlossen. In dem von jeher zum herrschenden Shogunatsregime stark oppositionell eingestellten japanischen Volke gewannen die westlichen demokratischen Gedanken bald großen Umfang. Zwar versuchten jene führenden Kreise ebenfalls wie in China jede Regung regierungsfeindlicher Anschauungen im Keime zu ersticken und zwar mit den schärfsten Mitteln, doch gelang es hier ebensowenig wie dort, die Stimmen der neuen Zeit zum Schweigen zu bringen.

Die erste Bekanntschaft mit dem Zeitungswesen der westlichen Völker wurde den Japanern vermittelt durch eine bereits im Jahre 1811 geschaffene Einrichtung, deren Aufgabe die Übertragung ausländischer Literatur ins Japanische war. Der Direktor dieses Instituts, Yorozuya Heishiro, veröffentlichte im Jahre 1864 die Übersetzung einer

holländischen Zeitung aus Java, der „Batavia News“, wie weiterhin auch amerikanische Zeitungen. Während diese Zeitungsübersetzungen noch mit beweglichen Holztypen hergestellt wurden, hatte ein Engländer im Jahre 1863 die erste in unserem Sinne moderne Zeitung in Yokohama veröffentlicht, freilich in englischer Sprache geschrieben. Dieses erste moderne Blatt wurde nach wenigen Monaten schon abgelöst von der ersten japanisch geschriebenen Zeitung dieser Art, der ein ebenso kümmerliches Schicksal beschieden war, auch sie ging wieder nach wenigen Monaten ein.

Im Jahre 1868, dem Jahre des großen Umschwunges in Japan, dem Anfangsjahr der gewaltigsten Entwicklungsperiode des Inselreiches, zählen wir ungefähr 25 Zeitungen. Ebenso wie in China sind bedeutende politische Ereignisse die bewegenden Ursachen für ein jeweils ganz rapides Anwachsen der japanischen Presse, in Japan nur in noch viel intensiverer Weise als in China. Bedeutend schneller und in beträchtlich größerem Umfange als dort fanden wirtschaftliche und technische Neuerungen im Reich des Mikado Eingang, in einem Maße, daß sich das frühere Verhältnis zu China, das für Japan noch der kulturelle Lehrmeister gewesen war, jetzt völlig umkehrte: Japan wird nunmehr der Lehrer Chinas, entwickelt sich zur herrschenden Großmacht in Ostasien. Auch hier wird eine statistische Übersicht besser als eine auf beschränktem Raume bloß unzulängliche Beschreibung die Entwicklung der modernen Presse darstellen. (s. Anhang Tab. I—III.)

In Korea endlich herrschten bis in die letzten Jahrzehnte des 19. Jahrhunderts in wirtschaftlicher Beziehung die primitivsten Verhältnisse. Seine Bedeutung als Kulturvermittler zwischen den beiden großen Nachbarreichen hatte es mit der fortschreitenden Entwicklung des Seeverkehrs völlig aufgeben müssen. Das stark gebirgige Land, im Innern von dauernden Unruhen heimgesucht, politisch zerrissen und machtlos, fast ohne die notdürftigsten Verkehrswege, wurde bald der Zankapfel landgieriger Nationen. Besonders waren es russische und japanische Einflüsse, die um die Oberherrschaft kämpften und die schließlich im Jahre 1904/05 zum gewaltsamen Austrage führten. Damit war das Schicksal des Landes endgültig besiegelt. Seine Entwicklung als japanische Provinz ging von da an Hand in Hand mit der Japans, unter dessen Verwaltung auch das Zeitungswesen einen gewissen Aufschwung zu verzeichnen hat. (s. Anhang Tab. I.)

II. Die Aufmachung der ostasiatischen Zeitung.

Eine der bemerkenswertesten Erscheinungen des Geschäftslebens der modernen Zeit ist der außerordentlich große Wert, welcher der Reklame in jeder Beziehung beigemessen wird. Immer gewaltigere Summen werden jährlich ausgeworfen, nur um Waren oder Unternehmungen jeder Art auf den Märkten aller handeltreibenden Nationen anzupreisen. Immer neue Wege werden gesucht, um diesen Anpreisungen zu einem möglichst sicheren Erfolge zu verhelfen und fast alle technischen Errungenschaften der modernen Zeit sind nach und nach in den Dienst der Reklame gestellt worden. Entscheidend für den bedeutendsten Aufschwung der modernen Reklametechnik war dabei vor allem die Erkenntnis, daß ihrer Wirkung ganze bestimmte Gesetze zugrunde liegen. Jede Art von Reklame, jede beliebige Form der Anpreisung von Kaufobjekten löst in den Menschen, auf die sie einwirken, nach deren jeweiliger geistiger Verfassung entsprechende psychische Reaktionen aus, mögen sich diese äußern in Zustimmung, Gleichgültigkeit oder auch Ablehnung. Das Ziel aller Reklametätigkeit ist hierbei, individuell unbestimmte Personenkreise für irgend eine Sache in günstigem Sinne zu beeinflussen. Am sinnfälligsten kommt dies Bestreben zum Ausdruck in der Art und Weise, wie der Kaufmann versucht, durch mehr oder minder geschickte Ausstattung seines Schaufensters die Kauflust der Konsumenten seiner Waren zu erregen. Diese Schaufensterreklame, als eins der wirksamsten Werbemittel für den Handel, bietet in mehr als einer Hinsicht treffende Vergleichsmöglichkeiten mit den Zeitungen in deren Beziehungen zu ihren Käufern und Lesern.

In beiden Fällen ist es die **Aufmachung**, sowohl was rein äußerliche Momente, wie Größe, Schmuck usw., als auch Beziehungen innerer, inhaltlicher Art anbelangt, die eine entscheidende und zwar oftmals primär entscheidende Wirkung auf das durch sie beeinflußte Individuum ausübt. Beide Male ist die Ware selbst zugleich Verkaufs- und Reklameobjekt. Das Letztere ist sie geworden durch die Art ihrer Aufstellung, durch die Form, in der sie dem Käufer dargeboten wird, dabei ist es gleichgültig, ob die Waren Gebrauchsgegenstände oder Nachrichten einer Zeitung sind.

Als **Aufmachung einer Zeitung** soll hiernach verstanden werden: einmal ihre rein äußerliche Erscheinung, so wie sie sich dem

Auge unmittelbar darbietet, im Format eines Blattes, seinem Umfang, seinem Titel und dem Gesamtbilde seiner Titel und anderem; zweitens die Anordnung ihres gesamten Inhalts nach bestimmten Stoffgebieten, die Hervorhebung bestimmter Stoffgruppen durch den Umfang, die Reihenfolge und die verschiedensten technischen Methoden, die Vernachlässigung anderer Gebiete, also kurz ihre inhaltliche Aufmachung.

In der Art der Aufmachung der Zeitungen in aller Welt zeigen sich bemerkenswerte Unterschiede, die ihren Ursprung in bestimmten und typischen nationalen Eigenheiten haben. Wie jede Nation auf Grund ihrer Entwicklung und ihrer wirtschaftlich-sozialen Lage sich spezifische Anschauungsformen erworben hat, durch die sie sich von jeder anderen Nation, oft auf den ersten Blick, unterscheidet und die in allen ihren Lebensäußerungen stetig mitklingen, so hat auch die Presse jedes Volkes diese Anschauungsformen in der Art ihrer Aufmachung, noch abgesehen von dem Unterschied in Schrift und Sprache, übernommen. Diesem Vorgange entspricht auch die Tatsache, daß jede nationale Presse außer ihren charakteristischen eigenen Formen Bestandteile fremder Wesensart aufweist, die fast stets, eben wieder infolge ihrer spezifischen Eigenart, dem geschulten Blick ihre wahre Herkunft verraten. Besonders stark tritt dies in Erscheinung in Ländern, deren Presse nicht den langen Entwicklungsgang aufzuweisen hat, wie dies beispielsweise bei dem größten Teile der europäischen Presse der Fall ist, die vielmehr fremden Einflüssen ihr Entstehen verdankt. Diese Tatsache ist im weiten Umfange bei der gesamten ostasiatischen Presse anzutreffen. Wie die ersten Zeitungen in China und Japan zum größten Teile zuerst in englischer und französischer Sprache erschienen, so folgten die bald darauf entstehenden, in der Landessprache gedruckten Zeitungen bezüglich ihrer Aufmachung ebenfalls diesen fremden Vorbildern. Dies gilt naturgemäß besonders für die inhaltliche Aufmachung der Blätter und wurde wesentlich von dem Umstand unterstützt, daß eine große Reihe der bedeutendsten Zeitungsbesitzer, Journalisten und Redakteure ihre Lehrzeit im Ausland verbracht hatten, vor allem in den Vereinigten Staaten. Je mehr die Zeitung Allgemeingut des Volkes wurde, umsomehr modifizierte sie ihre Aufmachung in der Richtung der betreffenden völkischen Bedürfnisse, desto mehr also wurde ein gewisser Ausgleich geschaffen zwischen den von den Fremden eingeführten Formen und den dem betreffenden Volke eigentümlichen Darstellungsweisen.

Der folgenden Betrachtung der ostasiatischen Zeitung ist noch vorauszuschicken, daß sich diese Untersuchung im Wesentlichen nur auf die in der Landessprache gedruckten Zeitungen beziehen soll. Die große Zahl der in fremder Sprache in Asien erscheinenden, meist auch von Fremden herausgegebenen Zeitungen folgen bezüglich ihrer Aufmachung in der Regel völlig den Gebräuchen ihres Herkunftslandes. Das gilt besonders von den amerikanischen, englischen und französischen Zeitungen, die in den bedeutendsten Handelszentren herausgegeben werden und die teilweise fast genaue Nachahmungen irgend einer bedeutenden Zeitung des Stammlandes sind.

1. Die äußere Aufmachung.

Das Hauptcharakteristikum der äußeren Erscheinung der Zeitungen Ostasiens bildet die Verwendung und die Anordnung der Schriftzeichen der in Betracht kommenden Länder, vor allem der chinesischen Schrift. Die chinesische Wortbildschrift sowohl als auch die japanischen und koreanischen Silbenschriften werden vertikal von oben nach unten und dabei von rechts nach links geschrieben. Diese heutige Schreibweise entspricht noch vollständig derjenigen, welche zur Zeit der ersten schriftlichen Aufzeichnungen in China gebräuchlich war und für die als Schreibmaterial, nach den Tontafeln, Bambustäfelchen und der Griffel zum Einritzen der Schriftzeichen verwendet wurden.

Das erste Zeichen eines Schriftsatzes steht in der oberen rechten Ecke der zu beschreibenden Fläche. Entsprechend der vertikalen Faserung des Holzes der alten Bambustafeln wird ein Zeichen unter das andere geschrieben. Links neben der ersten Schriftreihe entsteht ebenso die zweite und so fort, so daß in der unteren linken Ecke das letzte Wort zu stehen kommt.

Das Bild solcherart beschriebener Tafeln findet sich im gesamten Schrift- und Buchwesen der ostasiatischen Welt immer wieder vor, besonders deutlich in allen Formen von Plakaten und öffentlichen Anschlägen. Auch die Seiten der ersten in der handelsüblichen Schrift gedruckten Zeitungen zeigen in der Anordnung ihrer Spalten dieses Bild von nebeneinander gelegten rechteckigen Flächen, jede einzelne entsprechend der früheren Tafelform. Solange die Zeitungen nur die früheren im Verhältnis zu den jetzigen Formaten wesentlich geringeren Größenverhältnisse aufwiesen, während zugleich die älteren Typen bedeutend größere Maße besaßen, als die moderne Brotschrift[1])

[1]) Brotschrift: Werkschriften: Typengattungen, die bei Herstellung des laufenden Textes von Büchern und redaktionellen Teil der Zeitung verstanden werden.

der Zeitungen und der ganze Satz viel weitläufiger war, war auch gar kein Grund vorhanden, die von oben nach unten durchlaufende Anordnung der Spalten zu ändern. Im Laufe der Entwicklung vergrößerte sich das Zeitungsformat jedoch mehr und mehr, bis sich endlich die bekannten umfangreichen Abmessungen der modernen Zeitungen eingebürgert hatten. Zugleich war die Herstellung der Typen immer vollkommener geworden, so daß die modernen gebräuchlichen Schriftzeichen nur noch eines Bruchteils des Raumes der älteren Zeichen bedurften. Diese Entwicklungstendenzen mußten naturnotwendig dahin führen, das Satzbild zu teilen, damit die Übersichtlichkeit des Zeitungsinhaltes nicht durch die kleine zusammengedrängte Schrift, die in langen verschwimmenden Reihen eine verhältnismäßig große Fläche bedecken würde, litt. Der erste Schritt dazu war die Teilung einer Seite durch einen Querstrich, so daß die Vertikalspalten auf die Hälfte ihrer ursprünglichen Länge zusammenschrumpften. In der Folge wurden auch die halbseitigen Längsspalten durch immer weitere Querstriche verkleinert, bis die Form erreicht war, welche uns die Zeitung heute bietet. Bei den Durchschnittsformaten von 40×56 cm bis zu 46×60 cm finden wir die Seiten in 7 oder 8 und mehr, bis zu 12 Querspalten geteilt, innerhalb deren die einzelnen Artikel und sonstigen Veröffentlichungen wiederum durch kurze Längsstriche gegenseitig abgegrenzt werden.

Diese Form der Horizontalspalte bildet nunmehr die satztechnische Grundlage der äußeren Aufmachung und beeinflußt durch alle Variationen typographischer Darstellungsmöglichkeiten hindurch das Gesamtbild fast aller ostasiatischen Zeitungen.

Am reinsten kommt diese Grundform zum Ausdruck bei der Darstellung längerer, zusammenhängender Artikel, also bei Leitartikeln, wissenschaftlichen sowie schöngeistigen Aufsätzen und den Fortsetzungsromanen und Erzählungen aller Art, sowie auch beim Satz der kurzen Tagesneuigkeiten und der telegraphischen neuesten Mitteilungen. Am stärksten durchbrochen wird sie andererseits durch die Reklamebilder und die Anzeigen großen Formates. Hier, wie auch überall sonst in der Presse aller Völker, führt die Zeitungsreklame ein Eigendasein im Gesamtbilde der Tageszeitung. Um die erstrebte Geltung zu erlangen, um möglichst auffallend zu wirken, kann und darf sie sich nicht dem Prinzip geordneter Gleichförmigkeit fügen.

Am lehrreichsten dürfte in dieser Beziehung die Betrachtung der Titelseite einiger ostasiatischer Zeitungen sein. Als Beispiele hierfür sollen jeweils eine der führenden Zeitungen der drei zur Betrachtung stehenden Länder gelten. Bereits beim ersten flüchtigen Vergleich zeigt sich die unterschiedliche Stellung zur Verwendung des Grundprinzips in der chinesischen, japanischen und koreanischen Presse.

In der Dong-A-Ilbo[1]) z. B., der in Seoul, der Hauptstadt Koreas, erscheinenden bedeutendsten Tageszeitung dieses Landes, kommt die Grundform, also die möglichst konsequent durchgeführte Querteilung des Blattes, am klarsten zum Ausdruck. Im Gegensatz zu den japanischen und besonders den chinesischen Tageszeitungen, die einen großen Teil der Titelseite — wenn nicht, wie meistenteils in China, die ganze Seite selbst — der Reklame zur Verfügung stellen, vermeiden dies die koreanischen Tagesblätter in ihrer Mehrzahl. Die Dong-A-Ilbo erscheint in ihrer jetzigen Aufmachung im Format 40×56 cm und zwölfspaltig wöchentlich sechsmal. Wie bei sämtlichen ostasiatischen Zeitungen mit ganz geringen Ausnahmen befindet sich der Zeitungstitel in der oberen rechten Ecke der Seite. In allen drei Ländern werden für ihn, wie überhaupt für fast alle durch Fettdruck ausgezeichneten Überschriften, chinesische Schriftzeichen verwendet.

Die rein koreanischen Zeitungen, d. h. die von Koreanern herausgegebenen und nicht japanischen Einflüssen unterstehenden Blätter beginnen mit einem Leitartikel außen- oder innenpolitischen Inhalts, an den sich, Querspalte auf Querspalte fortlaufend und fast über die ganze Seite hinweg, Artikel über die wichtigsten Tagesfragen, dann die neuesten Telegramme, Nachrichten über die japanische Verwaltung und lokale Berichte anschließen. Lediglich die letzten zwei bis drei Spalten dienen der Reklame, die sich in ihrer Gestaltung nach Möglichkeit dem redaktionellen Teile anpaßt. Der Anblick der Titelseite der Dong-A-Ilbo bietet daher ein ruhiges, gleichförmiges Bild, aus welchem sich lediglich die Artikelüberschriften durch den fetteren Druck und die Größe ihrer Zeichen hervorheben.

Ganz das Gegenteil dieser Aufmachung bieten die Titelseiten der großen chinesischen Tagesblätter, die, wie bereits erwähnt, größtenteils Reklameseiten sind und keinerlei redaktionellen Text aufweisen. Ein Blick auf die erste Seite der in Shanghai erscheinenden Sin Wan Pao oder der Pekinger Ching Pao zeigt, daß das Prinzip der gleichmäßig durchgeführten Querteilung ganz aufgegeben ist. In den mannigfaltigsten Formen und Größen sind die Typen untereinander gestellt und bilden von rechts nach links aneinandergereiht halbseitenlange Reklamestreifen von verschiedenster Breite.

Im Gegensatz zu der regelmäßig geordneten Aufmachung der

[1]) Tong-I-Ilbo (koreanisch) oder Toa Nippo (japanisch)

koreanischen Zeitung erweckt die chinesische Titelseite den Anschein, als sei in ihr systemlos und willkürlich Reklame an Reklame gereiht, soweit der Platz dafür eben ausreicht. Infolge der über die ganze Seite hin verstreuten kräftigen Typen der Schlagworte erweckt ihr Anblick den Eindruck einer, man möchte fast sagen, primitiven, jedenfalls brutalen und aufdringlichen Anschauungsweise.

Die großen japanischen Tageszeitungen verwenden die erste Seite, abgesehen von den Abendausgaben der entsprechenden Blätter, ebenfalls zum größten Teil für Reklamezwecke. Anders aber als bei der chinesischen Aufmachung ist hier gewissermaßen ein Ausgleich geschaffen worden zwischen den beiden Extremen der strengen Einhaltung und der fast völligen Aufgabe der geordneten Spaltenführung. Die ruhige, gewissenhafte Sachlichkeit der koreanischen Anordnung und die plakatmäßige, aufdringliche Willkür der chinesischen Ausstattung sind in der Titelseite der japanischen Zeitungen in mitunter wahrhaft künstlerisch wirkender Form vereinigt. Die Tokyo Asahi Shimbun z. B., neben der Tokyo Nichi-Nichi Shimbun und den beiden großen Osakaer Blättern eine der bedeutendsten und einflußreichsten Tageszeitungen in Japan, weist das gleiche Format und die gleiche Spaltenzahl auf, wie die Dong-A-Ilbo in Seoul. Auffallend ist der starke Kontrast zwischen schwarzen und weißen Flächen ihrer Titelseite, die, sorgfältig gegeneinander abgewogen, ein durchaus harmonisches Ganzes bilden. Für die Schlagwörter und Reklametitel, besonders der Buchanzeigen, die den Hauptbestandteil dieser ersten Seite bilden, werden mit Vorliebe große kräftige weiße Auszeichnungsschriften auf schwarzem Grunde verwendet, während der Reklametext dazu in der üblichen Brotschrift gedruckt wird. Die Anordnung des Textes zu Reklametiteln und die Stellung der verschiedenen Inserate zu einander bieten durch ihre scharfe Kontrastwirkung die mannigfachsten Möglichkeiten, eine Titelseite in origineller künstlerischer Weise auszustatten.

Wie sich bei einem ersten Blick auf die Zeitungen die im Vorhergehenden beschriebenen Unterschiede der Aufmachung feststellen lassen, in denen sich gewisse charakteristische nationale Anschauungsformen manifestieren, so bieten sich andererseits auch wieder Aufmachungsnormen der Betrachtung dar, die der gesamten ostasiatischen Presse mit wenigen Ausnahmen eigentümlich sind. Aber die künstlerische Form ist im allgemeinen kein Reservat Japans in Ostasien.

Der ganze Satz einer jeden Zeitungsseite ist, völlig unabhängig von dem dargestellten Stoffgebiete, von einer zusammenhängenden

Randleiste eingefaßt, gewissermaßen einem einheitlichen Rahmen um das Bild einer Seite. Diese Form der Zusammenfassung ist der europäischen modernen Presse fremd und kann als spezifisches Charakteristikum der Ostasiatischen gelten. Lediglich die kleingedruckten Titelangaben am oberen Rande der Blätter sind außerhalb dieser Umfassung angebracht.

Eine weitere Eigentümlichkeit, die in ihrer Form ebenfalls einzigartig ist und kein entsprechendes Beispiel in der Presse anderer Nationen findet, ist der Brauch, kurze Nachrichten und Mitteilungen auf dem F a l z r a n d der Blätter zu drucken. In der jeder Zeitung entsprechenden Spaltenbreite werden diese kurzen Notizen auf dem freien Rande zwischen den beiden nebeneinander laufenden Randleisten der Seiten angebracht und füllen den Rand mehr oder weniger aus, soweit der verwendete Mitteilungsstoff reicht. Meist handelt es sich hierbei um Angaben ganz allgemeiner Natur, etwa um Wetterberichte, Zeitangaben, auch um nach Redaktionsschluß noch einlaufender Meldungen, kurze Preis- und Börsenangaben und ähnliche Mitteilungen.

2. Die innere Aufmachung, besonders des politischen Teils.

Was die innere Aufmachung, die Anordnung der verschiedenen Stoffe der Zeitungen sowie die Darstellung ihres Inhalts anbelangt, so wird diese, im Gegensatz zur äußeren Aufmachung weniger von technischen und teilweise ästhetischen Prinzipien beeinflußt als vor allen Dingen durch psychologische Gesichtspunkte aller Art. Nicht nur besondere nationale Anschauungsformen differenzieren hier das Bild der Zeitungen der drei Staaten, sondern auch innerhalb dieser völkerpsychologischen Einflüsse suchen die Blätter in verschiedener Weise durch ihre Darstellungsformen auf ihr Publikum zu wirken, je nachdem, ob es ein mehr politisches Blatt ist und bestimmte Parteiinteressen vertritt, ob es vor allem Handels- und Wirtschaftsorgan ist oder ob es sein Hauptgewicht auf die Verbreitung von Bildung und gesellschaftlichen Kenntnissen legt. Nach dieser besonderen Einstellung einer Zeitung, nach ihrem speziellen Charakter wird sie bestimmte Stoffgebiete bevorzugen und andere vernachlässigen. Je mehr eine Zeitung an allgemeiner Bedeutung gewonnen hat, über einen je ausgedehnteren Abnehmerkreis sie verfügt, der schließlich Leser aus allen Bevölkerungsschichten umfaßt, umso mehr wird es ihr Bestreben sein, sich nicht nur auf einzelne Gebiete zu spezialisieren. Um allen Anforderungen gerecht zu werden, berücksichtigt die große Tages-

zeitung die verschiedenen Stoffgebiete in möglichst gleicher Weise und weist ihnen in ihren Seiten einen bestimmten Platz an.

Die tief einschneidenden politischen Ereignisse in Ostasien, in Japan vor allem die Meiji-Reform der siebziger Jahre, in China die mannigfachen außenpolitischen Verwicklungen und deren mehr oder minder gewaltsame Lösungen in den letzten Jahrzehnten des vorigen Jahrhunderts, waren es besonders, die einen günstigen Boden schufen für das Entstehen und die kräftige Entwicklung einer einheimischen Presse. Die ersten Zeitungen waren in der Hauptsache gegründet worden, um als Kampfmittel für die neuen demokratischen Ideen und gegen das alte Regierungssystem verwendet zu werden. Naturgemäß wiesen sie daher einen rein politischen Charakter auf, und es waren auch fast lediglich politische Artikel und Nachrichten aller Art, die ihre Spalten füllten. Nach anderen Stoffen als politischer Polemik, reformatorischen Forderungen und sachlichen Mitteilungen über außen- und innenpolitische Vorgänge und Verhältnisse war fast kein Bedürfnis vorhanden. Erst allmählich, nachdem sich die neuen Ideen durchgesetzt hatten, nachdem Japan seine neue Verfassung erhalten und in China zunächst die Vertragsmächte nach Möglichkeit sorgsam über alle ihrem Einfluß direkt oder indirekt unterstehenden Gebietsteile des Reiches wachten, begannen die Zeitungen sich auch anderer Stoffe zu bemächtigen. Der wirtschaftliche Teil der Blätter beanspruchte einen immer größeren Raum und erlangte sogar in vielen Fällen das Übergewicht über alle anderen Stoffbereiche.

Diese Entwicklung ist deutlich sichtbar bei den japanischen und zum großen Teile bei den chinesischen Tagesblättern, in denen der politische Teil der Zeitung im allgemeinen den Raum der zweiten und dritten Seite beansprucht. Reklameteil und wirtschaftliche Nachrichten haben ihn von der Titelseite des Blattes fast völlig verdrängt, entsprechend der überwiegenden Bedeutung, die Industrie, Handel und Verkehr in diesen Ländern gewonnen haben. Zwar handelt es sich in China im Gegensatz zu Japan weniger um die Entwicklung einer eignen nationalen Wirtschaft, als vielmehr um die Wertschätzung des chinesischen Reiches als wirtschaftliches Ausbeutungsobjekt fremder Mächte. Der größte Teil der chinesischen Presse ist von Fremden gegründet und mit Hilfe ausländischen Kapitals erhalten worden, war also und ist heute noch ein wichtiges Hilfsmittel bestimmter, an einer wirtschaftlichen Ausbeutung des Reiches interessierter Kreise, denen der Öffentlichkeit gegenüber hauptsächlich an der Hervorhebung und Propagierung rein wirtschaftlicher Ideen lag.

Das entsprechende Bild sehen wir bei dem von Japan aus beeinflußten Teile der koreanischen Presse. Wie China für eine ganze Anzahl von Großmächten, so ist Korea ausschließlich das Ausbeutungsobjekt Japans. Das ist der Grund, warum in den japanischen Zeitungen Koreas die politischen Nachrichten eine äußerst geringe Rolle spielen, während Handels- und Wirtschaftsteil weitaus die erste Stelle einnehmen. Der Hauptraum dieser Zeitungen wird daher auch eingenommen von Anzeigen und Berichten der großen japanischen Banken und Verkehrsunternehmungen über Kolonisierungsprojekte, Erschließungsmöglichkeiten ergiebiger Produktionsgebiete, Bodenspekulationen und Mitteilungen der japanischen Verwaltung.

Ganz anders ist das Bild bei der unabhängigen Presse Chinas sowohl als Koreas. Der politische Teil der Zeitung spielt hier die Hauptrolle, während wirtschaftliche Nachrichten erst in zweiter Linie berücksichtigt werden und auch dann noch zum großen Teile der politischen Aufklärung und Beeinflussung dienstbar gemacht werden. Der unentwegte Kampf gegen die Fremdherrschaft und die fremden Einflüsse ist es, der dieser unabhängigen Presse ihren in erster Linie politischen Charakter verleiht. Rein äußerlich tritt dies in Erscheinung durch die politische Aufmachung der Titelseite der in Frage kommenden Blätter. Statt als Reklameteil verwendet zu werden, wie bei der Mehrzahl der ostasiatischen Tagesblätter, wird die erste Seite durch einen längeren Leitartikel eingeleitet, der ausführlich und eingehend die wichtigsten Tagesfragen rein politischer oder wirtschaftspolitischer Natur behandelt. Anschließend an den Leitartikel folgen die politischen Nachrichten aus aller Welt in kürzere oder längere Artikel zusammengefaßt und weiter die kurzen telegraphischen Nachrichten. Erst nachdem die lokalen Verhältnisse und der vermischte Teil auf der folgenden zweiten und dritten Seite abgehandelt worden ist, beschließen der wirtschaftliche Teil und die Reklameseiten den Inhalt des Blattes.

Einen besonderen Grund für eine gewisse Vernachlässigung und Zurücksetzung des politischen Teils der Zeitungen bildet die außerordentlich streng gehandhabte Zensur. Durch die japanischen und chinesischen Pressegesetze der letztverflossenen Jahrzehnte sind nicht nur dem Wirkungskreise der Herausgeber und der Journalisten feste und verhältnismäßig enge Grenzen gezogen worden, auch die Erlaubnis, den Beruf als Journalist ausüben zu dürfen, ist durch gesetzliche Bestimmungen größtenteils genau geregelt worden. Weit mehr noch aber als durch die streng gehandhabten gesetzlichen Vorschriften

leidet die freie Behandlung politischer Stoffe in den Zeitungen durch die fast schrankenlose Willkür, mit der gegen mißliebige Redakteure in den ostasiatischen Ländern vorgegangen wird. Besonders in China ist bei den verwickelten Machtverhältnissen der letzten Jahre kein politischer Schriftsteller seines Lebens sicher gewesen und schnelle Justiz durch standrechtliches Erschießen auf den Wink eines durch Zeitungsartikel beleidigten Generals waren nichts Ungewöhnliches. In ähnlich willkürlicher Weise suchte auch Japan die freie politische Meinungsäußerung zu unterdrücken. Verbot der Zeitungen, Beschlagnahme der Blätter, Geldstrafen, Verbannung der Redakteure und selbst Leibesstrafen waren auch hier Mittel, die mißliebige oppositionelle Presse Koreas und teilweise des eigenen Landes zum Verstummen zu bringen.

3. Handels- und Anzeigenteil.

In demselben Maße, in dem der politische Teil der Zeitungen aus den verschiedensten Ursachen heraus an Bedeutung gegenüber seiner früheren Wertung eingebüßt hat, hat der wirtschaftliche Teil an Ansehen gewonnen. Zu Beginn der modernen Presseentwicklung in Ostasien konnte von einem eigentlichen Handelsteile noch kaum die Rede sein. Er entwickelte sich erst allmählich und zwar auf der Grundlage des Inseratenwesens. Auf den Inseratenteil der Blätter war von allem Anfang an das Hauptaugenmerk der ersten Zeitungsgründer in Ostasien, nämlich der Europäer in den Fremdenniederlassungen gerichtet. Handel und wirtschaftliche Ausbeutung waren deren hauptsächlichste Absichten, denen größtenteils auch politisch aufgemachte Artikel dienten, soweit diese die dem europäischen Einfluß zugänglichen Kreise der Landesbewohner beeinflussen sollten. Inserate über Angebot und Nachfrage füllten allmählich den Hauptraum der Journale. Die schnell in größerer Anzahl entstehenden und dem westlichen Muster nachgeahmten chinesischen und japanischen Zeitungen erkannten bald den großen materiellen Wert der Annonce, auch in ihren Spalten begannen Inserate und Reklameteil die dominierende Rolle zu spielen.

Im Gegensatz jedoch zu den europäischen und zu den fremdsprachlichen Tagesblättern Ostasiens hat sich der Brauch, den Annonceteil von einem berichtenden wirtschaftlichen Teil mit ausführlichen Artikeln über die Wirtschaftslage und die verschiedenen Wirtschaftszweige abzugrenzen, nur in ganz beschränktem Umfange und fast nur bei den wirtschaftlich führenden Tageszeitungen, besonders in Japan, eingebürgert. Annoncen und Bekanntmachungen aller Art

3

bilden mit wirtschaftlichen Mitteilungen allgemeineren Interesses insofern eine redaktionelle Einheit, als im Rahmen der einzelnen Annoncen zugleich neben kurzen Schlagworten über Preis, Güte und Wert des empfohlenen Objektes meist längere Abhandlungen über die Marktlage, die wirtschaftlichen Aussichten oder sonst das betreffende Objekt berührende Mitteilungen zu finden sind.

Wie bereits erwähnt, sind es fast einzig die wichtigsten japanischen Tageszeitungen, die, gewöhnlich auf der dritten und vierten Seite ihrer Ausgaben, einen eigentlichen umfangreichen Handels- und Wirtschaftsteil bringen. Entsprechend der überwiegenden wirtschaftlichen Bedeutung Japans gegenüber den anderen ostasiatischen Ländern, weisen Blätter wie die „Osaka Mainichi" und „Osaka Asahi Shumbun" und ebenso die entsprechenden Blätter Tokios ganz ausgezeichnete Artikel über die jeweilige Finanzlage, über Stand und Entwicklung der heimischen Industrie, über Börse und Geldmarkt sowie über die Handelsverträge auf. Besonders auf dem Gebiet des Bank- und Börsenwesens, ein Gebiet, welches in der Zeitung am frühesten einer selbständigen Darstellung gewürdigt wurde, entwickelten sich im Laufe der Zeit gewisse feststehende Normen in Darstellung und Aufmachung, ganz ähnlich, wie in der europäischen und amerikanischen Presse. Prominente Gelehrte und bekannte Wirtschaftsführer sind es zumeist, deren Anschauungen in jenem Teil der Tageszeitung niedergelegt sind. Vorbildlich als ausgesprochene Handelszeitung gilt sowohl nach Inhalt als nach Aufmachung die 6 mal wöchentlich in Tokio erscheinende „Yomiuri Shimbun", mit einer Auflage von etwa 50 000 Exemplaren. Die verhältnismäßig geringe Auflagenhöhe der speziell auf Handel und Wirtschaft eingestellten Zeitung gegenüber den verbreiteten großen Tageszeitungen mit Auflagen bis zu 1 250 000 und mehr hat ihren Grund in der Tatsache, daß mehr noch als in den westlichen Ländern die Veröffentlichungen über Finanz-, Bank-, Börsen- und Marktverhältnisse für die breite Masse terra incognita sind und gute und spezielle Fachkenntnisse der interessierten Kreise von Großkaufleuten und Großindustriellen voraussetzen.

Die kurzen zahlenmäßigen Angaben über Markt- und Wechselkurse sind es auch besonders, die den Falzrand der Blätter füllen und die als einzige wirtschaftliche Berichterstattung, freilich ohne jeden genaueren Kommentar, auch in den chinesischen Tageszeitungen zu finden sind. Nur liegen im chinesischen Reiche die Dinge wesentlich schwieriger als in Japan; es fehlen dort die großen einheitlichen

Formen der Darstellung, wie auch die wirtschaftlichen Bedürfnisse weit größere Verschiedenheiten aufweisen, als in den verhältnismäßig konzentrierten Wirtschaftsleben Japans. Besonders erschwerend und vielfach hemmend wirken die Währungsunterschiede zwischen den einzelnen Provinzen Chinas, deren jede über besondere Zahlungsmittel verfügt, die dauernden Kursschwankungen ausgesetzt sind. Daher erscheinen in den Spalten der chinesischen Blätter vor allem die täglich neu festgesetzten Geldumrechnungstabellen und Mitteilungen, und es gehören schon die besonders eingehenden Fachkenntnisse der berufsmäßigen Geldwechsler und Bankiers dazu, um diese Anzeigen mit Nutzen zu verwerten.

Ansätze zur Entwicklung reiner Handels- und Wirtschaftszeitungen sind in der neuesten Zeit auch in China und zwar in den großen Handelszentren Shanghai, Kanton und Peking zu verzeichnen, doch sind die Auflagen dieser Blätter so gering, daß von besonderen Einflüssen auf die Gesamtwirtschaft dieser Gebiete noch nicht gesprochen werden kann.

Der Anzeigenteil.

Herrschend ist und bleibt in allen chinesischen und japanischen Zeitungen die bildliche Reklame und das Inserat, weniger auffällig als in diesen, aber doch auch teilweise den größten Teil der Seiten füllend, in den koreanischen Tagesblättern. Wie bereits bei der Besprechung der Titelseite erwähnt, bestimmt die Annonce vor allem anderen das Aussehen der ostasiatischen Zeitungen. In unzähligen Formen, beginnend mit kleinen, kurzen und wenig Schriftzeichen enthaltenden Anzeigen von Spaltenbreite bis zu ganz- und mehrseitigen Inseraten großer Gesellschaften mit ausführlichen Texten und Abbildungen, durchsetzt die Reklame den gesamten Raum der Zeitung und erscheint selbst mitten in den Textspalten der redaktionellen Teile.

Unter allen Anzeigen in den Tageszeitungen Ostasiens nehmen die Buchhandelsanzeigen die erste Stelle ein, sowohl im wörtlichen Sinne, da sie gewöhnlich die erste Seite des Blattes füllen, als auch hinsichtlich ihres Alters. Das Buch- und Zeitschrifteninserat taucht schon früh als erste Geschäftsanzeige neben Schiffahrtsanzeigen und Verwaltungsinseraten auf.[1]) Für diese Anzeigen über Bücher, Zeitschriften und Zeitungen haben sich allmählich auch feststehende Aufmachungsformen herausgebildet, die auf den ersten flüchtigen Blick auch ohne beigefügte Zeichnungen und Gebrauchsmarken, wie diese für die

[1]) 1866 in Bantscho Shimfum nach Kisaburo the press and Politic in Japan. S. 40.

3*

meisten der sonst ausgepriesenen Waren verwendet werden, ihren Charakter als Literaturanzeigen erkennen lassen. Im allgemeinen erscheinen Anzeigen dieser Art in Form eines auf der schmalen Seite stehenden Rechtecks, das mehrere Spalten Raum beansprucht, und dessen Länge sich gewöhnlich nach der Länge des Titels des angebotenen Objektes in großer, kräftiger Auszeichnungsschrift richtet. Jede Anzeige ist von einem bald breiteren, bald schmäleren, aber sich immer deutlich abhebenden Rand (ähnlich dem um die Todesanzeigen in den deutschen Zeitungen) umfaßt, beginnt rechts mit dem Namen und evtl. den Personalangaben des Verfassers, beispielsweise eines Buches, in mitteilgroßen Schriftzeichen. Daran schließt sich der Titel an, der, da er als Hauptbestandteil der Anzeige und entsprechend den Marken anderer Artikel besonders in die Augen fallen soll, in auffallend großen und verschieden stilisierten Schriftzeichen in der Farbe schwarzen Grundes hervorleuchtet. Dem so ausgezeichnet hervorgehobenen Titel folgen in verschiedener horizontaler und vertikaler Anordnung Inhaltsangaben und selbst kleine Auszüge aus dem betreffenden Werke, schließlich Preise und Bezugsbedingungen. Diese Aufmachung bezieht sich vor allem auf die Literarturanzeigen japanischer und koreanischer Zeitungen.

In den chinesischen Blättern ist hierauf nicht die mitunter fast künstlerische Sorgfalt verwendet, vor allem hinsichtlich der Anordnung von schwarzen und weißen Flächen sowie der Größenverhältnisse der Schriftzeichen zueinander und schließlich der Anordnung der einzelnen Anzeigen über die ganze Seite des Blattes. Die chinesischen Literaturanzeigen bedecken in schmalen, halbseitenlangen Streifen, einer dicht neben dem anderen, die Zeitungsseite. An die lediglich durch fetten Druck hervorgehobenen Titel schließen sich nach unten kurze Angaben über Preis und Kaufbedingungen in gewöhnlicher Schriftgröße an. Im Gegensatz zu der überlegten Anordnung der Inserate in den japanischen Zeitungen ergibt sich hier ein Bild, als seien auf eine Querleiste — dem oberen Einfassungsrand der Seite — Perlenschnüre von der verschiedensten Länge ganz systemlos und zufällig nebeneinander gereiht, wobei die starken Schriftzeichen die einzelnen Perlen, ihre Anzahl in den Titelüberschriften die Länge der Schnüre darstellen. Außerdem ist die Aufmachungsform dieser chinesischen Anzeigen nicht nur für Literaturinserate gebräuchlich, sie wird ähnlich auch noch für eine ganze Anzahl anderer Objekte verwendet.

Wie bereits erwähnt, sind die meisten Inserate, soweit sie nicht lediglich amtliche Bekanntmachungen enthalten, oder sofern es sich

nicht um bloße Kauf- und Verkaufsgesuche, Stellengesuche usw., entsprechend den „Kleinen“- oder „Vermischten Anzeigen“ der europäischen Zeitungen handelt, mit Zeichnungen geschmückt, in denen entweder die Fabrikmarken oder Dinge, die in irgendwelcher Beziehung zu den angezeigten Waren stehen, in mehr oder weniger künstlerischen Formen dargestellt werden. Es ist ein eigner Zweig ostasiatischer Kunstfertigkeit, der sich auf dem Gebiete der zeichnerischen Ausschmückung der Zeitungsreklame entwickelt hat. In der bekannten charakteristischen Pinseltechnik besonders der Japaner, weisen die Tagesblätter in ihren Reklamebildern teilweise Kunstwerke von vollendeter Form auf. Die Liebe des Ostasiaten zur Kleinmalerei, seine Pietät für die alten traditionellen Bräuche des Landes, sein tiefes Verständnis für die harmonische Linienführung der Natur bei Tier, Pflanze und Bodengestaltung seiner Heimat, kommt in unzähligen Variationen selbst hier, in der nüchternen, sachlichen Tageszeitung zum Ausdruck. In hunderterlei Formen wird das gleiche Motiv — eine Blüte, ein Vogel, ein Baum — abgewandelt, bald in minutiöser feiner Ausführung, bald mit kräftiger Pinselführung, die nur die charakteristischen Züge und Eigenschaften des betreffenden Gegenstandes zur Darstellung bringt. Das Wahrzeichen Japans, der heilige Berg Fuji Yama, ziert die unterschiedlichsten Anzeigen, auch solche, die inhaltlich nicht das Geringste mit ihm verbindet. Die sanft geschwungene Form seiner Umrißlinien reizt den Künstler stets aufs Neue zur Darstellung. Traditionell ist ebenso die Verwendung der charakteristischen Form der Kirschblüte, deren fünfblätteriger Stern immer und immer wieder einzelne Inserate schmückt. In künstlerischer Weise finden wir bei allen diesen Anzeigen die Bildchen jeder Art auf die verwendeten Schriftcharaktere abgestimmt. Auch in den Anzeigen für die modernen Artikel verhältnismäßig noch junger Industrien, z. B. der Automobil-, der chemischen und Luxusartikelindustrie, ebenso für die verschiedensten Einfuhrartikel, die an sich über keine darstellerische heimische Tradition verfügen und deren Abbildungen meist den westlichen Zeitungen entlehnt und nachgeahmt werden, ist größtenteils noch die künstlerisch harmonische Aufmachung gewahrt. Daß dies möglich ist, rührt besonders auch von dem ausgeprägten Bildcharakter der ostasiatischen, d. h. besonders der chinesischen Schriftzeichen her, diese dienen ja in ihren ornamentalen Formen, die der Stilisierung in jeder Beziehung die mannigfachsten Möglichkeiten einräumen, selbst als Wandschmuck an Stelle von Gemälden und Zeichnungen. Dabei kann an die ähnliche Verwendung der indischen oder arabischen Schriftzeichen erinnert werden, mit denen Wandbehänge, Teppiche, Mauern, Fußböden und selbst Gebrauchsgegenstände aller Art geschmückt und künstlerisch verziert sind. Die orientalischen Schriften, hier die chinesischen Zeichen, ergeben zusammen mit der speziellen Zeichentechnik des betreffenden Landes ein genaues Bild der künstlerischen Einstellung und Empfindungsfähigkeit weitester Volkskreise. Der Gebrauch der Schriftzeichen für die Darstellung der gebräuchlichsten Gegenstände des täglichen Lebens in Verbindung mit einer ausdrucksreichen, fast überschwänglichen Sprache zeigt die formgebundene, überlieferungstreue und dabei doch temperamentvolle Einstellung des Orientalen allen Dingen des Daseins gegenüber.

Eine wie große Rolle das Reklamewesen in den ostasiatischen Zeitungen spielt, ergibt sich aus einer Statistik der Nachrichtenagentur „Nippon Dempo Tsushi Sha" in Tokio für den Monat Mai 1923, worin festgestellt wurde, daß in den 18 wichtigsten Tageszeitungen Tokios und Osakas zusammen etwa 41 800 große und ca. 46 000 kleine, spaltenbreite Anzeigen erschienen. Entsprechende Statistiken für China fehlen noch, doch kann mit Sicherheit angenommen werden, daß bei dem ausgesprochenen Charakter dieser Zeitungen als Reklame- und Insertionsorgane die Höhe der Anzeigen ähnliche Zahlen aufweist wie in Japan.

Unter den Gruppen der angezeigten Gegenstände stehen der Zahl nach an erster Stelle in den Zeitungen Ostasiens Heilmittel, Drogen und kosmetische Artikel, als wichtigste folgen zahlenmäßig Schiffahrtanzeigen und Bankinserate, weiter Bücher und Zeitschriften und so fort, während Hausgeräte und Gegenstände für den täglichen Gebrauch den geringsten Raum einnehmen. Bei den letzteren ersetzen die Anpreisungen der Handwerker in den Straßen und auf den Märkten, durch Straßenhändler und Ausrufer sowie ein ausgedehntes Plakatwesen die Anzeigen in den Zeitungen, besonders in den chinesischen Blättern. Eine Zählung der Anzeigen in der „Tokyo Asahi Shinbun" (Abend- und Morgen-Ausgabe zusammen etwa 12 Seiten) vom 23. 2. 1927 ergab folgendes Bild:

Kosmetika und Drogen	18
Banken	3
Schiffahrtsanzeigen	2
Maschinen, Autos	2
Bücher, Zeitschriften	26
Metallwaren	5
Getränke	3

Ärzte, Heilanstalten	4
Bekleidung	3
Amtliches	1
Todesanzeigen	4
Juwelen, Uhren	3
Hausgeräte	2

Mit geringen Abweichungen ist dieses Bild überall in Ostasien ungefähr das Gleiche. Besonders findet man in den japanischen Zeitungen auf der ersten Seite Bücher- und Zeitschriftenreklamen.

4. Lokaler Teil.

Für die breite Masse der ostasiatischen Zeitungsleser spielen die Nachrichten über lokale Vorgänge eine weit größere Rolle als die rein politischen und besonders die auswärtigen Mitteilungen. Das kommt besonders stark zum Ausdruck in der Aufmachung der gesamten Provinzpresse der drei Staaten. Im Anschluß an die politischen Neuigkeiten und die ausländischen Telegramme folgen gewöhnlich ausführliche Mitteilungen über die Ereignisse der betreffenden Stadt und der jeweils in Frage kommenden Provinz. Die Geschehnisse am Orte selbst, Festlichkeiten, Unglücksfälle, Verbrechen, Verwaltungsmaßnahmen werden weitläufig kommentiert, und diese lokale Berichterstattung machte und macht noch heute den Hauptbestandteil des redaktionellen Teiles der meisten Zeitungen vor allem in China aus.

Da die gesamte chinesische Presse von Anfang an einen mehr provinziellen Charakter angenommen hatte als z. B. die stärker vom Westen beeinflußte japanische Presse, ist die stärkere Hervorhebung des lokalen Teiles der Blätter durchaus natürlich. Ihnen stehen nicht die gewaltigen Mittel zur Verfügung, deren eine moderne Zeitung bedarf, um mit allen Teilen des eignen Landes und der übrigen Welt in dauernder Verbindung zu bleiben. Der Kreis ihrer Betrachtung war von vornherein auf das Gebiet des Erscheinungsortes und allenfalls noch auf die Provinz und deren nächste Nachbargebiete lokalisiert. In Korea stehen lokale Nachrichten wiederum in engster Verbindung mit der Politik des Landes selbst, denn in diesem Lande besteht das Wirken der einheimischen Presse vor allem in dem beständigen Kampf um die Freiheit von seinem Unterdrücker, von Japan. Jede Verwaltungsmaßnahme der Japaner in Korea, jeder Übergriff japanischer Beamter, jedes japanische Verbot und Gebot ist Anlaß zu ausführlichen Artikeln lokal-politischer Art besonders in der hauptstädtischen Presse von Soeul.

Der lokale Teil der großen Tagesblätter in Japan hat sich in seiner Aufmachung ganz entsprechend den westlichen Tagesblättern zu jenem Sammelbecken von wichtigeren neben unwesentlichen, kürzeren oder längeren Berichten über die städtischen Ereignisse herangebildet, die meist Teile der zweiten und dritten Seite des Blattes füllen. Unter den längeren Artikeln nimmt besonders die „Chronique scandaleuse" den ersten Platz ein, die Sensationsberichte, die der Japaner mit der gleichen Freude genießt, wie die meisten Zeitungsleser der übrigen Welt dies tun.

Ebenso sind die Sportberichte, die in den westlichen Zeitungen der neuesten Zeit einen (allen anderen Gebieten gegenüber) fast unverhältnismäßig großen Raum einnehmen, in der ostasiatischen Presse erst in den letzten Jahren in größerer Menge zu finden, während sie sich vorher lediglich auf die reinen Anzeigen der jährlich zu bestimmten Zeiten stattfindenden nationalen Ring- und Schwertkämpfe beschränkten. Auch heute noch fehlen im großen Ganzen längere und ausführlichere Berichte über sportliche Vorgänge, und man findet Notizen darüber meist im Anschluß an lokale Mitteilungen oder sonst an beliebiger Stelle in den Zeitungen. Andererseits hat sich dieses Gebiet jedoch in neuerer Zeit der Zeitschrift in steigendem Maße bemächtigt, die in teilweise vorzüglicher technischer Aufmachung ihren Interessenten das bringt, was diese in den Tagesblättern noch nicht in dem Maße wie der westliche Zeitungsleser finden.

5. Feuilleton.

Ebenfalls nach westlichem Muster ist bei den bedeutenden japanischen Tageszeitungen der Teil aufgemacht, dem die Zeitung vor allem ihre steigende Beliebtheit bei der großen Masse der Leser und damit ihre ungeheure Auflagenhöhe verdankt: das Feuilleton. Dabei kommen weniger die Kunstkritiken und populär-wissenschaftlichen Aufsätze in Frage, die erst in den letzten Jahren mehr Bedeutung gewonnen haben, als vor allen Dingen die Romanbeilagen und die Erzählungen. Allgemein ist in den großen Blättern der Brauch, mindestens zwei Fortsetzungsromane zu bringen, und zwar einen, dessen Inhalt japanische historische Geschehnisse, z. B. Rittergeschichten, bilden und einen anderen, der meist in der Übersetzung eines modernen europäischen Romans besteht oder dem modernen

Leben in Japan entnommen ist. Der Haupterfolg einiger japanischer Zeitungen bestand in der ersten Veröffentlichung der bekannten Romane Alexander Dumas und ähnlicher, die vom Publikum mit Begeisterung aufgenommen wurden. In kurzen Novellen werden besonders Stoffe aus der heroischen Geschichte behandelt, deren Hauptmotive die Vasallentreue, patriotisches Heldentum, Mut und Ausdauer in Kämpfen und Abenteuern und ähnliches sind, besonders aber das immer neu variierte Motiv von Liebe und Haß. Kleine Gedichte und Balladen vervollständigen dieses Bild. Ausgeschmückt werden diese Romane und Erzählungen durch Bilder, meist Holzschnitte, von der Hand erster Meister.

Während in Japan nach langem Kampfe der literarische Stil der alten chinesischen Schriften, der Stil der Gelehrten und Gebildeten allmählich einen modernen, einfachen, auch dem Leser aus dem niede-Volke verständlichen Stile Platz gemacht hatte, die Romane teilweise im Gegensatz zu den übrigen Zeitungsinhalt auch in rein japanischen Schriftcharakteren gedruckt wurden, hat sich der sogenannte literarische Stil in dem chinesischen Unterhaltungsteile größtenteils noch erhalten, wenn auch in etwas frischerer, natürlicherer Form, als in den schwülstigen oder übertrieben stilisierten alten Weisen. Mehr noch als in Japan schätzt der Leser in China traditionelle Motive; Stoffe aus Sagen und Legenden, meist mit einem starken religiösen Einschlag, finden sich häufiger in den chinesischen Blättern als moderne Stoffe. Auch hier wird der Gang der Handlung durch Illustrationen von oft künstlerischem Werte veranschaulicht.

Der Unterhaltungsteil der koreanischen Zeitung zeichnet sich besonders aus durch die verschiedenste Verwendung von Schrift und Sprache. Ein großer Teil der koreanischen Überlieferungen steht in innigster Verbindung mit der chinesischen Literatur. In chinesischer Schrift sind daher die alten chinesischen Lieder oder Nachdichtungen veröffentlicht, während Gedichte und kleine Erzählungen ihren neuzeitlichen Inhalt und ihre moderne Auffassung durch die Verwendung rein koreanischer Schrift dokumentieren. Am beliebtesten jedoch ist die Verwendung gemischter chinesisch-koreanischer Schriftzeichen, ein Brauch, dem besonders die jüngere Generation der koreanischen Literaten huldigt. Diese gemischte Form der Schrift wird in erster Linie für die großen Romane und Fortsetzungserzählungen in koreanischen Zeitungen benutzt.

Mehr oder weniger gute, zum Teil aber ganz ausgezeichnete Artikel wissenschaftlicher Art finden wir in der Presse aller drei Länder in großer Anzahl. Erzieher und Gelehrte, Fachleute aller Gebiete hatten den großen Wert der Zeitung als Volksbildungsmittel bald erkannt und arbeiteten bereitwillig und selbstlos, denn die Honorare der ostasiatischen Presse sind nur gering, an Volksaufklärung und Verbreitung neuer Kenntnisse.

Ganz gering jedoch war bisher der Anteil der Kunst an literarischen Zeitungsinhalt und auch ihr Einfluß in den modernen Großzeitungen Japans. Erst in den letzten Jahren ist man hier über die reine Anzeige von Theateraufführungen, von Konzerten, von Ausstellungen hinausgegangen und hat auch der Kritik breiteren Raum eingeräumt, wobei heute photographische Abbildungen von Verfassern, Darstellern und Kunstwerken selbst mehr und mehr in Gebrauch kommen.

III. Zusammenstellung und Kritik

Vergleich zwischen der ostasiatischen, europäischen und amerikanischen Presse.

Die ostasiatische Presse zeigt, wie aus der bisherigen Schilderung ersichtlich ist, ein äußerst vielgestaltiges Bild, dem trotz dieser Vielseitigkeit große einheitliche Züge keineswegs mangeln. Die verschiedensten fremden Einflüsse haben sich im Laufe ihrer Entwicklung mit den mannigfachsten, der Anschauungswelt des Asiaten entsprungenen Darstellungsformen gemischt. Während der größte Teil der chinesischen Presse sich offensichtlich noch in einem Stadium befindet, in welchem sie hinsichtlich ihrer gesamten Aufmachung noch nach Formen sucht, die der Psyche des chinesischen Zeitungslesers einigermaßen entsprechen, ist dieses Stadium des Suchens und Tastens sowohl von der japanischen als auch von den bedeutendsten Erzeugnissen der koreanischen Presse bereits durchschritten worden. In diesen beiden Ländern ist das Problem der dem Volksempfinden adäquaten Aufmachungsformen des periodischen Tagesschrifttums, wenn auch jeweils in anderer Richtung, gelöst worden. Ein Beweis dafür ist schon gegeben in dem Vergleich der durchschnittlichen Auflagenhöhe der Zeitungen, die sich bei den wichtigeren japanischen Blättern nach Hunderttausenden beziffert und auch bei den koreanischen Hauptblättern noch wesentlich höher ist als die der chinesischen Zei-

tungen, welche höchstenfalls, wie die Shanghaier Sin Wan Pao, eine Auflage von 90 000 oder, wie die Shun Pao, von 80 000 Exemplaren aufweist, durchschnittlich jedoch sich mit einigen Tausenden begnügen muß. In Japan half der ausgesprochen künstlerische Sinn, der sich selbst bei den geringsten Anlässen in der verschiedenartigsten Weise kund gibt, verhältnismäßig leicht dazu, die Synthese zwischen dem Alten und dem Neuen zu finden. So stark ist diese künstlerische Einstellung des Japaners, das auch die modernsten, vom Westen her eingeführten Dinge in der Darstellung unter dem Pinsel des Künstlers und unter der Feder des Journalisten anscheinend zwanglos japanische Gestalt und Form annehmen.

Zu einer anderen Lösung führte die Entwicklung der koreanischen Presse. Der an sich friedliche und sanftmütige Charakter des koreanischen Volkes, der dieses in vergangenen Jahrhunderten zum geeignetsten Kulturvermittler des ostasiatischen Kulturkreises werden ließ, hat sich durch die Unterdrückung seitens der imperalistischen Interessengruppen Japans und besonders unter dem Zustrom moderner liberaler und demokratischer Ideen wesentlich gewandelt. Nicht ästhetische Einflüsse sind es, die hier die Gestaltung der Aufmachung der Zeitung bestimmt haben, sondern nüchterne politische Notwendigkeit schuf ihr äußeres Bild. Die Hauptsache für den Leser ist der politische Leitartikel und sind die scharfen Kritiken an der japanischen Verwaltung. Das äußere Bild dieser Zeitungen läßt sich am ehesten etwa dem der meisten deutschen Zeitungen vergleichen, deren Aufmachung ja ebenfalls in weitestem Umfange von ihrer politischen Einstellung bestimmt wird und die in meist sachlicher, äußerer Gestaltung ihre ersten Seiten der Besprechung innen- und außenpolitischer Ereignisse widmen. Andererseits entsprechen die japanischen Zeitungen, und da besonders die Abendausgaben, in denen der Reklameteil nicht wie in den Tagesausgaben den Hauptraum beansprucht, am besten gewissen amerikanischen Blättern, die in ähnlicher Weise auf ein möglichst buntes, vielseitiges, selbst sensationelles Äußere den Hauptwert legen.

Daß die chinesische Presse im Gegensatz zur Presse der beiden anderen Länder noch nicht zu größeren einheitlichen Formen in ihrer Aufmachung gelangt ist, beruht vor allem auf den tiefgehenden Verschiedenheiten in Charakter und Temperament und somit der Anschauungsweise, durch die sich weite Kreise des chinesischen Volkes voneinander unterscheiden. In allen Dingen außerordentlich stark konservativ und traditionsgebunden, dem von Westen her auf ihn eindringenden Neuen eher feindlich als sympathisierend gegenüberstehend, im übrigen durch schweren Parteihader und hart aufeinanderprallende Interessengegensätze innerlich zerrissen, konnte es bisher naturgemäß große Erfolge auch im Bezug auf die Aufmachung des Tagesschrifttums nicht erreichen. Dem einzigen Bande, welches das chinesische Volk zusammenfaßt, nämlich der gemeinsamen Schrift, stehen vielerlei Einflüsse gegenüber, die es zu trennen versuchen. Besonders Einflüsse wirtschaftlicher Natur, entstanden durch die Interessenpolitik der Fremdmächte in China, ausgehend von den Konzessionen der verschiedensten Nationen, die oft in keineswegs derselben Richtung ihre Macht geltend zu machen versuchen, stehen einer wirklichen Einigung entgegen und haben schließlich mit zur Entstehung einer der größten innenpolitischen Umwälzung in katastrophalen Formen verholfen. Je nach der Stärke dieses Einflusses, nach dem Grade der Ablehnung oder der Zustimmung der davon berührten Volkskreise hat sich auch die Form der Aufmachung der Tagesblätter gestaltet. Mehr nach amerikanischem Muster, teilweise aber auch die romanische Aufmachung, besonders nach französischem Vorbilde, bevorzugend, erscheint ein großer Teil der Zeitungen Shanghais und Kantons; mehr der nüchternen koreanischen Form angenähert und unter anderem auch von deutscher Auffassung beeinflußt, stellt sich ein großer Teil der im Norden und Nordosten des Reiches erscheinenden Blätter dar. Im Vordergrunde der Aufmachung steht jedoch bei allen Verschiedenheiten die vorherrschende Wirkung der chinesischen Reklame, über deren heute meist noch aufdringlich und grob wirkende Ideogramme wahrscheinlich der Weg zu einer Lösung des Problems gemeinsamer und dem chinesischen Volksempfinden in größerem Umfang entsprechenden Aufmachungsformen führen wird, etwa in ähnlicher Form wie im Nachbarreiche Japan.

Ein weiterer Grund für die große Verbreitung der japanischen Zeitungen, wie für deren auch nach westlichen Begriffen modernste Aufmachung in äußerer und innerer Form liegt in der immer mehr zunehmenden Allgemeinbildung des japanischen Volkes, das durch sein Erziehungswesen in unglaublich kurzer Zeit eine erstaunliche Höhe erreicht hat. Durch das wachsende Verständnis für die modernen westlichen Errungenschaften aller Art wurde der Kreis der Betrachtungen in der japanischen Presse immer weiter gezogen, erwuchsen immer neue geistige Bedürfnisse.

Auch dies fehlt fast noch völlig in China, wo nur kleine Kreise von Gebildeten und Industriellen, von Kaufleuten und Politikern diese geistige Höhe erreicht haben und so zum Hauptabnehmer der Presse-

erzeugnisse geworden sind, während die große Masse des Volkes bisher immer noch dem Neuen interesselos gegenüber stand und, da zum überwiegenden Teil aus Analphabeten bestehend, als Zeitungsleser gar nicht in Frage kommen kann. Noch heute spielt der Vorleser, z. B. im Teehause, seine alte Rolle bei der Verbreitung von Neuigkeiten, und das Gerücht und die Nachrichtenvermittlung auf Bazaren und Märkten von Mund zu Mund genügt noch heute dem größten Teil des Volkes, ja selbst der Stadtbevölkerung der großen Fremdenniederlassungen und Häfen. Schließlich waren auch der Staat und in neuerer Zeit die einzelnen Machthaber in China nicht nur keine Förderer der modernen Presse, sondern wachten im Gegenteil eifrig darüber, daß jede oppositionelle Regung, jede Andeutung von Kritik, also damit teilweise die Hauptantriebsmomente zu einer gedeihlichen Presseentwicklung, nach Möglichkeit bereits im Keime erstickt wurde. Erst in der letzten Zeit scheint sich in dieser Beziehung eine Besserung anzubahnen. Das Interesse nicht nur an bloßen Nachrichten, sondern auch an zusammenhängenden kritischen Betrachtungen und ausführlichen Darstellungen der Ereignisse ist durch die innenpolitischen Auseinandersetzungen im weitesten Maße geweckt worden und wirkt nicht allein auf die inhaltliche Neugestaltung der Tagesblätter ein, sondern ebenso auf deren äußere Aufmachung, weiter ist ein günstiger Boden geschaffen worden für die Entstehung neuer Zeitungen und sonstigen Presseerzeugnissen, wenn es sich hier vorläufig auch mehr um die Entstehung von Parteizeitungen und ähnlichen Interessentenorganen handelt. In dieser neuesten Entwicklung ist der gemeinsame Kampf des chinesischen Volkes gegen die fremden Einflüsse wirtschaftlicher Art gar nicht hoch genug zu bewerten; denn dieses Eintreten für eine eigene, selbständige und von allem Ausländischen befreite Wirtschaftsform kann und wird allem Anschein nach neben der gemeinsamen Schrift ein zweites gemeinsames, das Volksganze fest zusammenhaltendes nationales Band werden.

Wenn vielfach, besonders in Europa die Ansicht vertreten wird, daß infolge des verhältnismäßig geringen Umfanges der Presse, der geringen Auflagenhöhe der einzelnen Blätter und des überwiegenden Analphabetentums in China eine Regulierung und Beeinflussung der öffentlichen Meinung nicht in dem Maße stattfinden könne wie in den westlichen Ländern, so ist das nicht ganz richtig, wie ja auch die Tatsachen zeigen. Es darf nicht übersehen werden, daß der Chinese einmal dem geschriebenen Wort, dem aufgezeichneten Schriftzeichen ganz anders gegenübersteht als beispielsweise der Europäer. Für jenen bedeutet das Ideogramm in seiner jahrhundertalten, fast geheiligten Form viel mehr als nur die Aufzeichnung eines beliebigen Begriffs, es eignet vielmehr diesen Schriftzeichen ein gewisser Autoritätswert. Der Leser bringt gegenüber dem Geschriebenen nicht entfernt das Maß von Kritik und Urteilsfähigkeit auf, wie dies im allgemeinen bei den westlichen Völkern der Fall ist. Eine einmal durch den Druck verbreitete Meinung kann somit weit schneller und beständiger an Boden gewinnen, als dies unter anderen Verhältnissen möglich wäre. Weiter kommt hinzu, daß trotz geringer Auflagenhöhe eine Zeitung in China eine relativ weitere Verbreitung aufweist, ihr Einflußbereich also größer ist, als bei der gleichen Auflage z. B. in den Ländern des Abendlandes der Fall ist. Das einzelne Zeitungsexemplar wandert meistenteils durch Dutzende von Hände, wird einer großen Anzahl von Menschen durch des Lesens Kundige zu Gehör gebracht, ehe es der Vernichtung anheimfällt.

Das typische Beispiel dafür, wie die Macht der öffentlichen Meinung auch in China bestimmend und richtunggebend wirkt, ist der wirtschaftliche Kampf gegen die fremden Industrieerzeugnisse, womit das Land überschwemmt wird und die die einheimische Produktion aufs schwerste bedrohen. Ganz spontan und im weitesten Umfange, geschürt durch die Artikel einiger weniger, rein chinesischer und national eingestellter Zeitungen, brachen jeweils die Bewegungen gegen die fremden Einflüsse los, anfänglich besonders stark stets gegen die japanischen Waren, dann jedoch gewöhnlich durch die wesensverwandte japanische Presse in China in die Richtung auf englische und amerikanische Erzeugnisse abgelenkt. Man kann zusammenfassend feststellen, daß die Bildung einer öffentlichen Meinung und deren Beeinflussung in China und in ähnlichem, wenn auch nicht so bedeutendem Umfange auch in Japan und Korea eher noch eine größere und wichtigere Rolle spielt als etwa in Europa.

Genau wie in den europäischen Zeitungen hat auch die photographische Abbildung sowie die Karikatur, besonders die politische, Eingang in die ostasiatische Presse gefunden. Die beste Technik weist wieder die japanische Zeitung auf, und sie weist auch in dieser Hinsicht wiederum auf den Vergleich mit der amerikanischen Presse hin. Es erscheint kaum eine Nummer der großen Zeitungen, die nicht photographische Darstellungen der wichtigsten Ereignisse enthält, oft in sehr gutem und sauberem Drucke, ganz entsprechend also dem Brauch der bekanntesten amerikanischen Journale, die in einem viel

ausgedehnteren Maße, als dies in den deutschen Organen geschieht, die Photographie zur Hilfe nehmen.

Dagegen fehlt die mehr oder minder umfangreiche Bildbeigabe der deutschen Sonntagsausgaben, zumal die ostasiatische Presse zum größten Teile, mit einigen wenigen Ausnahmen, gewöhnlich nur sechsmal wöchentlich erscheint, also auf eine Sonntagsausgabe überhaupt verzichtet.

Die politische Karikatur dagegen spielte in den ostasiatischen Zeitungen lange Zeit keine Rolle. Dort lag der Gedanke, die Kunst des Pinsels für die satyrischen, verhöhnenden oder lächerlich machenden Absichten der Karikaturen zu verwenden, ursprünglich durchaus nicht so nahe, wie dies etwa bei der hohen zeichnerischen Begabung der östlichen Völker und bei ihrem ausgeprägten Sinne für groteske Darstellungen, d. h. grotesk für das europäische Gefühl, den Anschein haben könnte. Der Ursprung dieser Kunstbetätigung war aber rein religiöser Natur und die Kunst hat sich diesen religiösen Charakter, im Gegensatz zur abendländischen Entwicklung bis in die neueste Zeit hinein gewahrt. Das ist auch der Fall bei den anscheinend grotesken Darstellungen vieler Dinge, z. B. mythologischer und historischer Darstellungen, die für das Gefühl des Asiaten in durchaus richtiger, sinngemäßer und keinesfalls übertrieben grotesker Form zur Darstellung gebracht sind.

Erst die neueste Entwicklung hat nach dem Beispiel der fremden Presse auch die karikaturische Zeichnung in den Dienst der Interessenpolitik der Zeitungen Ostasiens gestellt. Neben kleineren Karikaturen, eingestreut zwischen die Artikel und die Geschäftsanzeigen des Blattes, auch wohl ihren besonderen feststehenden Platz in den Spalten einnehmend, legen die großen japanischen Tagesblätter bei besonders wichtigen Anlässen auch besondere Beilagen mit künstlerisch ausgeführten witzigen Bildern und begleitendem Texte ihren Ausgaben bei. Eins kann hier zum Lobe der östlichen Presse festgestellt werden, in diesen Zeichnungen hat sich noch ein guter Teil der alten vornehmen Sitten erhalten. Mag der Text noch so sarkastisch und selbst zynisch gehalten sein, die Zeichnung selbst wird selten Formen aufweisen, die so abschreckend und brutal wirken, wie es in europäischen Presseerzeugnissen teilweise der Fall ist. Ich erinnere nur an die Atmosphäre von Haß und Vergiftung, die durch die Darstellungen angeblicher Grausamkeiten zu Beginn des Krieges in den Blättern der Ententemächte erschienen.

Zusammenfassend läßt sich über die ostasiatische Presse sagen, daß innerhalb kurzer Zeit ein gewaltiges Werk, ein vielgliederiger, teilweise außerordentlich gut organisierter Apparat geschaffen worden ist, der berufen sein wird, die moderne Kulturentwicklung in nachdrücklichster Weise zu fördern. Wie manch anderes wertvolles Kulturgut ist auch dieses eine Gabe des Abendlandes an das Morgenland im gegenseitigen Austausch der Kulturgüter. Gewiß sind die Schattenseiten in dieser Entwicklung nicht zu übersehen, doch liegt andererseits auch kein Anlaß vor, die Gefahren zu überschätzen und diesem Neuen ablehnend oder gar feindlich gegenüberzutreten, wie dies in großen Kreisen der ostasiatischen Völkerschaften teilweise noch der Fall ist. Je offener die Kritik sich mit der Wirkung der Presse beschäftigt, je klarer die Zusammenhänge zwischen dem Sammeln, dem Verbreiten, dem Kommentieren von Nachrichten und der durch ihre Aufnahme beim Publikum hervorgerufenen Empfindungen erkannt werden, umso eher und leichter wird es möglich sein, die Presse für die Arbeit an Kultur- und Menschheitsentwicklung zu gewinnen und ihre Auswüchse und Unvollkommenheiten zu beseitigen. Nichts kann diesem erkenntniskritischem Zwecke förderlicher sein, als die ernste, wissenschaftliche Untersuchung aller die Presse unserer Welt bewegenden Probleme, wie diese seit einer Reihe von Jahren an den Hochschulen fast aller Staaten vorgenommen wird. Dieser Tatsache haben sich auch die ostasiatischen führenden Kreise nicht entziehen können, denn nicht nur in Tokio, sondern auch an der Universität zu Peking sind nach europäischem und amerikanischem Muster Institute gegründet worden, deren Aufgabe in der Erforschung des Zeitungswesens besteht. Möge es der emsigen, sachlichen Forschung gelingen, hier wie dort die gewonnenen Erkenntnisse in praktische Anregungen umzusetzen, die in der Zukunft die Presse überall zu dem machen, was sie ihrer weitverzweigten, die gesamte Welt umfassenden Organisation nach sein könnte, zu einem Bindeglied zwischen allen Kulturnationen, zu einem Instrument menschlichen Geistes im Dienste gegenseitiger vernunftgemäßer Verständigung und so zu einer segensreichen Förderin aller Kultur- und Menschheitsentwicklung.

Literatur.

1. Ala, Die Presse des fernen Ostasiens. 1926.
2. Arens, Das katholische Zeitungswesen in Orient und Ostasien. 1918.
3. Asahi-Jahrbuch 1927.
4. Asakawa Kanichi, The Early Institution Life of Japan. Tokio, 1903.
5. Bachhausen, A., Die japanische Verwaltung in Korea und ihre Tätigkeit. 1909.
6. Berliner, Anna, Japanische Reklame in der Tageszeitung. Stuttgart, 1925.
7. Brandt, Weltgeschichte, Vorgeschichte Ostasiens. 1913.
8. Brunhuber, Das moderne Zeitungswesen. 1907.
9. Bücher, K., Gesammelte Aufsätze zur Zeitungskunde. 1891.
10. Carter, J. F., The Invention of printing in China — and its Spread westward. New York, 1925.
11. Chinesische Strafgesetzgebung. 1910.
12. Chinesisches Urheberrecht. 1911.
13. China-Yearbook 1924/25.
14. Chosen Kindai Si. (Moderne Koreanische Geschichte.)
15. David, J., Die Zeitung. 1906.
16. Dietionarie Publications de Lécole des Langnes Orientales vivantes.
17. Diez, H., Das Zeitungswesen. 1919.
18. Dovitat, Emil, Der amerikanische Journalismus. Leipzig, 1927.
19. Everth, E., Zeitungskunde und Universität. Jena, 1927.
20. Faulmann, Illustrierte Geschichte der Buchdruckerkunst. 1882.
21. Finanzielles und wirtschaftliches Jahrbuch für Japan. Herausgeber: Finanzministerium Tokio 1908. 1912.
22. Forke, A., Die Pekinger Läden und ihre Abzeichen. (Mitteilung der deutschen Gesellschaft für Natur- und Völkerkunde Ostasiens. Bd. VIII. Teil I.)
23. Fukuda, D., Die gesellschaftliche und wirtschaftliche Entwicklung in Japan.

24. Gazettes de L'empire de la Chine (Journal Asiatique Tome I). 1827. S. 239/252.
25. Hulbert, H., The passing of Korea, New York. — The Korea Review. 1904.
26. Japan Year Book 1905/17.
27. Jasne, Dokugawa no Shuppan Hokai. (Urheberrecht von Dokugawa.) Tokio, 1893.
28. Kanzo, Tai Nippon Schogio Si. (Geschichte des japanischen Außenhandels.) Osaka, 1892.
29. Kawabe, K., The Press and Politics in Japan. Chicago, 1920.
30. Knochenhauer, B., Korea. (Vortrag, gehalten in der Kolonialgesellschaft.) Berlin, 1901.
31. Koike, Jogiro, Nippon Shinbum Rekishi. (Geschichte des japanischen Zeitungswesens: History of the Newspater.)
32. Kreunte, F. E. A., Geschichte Ostasiens. Göttingen, 1925.
33. Ladd, G., In Korea with Marquis Tto. London, 1908.
34. Löbl, Kultur und Presse. 1903.
35. Majedo, Qutline of the History of the Telegraph in Japan. 1892.
36. Ostasiatische Rundschau. 1924. S. 33.
37. Ostasiatische Zeitschrift 1919/20. 8. Jahrg. S. 269. Die politische Karikatur in China von Krebs.
38. Pogio, M., Korea. (Aus dem Russischen übersetzt von St. Ritter Prsyszynski.) Wien und Leipzig, 1895.
39. Salomon, L., Allgemeine Geschichte des Zeitungswesens. 1907.
40. Schölder, K., Das Inseratenwesen. 1879.
41. The chinese Economic Bulletin. 1926.
42. Tsin tin ku chin ju Shu chi chen, in dem Bd. 259 you tsen Dien über stik und type und ji die pu.
43. Unser Vaterland Japan. Ein Quellenbuch, geschrieben von Japanern. Leipzig, 1904.

Benutzte Originalzeitungen.

Chinesische Zeitungen:

Chi Shih Erh Hang Shing Po vom 27. 4. 1925.
King Pao No. 11—29, 1877.
Ta Tung Jih Po vom 25. 8. 1921.
The Hangkong Telegraphy vom 16. 3. 1910.
Hangkong Chungwhi Shinmun.
The Kung Wo Po vom 7. 7. 1921.
Der ostasiatische Lloyd vom 24. 1. 1896 und 29. 1. 1909.
Peking & Tientsin Times vom 27. 3. 1909.
The Chinese Republic News vom 11. 2. 1921.
The Chinatimes vom 25. 3. 1909.
Djawah Teng vom 18. 4. 1911.
Tsingtauer Neuesten Nachrichten vom 11. 1. 1911.
Kiautschou Post vom 19. 3. 1910.
South China Moring Post vom 6. 5. 1909.
The China Press vom 9. 11. 1911.
The Shanghai Times vom 22. 11. 1911.
Le Journal de Pekin vom 5. 12. 1920.

Japanische Zeitungen:

Tokyo Nichinich Shinbun (Abendausgabe) vom 12. 1. 1927.
Tokyo Nichinich Shinbun (Morgenausgabe) vom 8. 1. 1927.
Tokyo Asahi Shinbun (Abendausgabe) vom 18. 12. 1921.
Tokyo Asahi Shinbun (Morgenausgabe) vom 5. 3. 1927.
Toun Shinbo vom 28. 8. 1888.
The Japan Daily Herald vom 26. 6. 1909.
Moji Shinbun vom 18. 5. 1910.
Nippon vom 12. 2. 1909.
Osaka Asahi Shinbun vom 18. 5. 1909.
Osaka Nippo vom 4. 7. 1911.
Riodo Shinpo vom 9. 4. 1920.
Tokyo Niroku Shinbun vom 11. 4. 1909.
Kyoto Nippo vom 4. 8. 1911.
Daiwan Nichinich vom 15. 6. 1912.
Yomiury Shinbun vom 12. 5. 1910.
Chuo Shinbun vom 11. 7. 1908.

Koreanische Zeitungen:

Keijo Nippo vom 9. 9. 1911.
Mokpo Shinppo vom 6. 9. 1911.
Maiil Shinbo vom 14. 9. 1911.
Fusan Ilbo vom 4. 9. 1911.
Chosen Shinbo vom 7. 9. 1911.
Daiku Shinmun vom 1. 9. 1911.
Dong-A-Ilbo vom 30. 3. 1926.

Zeitschriften.

Ostasiatische Rundschau, 1920/27.
Deutsche Presse Nr. 6, 1926.
Zeitungswissenschaft Nr. 1, 2, 3, 4, 5, 8, 9 und 12, 1926.
Zeitschrift für Politik, 3. Bd., 1910. S. 115/257. (England, China und Japan.)

Benutzte deutsche Zeitungen.

Flensburger Nachrichten Nr. 363 vom 28. 12. 1917. Zensur in China.
Ostfriesische Zeitung Nr. 327 vom 17. 7. 1918. Chinesische Staatszeitung Kingpao.
Vossische Zeitung Nr. 355 vom 18. 7. 1920. Fr. Otte: Chines. Presse.
Hannoverischer Kurier Nr. 338 vom 12. 7. 1918. Der höfliche Schriftleiter.
Vorwärts Nr. 62 vom 7. 2. 1921. Japan-Anzeigenteil.
Münchner Neueste Nachrichten Nr. 208 vom 2. 8. 1924. Japanische Reklame.
Neuwieder Zeitung Nr. 107 vom 8. 5. 1925. Eine japanische Heiratsanzeige.
Die Zeit (Berlin) Nr. 170 vom 25. 4. 1925. Von der japanischen Presse.
Basler Nachrichten Nr. 29 vom 29. 1. 1925. Von der japanischen Presse.
Vorwärts Nr. 439 vom 17. 9. 1925. Japanische Reklame.
Vossische Zeitung Nr. 189 vom 8. 8. 1926. Standrechtlich erschossen.
Berliner Tageblatt Nr. 371 vom 8. 8. 1926. Presseknebelung.
Volkswille (Hannover) Nr. 18 vom 22. 1. 1926. Ein chinesisches Kommunistenblatt in Moskau.
Germania Nr. 156 vom 3. 9. 1926. Chinesischer Zeitungsstil
Vorwärts Nr. 269 vom 10. 6. 1926. Zeitungskunde in Japan.

Tabelle I

Die Entwicklung der ostasiatischen Zeitungen (Japan, China und Korea)

Im Jahre	Japanische Zeitungen				Chinesische Zeitungen				Koreanische Zeitungen			
	tägl.	nicht tägl.	zusamm.	Aufl. in 1000	tägl.	nicht tägl.	zusamm.	Aufl. in 1000	tägl.	nicht tägl.	zusamm.	Aufl. in 1000
1875/1890	125	100	225	*187830	10	50	60	+100	—	2	2	—
1891/1900	364	376	740	+430207	70	200	270	5	1	10	11	—
1901/1910	—	—	—	—	120	90	210	10/20	6	20	26	1/3
1911/1925	846	4036	4882	1/125	375	318	693	20/50	12	53	65	5/15

Anmerkung: * = jährlich erscheinend,
+ = monatlich erscheinend; die übrigen Zahlen betreffen die täglichen Auflagen.

Die Zahlen sind berechnet nach „Daikoku Nenpo" (japanisches Jahrbuch) 1880/1898, Bd. I/XIX und „Asahi Jahrbuch 1927" für Japan und Korea. Die anderen Zahlen sind berechnet nach dem chinesischen Jahrbuch (Original) 1925.

Tabelle II

Die gegenwärtige japanische Tagespresse
Festgestellt nach „Asahi Jahrbuch" 1927

Japan

Gebiet 680000 qkm — Einwohner 78000000 — Auf 1 qkm 116

Provinz und Städte	Gesamte Zeitungen	davon täglich	4 mal monatlich	3 mal monatlich	Zusammen
Hokaido	400	45	9	166	220
Tokyo	1617	141	62	938	1141
Kyoto	250	29	7	157	183
Osaka	837	68	40	345	453
Kanakawha	100	20	7	52	79
Hioho	296	33	17	151	201
Nagasaki	79	21	11	29	61
Niigata	146	23	11	56	90
Saidama	65	5	—	49	54
Kunba	82	4	5	37	46
Jaiba	59	3	1	44	48
Zisinge	81	9	—	67	76
Kutsunoki	51	7	—	33	40
Nara	68	9	2	35	46
Nagita	105	26	8	52	86
Aichi	350	57	12	200	269
Siztuoka	133	16	8	69	93
Yamanasi	31	10	1	19	30
Ziga	60	13	3	20	36
Gifu	78	15	7	38	60
Nagano	200	34	11	131	176
Miasinge	89	9	—	28	37
Ywadate	34	5	2	19	26
Fukusima	142	13	7	43	63
Aomroi	58	6	6	26	38
Yamakata	67	14	5	23	42
Akida	66	4	10	27	41
Hukui	45	11	7	23	41
Ysikawha	50	8	4	31	43
Toriyama	58	10	3	41	54
Totori	45	5	—	25	30
Torimune	47	4	—	31	35
Okayama	110	7	1	68	76
Hirosima	208	21	4	19	44
Yamakigi	125	15	3	69	87
Wakayama	81	15	11	32	58
Dokusima	38	2	1	17	20
Nichikawa	45	2	—	31	33
Aiyome	149	2	5	72	79
Goji	48	3	9	24	36
Fukuoka	241	46	13	101	160
Owake	95	21	6	46	73
Saga	47	7	—	22	29
Kumamoto	86	9	3	37	49
Miasaky	39	2	3	20	26
Kagosima	74	4	3	29	36
Sonstige	18	2	5	7	14
	7192	834	333	3599	4448

Tabelle III

Die gegenwärtige chinesische Tagespresse
Festgestellt nach "The China Year Book" 1921/22

China

Gebiet: 1114000 qkm — Einwohner 330/400 Mill. — Dichte: 30 auf 1 qkm
1912 Fremde auf 140000 Personen

Provinz und Städte	Täglich	Wöchentlich	Monatlich	Zusammen
Anhui	6	1	2	9
Chokiang	17	12	15	44
Chihli	16	13	4	33
Pekin	76	13	23	112
Fukin	27	20	6	53
Honan	11	9	6	26
Hunan	21	12	5	38
Kansu	2	—	—	2
Kiangsi	12	4	3	19
Kiangsu	36	30	7	73
Shanghai	18	38	58	114
Kwangsi	7	5	—	12
Kwanftung	52	29	30	111
Kweichow	3	3	—	6
Shansi	9	3	5	17
Shantung	26	8	4	38
Shensi	3	0	0	3
Szechuan	8	11	7	26
Yunan	9	3	3	15
Manchuria	—	—	—	—
Mukden	3	1	—	4
Kirin	4	3	—	7
Tsitsihara	6	1	1	8
Harbin	10	—	—	10
Kwanchengtse	4	—	—	4
Hupeh	15	10	2	27
Sonstige	2	—	—	2
Zusammen:	403	229	181	813

Tabelle IV

Die gegenwärtige koreanische Tagespresse
Festgestellt nach „Asahi Jahrbuch"
1927

Korea

Gebiet 220000 qkm — Bevölkerung 17300000 — Auf 1 qkm 80

Provinz und Städte	Tages-Zeitung	Abend-Zeitung	Zusammen
Sŏul	5	3	8/10
Fusan	3	2	5
Mokpo	—	1	1
Chemulpo	1	—	1
Kangju	2	1	3
Songdo	1	1	2
Peangyang	1	1	2
Zusammen:	13	9	22

Die
gegenwärtigen bekannten chinesischen Zeitungen

(Die meisten Zeitungen sind Anfang des 19. Jahrhundert und insbesondere seit Errichtung der Republik in China entstanden).

Hunan Distrikt:

Takung Pao
Hunan Jih Pao
Heung Pao
Chu Pao

Huh eh Distrikt:

Central China Post
Kuo-min Pao
Hupeh Kung Pao
Hankw Chung Hsi Pao
Hankaw Jih Jih sin Wen She
Hankaw Kung Lün Jih Pao
Hankaw Hu Kwang Sin Pao
Ta Lu Pao
Cheng Yi Pao
Wu Hang Shang Pao

Kansu Distrikt:

Kansu Chen Pao
Tung Shu Jih Pao

Kiangsi Distrikt:

Kiangsi Jih Jih Kwanpac
Ta Kiang Jih Pao
Kiangsi Hsin Pao
Hsin shih chieh Pao

Kiangsu Distrikt:

Nanfang Jiih Pao
She Pao
Hsin-chung-hua
Hsing Chung-Wa
Ta-Chung-Hua
Soochow Jih Pao
Shang-Y-Jih Pao
Sheng-chung Pao

Shanghai Distrikt:

Shih Shih Hsin Pao
Sin Wen Pao
Shun Pao

— 58 —

Shanghai Distrikt:

Hsun Jao Jih Pao
Hsin Shun Pao
Chung Wai Tai Shih Hwei Pao
The Universal Gazette
The china National News
Shanghai Journal of Commerce

Peking Distrikt

Chin Tsin Shi Pao
Social Nelfare, Peking
Min Shih Pao
Kung Yen-Pao
Peking Jih Pao
Ming Chiang Pao
Shun Tien Shih Pao
Ai Kuo Pai Hua Pao
Chin Hua Jih Pao
Lu Hai Chu Jih Pao
Ah Tung Hsin-wen
Peking Daily News
The morning Post (Sing Pao)
Ming Fu Pao
Ming chih Jih Pao
Peking Pao
Ming Yeh Jih Pao
Kuo Chiang Pao
Kung Lung Jih Pao
Sing Ming Kuo Pao
Ming Kuo Kung Pao
La politique de Peking
The Peking Times
Chung Yang Jih, Journal de Peking

Kwangtung Distrikt:

Chi Shih Erh Hang Shing Pao
Yan Kün Po
Sheung Kün Po
Kung Wo Po
Ta Kung Po

Shantung Distrikt:

Ta Lu Jih Pao
Tsinan Shang Pao
Chung Sheng Pao
Ming Hsing Pao

— 59 —

Honan Distrikt:

Kai Feng Hsin Chien Pao
Chung Yüang Jih Pao
Ta chung Jih Pao
Ho Nan Kung Pao
Cheng Chu Shang Pao

Chihli Distrikt:

Tientsin Daily Newa
Peking and Tientsin Times
L' Ymeartial
Yih Thih Pao
Tientsin Jih Pao
Tien Ming Jih Pao

Bekannte japanische Zeitungen.

Namen	Gründungsjahre	Seitenzahl
Tokio Mainichi	1870	4
Hoji Shinbun	1872	12
Tokyo Nichinichi	1872	12
Jomiury	1874	10
Chukai Shoko	1876	12
Tokyoasahi	1879	12
Jiji Shimbum	1882	14
Mia Shimbum	1884	12
Kokumin	1890	10
Chuo Shimbun	1890	10
Yamato	1886	8
Manchobo	1892	10
Niroku Shimbun	1893	4
Tokyo Mainniu	1913	6
Tokyo Daisei	1913	4
Tokyo Nitkan	1925	4
Deikoku Shimbun	1907	4
Nihon Shimbun	1924	4
Japan Times	1897	8/16
Japan Adviatiser	1893	10/18
Osakaasahi	1879	16
Osaka Mainich	1876	16
Osaka Jiji	1903	10
Kansei Nippo	1914	4
Osaka Nichinich	1911	4
Nitskan Osaka	1922	4
Osaka Sinipo	1913	4
Osakaasahi (Morgenausg.)	1910	4
Osaka Shoko Shimbun	1922	4
Osaka Kasei Nippo	1907	4
Kabusiki Nippo	1883	4
Osakamancho	1911	4
Osaka Maieniu	1910	4
Kyoto Nichinich	1912	4
Kyoto Hide	1879	8
Kyowha Shimbun	1899	4

Bekannte koreanische Zeitungen.

Namen	Gründungsjahre	Seitenzahl
Söui Ilbo	1906	19
Chosen Shinum	1888	8
Dong-A-Ilbo	1920	6
Sidaiilbo	1924	4
Keungsiung Jiil	1920	8
Chosen Ilbo	1920	6
Seoulpress	1907	4
Chosen Minpo	1905	8
Chosen Mail	1921	4
Fusan Ilbo	1905	8
Pingyaug Maiil	1920	4
Daiku Ilbo	—	—

Lebenslauf.

Ich bin am 28. Februar 1899 zu Raju in Korea geboren. Nach erfolgreicher Absolvierung des Gymnasiums Whiemun in Seaul von 1911 bis 1918 ging ich nach Tokio, um die Universität Tojo von 1918 bis 1922 zu besuchen. Gleichzeitig nahm ich in der Senzio-Schule am deutschen Sprachunterricht teil.

Seit Januar 1922 weile ich in Deutschland und besuchte vom Wintersemester 1922/23 an die Universität Würzburg, vom Sommersemester 1924 an die Universität Leipzig. Hier arbeitete ich bis Wintersemester 1925/26 im Volkswirtschaftlichen und im Staatswissenschaftlichen Seminar. Im Institut für Zeitungskunde, Wintersemester 1926/27, erhielt ich durch Herrn Professor Everth Anregung für die vorliegende Arbeit.

Druck
Buchdruckerei C. Vogel G. m. b. H.
Engelsdorf-Leipzig

부록 B-2 김현준 박사학위논문(번역문)

동아시아에서 근대 신문의 양태: 일본, 중국 및 한국

김현준(한국)

라이프치히, 1928년 2월

목 차

서론

[박사학위청구논문으로] 제출하는 이 논문은 신문학 자체의 테두리에서 여전히, 특히 철저한 연구가 기대되는 영역에 대해 몇 가지 연관된 조사를 하는 시도였다. 일간간행물(Tagesschrifttum), 특히 유럽의 신문과 잡지의 역사적 발전에 관하여는 이미 광범위하고 상세한 연구 논문들이 많이 나와 있다. 마찬가지로 신문의 정치적, 사회적, 문학적 평가 역시 방대한 문헌에서 깊이 있는 연구와 진가를 발견해 왔다. 그러나 내 견해로는 지금까지 출판된 거의 모든 연구들에서, 그것이 역사적 방식이든 혹은 이론적 방식이든, 한 가지가 너무 적게 내지는 거의 전혀 고려되지 않은 것이 있는데, 그것은 바로 독자와 대면하는 일간간행물의 외적 형식(Form)이다.

첫 번째 고려에서는 역시 외관을 떠올릴 수 있어, 마치 신문의 외적 형식, 즉 신문의 "양태"(Aufmachung)에 관한 문제는 순수한 기술적 성격에 관한 문제이고 그 작업은 사회학적 연구의 틀에서는 거의 가치가 없는 것 같지만, 좀 더 면밀히 관찰하면 그 문제의 커다란 중요성이 부각된다. 그것은 바로 신문의 심리학적 평가와 관련한 신문의 모양, 신문의 모든 개별적 요소들의 "배열"(Ausstattung)의 중요성을 사람들이 이제야 비로소 이해하고 그 규정들에 따라 헤아리기 시작했으나,[1] 이는 결코 과대평가될 수 없다는 것이 드러난다.

이 논문의 토대를 이루는 것은 어떤 개념하에 동아시아 즉 한국과 더불어 중국과 일본의 신문관계(Presseverhältnisse)를 총괄할 수 있는가 하는 것이다. 토박이 한국인인 나로서는 이 작업에 착수하는 것이 자연스러운 듯이 보였다. 게다가 바로 지금 "극동"(fernen Ostens) 국민

1 J. J. David, "Die Zeitung", 1906, S. 10.

들의 거대한 경제적, 정치적 투쟁을 통해 동아시아의 신문관계는 나날이 의미가 더해가고 있음에도, 그에 관한 좀 더 면밀한 연구들이 지금껏 여전히 가장 적게 이루어졌다.

이 논문 자체는 세 가지 주요 부분들로 나뉘는데, 첫 번째 부분에서는 큰 윤곽에서 발전사적으로 동아시아 신문에 관한 가장 중요한 데이터에 관하여 개관하도록 한다. 두 번째 주요 부분에서는 신문의 양태를 순수한 외적, 그리고 편집상의 관점에서 기술하고, 마지막으로 세 번째 주요 부분에서는 동아시아 신문에 대한 종합적 비판과 비교를 제시하고자 한다.

이 연구를 위한 자료는 본질적으로는 동아시아 신문 원본 자체이다.

"지난 15년에서 20년 사이 중국의 정신형성에 전환이 이루어졌는데, 이는 일찍이 인류 역사에서 아마도 가장 크지만 가장 빠른 것이다." 한스 드리쉬(Hans Driesch)[2] 교수의 근대 중국에 관한 이러한 언급은 강한 이웃 국가 일본과 일본의 가장 중요한 식민지인 한국에도 폭넓게 해당되는 것으로, 이를테면 지난 50년에서 60년간의 발전에 맞먹는 것이다. 정신적인 그리고 경제적인 측면에서 이러한 비할 데 없는 발전은 대부분 해마다 증가하는 동아시아 신문의 힘이 작용하기 때문이다. 유럽과 미국의 영향이 동아시아에서, 우선 일본의 낡은 봉건체제를 흔드는 시점에서 신문계도 그에 상응하는 예를 거의 찾아볼 수 없을 정도로 발전하기 시작했다. 그것은 근대의 기술적, 경제적 성과와 지속적인 상호작용에서 주도적 문화국들의 신문상황과 어느 모로 보나 동등한 수준에 이르렀다. 동아시아의 전체 여타 인쇄물들의 발달, 서적류와 잡지류에서도 같은 것이 확인된다.

2 Ostasiatische Rundschau 1924, 3, S. 33f.

이 논문의 범위에는 신문만 넣었고, 그 발행 양태들이 연구되어야 하기 때문에, 그 기저에 놓인 신문의 개념을 정확하게 확인하는 것이 필수적이다. 신문이란 정해진, 규칙적인 시간 간격으로 발행되는, 기계적 방법으로 복제된 출판물로, 이를 통해서 개별적으로 불특정한 개인과 단체들에게 최신의 다양한 양식의 뉴스들 그리고 좀 더 특수한 성질의 전달과 보도들이 지속적으로 제공된다.[3] 각각의 발행물들 간에 시간 간격의 길이는 근본적으로 문명적 그리고 문화적 상황들에 의해 함께 정해지는데, 이 상황들은 해당 지역들에 한정적이다. 따라서 예를 들어 그것이 유럽 내지는 미국의 대도시의 요구에 상응할 때는 때로 최신성의 척도를 핵심적으로 계속해서 파악하는 것이 필수적이다.

동아시아 국가들은 강한 경제적 대립의 지역들이고, 이들은 중요한 무역 중심지에서는 현저한 혼합문화를 형성하였다. [일본의] 오사카나 도쿄, [중국의] 상하이, 광둥이나 베이징 또는 [한국의] 서울에서 매일, 물론 심지어는 매일 여러 차례, 신문의 발행이 피할 수 없는 수요라면, 이것은 중국이나 한국의 대다수 지방들에서는 결코 해당되지 않는다. 이러한 지방들에서는 세계 교통이 상대적으로 아직 그다지 닿지 않고, 수백 년 전통의 경제 형태를 보여 주어 자연히 주간(週間)과 심지어 격주간 또는 월간으로 발행하는 간행물들이 대부분의 요구에 대응한다. 여기서는 외국에 기원을 둔 선교 신문들과 경우에 따라서는 이들의 국내 복제물들이 주를 이룬다.

각 신문의 장기간 발행 방식 때문에 이들과 동아시아에서 발행되는 수많은 잡지들 간에 개념 경계가 흐릿해질 수 있는 위험은 거의 더 이상 존재하지 않는다. 이곳 잡지들은 서구 문화의 나라들에서보다도 훨씬 더 정확히 특정된 이해집단에 호소하는데, 이 이해집단은

---

3 Nach: Brunhuber, Das moderne Zeitungswesen, Leipzig. 1907. S. 15.

현대문화, 학문, 기술, 무역, 산업 등이 자신의 영향력을 미치는 정도에 따라 정해진다.

서양 문명이 단지 비교적 늦게 들어간 국가들에서도 신문이 미치는 거대한 영향은 신문의 특성 때문에 생긴다. 도처의 문명화된 세계에서처럼 여기에서 신문은 공공생활의 가장 중요한 요인들 중의 하나가 되었다. 그래서 신문은 이미 일찍이 많은 국민집단들을 정신적 측면에서 묶는 필수적 연결수단(Verbindungsmittel)으로 발전하였다. 이 집단들의 의견과 희망의 표현 수단으로서의 신문은 몇 세기에 걸쳐, 확고히 자리 잡은 사회적 장벽들을 깨고, 자유주의 시대를 함께 드러내 보이고 국민들에게 민주적 헌법을 제정하도록 도왔다. 정치적 측면에서와 마찬가지로 경제적 측면에서도 신문은 이들 지역에서 발전에 기여해야만 하는 모든 수단들 중에서 최고 자리를 차지하였다. 신문은 독자에게 무역과 산업 전반에 관하여 알리고, 그들에게 자국뿐만 아니라 지구 상의 온 나라의 모든 경제적 요구와 변화에 관해서 계속해서 통보하였다.

광고 기관이라는 그 특성을 통해서 신문은 경제적 측면에서뿐만 아니라, 개인적인 소통에서도 가장 중요한 매개자의 하나가 되었다. 사업적 경영에 필수적인 것이 신문 광고이고 그것을 통해서 가상 광범위한 독자층에게 생산품이나 프로젝트들 그리고 그 밖의 매물(賣物)들을 알게 한다. 대단한 것은 시간 절약의 가치인데, 이는 예를 들어 신문의 광고란에 모든 양식의 수요와 공급의 개요, 정기적 발행 그리고 배분을 통해서이다. 심지어 신문은 그들 개인 광고와 공익 광고들에서 각각의 순수 개인적 요구들을 광범위하게 받아들인다.

이러한 간략한 기술은 이미 신문의 주요 특성을 분명히 제시하는데, 그 특성은 신문의 다면성 즉 사회생활의 모든 관계들을 그 관찰의 원 안으로 서서히 끌어들이는 가변성이다. 동아시아 나라들에서도 해마다 그 중요성이 더 증가하고, 규모가 더 커질 것으로 예상되는 다양한 기술적 교통수단들의 발달로 신문은 점점 더 커지는 배포 지역을 갖게 되었다. 이러한 사실은 신문이 그 정치적, 경제적 의미 이외에 또 하나의 막대한 중요 임무를 완수해야만 한다는 인식을 가져왔고, 그것은 곧 신문이 국민교양수단(Volksbildungsmittel)이라는 것이다.

국민교양 그리고 교육적 측면에서 신문의 가치에 대하여, 특히 오늘날 현대적 교양과 문명의 본질적 근원 지역인 유럽에서, 이 방면에 유능한 대표들의 견해가 여전히 나뉜다. 어떤 사람들은 이따금 신문에 대하여 경박, 천박한 지식, 불신 등으로 비난하고 특히 거대한 독자층의 판단력을 저해하고 억누른다고 비난한다.

특히 지적으로 고등교육을 받은 학자들과 문학가들 그룹에서 이러한 비난을 하는데, [이는] 아마도 부분적으로는 아주 틀린 것이 아니라는 것이 하나의 사실이다. 뢰블(Löbl)[4]에 의하면, "지적으로 우수한 국민 계층은 신문을 이용할 때 그들의 식자적 기질(interlektuelle Verfassung)을 위해서 어떤 위험들을 두려워하거나 피해야만 한다"는 것이다. 그렇지만 더욱 중요한 것은 그가 이 문장에서 우선적으로 말하는 것, 그리고 신문에 대해서 규범적으로 썼던 모든 이들이 항상 재차 강조하고, 가장 다양한 방식으로 증명된 것은 "신문이 폭넓은 대중(breiten Masse)의 지적 생활에 미치는 영향은 의심할 바 없이 압도적으로 유익하다"라는 것이다.

바로 이것은 동아시아 여러 나라의 국민들에게 아주 특별한 정도로 적용된다. 중세 유럽에서 교회와 종복들의 주요 성과 중의 하나였던 것, 즉 새로운 지식과 문화교육의 전파는 동아시아에서도 지난 수십 년간 극도로 강력하게 성장하기 시작한 신문의 주요 효력의 하

4 Löbl, Kultur und Presse. 1903. S. 239.

나가 되었고, 오늘날도 여전히 그러하다. 중국의 많은 지역에서 그리고 한국에서처럼 그렇게 심한 곳이 아마도 아무 데도 없을 만큼 신문은 국민의 가장 중요한 교양, 계몽 및 교육 수단이 되었다.

지금까지 언급한 것에서 역시 신문의 양태, 즉 신문의 외적 모습과 지면(紙面)에 정도의 차이는 있어도 소재들의 체계적 배열에 커다란 의미가 부여될 수 있다는 것이 쉽게 이해된다. 각 신문에서 대부분 보급 지역의 규모와 그것에 의한 국민 전체에 대한 효력은 그 양태 때문이다. 따라서 어느 특정 신문의 질과 실질적 가치는 흔히 그 신문이 지속적으로 보도하는 소재들의 실제적 배열에 달려 있다.

끝으로, 이것과 관련해서 한 특정 국가의 신문 내에서 일관된 큰 특징들이 나타나는데, 신문은 이 특징들을 통해서 다른 국가들의 신문과 전형적으로 구분되고, 또한 뚜렷이 규정된 해당 국민성의 속성들을 드러내는 하나의 기록물이 된다.

동아시아 근대 신문의 양태에 대한 완전한 이해를 목적으로 하고, 그것과 더불어 동시에 동아시아 국가들의 큰 문화적, 경제적 의미에 기여하기 위하여 동아시아 통신(Nachrichtenwesen), 특히 글로 표현된 뉴스[필사신문(筆寫新聞)] 및 그와 함께 끝으로 신문의 발달에 관한 압축적인 역사적 개관이 필요하다.

I. 동아시아 신문의 발달에 관한 개관: 고대부터 현재까지

동아시아의 세 나라 — 중국, 일본 및 한국 —의 상고사(上古史)에 관한 관찰에는, 구대륙의 고대 문명국가에 대한 유사한 관찰보다도 본질적으로 더 큰 난관이 있다. 이는 무엇보다도 가령 이집트와 아시리아에서 매우 다양하게 나타나는 확보된 문자로 된 전승물이 거의 완전히 부족한 데서 기인한다. 이집트 유물의 상형문자나 바빌로니아와 아시리아 도서관들의 설형문자 같은 석판에 새겨진 그 어느 문서들도 동아시아 역사가들에게는 태고의 사건들을 알려주지 못한다. 우리는 문자로 된 최초의 역사적 가치를 지닌 기록들을 기원전 700년경에 중국의 고전 '시경'(詩經, Shi-King)에서 발견한다.

이 시기에 중국은 이미 확고한 국가 시스템을 갖춘 것으로 보이는데, 이는 정교하게 잘 짜인 행정조직을 가지고 있으며 소농의 농업은 이치에 맞고 엄격한 법률들에 의해 정확히 규제된 사회조직체로 나타난다. 이 국가는 이러한 수준에까지 다다르기 위해서 이미 오랜 발전 궤도를 걸어야만 했으나, 이에 대한 최초의 기록들은 단지 아주 제어하기 어려운, 신화적이고 전설적인 이야기들을 전할 뿐이다.

그러나 이 시기에 이미 완전히 갖춰진 문자 체계가 존재하고 있었다는 사실은 이 오래된 국가가, 비록 비교적 원시적 형태들일지언정, 어느 정도 조직화된 통신 시스템을 갖고 있었다는 것을 확실히 추측케 한다. 중앙아시아의 이민족들에 대한 방위를 위해 "만리장성"(großen Mauer)을 만든 북쪽과 서쪽으로보다는 추측컨대 더 평화적인 방법으로 남쪽과 동쪽으로 중국 제국의 모든 방향으로 제국을 확장한 것은 국가권력의 각 중심과 국경과의 지속적 연결을 필연적이게 만들었다. 그에 상응하는 왕래를 위해서는 민족의 확산이 뒤따랐던 자연 경로들과 큰 물줄기의 광범위한 네트워크가 유용하였다.

'시경'에 기반을 둔 전승은 문자를 발명한 전설적 황제(黃帝)와 전설적인 한 대신[창힐]의 덕으로 돌리는데, 그는 모래 위의 새 발자국들을 모방해 약 450가지 상형문자를 고안해 냈다고 한다. 이러한 신화 속으로의 환원은 문자의 탄생이 이미 완전히 시간의 의식에서 사라졌고 또한 오랜 발전을 이미 마쳤다는 것을 보여 준다.

이 시기의 서사(書寫) 재료로는 가느다란 죽판(竹板, Bambustäfelchen)이 사용되었는데, 이 죽판에 위에서 아래로 글자들을 새겼으며, 이는 후에 발명된 종이라는 새로운 소재에 붓으로 쓰는 오늘날까지 유지되는 형태이다.

기원전 2세기에 박엽지(Seidenpapier, [얇은 종이])가 발명되는데, 이미 [기원전] 209년 중국 최초 황제[진시황]의 한 장수가 모필(Haarpinsel)을 수입한 뒤였다. 문자 역시 더욱더 완벽해져 갔고, 오래된 갈대 펜을 재빨리 밀어냈던 새 필기도구를 통해서 약간 각이 있는 외관상 부드러운 글자가 되었다. 유교의 부흥, 오래된 전승물의 수집과 해설은 글자의 지속적인 발전과 서사 재료의 꾸준한 개선에 커다란 동력이 되었다.

한(漢)나라 시대에 이러한 수집 활동은 그 시대의 주 내용이 되었다. 글을 읽고 쓸 줄 아는 층에서는 강한 역사의식을 형성할 수 있었고, 이는 존재한 사실들의 역사적 고정화에 대한 욕구로 발전하였으며, 한서(漢書, Han-shu)의 "제국연대기"(帝國年代記, Reichsannalen) 편찬에서 외적으로 표출되었다. 지속적이고 의미 있는 진보는 기원후 105년 정치가 채륜(蔡倫, T'sai-lun)이 식물 소재로 된 종이를 발명함으로써 이루어졌다. 이 새로운 종이의 제조에는 수피(樹皮)와 대마, 그리고 헝겊 조각들이 사용되었다.

한나라 시대(기원전 206년에서 기원후 220년까지)에 얼마나 많은 새로운 자극을 받았는가는 한나라와 다른 나라의 관계 발전을 가시화해 보면 가늠할 수 있다. 그 당시는 가장 광범위한 팽창 활동의 시기였다. 한나라 황제의 사절들은 훈족에 대항할 동맹국들을 얻기 위해 타림분지(Tarymbecken)를 통과하여 옥수스(Oxus[오늘날의 아무다리야강])까지 나아갔고 1세기 말에는 타림분지 전체를 점유하게 되었다. 무역 카라반들은 파르티아(Parther) 제국 안에까지 들어가기 위해서 자유로워진 그 길들을 이용하였다. 동등한 문화민족과의 이러한 최초 접촉을 통해 아주 결실 있는 문화적 양식의 교류가 이루어졌다. 거기에서 독특한 것은 그리스-박트리아의 모티브들이 그 융성기의 예술적 서사들에 흡수되었다는 것이고, 반면에 중국의 생산품들은 서구 나라들에서 선호하는 교역품이 되었다.

이후 수 세기 동안 중국에서는 부분적으로는 매우 광범위한 불교 승려들의 여행, 특히 인도로 가는 여행을 통해 이웃 민족들에 대한 지식이 넓어졌다. 일본과 다른 이웃 여러 나라들과 활발한 외교적 소통이 초기에는 주로 북동쪽의 큰 반도, [즉] 오늘날의 한국을 거치는 육로를 통해 이루어졌다. 이 지역은 점차 통과국으로 발전되었으며, [이 통과국을 거쳐] 차차로 중국 문화가 일본으로 이전되어 그 섬들에서 굳건한 발판을 다지게 되었다. [이때] 문화적 업적들의 전달자로서 그 누구보다도 한국의 학자와 승려들이 큰 역할을 하였다. 이미 372년에 불교가 중국으로부터 한국으로 들어갔고, 그것과 함께 중국의 문헌과 문자, 지식 및 제지 기술 또한 전해졌다. 30년이 지나지 않아 바니(Wanni, 일본명)[5]라는 한국의 학자가 일본에 문자를 전하였고, 이어서 일본에서는 우이 후미노 오비토(Uyi Fumino Obito) 집안처럼 문자를 읽고 쓸 줄 아는 특수 계층이 형성되었다. 일본 역시 문자와 문헌 지식은, 552년 불교의 수입을 통해 놀랄 만하게 확장되었는데, 이때는 백제(한국에 있는)로부터 사신을 통해 불경과 불상들을 선물로 들여왔을 때이다. 제지 기술은 7세기 초에 그 섬[일본]들로 들어갔다.

자국 영토 내에서나 국경을 훨씬 넘어서나 무역과 교통은 중국에서는 당나라 시대(618~907) 동안에, 일본에서는 황제적 중앙정부를 통해 구(舊) 씨족국가들이 통합한 다이카개신(大化改新, 645년) 이후에

5 왕인은 한국인이다(일본어로 "바니"이며, 한국어로 "왕인").

비교적 높은 번영을 구가하였다.

제국 내부에서 주요 도시들은 훌륭한 도로들로 서로 연결되어 있었고, 이들 도로는 특히 활발한 사신 교통에 이용되었다. 공적인 정부 뉴스들은 잘 조직된 역마(Relaisposten)[6]를 통해서 말뿐만 아니라 도보로 가장 신속하게 전달되었다.

이 고도의 문화적 성장 시기에, 특히 일본에서는 나라시대(奈良, 710~794)에 역시 서지인쇄를 위해 목판 사용이 점점 증가하였는데, 이는 평판인쇄(Plattendruck) 형태이다. 습득하기에 난해한 중국의 문자는 일본에서 오늘날까지 사용되는 음절문자(Silbenschrift)인 가타카나(片假名)로 대체되었다.

중국에서는 가장 중요한 의미의 다른 일이 생겼는데, 그것은 8세기 중반 킹파오(King-pao[7])[京報를 말한 것 같음]라는 정부신문(Regierungszeitung)의 창간이다. 가장 오래된, 그리고 지속적으로 발행된 이 간행물들은 엄격히 말해서 아직은 신문의 개념으로 분류될 수 없는데, 왜냐하면 이것에는 신문으로서의 주요 특성, 즉 개별적인 불특정 개인 그룹들에 대한 다양하고 보편적인 성격의 뉴스 공급이라는 특성을 부여할 수 없기 때문이다. 킹파오는 하나의 순전한 정부기관, 현명한 행정기구였고, 특히 그 자체로 중앙정부와 지방행정의 정상들을 연결하는 데 기여하였다. 그 내용은 주로 궁정 뉴스들, 정부의 칙령들, 국가행정에 따른 지시 사항 및 끝으로는 고위 정부 관리들의 활동에 대한 소식들로 구성되었는데, 후자는 자주 철두철미하

6 Relaisposten은 한국어로는 '역마', 중국어로는 '이디'로 불린다. 이 역마 제도는 이미 13~16세기 중국의 '명'(明)나라 시대에 실행되었다. "You Tsen Dien". Literaturgeschichtssammlungen "Tsin tin csu China tu shu chi chen" über "yi di pu". Bd. 59, S. 1.

7 그것에 관해서 이미 기원후 700~800년 사이 중국의 문헌에 언급이 있다. Dietz: Das Zeitungswesen, Leipzig, 1919, S. 15.

게 비판적 형태를 띠었다. 본래 이 정부신문은 필요에 따라 목판인쇄(Holzplattendruck)로 발간되었다. [그러나] 얼마 후에 그리고 최근에 이르기까지 두 가지 형태, 즉 인쇄본과 필사본으로 각각 간행되었다. 이를 위해 특별히 만든 행정기관을 통해 마침내 지방정부들은 뉴스들을 신속하게 복제하고 배포하였다.[8]

대략 이와 같은 시기에 문헌학적 장르의 첫 저술이 탄생했는데, 중국은 이것의 육성과 완성을 위한 고전적인 나라가 되었고, 그 규모와 철저성에서 그 어느 나라도 그와 유사한 것을 제공할 수 없었을 것이다. 그것은 [바로] 최초의 백과전서로 이미 980년경에 저술되어 1,000권 규모를 지녔다. 스타일은 이 시대에 몇몇 탁월한 학자들의 훌륭한 문헌학적 작업들, 특히 이 분야의 학문적 에세이들을 통해 최근까지 동아시아에서 유지된 완성된 기술 형태로 발전하였고, 이에 대항하여 신흥 저널리즘이 어려운 싸움을 해야만 했으며, 부분적으로는 [아직도] 여전히 싸우고 있다.

여기서 역사적인 호기심 이상으로 또 하나의 발명을 언급해야만 하는데, 이것은 그 뒤 약 400년 후 중국과는 관계없이 유럽에서 구대륙의 전체 정신생활을 새로운 궤도로 돌린 것으로, 대장장이 비셩(Pi-sheng)이 1050년경 발명한 가동활자(beweglicher Lettern)이다. 이 활자는 문자를 연한 진흙판 위에 새긴 다음, 이를 쪼개서 개개의 조각을 불로 강화시킨 것이다. 그러나 이 기술은 낮은 초보적 시도를 넘어서서 더 발전하지 못했고 그 대신 목판인쇄가 지배하였다.

일본이 쇼구나츠[장군]통치(Shogunats-Herrschaft) — 즉 사실상 특정 귀족가문의 우두머리들을 통해서 행사된 통치로, 이에 신성(神聖) 천황은 그림자같은 존재로만 있기를 다소 강요받았다 — 시대 이

8 '킹파오'는 1925년 중국에서 최신 혁명에 의해서 폐간되었다.

래 외부적으로 스스로를 차단하였고 자신의 국경 자산에 대한 공격을 강력하게 성공적으로 방어한 반면, 중국은 몽골의 외치 아래로 들어갔다. 몽골의 원나라(1280~1368) 건국자인 쿠빌라이(Hubilai) 치하에서 서에서 동으로의 문화 교류가 새롭게 이루어졌다. 쿠빌라이의 외국인 호의(Fremdenfreundlichkeit) 정책은 유럽의 상인들이나 선교사들이 중국에서 광범위한 여행을 가능케 하였는데, 그중에서도 마르코 폴로를 한때 심지어 신임 고문으로서 자신의 정부 업무에 참여시키기도 하였다.

동서 문화의 교류는 이미 보다 집중적인 형태를 취하였는데, 이는 특히 몽골 지도자들이, 비록 소수지만 매우 지식이 풍부한 서양의 여행자들을 현존 연구 기관들의 학문적 연구에 기용한 데 기인한다. 이러한 동서양의 상호 교류는 주로 동쪽과 서쪽 간의 무역이었으며, 이는 오늘날의 개념으로는 아주 놀랄 만한 규모였다. 흑해에 있는 이탈리아 교역소(Faktoreien)들은 중앙아시아로 통하는 육로로 중국과 접촉하였고, 베네치아, 제노바, 아랍 상인들은 해로로 각각 중국 항구에 있는 그들의 지점과 거래하였으며, 중국의 배들은 다시 심지어 인도양의 아프리카와 아랍 해안까지 다다랐다. 따라서 많은 다른 지식들 중에서 유럽의 서적 제작 지식 또한 동아시아의 서적학에 영향을 미쳤고, 특히 중국 스스로 독립된 역사를 지니고 있는 인쇄술이 점점 더 퍼져 나갔다는 사실을 이해할 수 있다.

이 무렵 중국과 일본의 관계는 그 이전 시기와는 달리 순전히 전쟁 성격을 띠고 있었는데, 이른바 매우 부유한 섬나라인 일본에 대한 쿠빌라이의 욕망이 자극을 받았으나 전쟁에 단단히 다져진 일본의 전사부족(戰士部族)들의 기질 때문에 [쿠빌라이의] 모든 공격 시도는 좌절되었다.

그 이후 시대에 가장 주목할 만한 사건은 당시 해상을 지배했던 민족인 포르투갈인들이 최초로 중국과 일본에 등장했다는 것이다. 몽골 원(元) 왕조는 [중국]통치를 1368년 순수 중국 명나라에 양보해야만 했고, 명나라 중국 제국은 외부적으로 점점 더 스스로를 고립시켰으며, 그러는 동안에 본질적으로 옛 전통에 기반을 둔 이들의 문화는 전반적인 사회적 삶에 걸쳐 무기력에 직면하게 되었다.[9]

1516년 포르투갈 선박이 최초로 중국에 도착함으로써 유럽은 결정적으로 동아시아에 확고한 발판을 마련하였으며, 따라서 그 과정에서 다음 세기 동안 극동 세계에 중대한 사건들을 초래하게 되는 첫 걸음을 내딛었다. 포르투갈 상인들은 [말레이반도의] 말라카로부터 와서 [중국] 광둥에 상륙하여 무역 허가를 청하였던 사람들이다. 이것이 처음에는 그들에게 허락되었으나 곧 다시 취소되었는데, 그 까닭은 그들이 새로 확보한 지역에 등장했을 때 어디에서나 마찬가지로, 잔인한 정복자의 욕망을 드러냈기 때문이다. 이러한 정복자들이 서서히 그리고 온갖 난관하에 성공했던 것, 즉 지속적으로 한 자리에 정착하려는 것을 선교사들, 특히 기독교 선교사들은 이미 쉽게 달성하였는데, 이들은 어느 곳에서와 마찬가지로 이곳 여행에서 정복자들의 뒤를 바짝 따랐다. 이 다재다능하고 학식 있는 남성들은 아주 현명하고 재치 있는 방법으로 외국 민족의 신뢰를 얻었고 오래 걸리지 않아 그들의 영향은 가장 강력한 문화적 발전 요인의 하나가 되었다. 1542년 최초의 포르투갈 선박이 도착한 일본에서도 그 모습은 중국과 유사했다. 여기서도 선교사들의 집중적 선교 활동이 시작되어, 그로부터 약 20년 후 이 나라[일본]에 기독교도의 숫자가 이미 2만 명을 헤아렸다. 17세기와 18세기 동안에는 유럽의 해양 국가들이 점차 그들

9 이 명나라 시기에 처음 인쇄된 지폐가 나온다. S. Carter, The invention of printing etc. New York 1925, S. 70-81.

의 무역 관계에서 유리한 위치를 차지하기 위해 동아시아 해안에 나타났다.

이 시기 일본에서는 목판인쇄(Blockdruck)가 보급되었는데, 이는 이미 "카바라-반(kawara-ban)", 즉 와판(瓦板)인쇄보다 그 이전에 들어왔고 그 후로 와판인쇄에 자리를 내주었다. [그러나] 옛 명칭인 "카바라-반"(kawara-ban)은 이 새로운 인쇄 형태를 위하여 그대로 유지되었다. 1600년경에 일본 신문의 선구자가 나왔는데, 이는 요미우리신문(讀賣新聞, Yomiuri-Zeitung)으로 알려진 팸플릿이다.[10] 이것은 한 쪽 내지는 두 쪽으로 인쇄된 신문이었고, 부분적으로는 목판 그림을 싣고 있었으며, 그 가운데는 어떤 의미 있는 사건들의 소식이 실려 있었다. 가장 초기에 알려진 이러한 인쇄 양식은 1615년에 유래된 것으로, 경쟁적인 쇼구나츠[쇼군, 將軍] 양가 간의 싸움에 대한 삽화적 묘사를 재현하였다. 이러한 요미우리신문의 내용은, 그 이름이 말해주듯, 독자를 통해 그 신문 내용에 관심을 갖는 사람들에게 읽혀졌다. 초창기의 이런 종류의 발행물들이 거의 모두 그렇듯이, 이 신문은 지배계급의 특권적인 방향조절기(Orientierungsmittel) 역할을 했다.

옛 중국의 국가 신문인 킹파오[京報]에 상응하여 일본에서도 도쿠가와 쇼구나츠(德川幕府)시대에 [중국과] 마찬가지로 지배계급을 위한 그러한 기관지들이 있었는데, 특히 거의 매일 발행하는 "고사타-쇼"(Gosata-sho, [御沙汰書?])는 막부와 궁정 소식, 관료 임명, 법령 공포가 그 내용 모두를 차지하였다. 이 신문은 1869년 창간된 "다조칸-닛시"(太政官日誌, Dajokan-Nisshi)라는 공식적 정부 기관지의 직접적 효시가 되었다. 이 신문은 일본의 침체기인 19세기 후반기에야 폐간되었다. 이 시기부터 쇼구나츠 통치의 붕괴와 헌정(憲政)에 의한 군주제 도

10 S. Kawabe. The press and politics in Japan. Chicago, 1920. S. 14f.

입으로 최근 몇 세기 동안 일본의 전반적 사회생활을 특징지었던 전례 없는 성장이 신문 분야에서도 시작되었다.

한국이 19세기 중반경까지 내내 오랫동안 정치적, 문화적으로 거의 중요한 의미가 없었던 것에 반해 중국에서는 의미 있는 변화가 일어났다. 중국은 역사상 마지막으로 1644년 외치, 즉 만주국(청조) 치하에 들어갔는데 이는 1912년까지 계속되었다. 특히 청조의 2대 황제인 강희제(康熙帝, K'ang-hsi, 1662~1723) 시기는 새로운 문화적 융성기였다. 몽골 통치자처럼 이 청나라 황제는 외국인 우호가 두드러졌고, 그래서 한 세기 반 이전과 마찬가지로 이때도 특히 선교사들이 가장 강력한 영향을 미쳤다. 파버(Faber), 마르티니(Martini), 샬(Schall) 등과 같은 이름들은 중국 제국에서 탁월한 울림을 지니게 되었고 이들의 일은 특히 학문적 관점에서 지속적 가치를 지녔다.

문헌적으로 중요한 것은, 오늘날까지 여전히 근간이 되는 사전류— 1710년과 1711년 —의 편찬과 마찬가지로 강희제 때도 1628권에 달하는 백과사전들이 편찬되었다는 것이다. 이러한 의미 있는 전집은 특별히 이 목적을 위해 만들어진 25만 개 이상의 동활자로 인쇄되었으나 지금은 남아 있지 않다.

반세기 후, 건륭제(Ch'ien-lung)에 의해 유럽 모델을 따른 최초의 인쇄소가 황제 궁궐의 건물 안에 설립되었다.[11]

19세기 초반 수십 년에 유럽식 모형에 따라 처음으로 정기적으로 발행되는 잡지와 신문들이 등장한다. 이 최초의 정기간행물들은 그 창간자들의 의도대로 오로지 종교적 선전에 이용되었다. 두 영국 선교사들에 의해 최초 중국어로 된 신문[신문이 아니라 '察世俗每月統記傳'이라는 잡지였음]이 중국 밖인 말레이시아 반도의 말라카에서

---

11 Faulmann에서 인용, Illustrierte Geschichte der Buchdruckerkunst, 1882, S. 54 fgde.

1815년 창간된 이후 이 기관지는 중국 자체 내에서 모방자들을 재빨리 찾아냈다. 그러나 이들 최초의 신문들 중 몇몇만이 비교적 높은 수명을 유지했고, 대부분의 신문들은 몇 년 가지 않아 끝이 났다. 예를 들면 "캔톤 레지스터"(*The Canton Resister*)인데, 이 신문은 1831년 창간되어 발행부수가 적은 수의 규모밖에는 이르지 못하자 일찍이 1834년에 폐간되었다. 또한 "캔톤 미셀러니"(*The Canton Miscellany*)도 그러했는데, 이는 광둥에서 멀지 않은 흐시와 페키항(Hsi- und Pe-kiang)의 삼각주에 있는 포르투갈령 마카오에서 발행되었다.[12]

최초의 순수 정치적 일간신문은 1872년 상하이에서 영국인 선교사에 의해 창간된 "슌-파오"(Shun-pao)[申報를 말하는 것 같은데, 이는 '센바오'라고 읽으며, 영국 선교사가 아니라 영국 상인들이 창간했음]인데, 이는 오늘날까지 유지되었다. 이 신문은 곧 강한 경쟁자를 만났는데, 그것은 지-카-바이(Zi-ka-wei)에서 프랑스 기독교 선교사에 의해 창간된 "이-벤-룬"(I-wen-lun)[어떤 신문을 지칭했는지 알 수 없음]이며 1주일에 2회 발행하였고, 상당히 품위 있는 내용을 다루었다.

이후로 신문 수는 해마다 증가하였는데, 이 신문들은 중국의 유명 도시들에서 거대한 국제적 해외지사들(Fremdenniederlassungen)의 증대되는 영향력하에 창간되었다. 처음에 외국어로 발간된 신문의 숫자는 중국어로 인쇄되거나 중국인들에 의해 발간되고 주도되었던 신문들의 수를 능가하였다. 지배계급들에게는 점점 더 공공연하게 행해지는 이들 신문들의 비판은 불쾌한 것 이상이었는데, 왜냐하면 전체 행정 기구의 부패가 믿을 수 없는 차원을 넘어섰고, 또 공개적으로 행동하는 모든 반대 측이 전 제국에 걸쳐 퍼져 있는 비밀 반정부 조직의

12 Arens, Das katholische Zeitungswesen in Ostasien und Ozeanien. Aachen. 1918. S. 5. 주석.

은밀한 영향력을 강화했기 때문이다. 가장 강력한 조치들을 방편으로 삼아 새로 생겨나 날로 부수가 늘어가는 신문들을 억압하려고 하였는데, 불편한 언론인들을 처형하는 것조차 주저하지 않았다. 중국의 정치 신문들이 결과적으로 대부분 외국 조계(租界, Fremdenkonzession)의 보호하에 발간되었다는 것은 지극히 당연한 일이었는데, 이 경우에 중국의 관할하에 있지 않은 꼭두각시가 소유주로서 기능하였다. 그렇지만 중국의 권력자들 역시 점차 신문의 막대한 영향력을 인정하는 것 외에 다른 선택이 없었고 마침내는 자기들이 그것을 이용하였다. 신문 발행인과 편집인들의 지적, 도덕적 자질과 정치적 준수에 대한 요구사항들이 여전히 대단히 엄격했지만, 신문에 대한 규제들은 본질적으로는 많이 완화되었다.[13]

중국에서 교통수단이 계속해서 더 발달하고 연이은 개혁이 성공적으로 이루어질수록 철도 부설과 수로 운송의 체계적 개편, 전보의 도입과 전화의 사용, 유럽 모델을 따른 우편 시스템의 정비가 이루어져, — 신문들의 수는 점점 더 늘어났고, 새로 수입된 인쇄기로 인해 신문의 모양은 점점 더 좋아졌으며, 발행부수는 더 많아졌고, 제작비 역시 더 싸졌으며, 마침내 가장 넓은 독자층에 대한 영향력이 더욱더 강해졌다. 이 논문의 말미에 소개한 통계상 개관은, 여기에 언급된 시기들의 관점하에서 신문의 성장을 개괄적으로 보여 줄 것이다. 특히 [중국] 신문의 성장에 활발하게 영향을 미친 것은 1894~1895년 일본과의 호전적 각축[청일전쟁을 말함]과 1905년 러시아-일본 간의 전쟁 발발이며, 또 아주 특별히 강력했던 것은 1911~12년에 일어난 [신

13 거기에서 [요구사항들이] 때때로 얼마나 혹독하게 했는가에 대한 사례로는 다음과 같은 예를 인용할 수 있다. 급진적 개혁을 옹호했던 상하이의 "사오-파오"(Sao-pao)의 한 편집장은 "미망인 황후를 모욕했기 때문에" 체포되어 베이징으로 호송되어 고문을 당하고 사형선고를 받았다는 것이다. Salomon, Allgem. Geschichte der Zeitung. 1907. S. 171.

해]혁명과 지배 왕조[청나라]의 붕괴로 막을 내린 20세기 초 10년의 개혁 운동이며, 끝으로 1914~18년의 대전쟁[제1차 세계대전]도 동아시아 세계에 부분적으로 영향을 미쳤다(부록 〈표 I〉 참조).

외국인들은 중국에서와 마찬가지로 일본에서도 평화적 방법보다는 무력으로 고립된 나라에 길을 내고 섬 제국의 몇몇 항구를 강제로 여는 데 성공하였다. 특히 코모도르 퍼시(Commodore Percy)[미국 동인도함대 사령관 Matthew C. Perry를 말함] 휘하의 미국 탐색선이 그러했는데, 이는 먼저 1853년 일본의 어느 항구에 들어왔고, 결과적으로 1854년 카나가와(Kanagawa) 조약 체결이 강요되었다. 세 항구 즉 나가사키, 하코다테, 시모다가 비록 일본 관청의 감독 아래였지만 물품교역에 개방되었다. 그 뒤 잇따라 유사한 조약들이 다른 국가들과도 체결되었다. 내내 지배층인 쇼구나츠[쇼군막부] 정권에 대해 강하게 반대 입장이었던 일본 민족은 곧바로 서구의 민주주의 사상을 대거 수용하였다. 그러나 주도 그룹들이 중국에서와 마찬가지로 여타 반정부적 견해의 움직임을 초기 단계에 가장 강력한 수단들로 질식시키려 했지만 중국에서와 마찬가지로 이곳에서도 새 시대의 목소리를 침묵시키는 데는 그다지 성공하지 못했다.

일본인들이 서구 민족의 신문을 처음 알게 된 것은 1811년 설립된 기관[洋學所를 말하는 것 같으나 이는 1855년 설립했음]의 매개를 통해서인데, 이 기관의 임무는 외국 문헌을 일본어로 옮기는 것이었다. 이 기관의 책임자 요로즈야 헤이시로(Yorozuya Heishiro)는 1864년 자바(Java)에서 발간한 네덜란드 신문 "바타비아 뉴스"(*Batavia News*)뿐만 아니라 미국계 신문들도 번역하여 발행하였다. 이 신문 번역들이 여전히 목활자로 간행되는 동안 1863년 한 영국인이 [일본에서] 최초의 근대 신문[*The Japan Herald*를 말함]을 요코하마에서 물론 영어로 발행하였다. 이 최초의 근대 신문은 몇 개월 지나 이런 양식으로 된 최초로 일본어로 쓰인 신문[中外新聞을 말한 듯]으로 대체되었다. 이 양식도 마찬가지로 비참한 운명을 맞아 이 신문 역시 몇 개월 지나 폐간되었다.

1868년 일본에 신문들이 대략 25개에 달했는데, 이 해는 일본의 거대한 변혁[메이지유신을 말함]의 해이고 섬 제국의 가장 괄목할 만한 발전기가 시작된 해이다. 중국에서와 마찬가지로 유의미한 정치적 사건들이 제각기 일본 신문의 매우 급속한 성장에 동인(動因)이 되었는데, 다만 일본에서는 중국에서보다 훨씬 더 강도 높게 이루어졌다. 미카도(Mikado)[천황을 말함] 제국에서의 경제적, 기술적 혁신은 중국보다 현저히 더 신속하고 눈에 띄게 광범위한 규모에 이르렀고, 그래서 여전히 일본에 문화적 교사였던 중국과의 관계가 이제는 완전히 전도될 정도였으며, 이후로 일본은 중국의 교사가 되고 동아시아에서 지배적 강국으로 발전하였다. 또한 여기서 제한된 공간에 단지 부족하게 기술하기보다는 통계상 개관하는 것이 근대 신문의 발달을 더 잘 제시할 수 있을 것이다(부록 〈표 I-III〉 참조).

끝으로 한국에서는 19세기 말까지 경제 면에서 가장 원시적인 상황들이 지배적이었다. 해양 교통의 진보적 발달로 인하여 양대 인접 강국 간에 문화 전달자로서 한국의 의미는 포기되어야만 했다. 심하게 산이 많은 나라인 한국은 내부적으로 소요에 끊임없이 시달렸고, 정치적으로 분열되어 무기력했으며, 또 최소 임시방편의 교통로들도 거의 없이 즉시 영토 탐욕 국가들의 분쟁의 씨가 되었다. 특이한 것은 러시아와 일본의 영향력이었는데, 이들은 종주권을 위해 다투었고, 마침내 1904/05년 무력 충돌하게 되었다. 이로써 한국의 운명은 확실히 정해졌다. 일본의 하나의 주(州, Provinz)로서 한국의 발전은 이때부터 일본과 동반하게 되었으며, 신문 역시 일본의 관리하에 어느 정도의 성장을 기록해야만 했다(부록 〈표 I〉 참조).

II. 동아시아 신문들의 양태

근대 경제생활에서 가장 주목할 만한 현상 중 하나는 모든 면에서 광고에 대단히 큰 가치를 부여한다는 것이다. 무역을 하는 모든 나라의 시장에서는 오로지 각종 상품이나 기업 자체를 선전하기 위해 점점 더 엄청난 액수를 해마다 투입한다. 이러한 광고가 가능한 한 안전하게 성공하기 위해서 늘 새로운 방법이 강구되고, 그리하여 근대의 거의 모든 기술적 성과들이 광고 서비스에 점차로 동원되었다. 근대 광고테크닉의 가장 유의미한 비약에 결정적 요인은, 무엇보다도 광고테크닉 효과의 기저에 특정 법칙들이 놓여있다는 인식이었다.

각종 광고, 각종 구매 품목의 임의 광고 형태는 이것이 영향을 주는 사람들에게서 자신들 각자의 지적 기질에 부합되는 심리적 반응들을 불러일으키며, 이는 동의나 무관심 또는 거부로 표출된다. 여기서 모든 광고 활동의 목표란 개별적으로 불특정한 개인 그룹들에게 그 무엇인가에 대해 유리한 의미에서 영향을 끼치는 것이다. 이러한 노력이 이런 저런 방식에서 극명히 표출되는데, 마치 어느 정도의 차이는 있겠지만 판매자는 자신의 진열장을 솜씨 있게 배치하여 자기 상품에 대한 소비자들의 구매욕을 자극하려는 시도와 같다. 상거래에서 가장 효과적인 광고 수단의 하나인 진열장 광고는 구매자와 독자라는 관계에서 신문과 적절한 비교 가능성을 여러 모로 드러낸다.

[신문의] 양태(Aufmachung)는 다음 두 가지 경우인데, 신문의 크기나 장식 같은 순수 외적 측면들과, 중요한, 물론 흔히 제일 중요한 효과를 개인에게 미치는 내적, 내용적 양식의 측면들이 그것이다. 두 차례 상품 자체는 동시에 판매 및 광고 대상물이 된다. 후자는 진열 방식, 고객에게 제공되는 양태에 따라 상품이 되는데, 이때 그 상품들이 소비 대상품인지, 신문기사인지는 상관없다.

따라서 신문의 양태란 다음과 같이 이해되어야 한다. 첫째는 그것의 순수 외적 모습으로, 그것이 직접 눈에 보이는바, 신문의 포맷, 크기 및 제목을 포함한 전반적 이미지에서 보이는 것이다. 둘째는 특정한 소재 영역에 따른 모든 내용의 배열, 규모와 순서에 따른 소재 그룹들의 강조 및 가장 다양한 기술적 방법들, 간단히 말해서 신문의 내용상의 모양이다.

전 세계 신문 양태의 유형에는 주목할 만한 차이가 나타나는데, 이러한 차이의 근원은 나라마다 특정한 전형적 고유성에 있다. 각 나라는 자국의 발전과 경제사회적 상황의 토대에서 특별한 가치관의 양태들(Anschauungsformen)을 획득하며, 이는 흔히 첫눈에 여타 다른 나라와 구별되고 또 그들의 모든 삶의 표출에 항상 담겨져 있는데, 이와 마찬가지로 각국의 신문 역시 문자와 언어에서의 차이를 배제하고서라도 이러한 가치관의 양태들을 자신들 신문 모양의 유형에 수용하였다. 이러한 과정 또한 다음 사실에 부합하는데, 각 나라 신문이 자신들의 개성적 고유 형식들 외에 외국 성격의 요소들을 보여 주지만, 거의 늘 재차, 자신들 특유의 속성으로 인해 분별력 있는 시선에는 그들의 진짜 유래를 드러낸다. 특히 이것은 신문이 오랜 발전 과정을 거치지 못했던 나라들에서 강하게 나타나는데, 가령 오히려 외국 영향 덕택에 탄생한 유럽 신문의 상당 부분이 여기에 해당한다. 이러한 사실은 모든 동아시아 신문에 상당 부분 맞을 것이다. 중국과 일본의 최초 신문들이 대부분 우선 영어와 불어로 발행되었던 것처럼, 그 이후 곧 생겨나는 자국어 신문들도 마찬가지로 그 모양과 관련하여 이러한 외국 모델들을 따랐다. 이러한 것은 자연스럽게 특히 신문의 내용상 양태에 적용되어 본질적으로 다음 요인에 지지를 받게 되었는데, 신문 경영주, 저널리스트, 그리고 편집자의 상당수가 그들의 견습 기간을 해외, 특히 미국에서 보냈다는 것이다. 신문이 국민의 공공재가 되면

될수록 해당 국민의 요구와 관련된 방향으로 그 양태도 더 조절되었고, 그래서 외국에서 들어온 형식과 해당 국민의 고유한 표현방식 사이에 점점 더 어느 정도 균형이 이루어졌다.

이어지는 동아시아 신문에 대한 고찰은 우선 다음을 언급해야만 하는데, 이 연구는 본질적으로 자국어로 인쇄된 신문만을 다루어야 한다는 것이다. 아시아에서 외국어로 발간되고 또 대부분 외국인에 의해 발행되는 많은 수의 신문들은 그들 모양과 관련하여 통상 고국의 관습들을 따른다. 이것에는 특히 미국과 영국 및 프랑스 신문들이 해당하는데, 이들은 가장 큰 상업 중심지들에서 발행되었고, 본토의 어느 한 주요 신문을 부분적으로는 거의 같게 모방한 것이다.

1. [신문의] 외적 양태

동아시아 신문의 외적 양태의 주된 특징은 이 논문의 고찰 대상인 세 나라의 문자, 특히 중국 문자의 사용과 배치이다. 중국의 상형문자는 일본이나 한국의 음절문자와 마찬가지로 위에서 아래로 수직으로, 그리고 오른쪽에서 왼쪽으로 쓴다. 이러한 현재의 쓰기 방식은 중국 최초의 문자 기록 시기부터 쓰여졌고, 쓰기 재료로는 점토판 다음에 죽판(竹板)이었으며, 문자 새김에는 석필(Griffel)이 사용되었다.

조판(組版, Schriftsatz)의 첫 글자는 기술할 판의 우측 상단에 있다. 오래된 죽판의 수직 섬유질에 따라 글자가 다른 글자 아래로 쓰여진다. 첫 줄[行] 왼쪽에 똑같이 둘째 줄이 연속해서 생기고 그래서 좌측 하단에 마지막 글자가 오게 된다.

이런 식으로 기술된 판의 양태는 동아시아 세계의 모든 저술물과 문헌학에서 늘 재차 발견되는데, 이는 특히 모든 형식의 포스터들과 공고문들에서 분명하게 드러난다. 상례적 문자로 인쇄된 최초의 신문들의 지면 역시 그 행(行)의 배열에서 이와 같이 옆으로 나란히 놓인 직각 면들의 형태를 보여 주는데, 이 모든 하나하나는 그 이전 판형(Tafelformen)에 부합하는 것이다. 본래 신문들은 단지 오늘날의 포맷에 비해 그 전에는 훨씬 작은 비율의 크기를 보여 준 반면에, 좀 오래된 활자들은 현대적 본문활자[14]보다 꽤 비교적 큰 사이즈를 지녔고 문장 전체도 훨씬 널찍했으며, 이러한 한(限)은 위에서 아래로 이어지는 단(段)을 변경할 근거 또한 전혀 없었다. 그러나 신문 포맷이 그 발달 과정에서 점점 커져서, 마침내 자연히 현대와 같은 익숙한 크기로 되었고, 동시에 활자 주조도 점차 완벽해져서 현대에 상용되는 문자는 옛 글자에서 단지 극히 일부 영역만 필요하게 되었다. 이러한 발달 경향은 불가피하게 문장 형태를 단(段)으로 나누어, 흐릿한 긴 줄들에서 비교적 넓은 지면을 덮었던 작고 촘촘한 글자들이 드디어 신문 내용의 명료함을 방해하지 않게 되었다. 맨 처음에는 한 지면을 횡선으로 나누었고, 그럼으로써 수직단이 원래 길이의 절반으로 줄어들었으며, 이어서 절반의 종단을 또 계속해서 횡선들로 작게 하여 오늘날 우리들에게 제공되는 형태가 된다. 평균 포맷은 40×56cm에서 46×60cm인 경우, 지면이 7단 내지 8단, 많은 경우 12단까지 나뉘며, 이 안에서 개별 논설이나 그 밖의 공지 내용들은 다시 짧은 세로선으로 서로간에 경계가 그어지게 된다.

그 후 이와 같은 수평단의 형태는 조판에서 외적 형태의 근간을 이루어 인쇄상 모든 다양한 표현의 가능성을 통해 거의 모든 동아시아 신문들의 이미지에 영향을 미쳤다.

이러한 기본 형태가 아주 극명하게 드러나는 곳이, 좀 길고 연관

14 본문활자(Brotschrift): 원문활자(Werkschriften): 서적과 신문 편집란의 본문을 제작할 때 이해되는 활자장르.

된 사설, 즉 주(主) 사설들, 학술적이고 심미적인 논문들, 연재소설, 모든 종류의 이야기들, 짤막한 일일 뉴스 거리, 최신 전보(電報) 소식들의 기술에서다. 이 형태가 다른 한편에서 가장 강하게 관철된 곳은 광고의 그림이나 큰 포맷의 선전물들이다. 모든 민족의 신문에서 그 어느 곳에서나처럼, 이곳 역시 신문광고가 일간신문의 이미지에서 고유존재(Eigendasein)가 되었다. 그러나 신문이 추구하는 가치를 얻기 위해서 또는 가능한 두드러지게 효력을 내기 위해서는 틀에 박힌 단조로운 원칙에 끼워 맞출 수는 없고 또한 그것이 허용되지 않는다.

이러한 관점에서 몇몇 동아시아 신문의 표지면(Titelseite) 즉 제1면에 대한 고찰이 가장 효과적일 수 있을 것이다. 이에 대한 실례들로 이 논문의 고찰 대상인 세 나라의 주도적 신문 중 각각 하나씩이 적절하다. 우선 간략한 비교에서 이미 중국, 일본, 한국 신문의 기본 원칙의 사용에 대한 제각기 서로 다른 입장이 드러난다.

예를 들어 한국의 수도 서울에서 발행하는 유력 일간신문인 동아일보[15]는 그 기본 형태, 이를테면 가능한 한 연속적으로 이어지는 가로 분할이 명백하게 나타난다. 일본 신문이나, 특히 제1면의 대부분을 광고에 할애하고 있는 중국 신문에 비해서 — 물론 중국 신문 다수가 한 지면 전체를 광고로 채우는 것은 아니지만 — 한국 신문은 그 대다수가 이와 같은 것을 피한다. 동아일보는 오늘날 모양에서 40×56cm 포맷에 주(週) 6회 12단으로 발행한다. 극히 적은 경우를 제외하고는 동아시아에서 발행되는 모든 신문은 지면의 우측 상단에 신문제호(Zeitungstitel)를 달고 있다. 중국, 일본, 한국의 신문은 굵은 활자로 구별되는 거의 모든 표제들과 마찬가지로 신문제호를 붙이는데 보통 중국 문자를 사용한다.

15 동아일보(Dong-A-Ilbo, 한국어) 또는 도아니뽀(Toa Nippo, 일본어)

순수한 한국 신문, 즉 한국인에 의해 발행되고 일본의 영향을 받지 않고 발행되는 신문은 국내외 정치 내용의 주 사설로 시작하는데, 횡단별로 진행되어 거의 전체 페이지를 넘어 그날의 중요 문제에 관한 기사, 그 다음은 최신 전보들에 관한 사설, 일본 행정에 대한 뉴스, 지방 소식들이 이어진다. 다만 한 지면 중 마지막 두 단 혹은 세 단 정도가 광고에 할애되는데, 이는 디자인에서 되도록 편집 부분들과 조화를 이루도록 한다. 그러므로 동아일보의 제1면 모습이 안정감 있고 고른 이미지를 나타내는데, 여기서 전적으로 굵은 활자와 그 크기에 의해 사설 제목(표제)들이 돋보이게 된다.

이러한 외형과 전적으로 반대를 이루는 것으로는 거대한 중국의 일간신문들의 제1면인데, 앞서 언급한 바와 같이 중국 신문의 제1면의 대부분은 광고들이고 편집 텍스트[기사]들은 어느 하나도 나타나지 않는다. 상하이에서 발간되는 신완파오(新聞報, Sin Wan Pao)나 또는 베이킹칭파오(北京清報, Pekinger Ching Pao)는 제1면에 고르게 배치된 단(段)분할의 원칙이 완전히 포기된 것을 보여 준다. 가장 다양한 형태와 크기로 활자들이 서로 간에 배치되었고 여러 폭의 광고 문안이 오른쪽에서 왼쪽으로 줄지어 반(半) 페이지를 이룬다.

규칙적으로 정리된 한국 신문의 외양과는 대조적으로 중국 신문의 제1면은 마치 자리가 넉넉한 듯 체계 없이 임의의 광고를 묶어 놓은 듯한 모습이다. 온 지면에 산재한 강렬한 제목(표제어) 활자로 인해 그 외양은, 거의 원시적이라고 말할 수 있을 정도로, 어쨌든 거칠고 강압적이라는 인상을 일깨워 준다.

일본의 큰 일간신문들도 몇몇 석간 일간신문들을 제외하고는 첫 면을 대부분 광고로 채운다. 그러나 중국의 모양과는 달리 정리된 단주도(段主導, Spaltenführung)의 엄격한 준수와 거의 완전한 포기라는 두 극단(Extremen) 사이에 실질적으로 균형을 만들어 낸다. 안정되고 정밀한 사실성의 한국적 배열과 벽보(plakat)식의, 강요적 자의성의 중국적 배치가 일본 신문의 제1면에는 때로 순수 예술적으로 효과를 내는 형태로 통합되어 있다. 도쿄니치니치신문(Tokyo Nichi-Nichi Shimbun)과 오사카의 양대 신문 외에, 예를 들어 도쿄의 아사히신문(Tokyo Asahi Shimbun), 즉 일본에서 가장 중요하고 최대 영향력 있는 일간신문들 중 한 신문은 서울에서 나오는 동아일보와 동일한 포맷과 동일한 단수(段數, Spaltenzahl)를 보여주고 있다. 눈에 띄는 것은 제1면의 흑색과 백색 면들 간의 강한 대조인데, 이들은 서로 꼼꼼히 계량되어 있어 철저히 조화를 이루어 전체를 형성한다. 이러한 첫 지면의 주요 구성 요소를 이루고 있는, 특히 서적 광고들의 표제어들과 광고 제목은 검은 바탕에 희고 힘 있는 큰 강조활자체(Auszeichnungsschrift)가 우선적으로 사용되는 반면, 광고 문안은 일반적으로 쓰이는 본문활자체로 인쇄된다. 광고 제목에 관련된 광고 문안의 배치와 각기 상이한 광고란의 위치는 예리한 대조 효과를 통해서 제1면을 원래의 기예적(技藝的) 방식으로 꾸밀 수 있는 최대의 가능성들을 보여 준다.

신문을 처음 접할 때 어떤 특정한 국가관의 형태를 나타내는, 앞서 설명한 신문 모양의 차이가 확인되는 것처럼, 다른 한편으로는 몇몇 신문을 제외하고 동아시아 모든 신문에 독특한 모양규격(Aufmachungsnormen)이 또한 관찰 대상으로 나타난다. 그러나 기예적 형태는 일반적으로 동아시아에서 일본만의 전유물은 아니다.

신문 지면 하나하나의 모든 조판은 기술되는 소재 영역과는 완전히 독립적으로, 연관된 테두리에 둘러싸여 한 지면의 모습을 위해 어느 정도 통일된 틀에 따라 짜인다. 이와 같은 총괄적 양태는 현대 유럽 신문에서는 생소한 것으로 동아시아 신문만이 지니는 특징일 수 있다. 단지 신문의 지면 상단에 큰 활자로 인쇄된 제호 글자만이 이러한 범위를 벗어난다.

그 밖에 신문의 형태 면에서 유일하며, 다른 나라의 신문들에서는 그에 맞먹는 실례를 찾아볼 수 없는 고유성으로서는 [중국 신문들에서는] 단신(短信)이나 공지 사항 등을 접지면(摺紙面) 가장자리(Falzrand)에 싣는 관례이다. 각 신문마다 해당 단폭(段幅, Spaltenbreite)에서 이러한 짧은 고지(告知)들을 지면의 양 옆으로 이어지는 경계 사이 빈 가장자리에 넣어서, 사용되는 전달 소재가 충분한 한에서 가장자리를 얼추 채우게 된다. 대개의 경우 이들 란에는 아주 일반성을 띤 정보들이 다루어지는데, 이를테면 기상 소식, 날짜, 또 편집 마감 후에 들어온 뉴스, 짤막한 물가와 주식 상황, 그와 유사한 소식들이다.

2. [신문의] 내적 양태, 특히 정치면

신문의 내적 양태 즉 신문의 다양한 소재들의 배열과 그 내용의 기술에 관한 것으로서 이것은 신문의 외적 양태와는 달리 기술적 요인 또는 부분적으로는 미학적 요인에 적게 영향을 받고 오히려 모든 종류의 심리적 관점에 의해 더 영향을 받는다. 여기에서 독특한 국가관이 이들 세 나라의 신문 모습을 다르게 할 뿐만 아니라 이와 같은 국민심리적 영향 아래서 신문은 다양한 그들 나름의 서술형식을 통해 자기들 독자들에게 영향을 미치려 한다. 그러한 시도는 신문이 더욱 정치적 신문으로서 특정 정당의 이익을 대변하느냐, 무엇보다 상업신문이나 경제신문이냐 또는 교양 및 사회지식의 보급에 역점을 둘 것이냐에 따른 것이다. 이처럼 신문은 독특한 입장과 특별한 성격에 따라 일정한 소재 내용을 선호하고 다른 분야는 소홀히 한다. 신문이 더욱더 공공적 의미를 얻을수록, 단연 더욱 넓어진 고객을 대할수록, 그래서 결국 모든 국민층의 독자를 포괄하게 될수록, 그만큼 더 한 분야로만 전문화되지 않으려고 하는 것이 그들의 노력이다. 모든 요구를 충족시켜 주기 위해 거대 일간신문은 가능한 한 동일한 방법으로 다양한 소재 분야를 고려하고 지면에 일정한 자리를 배당한다.

동아시아에서 아주 결정적인 정치적 사건들, 이를테면 일본의 1870년대 메이지유신, 그 이전 세기 후반 10년 동안 중국에서 있었던 복합적인 외세와의 분규와 그것의 다소 무력적인 해결은 자국 신문의 생성과 강력한 발전을 위해 유리한 토대를 만들었다. 최초의 신문이 주로 새로운 민주 이념을 위한, 그리고 낡은 정부 조직에 대항하기 위한 투쟁 수단으로 사용하기 위해 만들어졌다. 따라서 신문이 자연히 순수한 정치적 성격을 보여 주었고 또한 전적으로 거의 모든 종류의 정치적 논설과 뉴스들이 신문의 지면들을 채웠다. 정치적 논쟁, 즉 개혁적 요구들, 국내외 정치적 상황들과 그 전개 과정들에 관한 사실적 보도들 외에 다른 주제들에 대한 필요성은 거의 있지 않았다. 그러나 새로운 이념이 정립되고 일본이 새로운 헌법을 갖게 되고 중국에서는 우선적으로 조약 체결 강대국들이 직간접적으로 그들의 영향권 아래 있는 제국의 영토들에 대해 조심스럽게 적극 관심을 갖게 된 후에야 비로소 점차 신문은 다른 주제들을 다루었다. 신문의 경제면이 점점 더 큰 공간을 요구했고 심지어 많은 경우에 모든 다른 주제 영역들을 능가하였다.

이러한 발달은 일본과 또 대부분의 중국 신문에서 분명히 드러나는데, 이들 신문에서 정치면은 보통 2면이나 3면에 할당되었다. 제1면의 정치 기사는 광고와 경제 기사에 거의 완전히 밀리게 되었고, 이는 이들 나라에서 산업, 상업 또 운수 부문이 상당히 중요성을 지니게 된 것에 따른 것이다. 그런데 막상 중국 신문의 관심은 일본과는 대조적으로 자국의 경제 발전이 아니라 오히려 외세 열강의 경제적 착취대상으로서 청나라 제국(帝國)에 대한 가치평가였다. 대부분의 중국 신문은 외국인의 손에 창간되었고 외국 자본의 도움을 받았으며, 과

거와 마찬가지로 현재도 여전히 제국의 경제적 착취에 관심 있는 특정 계층들의 중요한 보조 수단인데, 이 계층들에게는 주로 일반인을 상대로 순전히 경제관념들을 강조하고 선전하는 것이 중요했다.

이에 상응하는 신문의 모습을 우리는 일본의 영향을 받은 한국 신문의 기사들에서 본다. 상당수 열강들에게 중국이 그런 것처럼 한국 역시 예외 없이 일본의 착취 대상이다. 이것이 일본어로 발행하는 한국 신문에 정치 기사가 아주 사소한 역할을 하고, 반면 상업과 경제면 기사가 단연코 제1위에 놓이게 된 이유이다. 따라서 이들 신문의 주 공간은 역시 일본의 큰 은행들과 운수회사들의 식민 사업, 다수확 생산 분야들의 개척 가능성, 토지 투기에 대한 공지 사항과 보고들 그리고 일본의 행정 관계 소식들로 채워졌다.

그러나 중국의 독립적인 신문에서는 그 모습이 한국의 경우와는 판이하게 달랐다. 신문의 정치 부분이 여기서는 주된 역할을 하고, 반면 경제 소식들은 제2선에서야 비로소 고려되는데, 그러고 나서도 또한 여전히 정치적 계몽과 영향을 위해 대부분 기여하였다. 외세의 지배와 영향력에 대항하는 불굴의 투쟁이 바로 이러한 독립적 신문에 우선적으로 정치적 성격을 부여하게 한 것이다. 이러한 것이 해당 신문의 제1면의 정치적 모양을 통해서 순전히 외관상으로 드러난다. 중국 신문의 첫째 면은 대다수 동아시아 일간신문의 경우처럼 광고로 충당되는 대신에 다소 긴 사설을 도입하는데, 이는 매일매일 일어나는 가장 중요한 순수 정치적 내지는 경제정책적 성질의 문제를 상세하고 깊이 있게 다룬다. 사설에 이어서 전 세계에서 일어나는 정치 뉴스가 좀 짧게 또는 길게 요약되고 그 다음으로 짤막한 전보[외신] 소식들이 온다. 이어지는 제2면이나 제3면에 지방의 상황들과 종합 기사를 다루고 난 후에서야, 경제 부분과 광고 면들로 신문의 내용을 끝마친다.

신문의 정치 부분이 다소 소홀해지고 도외시되는 특별한 이유로 상당히 엄격하게 시행되는 검열을 들 수 있다. 흘러간 지난 10년 동안 일본과 중국의 신문지법(Pressegesetz)은 발행인과 기자들의 활동 범위에 비교적 좁고 단단한 경계선을 그었을 뿐만 아니라, 기자로서의 직업 활동을 하도록 허가하는 것 역시 법적 규정을 통해 상당 부분 철저히 규제되었다. 그러나 엄격하게 시행되는 법적 규제들에 의한 것보다 훨씬 더 이상으로 신문의 정치적 소재들에 대한 자유로운 논의는 거의 무제한적 독단에 시달리게 되는데, 이러한 독단으로 동아시아 나라들에서 미움을 받는 편집자들에게 조치가 취해지게 된다. 특히 중국에서 지난 수년 동안 복잡한 권력관계로 어떤 정치 논객도 자신의 삶이 온전하지 못했고, 신문기사로 인해 모욕당한 장군의 눈짓 하나로 군법회의에서 총살형으로 신속하게 처벌받은 것은 이상한 것이 아니었다. 일본 역시 자유로운 정치적 의사 표명을 유사하게 자의적인 방식으로 탄압하려 시도하였다. 여기서도 폐간과 압수, 벌금, 편집자의 추방과 태형은 [일본의 식민 지배에] 불만을 가지고 반대하는 한국의 신문, 그리고 부분적으로 자국 신문을 침묵시키는 수단이었다.

3. 경제 및 광고면[의 양태]

신문의 정치 부분이 여러 가지 원인 때문에 그 이전의 가치에 비해 의미를 상실하게 된 정도에 맞추어 경제면이 빛을 보게 되었다. 동아시아에서 근대 신문의 발달 초기에 원래 경제면은 논의의 대상이 될 수 없었다. 경제면은 매우 서서히, 말하자면 신문광고라는 토대 위에서 발달하였다. 동아시아에서 최초의 신문 창간인, 즉 유럽인들은 애초부터 초점을 광고 부분에 두었다. 무역과 경제적 착취가 이들의 최우선적 의도였고 대부분 정치적으로 구성된 사설들이 이에 기여하였는데, 이 사설들이 유럽인들의 영향력이 행사될 수 있는 지역의 주민층에 작용하는 한에서였다. 제품의 공급과 수요에 관한 광고가 점차 저널들의 주요 공간을 채웠다. 급속도로 생겨나고 서구 모델을 모방해 가는 더 많은 중국 및 일본 신문들이 광고의 엄청난 물질적 가치를 곧바로 인식했고, 그 결과 신문 지면에서 광고와 선전 부분들이 주도적 역할을 하기 시작했다.

그러나 유럽과 동아시아의 외국어 신문들과는 달리, 동아시아의 자국어 신문들, 특히 일본 신문들에서는, 경제 상태 및 다양한 경제 분야에 관한 상세한 사설을 지닌 경제 보도 부분과 광고 부분을 구분 짓는 관례가 단지 아주 제한된 범위에서, 그리고 거의 경제적으로 주도적인 신문들에서만 통용되었다. 각종 광고와 공지 사항들은 좀 더 일반적인 관심사의 경제 소식들과 함께 편집상 한 단위를 이루는데, 이때 권장 제품의 가격, 품질, 가치에 관한 짧은 표제어(제목)들과 나란히 동시에 시장 상태나 경제적 전망들에 관한 대부분 다소 긴 논설들, 또는 그렇지 않으면 해당 제품을 언급하는 소식들이 각 광고의 틀에 나타난다.

이미 언급한 바와 같이 보통 3면과 4면에 실질적으로 막대한 무역 및 경제 기사를 싣는 것은 거의 유일하게 일본의 주요 일간신문들이다. 다른 동아시아 나라들과 달리, 일본의 압도적인 경제적 중요성에 부합하여 "오사카마이니치신문"(Osaka Mainichi Shimbun)과 "오사카아사히신문"(Osaka Asahi Shimbun), 그리고 마찬가지로 이에 버금가는 도쿄의 신문들은 그때그때의 재정상태, 자국의 산업 상태 및 발전, 증권과 금(金)시장 소식, 그리고 무역 계약들에 관한 아주 훌륭한 기사들을 싣는다. 특히 은행과 증권 산업 분야는 애초부터 독자적 보도에 가치를 부여해 왔고, 시간이 흘러감에 따라 유럽 및 미국 신문에서와 아주 유사하게 그 서술과 형식에 어느 정도 확고한 규범들이 발달되었다. [이들 경제기사의 필자들은] 저명한 학자와 유명한 경제 리더들이 대부분이고, 이들의 가치관이 신문의 각 부분에 기저(基底)해 있었다. 내용으로나 형식으로나 두드러지는 경제신문의 전형으로는 1주에 6회에 걸쳐 약 5만 부를 발행하는 도쿄의 "요미우리신문"(Yomiuri Shimbun)이 있다. 125만 부 또는 그 이상의 부수로 널리 읽히는 거대 일간신문에 비해 특별히 상업과 경제에 맞춰진 신문이 상대적으로 판매 부수가 적은 이유는, 서양 각국보다 더 금융, 은행, 증권 및 시장 상황들에 대한 간행물들이 일반 대중에게는 미지의 세계이고, 무역상과 산업계의 거물인 이해 당사자층의 질적으로 우수하고 특수한 전문 지식이 전제되어야 하기 때문이다.

시장과 환율에 대한 짤막한 숫자 정보들 역시 특히 신문의 접지면 외곽까지 채우는데, 물론 좀 더 정확한 해설을 붙이지는 않았지만 중국의 일간신문에서도 유일하게 경제 보도로 발견되는 것들이다. 그런데 중국에서는 일본에 비해 본질적으로 더 심각한 일들이 발견되는데, 그것은 더 통일된 서술 형식이 결여되고 경제적 수요 역시 상대적으로 집중된 일본의 경제생활에 비해 훨씬 큰 차이를 보이고 있다는 것이다. 특히 중국의 각 지방 간에 서로 다른 특별한 지불 수단을 갖고 있고, 이것들이 지속적 시세 변동에 노출되어 있다는 것이 [이러한 상황을] 더 악화시키고 몇 배나 저해한다는 것이다. 그러므로 중국 신문의 지면에는 무엇보다 매일 새로 확정된 화폐 환산표와 공지 사항들이 실리는데, 이러한 공지들을 유용하게 활용하는 데에는 이미 직업적 환전상과 은행가들의 특별히 깊이 있는 전문 지식들이 필수적인 것이다.

순수한 상업경제신문의 발달에 대한 단초들이 특히 최근 들어 중국에서도 이른바 거대 상업 중심지인 상하이, 광둥, 베이징에서 등장하나 그 발행 부수가 너무 미미해서 이들 지역의 전체 경제에 대한 특별한 영향력에 대해서는 아직 언급할 수 없을 것 같다.

광고면[의 양태]

중국과 일본의 모든 신문에는 그림 광고가 지배적이며, 이들 두 나라 신문보다는 덜 눈에 띄게 한국 신문에도 부분적으로 지면의 대부분에 광고가 실려 있다. 이미 표지면(제1면)의 리뷰에서 언급했지만 동아시아 신문의 외양은 다른 그 무엇보다도 광고가 결정한다. 무수한 형태들에서 이를테면, 작고 짧고 몇 자 안되는 활자로 된 1단짜리 광고로부터 시작하여 상세한 텍스트 및 삽화들과 함께 전면과 여러 면의 대기업 광고에 이르기까지 광고는 신문의 모든 공간에 침투하여 심지어는 편집 지면의 본 문단 중앙에까지 등장한다.

동아시아의 일간신문에 게재되는 모든 광고들 중에서 서적 판매 광고가 1위를 차지하고 있는데, 이는 문자 그대로의 뜻에서뿐만 아니라, 이들이 일상적으로 신문의 첫 면을 채우기 때문이며, 또한 그 수명의 측면에서도 그러하다. 책과 잡지 광고는 벌써 이전에 최초의 영업 광고로서 선박, 항해 광고와 행정 공고에 더하여 나타났다.[16] 서적, 잡지 및 신문들에 대한 이러한 광고 역시 차차 고정적인 형태들이 발달하게 되었는데, 이들은 무심히 언뜻 보기에도 그림과 상표 없이, 그렇지 않으면 대체로 가격이 매겨진 상품들에서나 사용되는 문서광고로서 그 성격이 인식되게끔 하였다. 일반적으로 이러한 종류의 광고는 좁은 면에 장방형으로 나타나는데, 이는 여러 단의 공간을 필요로 하고 그 길이는 보통 크고 돋보이는 강조활자[고딕체 활자 등을 말함]로 광고 대상의 제목 길이에 맞춘다. 모든 광고는 더 넓기도, 더 좁

16 1866 in Bantscho Shimfum nach Kisaburo the press and Politic in Japan. S. 40.

기도 하지만, 그러나 늘 분명히 대비되는 테두리로 둘러싸는데(독일 신문에서 부고 둘레의 테두리와 유사), 서적 광고를 예로 들면, 중간 크기의 활자로 오른쪽에서부터 작가의 이름, 경우에 따라서는 인적 사항으로 시작한다. 거기에 이어 제목이 오는데, 이는 광고의 주요 구성 요소로서 다른 항목의 상표들에 대응하여 특히 눈에 들어오게 해야만 하기 때문에, 검은색 바탕에 현저히 크고 다양한 스타일의 활자로 두드러지게 한다. 이렇게 훌륭히 두드러진 제목에 이어서, 수평과 수직 배열로 목차와 해당 서적에서 따온 짤막한 발췌문들, 그리고 마지막으로 가격과 구입 조건이 나온다. 이러한 광고 모양은 무엇보다도 일본과 한국 신문의 서적 광고에 해당된다.

중국 신문에서는 그 후 종종 거의 기예적 면밀성이 결여되곤 하는데 특히 흑백판의 배열과 활자 간의 비율, 마지막으로 신문 전면에 대한 각각의 광고 배열 측면에서 그러하다. 중국의 서적 광고는 가느다란 반 페이지 길이의 줄(行)들에 다른 줄 옆으로 촘촘히 한 줄씩 신문면을 덮는다. 아주 굵게 뽑은 제목 활자에 보통 활자 크기로 된 가격과 판매 조건에 관한 짤막한 설명이 아래쪽으로 이어진다. 광고의 배열에서 신중을 기하는 일본 신문과는 대조적으로 이곳 중국에서는 하나의 모습이 나타나는데, 이는 마치 횡선 띠에 — 지면의 상단 주변 테두리 — 꿴 진주 줄들이 최대의 다양한 길이로 아주 체계 없이 우연히 옆으로 줄을 선 것 같으며, 여기서 강한 활자들은 각각의 진주들에, 제목 캡션에서 활자의 수는 진주 줄들의 길이에 해당한다. 그 밖에 이와 같은 중국 신문 광고의 형태는 문예물 광고를 위해서도 일상적일 뿐만 아니라 막대한 수의 다른 대상들을 위해서도 역시 유사하게 사용된다.

이미 언급한 바와 같이 대부분의 신문광고는 전적으로 관청의 공지사항을 담지 않는 한, 혹은 단순한 판매, 구매, 구직 광고 내지는 유럽 신문에서 보는 바와 같은 "토막광고"나 "종합광고"가 아닌 한, 그림들로 장식을 하며, 공장 마크들이든 어떤 관련이 있는 광고 상품들이든 다소 미적인 형태로 보인다. 이것은 동아시아적 기교의 한 고유 영역으로서 신문광고의 그래픽 장식 분야에서 발달되었다. 특히 일본인들 특유의 유명한 붓질 기법에서 신문광고의 그림들이 부분적으로는 완전한 예술 작품 형태를 보여 준다. 동아시아인들의 미니어처 그림에 대한 애호, 자기 나라의 전통 관습에 대한 경외, 그리고 자신들 고향의 동식물과 토양인 자연의 조화로운 선(線) 배치에 대한 깊은 이해가 무한히 변화하여, 심지어 냉철하고 사실적인 이곳 일간신문들에까지 표현되는 것이다. 동일한 모티브-꽃, 새, 나무-가 수백 가지 형태로 변화하여 재빠르고 뛰어난 미세한 묘사로, 즉각적인 힘찬 붓놀림으로 해당 대상만의 고유한 특질과 속성들이 드러난다. 일본의 랜드마크이자 신성한 산이라는 후지산(Fuji Yama)은 아주 다양한 광고들을 장식하는데, 이것 또한 내용상으로 광고 상품과 털끝만큼도 관련이 없는 것이다. 부드럽게 굽은 형태의 윤곽선들이 예술인들로 하여금 언제나 새롭게 표현하도록 자극한다. 전통적으로 벚꽃의 독특한 형태의 활용도 마찬가지인데, 다섯 개의 꽃잎으로 된 벚꽃은 항상 재차 각각의 광고들을 장식한다. 예술적 방식에서 이러한 모든 광고 속의 작은 그림들이 적용된 서체[글꼴]와 잘 어우러져 있음이 발견된다. 또한 비교적 최근에 발달된 현대적 산업 제품, 이를테면 자동차, 화공품, 사치품 산업, 그리고 자체로 대표할 만한 자국의 전통이 없고 대부분의 서구 신문에서 그림을 그대로 전용하여 모방하는 아주 다양한 수입품들을 위한 광고에서도 대부분 예술적으로 보기 좋은 모양이 유지된다. 이것이 가능한 것은 특히 동아시아에서 사용하는 문자, 특히 중국 문자의 두드러진 그림문자로 인한 것으로, 이는 그림들과 스케치 대신에 벽(壁) 장식에까지 쓰이며, 물론 장식적인 형태로 이루어져

모든 측면에서 스타일링에 아주 다양한 가능성들을 허용한다. 여기에서 인도나 아랍 글자들의 유사한 활용을 떠올릴 수 있는데, 이들로 벽걸이, 양탄자, 바닥 장식, 여러 종류의 생활품까지 장식적이고 예술적으로 치장한다. 동양의 문자들, 여기서는 중국 문자들이 해당 나라의 특수한 표기기술과 함께 폭넓은 국민 계층의 예술적 태도와 감성 능력을 정확한 모습으로 창출해 낸다. 풍부한 표현력을 지닌, 거의 과장스러울 정도의 언어를 접목하여 일상생활의 필수품에 활자를 사용하는 것은, 형태와 연관되고 전통에 충실하며 열정적인 동양의 사고방식을 모든 존재하는 것들에 반영함을 보여주는 것이다.

동아시아에서 광고가 얼마나 큰 역할을 하는가라는 사실은 일본 도쿄의 "닛폰덴포쓰신샤"(日本電報通信社, Nippon Dempo Tsushin Sha)의 1923년 5월 통계에서도 드러난다. 여기에서 다음과 같은 것이 확인되는데, 도쿄와 오사카에서 발간되는 총 18개 주요 일간신문들에 약 41,800건의 큰 광고와 약 46,000건의 작은 너비의 광고들이 등장했다. 중국 신문의 경우는 이에 해당하는 통계가 아직 없기는 하지만 확실히 가정할 수 있는 것은 광고와 선전 기관으로서의 이러한 신문광고의 수량이 일본과 유사하게 나타날 것이라는 점이다.

동아시아 신문에 광고되는 내상 그룹에서 첫번째는 약제, 의약품 및 화장품류이고, 다음으로는 선박 여행과 은행 광고가 아주 중요한 광고로 이어지며, 다음으로는 서적, 잡지 광고 등의 순이다. 반면, 가정용품과 일용 잡화는 최소의 공간을 차지하는데, 이는 행상인들과 호객꾼 및 벽보/포스터들을 통한 거리와 시장, 수공업자의 안내문들이 신문광고를 대체하기 때문으로 특히 중국 신문에서 그러하다. 1927년 2월 23일자 "도쿄아사히신문"(Tokyo Asahi Shimbun, 조석간 통틀어 약 12면)에 실린 광고들의 건수(件數)가 다음과 같은 모습을 보여준다.

화장품 및 의약품 광고--------------------	18(건)
은행 광고 ------------------------------	3
선박 여행 광고 --------------------------	2
기계, 자동차 광고 ------------------------	2
서적, 잡지 광고 -------------------------	26
금속 제품 광고 --------------------------	5
음료수 광고------------------------------	3
의사, 요양원 광고 ------------------------	4
의류 광고 ------------------------------	3
관청 관계 광고 --------------------------	1
부고(訃告) ------------------------------	4
보석, 시계 광고 -------------------------	3
가정용품 광고 ---------------------------	2

이러한 모습은 편차가 있지만, 동아시아 신문 전반에 대개 동일할 것이다. 특히 일본 신문들에서는 첫 면에서 책과 잡지 광고들을 많이 접할 수 있다.

4. 지방면[의 양태]

동아시아 신문들에서 지방에서 일어난 사건들에 관한 뉴스는 다른 정치기사나 특히 외신 기사보다 한층 더 중요한 역할을 한다. 이것은 [일본, 중국, 한국] 세 국가의 전체 지방신문들의 모양에서 특히 강하게 표현된다. 통상 정치 뉴스와 외신에 이어, 해당 도시와 그때마다 문제가 되는 지방의 사건들에 관한 자세한 보도가 이어진다. 현장 자체의 사건들, 예컨대 축제, 행사, 사고, 범죄, 행정조치들이 광범위하게 언급되고, 이러한 지역 소식이 특히 중국의 경우, 과거에도 그랬고 현재도 여전히 대부분 신문지면의 주요 구성 요소를 이룬다.

중국 신문 전체가 처음부터 서양의 영향을 더 강하게 받은 일본 신문보다 지방적 특성을 띠고 있기 때문에 지방판이 더 강하게 두드러져 보이는 것은 전적으로 자연스럽다. 모든 분야에서 자국이 여타 세계 각국들과 지속적인 관계를 유지하기 위해서 근대 신문이 필요로 하는 강력한 수단이 그들에게는 있지 않다. 그들의 관찰범주는 원래 발행 지역, 넓어야 지방과 그에 이웃한 인접 지방에 국한한다. 한국에서도 역시 지방 뉴스가 국가 자체의 정치와 긴밀한 관계에 있는데, 왜냐하면 이 나라에서는 자국 신문의 활동이 특히 압제자 일본으로부터 자유를 얻기 위한 끊임없는 투쟁에 있기 때문이다. 한국에서 일본인들의 모든 행정 조치, 일본 관리의 간섭, 일본의 모든 금지와 명령은, 특히 수도 서울의 신문에서 지역정치류의 상세한 논설을 쓰게 하는 동기이다.

일본에서 거대 일간지의 지방판은 그 모양에서 서구 일간신문들에 부합하는데, 신문 2면과 3면의 대부분을 채우는 좀더 중요하거나 중요하지 않은, 짧거나 긴 소식들의 저수조(Sammelbecken)로 발전되었다. 비교적 긴 기사에는 특히 "추문기사"(Chronique scandaleuse)가 첫 자리를 차지하는데, 이는 일본인들이 공통적으로 즐기는 스캔들 뉴스로, 여타 세계 대부분 신문독자들과 마찬가지이다.

최근 서구 신문에서 다른 분야들에 비해 거의 과도할 정도로 많은 공간을 할애하고 있는 스포츠 뉴스들은 지난 몇 년에서야 비로소 동아시아 신문에서도 많은 양이 실리고 있는데, 종전에는 이것이 해마다 일정 시기에 개최되는 전국 레슬링과 검도 대회에 관한 순수 광고에 전적으로 국한되었다. 오늘날에도 여전히 마찬가지로 스포츠 행사들에 관한 좀 더 길고 상세한 기사가 전반적으로 부족하고, 그에 대한 소식들은 대부분 지방 기사에 이어 붙인 데서나, 아니면 신문의 임의 자리에서 발견된다. 다른 한편으로 이 분야는 최근이긴 하지만 더욱 더 증가하여 잡지를 점령하였고, 부분적으로는 우수한 기술적 외양으로 독자들을 끌어들였는데, 일간신문에서 서구 독자들을 발견할 만큼은 아직 아니다.

5. 문화면[의 양태]

마찬가지로 서구 신문을 모델로 하여 일본의 주요 일간지들도 수많은 독자들의 신문에 대한 증대되는 기호(嗜好)로 인해 엄청난 판매 부수를 올리게 한 지면이 마련되는데, 그것이 문화면(Feuilleton)이다. 특히 문화면에서는 무엇보다도 부록으로 실린 소설과 설화들이 예술비평과 대중적인 과학 에세이들보다 더 큰 비중을 차지하는데, 이들은 근래 몇 년을 거치면서 비로소 더 많은 의미를 얻었다. 일반적으로 거대 일간지에는 최소 2편의 연재소설을 싣는 것이 관례인데, 이를테면 한 편은 그 내용이 일본의 역사적 사건들 가령 무사 이야기이고, 다른 한 편은 대부분 근대 서구 소설의 번역 또는 근대 일본 생활에서 나온 것이다. 몇몇 일본 신문이 획기적 성공을 거둔 것은 알렉산더 뒤마 등등의 유명 소설들을 처음으로 실었을 때인데, 이것들은 독자들을 열광시켰다. 단편소설에서는 특히 영웅 이야기가 소재로 다루어졌는데, 주된 모티브는 전투와 모험에서의 충성과 애국적 영웅심, 용기와 인내 등등이지만, 늘 새롭게 바뀌는 사랑과 증오 모티브는 각별하다. 짧은 시와 담시들이 이 모습을 완성시킨다. 이러한 소설과 설화들은 최고 대가들의 손으로 그려진 이미지로 꾸며지는데, 대부분은 목판화이다.

일본에서는 오랜 투쟁 끝에 옛 중국 문자의 문헌학적 스타일, 즉 학자들과 지식인들의 문체가 점차 현대적이고 간단해져서 수준 낮은 국민 독자들도 이해할 수 있는 문체의 터전이 마련되었고, 일부 신문소설은 여타 신문 내용들과 달리 역시 순 일본 문자로만 인쇄된 반면에, 중국에서는 비록 한창때가 지나거나 과장되게 디자인된 옛 방식들보다는 좀 신선해지고 자연스러운 형식이기는 했지만 소위 문헌학적 스타일이 연예오락면에서 대부분 여전히 유지되었다. 일본보다 중국의 독자가 전통적 모티브들을 더 인정하였는데, 신화와 전설에서 나온 소재들은 대부분 강한 종교적 영향력을 지니고, 이러한 소재가 중국 신문에서는 현대적 소재보다도 더 자주 나타난다. 여기에서도 역시 줄거리 전개가 종종 예술적 가치가 있는 삽화들을 통해 분명해진다.

한국 신문의 문화면은 특히 문자와 언어의 다양한 활용이 두드러진다. 상당수의 한국 전승물들은 중국 문헌과 대단히 밀접한 관계에 있다. 따라서 중국 문자로 옛날 중국 노래나 각색본들이 출간되는데, 반면에 시(詩)와 짧은 설화들은 순 한국 문자를 사용하여 새 시대적 내용과 현대적 해석을 기록한다. 그러나 가장 즐겨 사용되는 것은 특히 한국의 신진 세대 저술가들에게 존중받는 하나의 관습으로 중국-한국 문자의 혼합 사용이다. 이러한 국한문 혼용 형식은 한국 신문에서 우선적으로 대하소설과 연재 설화에 사용된다.

어느 정도 좋고, 부분적으로는 아주 뛰어난 학문적 성격의 논설들이 이들 세 나라 신문에서 다수 발견된다. 모든 분야의 교육자, 학자, 전문가들은 국민 교양 수단으로서의 신문의 커다란 가치를 곧바로 인정하였고, 비록 동아시아 신문의 사례비는 낮지만, 기꺼이 그리고 헌신적으로 국민 계몽과 새로운 지식의 전파에 앞장섰다.

그렇지만 지금까지 신문의 문화면에서 예술의 몫은 아주 적었으며, 그 영향력 역시 일본의 근대 거대 신문에서도 마찬가지였다. 지난

몇 년부터서야 비로소 이곳에 연극 공연, 음악회, 전시회에 관한 순전(純全)한 광고가 나왔으며 또한 비평에 더 넓은 지면이 허용되었고, 따라서 오늘날 신문에는 저자, 배우 그리고 예술작품 자체에 관한 사진 삽화들이 점점 더 많이 활용된다.

III. 요약과 비판: 동아시아 · 유럽 및 미국 신문 간의 비교

동아시아에서 발행되고 있는 신문들은 지금까지 논의한 내용에서도 알 수 있듯이 극도의 다면적 모습을 보여 주는데, 이러한 다면성에도 불구하고 크게 통일적인 특징들이 전혀 없지는 않다. 동아시아 신문들이 발전해 오는 동안 아주 다양한 외국의 영향이 아시아인의 가치관에서 오는 가장 다층적인 형태의 표현 양식과 혼합되었다. 대부분의 중국 신문은 여전히 분명하게 그 전체적 형태 면에서 중국 독자들의 정신에 어느 정도 상응하는 형태를 추구하는 단계에 있는 반면, 일본과 한국 신문의 주요 제작물에서는 이와 같은 탐색과 추진의 단계는 이미 지나갔다. 이들 두 나라에서는 때로는 다른 방향으로 일탈한 경우도 있지만 국민 감정에 알맞은 정기 일간물 형태라는 문제가 해결되었다. 이것에 대한 증거는 이미 이들 세 나라 신문의 평균 판매부수의 비교에서 제시되었는데, 그에 따르면 일본의 주요 일간신문들의 경우 판매 부수가 10만부로 집계되었고, 한국의 주요 일간신문들의 경우도 중국 신문들보다 기본적으로 훨씬 더 높은데, 중국 신문들은 높게 잡아도 상하이의 신완파오(新聞報, Shin Wan Pao)가 9만 부, 슌파오(申報, Shun Pao)가 8만 부를 내보이지만, 평균적으로는 수천 부로 인정해야 한다. 일본에서는 아주 사소한 분야에서라도 가장 다양한 방식으로 나타나는 이른바 뛰어난 기예적 감각이 낡은 것과 새로운 것 간의 통합을 비교적 용이하게 찾도록 도왔다. 일본인들은 이러한 기예적 시각이 강해서 서구에서 유입된 초현대적인 것들 또한 예술가의 붓과 저널리스트의 펜에 의한 묘사로 일본적 형상과 모양(Gestalt und Form)을 거침없이 드러낸다.

한국 신문의 발달은 다른 해결을 이루었다. 과거 수백 년 동안 동아시아 문화권의 가장 적합한 문화 전달자가 되게 한 평화적이고 온후한 한국 민족의 타고난 성격이, 또 한편으로는 일본의 제국주의적 이익집단의 억압에 의해, 특히 근대 자유주의와 민주주의 이념의 유입에 의해 본질적으로 변화되었다. 여기에서 신문 모양의 형체를 결정지은 것은 미적 영향력이 아니라 냉엄한 정치적 필연성이 만든 그 외적 모습이다. 독자들에게 중요한 것은 정치 사설과 일본의 식민지 통치에 대한 날카로운 비판들이었다. 이들 신문의 외적 모습은 아마도 예를 들자면 독일의 대부분의 신문과 비교하게 하는데, 이들 독일 신문 모양은 마찬가지로 대부분에서 정치적 입장에 의해서 결정되었고, 대체로 사실적인 외적 형체로 제1면을 국내외 정치 사건의 담화로 꾸몄다. 한편 일본 신문, 특히 그 가운데서도 일간신문에서와 같이 광고에 지면을 크게 할애하지 않는 석간신문은 몇몇 미국 신문과 가장 유사한데, 이들은 비슷한 방식으로 가능한 한 화려하고 다양하며 심지어 자극적인 외양에 주요 가치를 부여한다.

이들 두 나라의 신문과는 대조적으로 중국 신문들이 그 형태에서 비교적 통일된 형태에 이르지 못한 것은 무엇보다 그들 민족의 성격과 기질, 광범위한 중국 국민층에 따라 서로 구별되는 가치관의 엄청난 다양성에 기인한다. 특히 중국은 모든 면에서 대단히 강하게 보수적이고 전통에 묶여 있어 서구에서 유입된 것을 공감하여 받아들이기보다는 오히려 적대시하며, 게다가 심한 당파 싸움과 거친 이해 충돌로 인해 내적으로 분열되어 일간신문의 형태 면에서도 또한 당연히 지금까지 큰 성과를 이루지 못하였다. 중국 민족을 하나로 묶는 유일한 끈, 즉 공통문자는 이를 분리시키려 시도하는 온갖 영향력에 직면해 있다. 특히 결코 동일한 방향에서 중국에 힘을 행사하려 하지 않는 여러 나라의 조계(租界)에서 시작된, 외국 열강의 이익추구 정책에서 오는 경제적 측면의 영향력은 중국의 실질적 통일에 맞서고, 마침내 가장 큰 내부정치적 변혁에 파국적 형태로 동조하였다. 이와 같은 영향력의 강도, 그러한 영향에 감동한 국민층의 찬반 정도에 따라 일간신문의 형태 역시 정해졌다. 상하이와 광둥의 대부분 신문들은 부분적으로는 고대 로마식 양태를 따랐지만, 미국 모델에 더 많이 특히 선호하는 프랑스식 모델을 따라서 나타났다. 반면, 중국의 북쪽과 북동쪽에서 발간되는 신문들은 오히려 냉철한 한국적 형태에 가깝고 또한 특히 독일적 관점에 영향을 받은 형태로 나타났다. 그렇지만 그 모든 다양성에도 불구하고 양태의 전면에 나서는 것은 중국 광고의 우세한 효과로, 이는 오늘날에도 대체로 여전한데, 볼썽사납고 조야한 효과를 내는 그러한 광고의 표의문자를 통해서 아마도 중국인의 국민감정에 크게 상응하는 형태라는 공통 문제에 대해 해결책을 이끌어낼 것이며, 이는 이웃나라인 일본에서도 대략 유사한 형태이다.

일본 신문이 널리 보급되고, 마찬가지로 서구적 개념에서 신문의 내외적 형식이 가장 현대적 양태인 또 하나의 이유는 일본 국민들의 점점 더 증대되는 교양에 있는데, 이들은 일본의 교육제도에 의해 아주 짧은 기간에 경이적인 고지에 도달하였다. 모든 양식에 대한 근대 서구의 성취에 대해 점차 더 많이 이해하게 됨에 따라 일본 신문에서 독자들은 점점 더 늘어났고, 점점 더 새로운 지적 욕구들이 자라났다.

이러한 것 역시 중국에서는 거의 전적으로 여전히 부족한데, 이곳에서는 극히 적은 집단의 지식인과 기업가, 사업가와 정치가들만이 이러한 지적 고지에 올랐다. 따라서 이들이 신문 상품의 주 고객이 된 반면, 대다수 국민 대중은 아직까지 여전히 새로운 것에 무관심하고, 그 대부분이 문맹이어서 신문 독자로서는 전혀 가망이 없다. 오늘날도 여전히 독자는 예컨대 찻집 같은 곳에서 뉴스거리들을 전파하는 오래된 역할을 하고, 바자회나 시장에서 입에서 입으로 전하는 소문과 뉴스의 전달이, 대규모 해외 지사들과 항구들의 도시민들은 물론 국민 대다수를 오늘날도 여전히 만족시킨다. 결국 중국에서 국가와 최근 각 권력자들 또한 근대 신문의 지지자가 아니었을 뿐만 아니라, 오히려 이와 상반되게 모든 반대 움직임과 모든 비판 조짐, 그로 인해 혹여 신문 발전에 이로울 주요 동력원을 가능한 한 먼저 발아 단계에서 질식시키는 것에 열심히 주목하였다. 최근 들어와서야 이 점에서 하나의 개선책이 마련되는 것처럼 보인다. 단순한 뉴스뿐만 아니라 사건의 일관성 있는 비판적 고찰과 상세한 서술에 대한 관심이 국내 정치의 논쟁 과정을 통해 널리 일깨워졌으며, 그러한 관심은 일간 신문의 내용에 새로운 변화를 가져왔을 뿐만 아니라 신문의 외적 형태에도 마찬가지로 영향을 미쳤고, 더욱이 새로운 신문과 그 밖의 신문 상품의 출현을 위한 유익한 토대가 마련되었는데, 비록 여기에서는 잠정적으로나마 역시 정당(政黨) 신문과 그와 유사한 이익 추구 기관의 발생이 더 문제시되기는 한다. 이러한 최근의 발전 과정 속에서 경제적 측면의 외국 영향에 대한 중국 국민들의 공통의 투쟁은 평가할 만큼 충분히 높지 않았는데, 왜냐하면 이와 같이 고유하면서도 자주적이며 외국과는 독립적으로 발전한 경제 형태로 들어서는 것은 누가 보아도 공통의 문자와 더불어 제2의 공통적인 끈, 즉 온 국민을 견고하게 묶는 국가적 끈이 될 수 있으며 또 될 것이기 때문이다.

신문의 규모가 비교적 작고 또 개개 신문의 판매 부수가 적으며 문맹이 압도적이기 때문에 중국에서는 서방의 나라들과 같은 정도로 여론의 규제와 영향이 이루어질 수 없다는 견해가 흔히 특히 유럽에서 있다면 이는 사실들에서도 드러나는 바와 같이 완전히 옳은 것은 아니다. 중국인들이 한 번 쓰인 단어, 즉 기록된 문자를 가령 유럽인과는 완전히 다르게 대한다는 점이 간과되어서는 안 된다. 이들에게 표의문자는 그저 어떤 임의의 개념의 기록을 훨씬 능가하는, 거의 수백 년 된 신성한 형태로 의미가 있다. 독자는 제거되지 않고 글로 쓰인 것에 대하여 비판과 판단력의 잣대를 들이대는데, 이는 일반적으로 서구 국민들에게도 해당한다. 한번 인쇄되어 전달된 의견은 다른 어떤 가능한 상황하에서보다 훨씬 더 빨리 그리고 지속적으로 그 지반을 다질 수 있다. 더욱이 중국의 신문은 판매 부수가 적지만 상대적으로 넓게 전파되어 동일한 발행 부수라도 예를 들어 서구 나라들의 발행부수보다 신문의 영향력의 범위 역시 훨씬 크다. 신문 사본 하나는 대부분 수십 명의 손을 거치며, 그것이 손상되기 전에 학식 있는 사람들을 통해 많은 사람들이 듣게 된다.

중국에서 여론의 힘이 얼마나 결정적이고 방향성 있게 작용하는가에 대한 전형적인 예는, 전국에 넘쳐흘러 국내 생산품을 크게 위협하는 해외 산업 제품에 대한 경제적 투쟁이다. 외국의 영향에 제각기 대항하는 이러한 운동들은 민족주의를 표방하는 순수한 중국의 몇몇 신문의 논설에 자극받아 아주 즉각적이고 가장 폭넓게 일어났는데, 처음에는 특히 일본 상품에 강하게 반대하였지만 대개 중국에서 발행되는 본질이 유사한 일본 신문을 통해 그 방향이 영국과 미국 상품으로 바뀌었다. 우리는 여기에서, 여론의 형성과 그 영향은 중국과 유사한 나라들, 비록 괄목할 만한 규모는 아니지만 일면 일본과 한국에서도 오히려 유럽에서보다 더 크고 중요한 역할을 한다는 것을 개략적으로 확인할 수 있다.

유럽 신문에서와 똑같이 동아시아 신문에서도 사진 삽화와 캐리커처, 특히 정치적 캐리커처가 사용되었다. 일본 신문이 최고의 기술을 보여 주는데, 이들은 또한 이 점에서 다시 미국 언론과 비교된다. 중요한 사건들을 사진으로 묘사하지 않는 거대 신문은 거의 없는데, 이들 신문에 실리는 사진의 인쇄 효과는 종종 매우 좋고 또 깨끗하며, 이는 독일 신문들에서 일어난 것보다 훨씬 광범위하게 사진을 사용하는 미국의 가장 유명한 저널의 관습에 완전 부합하는 것이다.

이와 반대로 독일의 일요판 신문에는 다소 광범위한 사진부록은 없으며, 특히 동아시아 신문들의 경우에는 몇몇 극소수를 제외하고는 통상 1주일에 6일간만 발행하고, 따라서 일요판은 아예 전적으로 고려되고 있지 않다.

반면에 정치적 캐리커처는 동아시아 신문에서 오랫동안 아무런 역할을 하지 못했다. 동아시아 민족들의 뛰어난 회화적 재능과 유럽인이 느끼기에 그로테스크하게 묘사하는 그들의 특별한 감각 탓에 그렇게 보일 수는 있지만, 그곳에서는 사람들이 붓 기술을 풍자, 경멸, 조롱의 의도로 캐리커처에 이용할 생각을 처음부터 아예 하지 않았다. 그러나 이러한 예술 활동의 근원은 순수히 종교적 성격이었고, 예술은 서양의 발전 과정과는 대조적으로 최근에 이르기까지 이러한 종교적 특성을 견지해 왔다. 그것은 또한 많은 것을 그로테스크하게 보이도록 묘사하는 것, 예를 들어 신화적이고 역사적인 묘사들에 해당하는데, 이것들은 아시아인들의 감정에는 전적으로 옳고 합리적이며 결코 과장되지 않는 그로테스크한 형태로 표현되었다.

비로소 최근의 발전에서야 캐리커처 그림 역시 외국 언론의 사례를 따라서 동아시아 신문들의 이윤 정책에 복무하여 등장하였다. 기사와 상업 광고들 사이에 소형 캐리커처들과 더불어, 이들은 칼럼들에서 역시 실로 특별히 확고한 자리를 차지하는데, 거대 일본 일간지들은 특별한 경우에 기교적으로 그려진 재치 있는 그림들과 그에 수반되는 텍스트들이 들어 있는, 역시 특별한 부록들을 신문에 첨부한다. 여기에서 동아시아 신문에 대해 칭찬할 만한 점 하나를 확인할 수 있는데, 이와 같은 그림들에는 여전히 상당히 오래된 훌륭한 윤리들이 담겨 있다. 텍스트가 여전히 풍자적이고 냉소적일지라도 그림 자체는 부분적으로는 유럽 신문 상품의 경우처럼 그렇게 위협적이고 잔인하게 느껴지는 형태는 드물다는 것이다. 본 연구자는 [유럽 신문의] 증오와 타락의 분위기만 기억하는데, 이는 전쟁 초기에 동맹 협상국들의 신문에 이른바 잔혹함을 묘사함으로써 드러난 것이다.

[끝으로] 동아시아 신문에 관해서 총괄적으로 언급한다면, 짧은 기간에 현대적 문화 발전을 가장 선명한 방식으로 지지하는 일을 담당할 강력한 기구, 다층적이며 부분적으로 아주 잘 조직된 하나의 장치가 만들어졌다는 것이다. 가치 있는 다른 많은 문화재와 마찬가지로 이것 또한 문화 유물의 상호 교류를 통해 서양이 동양에게 준 하나의 선물이다. 확실한 것은 이러한 발전 과정에서의 취약점들이 간과될 수 없다는 것이다. 그러나 다른 한편으로 그 위험들을 과대평가하고 마치 대부분의 아시아 국민들에게 일부 아직도 그런 것처럼 이러한 새로운 것을 부정적으로 받아들이거나 심지어 적대시할 이유 또한 없다. 신문의 영향에 대한 비판이 솔직히 이루어질수록, 뉴스의 수집과 보급 및 해설, 그리고 뉴스를 수용함으로써 나타나는 독자의 감각 사이의 결합력이 명백히 인식될수록 그만큼 더 빨리, 더 쉽게 문화와 인류 발전에 기여하는 언론이 되고, 언론의 과도함과 불완전은 배제되게 될 것이다. 이러한 인식 비판적 목적에 가장 도움이 되는 것은 바로 우리 세계의 신문을 움직이는 모든 문제들에 대한 진지한 학문적 연구이며, 이는 수년 전부터 거의 모든 국가의 대학에서 기획하고 있는 바와 같다. 동아시아의 지도층 또한 이러한 사실에서 벗어날 수

없었는데, 왜냐하면 [일본의] 도쿄뿐만 아니라 [중국의] 베이징대학에도 유럽과 미국의 모델에 따라 신문 연구를 과제로 하는 연구소를 설립하였기 때문이다. 지속적이고 객관적인 연구가 실질적인 제안, 즉 신문이 미래에 어디에서든 전 세계를 포괄하는 광범위하고 세분된 기구가 될 수 있도록, 모든 문화 국가들 간의 연결 장치이자, 서로의 이성적 소통에 복무하는 인간의 정신적 도구, 그래서 모든 문화와 인류 발전에 유익한 후원자가 될 수 있도록 이곳저곳에서 획득한 지식들을 전환시키는 데 성공하기를 바란다.

참고문헌

1. Ala, Die Presse des fernen Ostasiens. 1926.
2. Arens, Das katholische Zeitungswesen in Orient und Ostasien. 1918.
3. Asahi-jahrbuch 1927.
4. Asakawa Kanichi, The Early Institution Life of Japan. Tokio, 1903.
5. Bachhausen, A., Die japanische Verwaltung in Korea und ihre Tätigkeit. 1909.
6. Berliner, Anna, Japanische Reklame in der Tageszeitung. Stuttgart, 1925.
7. Brandt, Weltgeschichte, Vorgeschichte Ostasiens. 1913.
8. Brunhuber, Das moderne Zeitungswesen. 1907.
9. Bücher, K., Gesammelte Aufsätze zur Zeitungskunde. 1891.
10. Carter, J. F., The Invention of printing in China — and its Spread westward. New York, 1925.
11. Chinesische Strafgesetzgebung. 1910.
12. Chinesisches Urheberrecht. 1911.
13. China-Yearbook 1924/25.
14. Chosen Kindai Si. (Moderne Koreanische Geschichte.)
15. David, J., Die Zeitung. 1906.
16. Dietionarie Publications de Lécole des Langnes Orientales vivantes.
17. Diez, H., Das Zeitungswesen. 1919.
18. Dovitat, Emil, Der amerikanische Journalismus. Leipzig, 1927.
19. Everth, E., Zeitungskunde und Universität. Jena, 1927.
20. Faulmann, Illustrierte Geschichte der Buchdruckerkunst. 1882.
21. Finanzielles und wirtschaftliches Jahrbuch für Japan. Herausgeber: Finanzministerium Tokio 1908, 1912.
22. Forke, A., Die Pekinger Läden und ihre Abzeichen. (Mitteilung der deutschen Gesellschaft für Natur- und Völkerkunde Ostasiens, Bd. Ⅷ. Teil Ⅰ.)
23. Fukuda, D., Die gesellschaftliche und wirtschaftliche Entwicklung in Japan.
24. Gazettes de L'empire de la Chine (Journal Asiatique Tome I). 1827. S. 239/252.
25. Hulbert, H., The passing of Korea, New York. — The Korea Review. 1904.
26. Japan Year Book 1905/17.
27. Jasne, Dokugawa no Shuppan Hokai. (Urheberrecht von Dokugawa.) Tokio, 1893.
28. Kanzo, Tai Nippon Schogio Si. (Geschichte des japanischen Außen-handels.) Osaka, 1892.
29. Kawabe, K., The Press and Politics in Japan. Chicago, 1920.
30. Knochenhauer, B., Korea (Vortrag, gehalten in der Kolonialgesellschaft.) Berlin, 1901.
31. Koike, Jogiro, Nippon Shimbun Rekishi. (Geschichte des japanischen Zeitungswesens :History of the Newspaper).

32. Kreunte, F. E. A., Geschichte Ostasiens. Göttingen, 1925.
33. Ladd, G., In Korea with Marquis Tto. London, 1908.
34. Löbl, Kultur und Presse. 1903.
35. Majedo, Qutline of the History of the Telegraph in Japan. 1892.
36. Ostasiatische Rundschau. 1924. S. 33.
37. Ostasiatische Zeitschrift 1919/20. 8. Jahrg. S. 269. Die politische Karikatur in China von Krebs.
38. Pogio, M., Korea. (Aus dem Russischen übersetzt von St. Ritter Prsyszynski.) Wien und Leipzig, 1895.
39. Salomon, L., Allgemeine Geschichte des Zeitungswesens. 1907.
40. Schölder K., Das Inseratenwesen. 1879.
41. The Chinese Economic Bulletin. 1926.
42. Tsin tin ku chin ju Shu chi chen, in dem Bd. 259 you tsen Dien über stik und type und ji die pu.
43. Unser Vaterland Japan. Ein Quellenbuch, geschrieben von Japanern. Leipzig, 1904.

분석 대상 오리지널 신문 목록

중국 신문

Chi Shih Erh Hang Shing Po vom 27. 4. 1925.
King Pao No. 11-29, 1877.
Ta Tung Jih Po vom 25. 8. 1921.
The Hangkong Telegraphy vom 16. 3. 1910.
Hangkong Chungwhi Shinmun.
The Kung Wo Po vom 7. 7. 1921.
Der ostasiatische Lloyd vom 24. 1. 1896 und 29. 1. 1909.
Peking & Tientsin Times vom 27. 3. 1909.
The Chinese Republic News vom 11. 2. 1921.
The China Times vom 25. 3. 1909.
Djawah Teng vom 18. 4. 1911.
Tsingtauer Neuesten Nachrichten vom 11. 1. 1911.
Kiautschou Post vom 19. 3. 1910.
South China Morning Post vom 6. 5. 1909.
The China Press vom 9. 11. 1911.
The Shanghai Times vom 22. 11. 1911.
The Shanghai Times vom 22. 11. 1911.
Le Journal de Pekin vom 5. 12. 1920.

일본 신문

Tokyo Nichinich Shimbun (Abendausgabe) vo. 12. 1. 1927.
Tokyo Nichinichi Shimbun (Morgenausgabe) vom. 8. 1. 1927.
Tokyo Asahi Shimbun (Abendausgabe) vom 18. 12. 1921.
Tokyo Asahi Shimbun (Morgenausgabe) vom. 5. 3. 1927.
Toun Shinbo vom 28. 8. 1888.
The Japan Daily Herald vom 26. 6. 1909.
Moji Shimbun vom 18. 5. 1910.
Nippon vom 12. 2. 1909.
Osaka Asahi Shimbun vom 18. 5. 1909.
Osaka Nippo vom 4. 7. 1911.
Riodo Shinpo vom 9. 4. 1920.
Tokyo Niroku Shimbun vom 11. 4. 1909.
Kyoto Nippo vom 4. 8. 1911.
Daiwan Nichinich vom 15. 6. 1912.
Yomiuri Shimbun vom 12. 6. 1910.
Chuo Shimbun vom 11. 7. 1908.

한국 신문

Keijo Nippo vom 9. 9. 1911.
Mokpo Shinppo vom 6. 9. 1911.
Maiil Shinbo vom 14. 9. 1911.
Fusan Ilbo vom 4. 9. 1911.
Chosen Shinbo vom 7. 9. 1911.
Daiku Shinmun vom 1. 9. 1911.
Dong-A-Ilbo vom 30. 3. 1926.

정기간행물

Ostasiatische Rundschau, 1920/27.
Deutsche Presse Nr. 6, 1926.
Zeitungswissenschaft Nr. 1, 2, 3, 4, 5, 8, 9 und 12, 1926.
Zeitschrift für Politik, 3 Bd., 1910. S. 115/257. (England, China und Japan.)

사용한 독일 신문

Flensburger Nachrichten Nr. 363 vom 28. 12. 1917. Zensur in China.
Ostfriesische Zeitung Nr. 327 vom 17. 7. 1918. Chinesische Staatszeitung Kingpao.
Vossische Zeitung Nr. 355 vom 18. 7. 1920. Fr. Otte : Chines. Presse.
Hannoverischer Kurier Nr. 338 vom 12. 7. 1918. Der höfliche Schriftleiter.

Vorwärts Nr. 62. vom 7. 2. 1921. Japan-Anzeigenteil.
Münchner Neueste Nachrichten Nr. 208 vom 2. 8. 1924. Japanische Reklame.
Neuwieder Zeitung Nr 107 vom 8. 5. 1925. Eine Japanische Heirats-anzeige.
Die Zeit (Berlin) Nr. 170 vom 25. 4. 1925. Von der japanischen Presse.
Basler Nachrichten Nr. 20 vom 29. 1. 1925. Von der japanischen Presse.
Vorwärts Nr. 439 17. 9. 1925. japanische Reklame.
Vossische Zeitung Nr. 189 vom 8. 8. 1926. Standrechtlich erschlossen.
Berliner Tageblatt Nr. 371 vom 8. 8. 1926. Presseknebelung.
Volkswille (Hannover) Nr. 18 vom 22. 1. 1926. Ein chinesisches Kommunistenblatt in Moskau.
Germania Nr. 150 vom 3. 9. 1926. Chinesischer Zeitungsstil.
Vorwärts Nr. 269 10. 6. 1926. Zeitungskunde in Japan.

통계표

〈표 I〉 동아시아(일본 · 중국 · 한국) 신문들의 발달

연 간	일본의 신문				중국의 신문				한국의 신문			
	일간	비일간	합 계	발행 부수	일간	비일간	합계	발행 부수	일간	비일간	합계	발행 부수
1875/1890	125	100	225	*187830	10	50	60	+100	–	2	2	–
1891/1900	364	376	740	+430207	70	200	270	5	1	10	11	–
1901/1910	–	–	–	–	120	90	210	10/20	6	20	26	1/3
1911/1995	846	4036	4882	1/125	375	318	693	20/50	12	53	65	5/15

[보기] *= 연간 발행 부수, += 월간 발행 부수 / 발행 부수는 1000단위 이상만 표시했으므로 1000을 곱할 것.
[출처] 일본과 한국의 자료는 『Daikoku Nenpo』(일본연감) 1880/1889 및 『아사히연감』 1927에서, 그리고 중국 자료는 『중국연감』 1925년에서 인용했음.

〈표 II〉 일본의 신문 현황(『아사히연감』, 1927)

부·현·시	총계	일간신문	월4회(주간)	월3회(순간)	합계
Hokaido	400	45	9	166	220
Tokyo	1617	141	62	938	1141
Kyoto	250	29	7	157	183
Osaka	837	68	40	345	453
Kanakawha	100	20	7	52	79
Hioho	296	33	17	151	201
Nagasaki	79	21	11	29	61
Niigata	146	23	11	56	90
Saidama	65	5	–	49	54

Kunba	82	4	5	37	46
Jaiba	59	3	1	44	48
Zisinge	81	9	–	67	76
Kutsunoki	51	7	–	33	40
Nara	68	9	2	35	46
Nagita	105	26	8	52	86
Aichi	350	57	12	200	269
Siztuoka	133	16	8	69	93
Yamanasi	31	10	1	19	30
Ziga	60	13	3	20	36
Gifu	78	15	7	38	60
Nagano	200	34	11	131	176
Miasinge	89	9	–	28	37
Ywadate	34	5	2	19	26
Fukusima	142	13	7	43	63
Aomori	58	6	6	26	38
Yamakata	67	14	5	23	42
Akida	66	4	10	27	41
Hukui	45	11	7	23	41
Ysikawha	50	8	4	31	43
Toriyama	58	10	3	41	54
Totori	45	5	–	25	30
Torimune	47	4	–	31	35
Okayama	110	7	1	68	76
Hirosima	208	21	4	19	44
Yamakigi	125	15	3	69	87
Wakayama	81	15	11	32	58
Dokusima	38	2	1	17	20
Nichikawa	45	2	–	31	33
Aiyome	149	2	5	72	79
Goji	48	3	9	24	36
Fukuoka	241	46	13	101	160
Owake	95	21	6	46	73
Saga	47	7	–	22	29
Kumamoto	86	9	3	37	49
Miasaky	39	2	3	20	26
Kagosima	74	4	3	29	36
기타	18	2	5	7	14
합계	7192	834	333	3599	4448

[참고사항] ① 영토: 680,000㎢,② 인구: 78,000,000 ③ 인구밀도: 1㎢당 116명

〈표 III〉 중국의 신문 현황("The China Year Book" 1921/22)

성(省)·시(市)	일간신문	주간신문	월간신문	합계
Anhui	6	1	2	9
Chokiang	17	12	15	44
Chihli	16	13	4	33
Pekin	76	13	23	112
Fukin	27	20	6	53
Honan	11	9	6	26
Hunan	21	12	5	38
Kansu	2	-	-	2
Kiangsi	12	4	3	19
Kiangsu	36	30	7	73
Shanghai	18	38	58	114
Kwangsi	7	5	-	12
Kwangtung	52	29	30	111
Kweichow	3	3	-	6
Shansi	9	3	5	17
Shantung	26	8	4	38
Shensi	3	0	0	3
Szechuan	8	11	7	26
Yunan	9	3	3	15
Manchuria	-	-	-	-
Mukden	3	1	-	4
Kirin	4	3	-	7
Tsitsihara	6	1	1	8
Harbin	10	-	-	10
Kwanchengtze	4	-	-	4
Hupeh	15	10	2	27
기타	2	-	-	2
합계	403	229	181	813

[참고사항] ① 영토: 1,114,000㎢, ② 인구: 330/400Mill. ③ 인구밀도: 1㎢당 30명, ④ 외국인 수: 140,000명(1912년 현재)

〈표 IV〉 한국의 일간신문 현황(『아사히연감』1927)

	일간신문	석간신문	합계
Söul(서울)	5	3	8/10
Fusan(부산)	3	2	5
Mokpo(목포)	–	1	1
Chemulpo(제물포)	1	–	1
Kangju(광주)	2	1	3
Songdo(송도/개성)	1	1	2
Peangyang(평양)	1	1	2
	13	9	22

[참고사항] ①영토: 220,000㎢, ②인구: 17,300,000명, ③인구밀도: 1㎢당 80명

참고한 신문 목록/ 현재 잘 알려진 중국 신문

중국에서 대부분의 신문은 19세기 초반 특히 공화국의 설립 이래로 창간되었다.

중국의 신문

Hunan Distrikt: Takung Pao, Human Jih Pao, Heung Pao, Chu Pao

Huh eh Distrikt: Central China Post, Kuo-min Pao, Hupeh Kung Pao, Hankaw Chung Hsi Pao, Hankaw Jih Jih sin Wen She, Hankaw Kung Lün Jih Pao, Hankaw Hu Kwang Sin Pao, Ta Lu Pao, Chen Yi Pao, Wu Hang Shang Pao

Kansu Distrikt: Kansu Chen Pao, Tung Shu Jih Pao

Kiangsi Distrikt: Kiangsi Jih Jih Kwanpao, Ta Kiang Jih Pao, Kiangsi Hsin Pao, Hsin shih chieh Pao

Kiangsu Distrikt: Nanfang Jih Pao, She Pao, Hsin-chung-hua, Hsing Chung-Wa, Ta-Chung-Hua, Soochow Jih Pao, Shang-Y-Jih Pao, Sheng-chung Pao

Shanghai Distrikt: Shih Shih Hsin Pao, Sin Wen Pao, Shun Pao, Hsun Jao Jih Pao, Hsin Shun Pao, Chung Wai Tai Shih Hwei Pao, The Universal Gazette, The China National News, Shanghai Journal of Commerce

Peking Distrikt: Chin Tsin Shi Pao, Social Welfare Peking, Min Shih Pao, Kung Yen Pao, Peking Jih Pao, Ming Chiang Pao, Shun Tien Shih Pao, Ah Kuo Pai Hua Pao, Chin Hua Jih Pao, Lu Hai Chu Jih Pao, Ah Tung Hsin-wen, Peking Daily News, The Morning Post(Sing Pao), Ming Fu Pao, Ming chih Jih Pao, Peking Pao, Ming Yeh Jih Pao, Kuo Chiang Pao, Kung Lung Jih Pao, Sing Ming Kuo Pao, Ming Kuo Kung Pao, La politique de Peking, The Peking Times, Chung Yang Jih, Journal de Peking

Kwangtung Distrikt: Chi Shih Erh Hang Shing Pao, Yan Kün Pao, Sheung Kün Pao, Kung Wo Pao, Ta Kung Pao

Shantung Distrikt: Ta Lu Jih Pao, Tsinan Shang Pao, Chung Sheng Pao, Ming Hsing Pao

Honan Distrikt: Kai Feng Hsin Chien Pao, Chung Yüang Jih Pao, Ta Chung Jih Pao, Ho Nan Kung Pao, Cheng Chu Shang Pao

Chihli Distrikt: Tientsin Daily News, Peking and Tientsin Times, L'Ymeartial, Yih Thih Pao, Tientsin Jih Pao, Tien Ming Jih Pao

알려진 일본의 신문

제호(이름)	창간연도	면수(페이지수)
Tokio Mainichi Shimbun	1870	4
Hoji Shimbun	1872	12
Tokyo Nichinichi Shimbun	1872	12
Jomiuri Shimbun	1874	10

Chukai Shoko Shimbun	1876	12
Tokyo Asahi Shimbun	1879	12
Jiji Shimbun	1882	14
Mia Shimbun	1884	12
Kokumin Shimbun	1890	10
Chuo Shimbun	1890	10
Yamato Shimbun	1886	8
Manchobo Shimbun	1892	10
Niroku Shimbun	1893	4
Tokyo Manniu Shimbun	1913	6
Tokyo Daisei Shimbun	1913	4
Tokyo Nitkan Shimbun	1925	4
Deikoku Shimbun	1907	4
Nihon Shimbun	1924	4
Japan Times	1897	8/16
Japan Adversiser	1893	10/18
Osakaasahi Shimbun	1879	16
Osaka Mainich Shimbun	1876	16
Osaka Jiji Shimbun	1903	10
Kansei Nippo	1914	4
Osaka Nichinichi Shimbun	1911	4
Nitskan Osaka Shimbun	1922	4
Osaka Sinipo	1913	4
Osakaasahi Shimbun(조간)	1910	4
Osaka Shoko Shimbun	1922	4
Osaka Kasei Nippo	1907	4
Kabusiki Nippo	1883	4
Osakamancho Shimbun	1911	4
Osaka Maieniu Shimbun	1910	4
Kyoto Nichnichi Shimbun	1912	4
Kyoto Hide Shimbun	1879	8
Kyowha Shimbun	1899	4

알려진 한국의 신문

제호(이름)	창간연도	면수(페이지수)
Sőul Ilbo	1906	19
Chosen Shinmun	1888	8
Dong-A-Ilbo	1920	6
Sidaiilbo	1924	4
Keungsiung Jiil	1920	8
Chosen Ilbo	1920	6
Seoul press	1907	4
Chosen Minbo	1905	8
Chosen Mail	1921	4

Fusan Ilbo	1905	8
Pingyang Maiil	1920	4
Daiku Ilbo	—	—

이력

본인은 1899년 2월 28일 한국의 나주에서 태어났다. 1911년부터 1918년까지 서울의 휘문의숙(Gymnasiums Whiemun)을 성공리에 마친 뒤 [일본] 도쿄로 가서 1918년부터 1922년까지 도요대학(東洋大學)을 다녔다. 동시에 센지오학교에서 독일어 수업을 들었다.

1922년 1월부터 독일에 머물렀고, 1922~23년 겨울학기부터는 뷔르츠부르크대학(Universität Würzburg)에, 그리고 1924년 여름학기부터는 라이프치히대학(Universität Leipzig)에 다녔다. 라이프치히대학에서는 1925~26년 겨울학기까지 경제학과 정치학 세미나에서 수학하였다. 1926~27년 겨울학기까지는 신문학연구소(Institut für Zeitungskunde)에서 에베르트(Everth) 교수로부터 제출되는 박사학위논문 지도를 받았다.

참고문헌

계훈모 편(1979, 1987), 『한국언론연표』 I(1881~1945), II(1945~1950). 서울: 관훈클럽신영연구기금.

김경희(2015), "만주국시기 재만조선인 중등교육에 관한 일연구: 봉천 동광중학교 설립과 운영을 중심으로," 석사학위논문(서울시립대학교대학원).

Goulet, Vincent(2009), "Transformer la societe par l'enseignement social," *Cairn.Info*, 24(February).

김동성 글·그림, 김희진·황호덕 옮김(2015), 『미주의 인상: 조선 청년, 100년 전 뉴욕을 거닐다』. 서울: 현실문화.

김동성(1922), "기자대회에서 화성돈회의에," 「동아일보」, 2. 6.(1회) ~ 2. 17.(11회).

김동성(1924), 『신문학』. 경성: 조선도서주식회사.

김동성(1955), "나의 기자시절," 「경향신문」, 9. 21. 4면.

김동성(1960), "견문기 : 세계일주여행에서," 「동아일보」, 조간 7. 6. 2면 ~ 10. 12. 2면.

김동성(1963a), "「동아일보」 창간시대의 기자," 고재욱선생화갑기념논총편찬위원회, 『민족과 자유와 언론』. 서울: 일조각, pp. 24-32.

김동성(1963b). "나의 회상기①~⑧", 「사상계」, 4월호~12월호: ① "금주하라는 모훈(母訓)," 4월호 pp. 326-331, ② "선죽교와 혈죽(血竹)," 5월호 pp. 272-277, ③ "여권 없이 미국 유학," 6월호 pp. 251-257, ④ "최초의 특파원," 7월호 pp. 190-195, ⑤ "「조선일보」 시절," 9월호pp. 294-299, ⑥ "동포애," 10월호 pp. 256-261, ⑦ "미군정시절과 나 - 군정여권 제1호," 11월호 pp. 270-275, ⑦ "4차에 걸친 유럽여행," 12월호 pp. 244-250.

김민환(1996), 『한국언론사』. 서울: 사회비평사.

김성진(1981), "말년의 천리구," 김을한, 『천리구 김동성』. 서울: 을유문화사, pp. 151-156.

김영희(2009), 『한국사회의 미디어 출현과 수용: 1880~1980』. 서울: 커뮤니케이션북스.

김영희(2015a), 『한국전쟁기 미디어와 사회』. 서울: 커뮤니케이션북스.

김영희(2015b), "植民地時期 朝鮮における ラヅオ放送の出現と聽取者," 貴志俊彦, 川島眞, 孫安石 編. 『戦争 · ラジオ · 記憶』(改訂增補). 東京: 勉誠出版, pp. 187-211.

김옥렬(1981), "아버님 천리구." 김을한 저 『천리구 김동성』. 서울: 을유문화사, pp. 160-167.

김욱영(2004), "일제하 언론인 김동성의 언론활동에 관한 연구," 「한국언론정보학보」 26집, pp. 1-15.

김을한(1969), "천리구라는 이름의 대기자를 추모함,"「동아일보」, 8. 19. 6면.
김을한(1975),『한국신문사화: 내가 만난 선구자들』. 서울: 탐구당.
김을한(1981),『천리구 김동성』. 서울: 을유문화사.
김팔봉(1961), "신간평,"「경향신문」, 2. 28. 4면.
Kim, Heun-Chun(1928), "Die Aufmachung der modernen Zeitung in Ostasien: Japan, China und Korea." Dortor Dissertation(Leipzig: Universität Leipzig).
김현준(1922), "독일 가는 길,"「신생활」, 1922년 9월호.
김현준(1930), "근대신문학에 대한 제고찰,"「대중공론」 제2권 6호(1930. 7) 및 제2권 7호(1930. 9).
김현준(1946), "자필이서," 전주교육대학소장.
김현준 저, 김진홍 역(1977), "김현준 박사논문: 동아시아(일본 · 중국 · 한국)에 있어서의 현대신문의 생성배경," 차배근 · 리대룡 · 정진석 · 박정규 편저『한국신문학사』. 서울: 정음사, pp. 362-394.
남상일(1975), "나의 기자시절,"「신문평론」, 55호(6월호), pp. 76-80.
동아일보사사편찬위원회(1975),『동아일보사사: 권1(1920~1945)』. 서울: 동아일보사.
마해송(1963), "내가 읽은 신간,"「경향신문」, 9. 25. 5면.
박용규(2015),『식민지 시기 언론과 언론인』. 서울: 소명출판.
박정규(1982), "조선왕조시대의 전근대적 신문에 관한 연구," 박사학위논문(서울대학교대학원).
박정규, "김현준 박사의 삶과 업적," 한국언론학회 2015년도 가을철연구발표회(충남대) 발표논문.
박진영(2009), "천리구 김동성과 셜록 홈스 번역의 역사: 동아일보 연재소설「붉은 실」,"「상허 학보」 27호, pp. 277-317.
박진영(2015), "서평: 개성 청년과 함께한 100년의 타임 슬립,"「반교어문연구」 39집, pp. 569-574.
박진철(2003), "한말 일제하 나주지역 향리가문의 동향: 밀양 박씨가를 중심으로,"「대동문화연구」(성균관대학교), 제44집.
Bishop, Isabella(1897/1970), *Korea and Her Neighbors*. 서울: 연세대학교 출판부(복간본).
새빈, 로저 저, 김한영 역(2002),『만화의 역사』. 서울: 글논 · 그림밭.
서울대학교동창회(1977),『서울대학교 동창회 명부』. 서울: 서울대학교 동창회.
서은영(2011), "코믹스(Comics)의 기획과 대중화: 신문연재만화 〈멍텅구리〉를 중심으로,"「서강인문논총」 31집, pp. 273-304.
서은영(2012a), "1920년대 매체의 대중화와 만화: 1920년대 초, 동아일보와 동명의 만화를 중심으로,"「대중서사연구」 18-2, pp. 123-155.
서은영(2012b), "한국 '만화' 용어에 대한 문제제기 및 제언,"「인문콘텐츠」 26호, pp. 101-126.
서은영(2013), "1910년대 만화의 전개와 내용적 특질: 매일신보 게재 만화를 중심으로,"「만화애니메이션 연구」 30호, pp. 139-168.
서정우(1977), "한국 최초의 신문학박사 김현준," 차배근 · 리대룡 · 정진석 · 박정규 편저,

『한국신문학사』. 서울: 정음사, pp. 109-113.
성균관대학교600년사편찬위원회 편(1998), 『성균관대학교 600년사』. 서울: 성균관대학교.
손상익(1996), 『한국만화통사: 선사시대부터 1945년까지』. 서울: 프레스빌.
松本誠一(1986), "金賢準博士의 足跡"(日文), 「白山社會學會會報」 제3호(1985). 이 논문은 「白山社會學硏究」 제1호(1986)에 다시 수록.
신한민보사(1916), "7년을 류학하다가 고국에 도라가는 김동성의 반생분투," 「신한민보」, 11. 9. 3면.
Emery, Edwin; Philip Ault and Warren K. Agee(1976), *Introduction to Mass Communication*, 5th ed. New York: Dodd, Mend & Co.
Williams, Sara L.(1929), *Twenty Years of the School of Journalism of the University of Missouri* : Columbia, Missouri : The E.W. Stephens Publ. Co.
유재천(1988), "김동성," 한국정신문화연구원편찬부, 『한국민족문화대백과사전』(제4권). 성남, 경기도: 한국정신문화연구원.
윤영옥(1995), 『한국신문만화사: 1909~1995』. 서울: 열화당.
윤임술 편(1983), 『한국신문백년지』(韓國新聞百年誌). 서울 : 한국언론연구원.
윤영춘(1961), "신간서평: 김동성 편역 『중국문화사』," 「조선일보」, 석간 3. 14. 4면.
이해창(1982), 『한국신문만화사』. 서울: 일지사.
임근수(1973), "한국신문학사서설," 「신문학보」(한국신문학회), 제6호, pp. 8-21.
전주교육대학60년사편찬위원회편(1985), 『전주교육대학60년사: 1923-1984』. 전주:전주교육대학.
정근식(1995), "김현준 : 근대사회학의 태두," 『근현대의 형성과 지역엘리트』. 서울: 새길.
정진석(1991), 『한국언론사』. 서울: 나남.
정진석(2005), 『언론조선총독부』. 서울: 커뮤니케이션북스.
조선일보사사편찬실(2010a), 『조선일보 90년사(상)』. 서울: 조선일보사.
조선일보사사편찬실(2010b), 『조선일보 90년사: 화보 · 인물 · 자료』. 서울: 조선일보사.
차배근(2017), 『한국커뮤니케이션학사』. 서울: 서울대학교출판문화원.
차배근(1980), "우리나라 조보에 관한 신문학석 분석고," 「신문연구소학보」(서울대학교신문연구소), 제17집, pp. 66-102.
차배근(1982), "미국에서의 신문학교육의 성립 · 발전고: 미주리대학신문학부의 설립을 중심으로," 「신문연구소학보」(서울대신문연구소), 제19집, pp. 31~70.
차배근 · 리대룡 · 정진석 · 박정규 편(1977), 『한국신문학사』. 서울: 정음사.
차재영(2006). "한국 정부의 수립과 현대 언론의 정착," 김복수 외 4인, 『광복과 한국현대언론의 형성』. 과천, 경기도: 국사편찬위원회, pp. 199-244.
천리구(1923), "만화 그리는 법," 「동명」, 제25호(1923. 2. 25)~제35호(1923. 5. 20).
합동통신30년편찬위원회(1975), 『합동통신30년』. 서울: 합동통신사.
황호덕(2015), "해설: 문화번역가 천리구 김동성, 그 동서 편력의 첫 화첩." 김동성 글 · 그림, 김희진 · 황호덕 옮김(2015), 『미주의 인상 : 조선 청년, 100년 전 뉴욕을 거닐다』. 서울: 현실문화, pp. 145-215.
희관임근수박사화갑기념논총발간위원회(1977), 『한국신문학50년사』. 서울: 정음사.

찾아보기

간행물

저자 소개

차배근(車培根)

서울대학교 사범대학 국어과 졸업

미국 Kent State University대학원 커뮤니케이션학과 졸업(언론학박사)

서울대학교 사회과학대학 언론정보학과 교수(1973~2007)

현재 서울대학교 명예교수

〈주요 연구업적〉

『개화기일본유학생들의 언론출판활동연구 I : 1884～1898』. 서울: 서울대학교 출판부, 2000.

『중국근대언론발달사: 1815～1945』. 서울: 서울대학교출판부, 2008.

『사회과과학연구방법』(공저), 서울대학교출판문화원, 2014.

『미국신문발달사: 1690～1960』. 서울: 서울대학교출판문화원, 2014.

『한국커뮤니케이션학사』. 서울: 서울대학교출판문화원, 2017.

박정규(朴正圭)

고려대학교 정경대학 정치외교학과 졸업

서울대학교 대학원 신문학과(현 언론정보학과) 졸업(언론학박사)

청주대학교 신문방송학과 전 교수

〈주요 연구업적〉

『한국신문학사』 (공저). 서울: 정음사, 1977.

『조선시대 커뮤니케이션 연구』 (공저). 성남: 한국정신문화연구원, 1996.

『도록 단재 신채호』(편저). 서울 : 단재문화예술제전추진위원회, 2006.

『단재 신채호시전집』(편역), 청주: 기별미디어. 2013.

김영희(金榮熙)

이화여자대학교 문리대학 신문방송학과 졸업

서울대학교 대학원 신문학과(현 언론정보학과) 석사과정 졸업(문학석사)

서울대학교 대학원 신문학과 박사과정 수료

한양대학교 대학원 신문방송학과 박사과정 졸업(언론학박사)

현재 서울대학교 언론정보학과 객원교수

〈주요 연구업적〉

『한국사회의 미디어 출현과 수용: 1880~1980』. 서울: 커뮤니케이션북스, 2009.

『한국전쟁기 미디어와 사회』. 서울: 커뮤니케이션북스. 2015.

『언론인 박권상과 한국 현대 언론』. 서울: 커뮤니케이션북스. 2019.

『한국 현대 언론인 열전』(공저). 서울: 커뮤니케이션북스. 2011.

『한국 텔레비전 방송 50년』(공저). 서울: 커뮤니케이션북스. 2011.

『한국 신문의 사회문화사』(공저). 서울: 한국언론진흥재단. 2013.

박선희(朴宣姬)

서울대학교 인문대학 독어독문학과 졸업

서울대학교 대학원 신문학과(현 언론정보학과) 졸업(언론학박사)

현재 조선대학교 신문방송학과 교수

〈주요 연구업적〉

『매체와 현대예술』(공저). 서울: 글누림, 2010.

『한국사회의 디지털 미디어와 문화』(공저). 서울: 커뮤니케이션북스, 2011.

"SNS 뉴스소통: 다중성과 구술성", 「언론정보연구」 49권 2호, 2012.

"햅틱커뮤니케이션: 인터페이스 상호감각성, 촉지적 육화, 그 함의," 「언론과 사회」 24권 1호. 2016.

"인간과 디지털존재의 관계: 관계의 물질성, 비소유성, 개체초월성." 「한국언론정보학보」 86권 6호, 2017.